JN102784

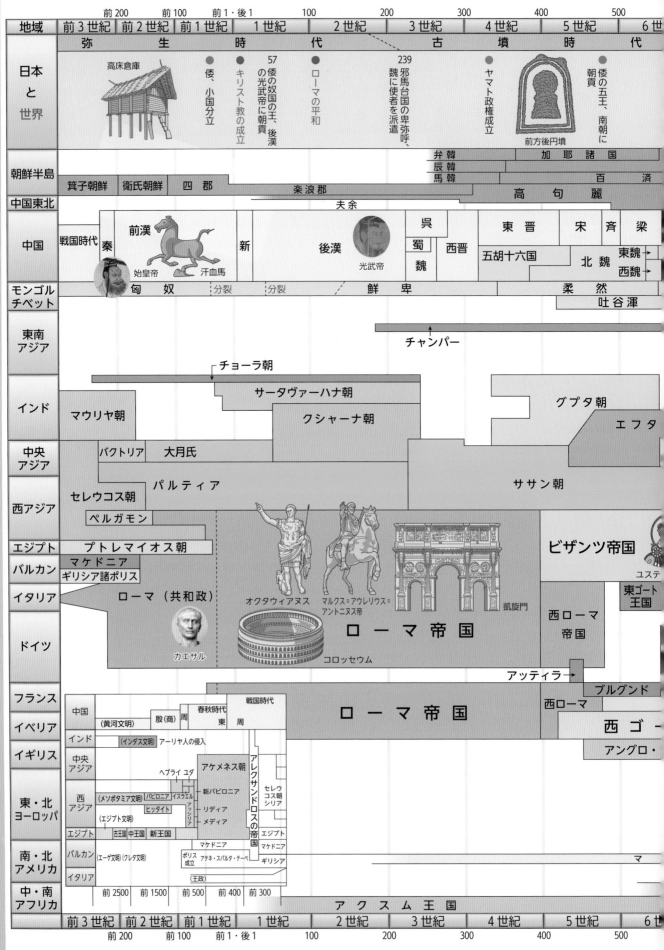

日本と世界のあゆみ

地域	前3世紀	前2世紀	前1世紀	1世紀	2世紀	3世紀	4世紀	5世紀	6世
	前200	前100	前1・後1	100	200	300	400	500	

日本と世界

弥生時代　古墳時代

高床倉庫　倭、小国分立　キリスト教の成立　57 倭の奴国の王、後漢の光武帝に朝貢　ローマの平和　239 邪馬台国の卑弥呼、魏に使者を派遣　ヤマト政権成立　前方後円墳　朝貢 倭の五王、南朝に

朝鮮半島

箕子朝鮮　衛氏朝鮮　四郡　楽浪郡　弁韓　辰韓　馬韓　加耶諸国　百済

中国東北

夫余　高句麗

中国

戦国時代　秦　始皇帝　前漢　汗血馬　新　後漢　光武帝　呉　蜀　魏　西晋　東晋　宋　斉　梁　五胡十六国　北魏　東魏　西魏

モンゴル チベット

匈奴　分裂　分裂　鮮卑　柔然　吐谷渾

東南アジア

チャンパー

インド

チョーラ朝　マウリヤ朝　サータヴァーハナ朝　クシャーナ朝　グプタ朝　エフタ

中央アジア

バクトリア　大月氏

西アジア

セレウコス朝　ペルガモン　パルティア　ササン朝

エジプト

プトレマイオス朝

バルカン

マケドニア　ギリシア諸ポリス

イタリア

ローマ（共和政）　カエサル　オクタウィアヌス　マルクス＝アウレリウス＝アントニヌス帝　凱旋門　ローマ帝国　コロッセウム　西ローマ帝国　ビザンツ帝国　ユステ　東ゴート王国

ドイツ

アッティラ→　ブルグンド

フランス

ローマ帝国　西ローマ

イベリア

西ゴー

イギリス

アングロ・

	中国	（黄河文明）	殷（商）　周	春秋時代　東周	戦国時代				
	インド	（インダス文明）	アーリヤ人の侵入						
	中央アジア		ヘブライ　ユダ	アケメネス朝	アレクサンドロスの帝国				
	西アジア	（メソポタミア文明）バビロニア　イスラエル	新バビロニア	セレウコス朝シリア					
		ヒッタイト　アッシリア　リディア　メディア							
	エジプト	（エジプト文明）古王国　中王国　新王国	エジプト						
	バルカン	（エーゲ文明）（クレタ文明）ポリス成立　アテネ・スパルタ・テーベ	マケドニア　ギリシア	マケドニア					
	イタリア	（王政）							

東・北ヨーロッパ

南・北アメリカ

マ

中・南アフリカ

アクスム王国

前2500	前1500	前500	前400	前300				

前3世紀	前2世紀	前1世紀	1世紀	2世紀	3世紀	4世紀	5世紀	6世
前200	前100	前1・後1	100	200	300	400	500	

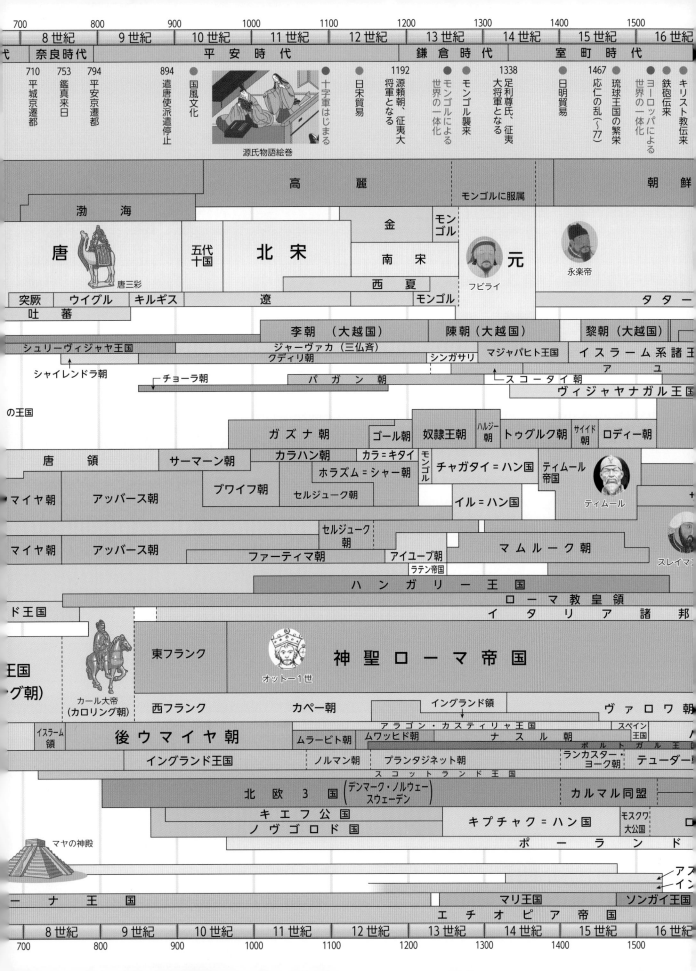

世紀軸（上段）：8世紀　9世紀　10世紀　11世紀　12世紀　13世紀　14世紀　15世紀　16世紀
年代軸：700　800　900　1000　1100　1200　1300　1400　1500

日本の時代区分：奈良時代　平安時代　鎌倉時代　室町時代

日本のできごと：
- 710 平城京遷都
- 753 鑑真来日
- 794 平安京遷都
- 894 遣唐使派遣停止
- 国風文化
- 十字軍はじまる
- 日宋貿易
- 1192 源頼朝、征夷大将軍となる
- モンゴルによる世界の一体化
- モンゴル襲来
- 1338 足利尊氏、征夷大将軍となる
- 日明貿易
- 1467 応仁の乱（〜77）
- 琉球王国の繁栄
- ヨーロッパによる世界の一体化
- 鉄砲伝来
- キリスト教伝来

源氏物語絵巻

朝鮮半島：渤海　高麗　モンゴルに服属　朝鮮

中国：唐　唐三彩　五代十国　北宋　金　南宋　モンゴル　西夏　元　フビライ　永楽帝

中央ユーラシア北方：突厥　ウイグル　キルギス　遼　モンゴル　タタール　吐蕃

ベトナム：李朝（大越国）　陳朝（大越国）　黎朝（大越国）

東南アジア：シュリーヴィジャヤ王国　シャイレンドラ朝　ジャーヴァカ（三仏斉）　クディリ朝　シンガサリ　マジャパヒト王国　イスラーム系諸国　チョーラ朝　パガン朝　スコータイ朝　ヴィジャヤナガル王国　ア　ユ

インド：ガズナ朝　ゴール朝　奴隷王国　ハルジー朝　トゥグルク朝　サイイド朝　ロディー朝

中央アジア・イラン：唐領　サーマーン朝　カラハン朝　カラ＝キタイ　ホラズム＝シャー朝　モンゴル　チャガタイ＝ハン国　ティムール帝国　ティムール　ブワイフ朝　セルジューク朝　イル＝ハン国

西アジア：（ウ）マイヤ朝　アッバース朝　セルジューク朝　マムルーク朝　ファーティマ朝　アイユーブ朝　スレイマ（ン）　ラテン帝国

ヨーロッパ：ハンガリー王国　ローマ教皇領　イタリア諸邦　ド王国　東フランク　西フランク　神聖ローマ帝国　オットー1世　カール大帝（カロリング朝）　カペー朝　イングランド領　ヴァロワ朝

王国（グ朝）

イベリア半島：イスラーム領　後ウマイヤ朝　ムラービト朝　ムワッヒド朝　ナスル朝　スペイン王国　アラゴン・カスティリャ王国　ポルトガル王国

イギリス：イングランド王国　ノルマン朝　プランタジネット朝　ランカスター・ヨーク朝　テューダー朝　スコットランド王国

北欧：北欧3国（デンマーク・ノルウェー・スウェーデン）　カルマル同盟

ロシア・東欧：キエフ公国　ノヴゴロド国　キプチャク＝ハン国　モスクワ大公国　ポーランド　ロ

アメリカ：マヤの神殿　マイヤ朝　アス（テカ）　イン（カ）

アフリカ：（ガー）ナ王国　マリ王国　ソンガイ王国　エチオピア帝国

世紀軸（下段）：8世紀　9世紀　10世紀　11世紀　12世紀　13世紀　14世紀　15世紀　16世紀
年代軸：700　800　900　1000　1100　1200　1300　1400　1500

アイスランド
ユトランド半島
グレートブリテン島
アイルランド島
スカンディナヴィア半島
東ヨーロッパ平原
ウラル山脈
オビ川
イェニセイ川
シベリア
レナ川
カムチャツカ半島
ベーリング
アリューシャン
エルベ川
ライン川
ドナウ川
ドン川
ヴォルガ川
カザフ草原
アラル海
シルダリア川
バルハシ湖
アルタイ山脈
スタノヴォイ山脈
バイカル湖
アムール
黒竜江
オホーツク海
千島列島
アルプス山脈
カルパティア山脈
ピレネー山脈
黒海
カフカス山脈
カスピ海
天山山脈
パミール高原
タクラマカン砂漠
クンルン山脈
モンゴル高原
大興安嶺山脈
ゴビ砂漠
黄河
日本海
朝鮮半島
日本列島
イベリア半島
ジブラルタル海峡
バルカン半島
アナトリア
地中海
チグリス川
ユーフラテス川
イラン高原
チベット高原
ヒマラヤ山脈
長江
東シナ海
太平洋
アトラス山脈
サハラ砂漠
アラビア半島
紅海
アラビア海
インダス川
ガンジス川
デカン高原
ベンガル湾
インドシナ半島
南シナ海
フィリピン諸島
ニジェール川
ナイル川
エチオピア高原
セイロン島
インド洋
メコン川
ギニア湾
コンゴ盆地
ヴィクトリア湖
マラッカ海峡
スマトラ島
ボルネオ島
モルッカ諸島
ニューギニア島
コンゴ川
ザンベジ川
マダガスカル島
ジャワ島
カラハリ砂漠
喜望峰
オーストラリア
ニュージーラン

画像処理：東海大学情報技術センター©NASA

❺砂漠の船ラクダ（中国）
ラクダは乾燥（かんそう）地帯で移動・
輸送手段として使用された。

❻山岳地帯の棚田（たなだ）（フィリ
ピン） 急斜面を開墾（かいこん）して
つくられた棚田群。 世界遺産

世界の自然環境と人々のくらし

↓❶極寒の地の住居
（カナダ）イヌイットが冬季に使用する一時的な住居(イグルー)。

❷高地での牧畜（ペルー）
アンデス高地ではアルパカを放牧し、体毛を利用した。

❸海で漁をする人々（マダガスカル）豊かな海で、カヌーを使った漁が行われてきた。

❹ナイル川の灌漑（エジプト）
エジプトは水資源のほとんどをナイル川に依存している。

グリーンランド

❶

アラスカ

ハドソン湾

ラブラドル半島

ニューファンドランド島

ロッキー山脈

セントローレンス川

アパラチア山脈

大西洋

コロラド川

ミシシッピ川

メキシコ高原

メキシコ湾

西インド諸島

ユカタン半島

カリブ海

太平洋

パナマ地峡

アマゾン川

ブラジル高原

アンデス山脈

❷

ラプラタ川

マゼラン海峡

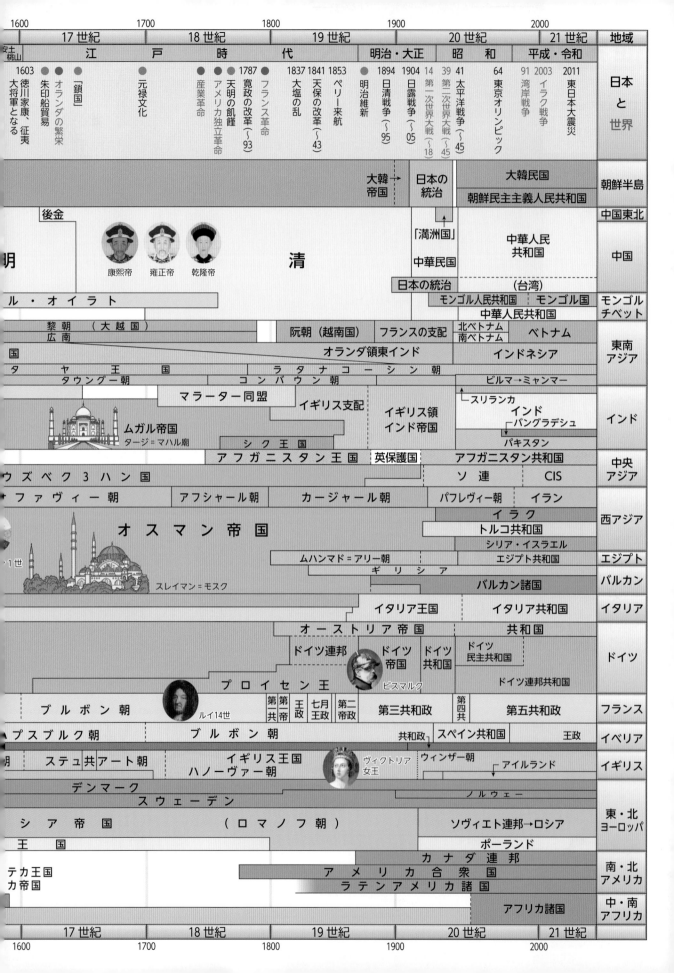

	1600	1700	1800	1900	2000	地域

時代区分（上部）

17世紀　18世紀　19世紀　20世紀　21世紀

安土桃山　江　戸　時　代　明治・大正　昭　和　平成・令和

日本と世界

- 1603 徳川家康、征夷大将軍となる
- 朱印船貿易
- オランダの繁栄
- 「鎖国」
- 元禄文化
- 産業革命
- 1787 寛政の改革（～93）
- 天明の飢饉
- アメリカ独立革命
- フランス革命
- 1837 大塩の乱
- 1841 天保の改革（～43）
- 1853 ペリー来航
- 明治維新
- 1894 日清戦争（～95）
- 1904 日露戦争（～05）
- 14 第一次世界大戦（～18）
- 39 第二次世界大戦（～45）
- 41 太平洋戦争（～45）
- 64 東京オリンピック
- 91 湾岸戦争
- 2003 イラク戦争
- 2011 東日本大震災

朝鮮半島：大韓帝国 → 日本の統治 → 大韓民国／朝鮮民主主義人民共和国

中国東北：後金 → 「満洲国」

中国：明／後金　清　中華民国　中華人民共和国
- 康熙帝　雍正帝　乾隆帝
- 日本の統治（台湾）

モンゴル・チベット：モンゴル・オイラト　モンゴル人民共和国／モンゴル国　中華人民共和国

東南アジア：
- 黎朝（大越国）／広南　阮朝（越南国）　フランスの支配　北ベトナム／南ベトナム　ベトナム
- オランダ領東インド　インドネシア
- アユタヤ王国／タウングー朝　ラタナコーシン朝／コンバウン朝
- ビルマ→ミャンマー

インド：
- マラーター同盟　イギリス支配　イギリス領インド帝国
- ムガル帝国　タージ＝マハル廟
- シク王国
- スリランカ　インド　バングラデシュ　パキスタン

中央アジア：
- アフガニスタン王国　英保護国　アフガニスタン共和国
- ウズベク3ハン国　ソ連　CIS

西アジア：
- サファヴィー朝　アフシャール朝　カージャール朝　パフレヴィー朝　イラン
- オスマン帝国　スレイマン＝モスク
- イラク
- トルコ共和国
- シリア・イスラエル

エジプト：ムハンマド＝アリー朝　エジプト共和国

バルカン：ギリシア　バルカン諸国

イタリア：イタリア王国　イタリア共和国

ドイツ：
- オーストリア帝国　共和国
- ドイツ連邦　ドイツ帝国　ドイツ共和国　ドイツ民主共和国
- ビスマルク
- プロイセン王国
- ドイツ連邦共和国

フランス：
- ブルボン朝　ルイ14世
- 第一共和政　第一帝政　王政　七月王政　第二共和政　第二帝政　第三共和政　第四共和政　第五共和政

イベリア：ハプスブルク朝　ブルボン朝　共和政　スペイン共和国　王政

イギリス：
- 共和／ステュアート朝　イギリス王国／ハノーヴァー朝　ウィンザー朝
- ヴィクトリア女王
- アイルランド

東・北ヨーロッパ：
- デンマーク
- スウェーデン　ノルウェー
- ロシア帝国（ロマノフ朝）　ソヴィエト連邦→ロシア
- 王国　ポーランド

南・北アメリカ：
- カナダ連邦
- アステカ王国／インカ帝国　アメリカ合衆国
- ラテンアメリカ諸国

中・南アフリカ：アフリカ諸国

	1600	1700	1800	1900	2000

17世紀　18世紀　19世紀　20世紀　21世紀

目次 —— Contents

テーマページ

approach 時代に アプローチ	各章の学習前に時代を概観できます
資料から読み解く	史資料の読解に取り組むことができます
テーマ1	多様なテーマから歴史を学べます
今を考える	現代まで続く諸課題を歴史的に考察できます

本書の構成と利用方法

本文ページの特色

●参照ページ
◀P.○ 以前のページ，▶P.○ 以後のページ
●マーク
世界遺産 世界遺産

テーマタイトル
学習のテーマごとに基本的に見開きで構成しました。タイトル横の二次元コードからは，学習に役立つ情報にアクセスできます。

クローズアップ
テーマの導入として様々な資料から考えられるコーナーです。

コラム
様々な視点から見た内容を扱ったコラムです。

人物コラム
人物に焦点を当てたコラムです。

資料から読み解く
様々な資料から考えるきっかけになるコーナーです。資料を読み解く問いを掲載しました。

歴史のスパイス
テーマに関係する豆知識や情報を取り上げました。

ことば
テーマ内で扱ったことばや，テーマに関連することばを取り上げました。

地域のインデックス
テーマで扱った地域を示すインデックスを設けました。

本書の学習の構成

●時代の概観
時代にアプローチ
・学習する時代を概観し，知っていることを確認したり，これからどのような点を知りたいか（問い・疑問），どのような特徴があると考えられるか（仮説・予想）などを考えてみましょう。

●各章の学習
本文ページ・特集ページ
●第1章　近代化と私たち
●第2章　国際秩序の変化や大衆化と私たち
●第3章　グローバル化と私たち
・掲載されている様々な資料を読み解いてみましょう。
・「時系列はどうなっているか」「どのように推移しているか」「他と比較するとどうか」「他とのつながりはどうか」「現在とのつながりはどうか」などの見方・考え方を意識してみましょう。

●課題の考察
今を考える
・学習したことをもとに，現在にも続く課題について考察しましょう。
・「今を考える」で取り上げた課題以外についても，学習のなかで自分自身で見つけた課題に取り組んでみましょう。

COLUMN コラム

人物コラム

資料 から読み解く

学習上の留意点

・年代の表記は西暦を主とした。なお、日本では、明治5年以前は西暦と年号の間には1カ月前後の違いがあるが、その対応は日本の年号にしたがった。
・史料文中の［　］は出典記載の補足、（　）は引用者による補足を示す。

		紀元前 / 紀元後
前200 前101	前2世紀	紀元前
前100 前1	前1世紀	紀元前
1 100	1世紀	紀元後
101 200	2世紀	紀元後
⋮		
2001 2100	21世紀	

●西暦とは

現在、多くの国で使用されている西暦は、キリスト生誕年を起点としている。紀元前はB.C.（Before Christ〈キリスト以前〉）、紀元後はA.D.（Anno Domini〈ラテン語で主の年〉）で表す。100年単位を世紀、1000年単位を千年紀という。

＊世紀は1年から始まるため、2000年は20世紀である。

紙面中の二次元コードのご案内

紙面に掲載した二次元コードから、本書専用サイト「ダイアローグ歴史総合　プラスウェブ」にアクセスできます。学習内容に関連する情報やコンテンツを参照することができます。

●動画……学習内容に関する動画
●参考サイト……美術館，博物館など学習の参考になるサイト
●Googleマップ……テーマ内に登場する場所・遺跡
●一問一答問題……学習内容を振り返ることができる問題

など

二次元コードをスマートフォンやタブレットのバーコードリーダで読み取るか、裏表紙に掲載のURLにアクセスして、内容を選択してください。
＊利用の際の通信料は、一般に利用者の負担となります。

探究学習に取り組もう

「歴史総合」では，学習全般において地域や社会，環境，文化といった多面的・多角的な視点から課題（問い）を設定し，探究学習を通じて，表現することが求められる。探究学習はどのような流れで行うのか，その軸となるプロセスを理解しておこう。

●探究学習のプロセス

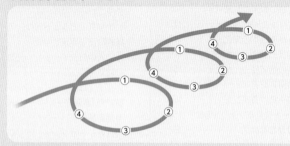

①課題の設定	疑問や問題意識をもったことに関して，探究したい問いを見つける
②情報の収集	問いに答えるために必要な情報を集める
③整理・分析	収集した情報を整理し，様々な視点で分析する
④まとめ・表現	分析した結果をまとめ，読み手・聞き手の立場に立って他者に伝えたり，議論したりする

上の①～④のプロセスを繰り返すことで，問いを考える力やそれを解決する力がより深く育まれ，着実に身についていく。

●探究学習における振り返りのポイント

探究学習に際しては，それぞれの学習課程で絶えず省察（振り返り）を行うことが重要である。下の表は，探究学習のサイクルにおける振り返りのポイントである。教員からアドバイスを受けたり生徒同士でフィードバックしあったりすることも忘れずに学習を進めていこう。

探究のサイクル	振り返りのポイント
①課題の設定	・課題意識をもって取り組み，問いと，問いに対する仮説を立てることができているか
②情報の収集	・必要な先行論文・関連論文・資料を，図書館やインターネット，フィールドワークを活用して調べることができているか
③整理・分析	・妥当かつ実現可能で科学的な検証を計画・実施できているか ・他者との意見交換・相互理解・助言ができているか
④まとめ・表現	・ポスターセッションやプレゼンテーションで，自身の考えや主張を表現できているか ・論文・報告書・レポートなどの制作物で，自身の考えや主張を表現できているか ・調査（学習）前後で，仮説の質的・量的変容があり，調査（学習）事項を活かした意見が加わっているか ・結論を「新たな知見」として構築するとともに，そこから新たな問いに目を向けることができているか

＊授業者から学習者への評価だけでなく，学習者自身が自己評価を行うことも大切である。

1 課題の設定

そもそも，問いはどのような視点で立てていけば良いのだろうか。最初から自分自身で問いを立てていくことはなかなか難しい作業である。まずは，下に示したいくつかの「問いの型」を参考にしてみよう。問いの立て方に慣れてきたら，自分なりの問い立てに挑戦してみよう。

問いの型

A 5W1H	B 前提・枠組みの再定義	C 比較
D 推移	E 関連づけ	F 当事者視点

	（例）明治政府は富国強兵を国策の基本として推進した。	
A 5W1H	why	なぜ明治政府は富国強兵を推進したのか
	what	富国強兵では何が行われたのか
	when	明治政府はいつ頃から富国強兵が必要と考えたのか
	where	富国強兵は具体的にどこで行われたのか
	who	富国強兵に関わりのある人物は誰か
	how	明治政府は富国強兵を具体的にどのように推進したのか
B 前提・枠組みの再定義	・富国強兵は日本にとって本当に必要なことだったのか ・何をもって「富国」であり，「強兵」といえるのか	
C 比較	・諸外国に富国強兵と似た政策はあるだろうか。あるならばどのような点に違いがあるか ・幕末の藩政改革を比較したとき，富国強兵との共通点はあるか	
D 推移	・富国強兵政策はどのような展開をたどったか	
E 関連づけ	・現代において，富国強兵と類似した事象はあるか ・富国強兵は，のちの日本社会にどのような影響をもたらし，ひいては日本をどのような方向性へ導いていったのか	
F 当事者視点	・もし自分が，工業化の進んだ日本で，工場で長時間働く労働者だったとしたら，職場環境を改善するためにどのようなことを求めるか	

「富国強兵」の「強兵」政策って何だろう？

自分が製糸工場の労働者だったらどんなことを考えるだろう？

COLUMN 歴史を学ぶこととは？

イギリスの政治家・軍人であるチャーチル（→P.122）は，第二次世界大戦期にイギリスの首相に就任。指導力を発揮して連合国の勝利に重要な役割を果たした。そんな彼には右のような言葉がある。予測不可能な時代ともいわれる現代においては，チャーチルの言葉のように，過去の事柄に基づいて未来を考えていくことが重要である。

遠くまで振り返ることができれば，未来もそれだけ遠くまで見渡せるだろう
（"The farther backward you can look, the farther forward you are likely to see."）

→❶チャーチル

2 情報の収集

探究したい問いに答えるための情報を収集していこう。情報収集には、図書館などで文献を調べたり、インターネットで検索したり、博物館・資料館に足を運んだりと、様々な方法がある。ただし、その中で得た情報は、すべて鵜呑みにするのではなく、信頼性の高い情報なのかどうか吟味することが大切である。

●インターネットで資料にふれる

インターネットを活用すれば、自宅等にいながらにして歴史資料を目にすることができる。国立国会図書館のデジタルコレクションでは、主に図書館が1987年までに受け入れた図書や、古典籍などの紙面がデジタル化され公開されており、情報収集に役立てられる。例えば、日清戦争（➡P.83）について調べたいとき、陸軍兵士として従軍した海野鉎吉が著した『征清従軍日誌』を閲覧すると、清に出発する前の1894年8月から翌6月に広島の宇品港に帰着するまでの従軍記録を確認することができる。

その他にも、国立公文書館のアジア歴史資料センターやルーヴル美術館のバーチャルツアーなど、インターネットを通して資料を公開している機関・施設がある。

↑**2**国立国会図書館デジタルコレクションの検索画面

3 整理・分析

情報が揃ったら、それらを分析したり、わかりやすいように整理したりして、そこからどのようなことがいえるのかを検討していこう。問いに対する自分なりの答え、そしてその根拠としてどのようなことがあるのか、それらを説得力をもって説明できるかを意識し、整理・分析をしよう。

●学び方/考え方を助けてくれるシンキングツール

机に向かって黙々と作業を進めるだけが学びの形ではない。特に探究学習の際には、個人やグループなどの規模、調査内容に応じて、アイディアを可視化して考えを生みだしたり、整理して共有することを助けたりするシンキングツールが有効である。ビジネスの場面で広く使われるツールでもあるが、授業の中やその他の場面でも活用することができる。

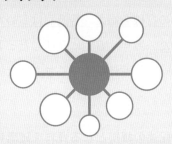

↑**3**マインドマップ　テーマや問題を中央に配置し、そこから連想するアイディアを並べていくことで、枝葉のようにアイディアを広げていく手法。

↑**4**Y/X/Wチャート　1つの事象を「多面的に見る」「分類する」ときに役立つ。Yチャートは3つ、Xチャートは4つ、Wチャートは5つの視点がある。上の図はYチャート。

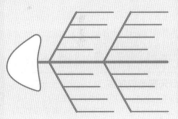

↑**5**フィッシュボーン・ダイアグラム
魚の頭の部分に問題点を書き、尻尾に向けて問題の要因と考えられるものを書き込んでいく。要因を定量的に可視化し、問題の解決策を探る。

4 まとめ・表現

情報を整理・分析したら、自分自身が探究した成果を他者に伝えていこう。伝える方法は、ポスターセッション、プレゼンテーション、ロールプレイなどの寸劇、レポート、論文など様々なものがある。どの方法でも、読み手や聞き手の立場になって伝えること、表現することが大切である。そして終わった後は、そこから生まれた疑問や受けた質問にはどのようなものがあるか、情報収集や整理・分析などが正しく行えていたのか、などを丁寧に省察し、次の探究活動につなげていこう。

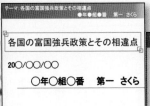

↑**6**プレゼンテーション
スライドの例

COLUMN 共通教科書・共同研究の営み

『ドイツ・フランス共通歴史教科書』（独仏共通教科書）は、歴史的に対立してきた独仏の和解をめざして1963年に制定されたエリゼ条約40周年を記念し、両国の高校生によって行われた議論を発端として製作された。独仏共通教科書の特徴は、両国における一般的な歴史理解をともに記すことで、生徒たちに、自国における理解だけでなく相手国における理解を教え、その違いを学ばせることを重視するところにある。

日本では、2005年に日中韓3国の研究者や教員などによって共同編集された3国共通歴史教材が刊行された。自国中心的な研究・実践・叙述ではなく、3国の認識を同じ土台にのせ、開かれた歴史認識の共有をめざしている。

↑**7**独仏共通教科書を手にもつベルリン市長（左）とフランス教育大臣（右）（2007年、ドイツ）

歴史は，様々な人々の歴史的な営みの痕跡や記録である文献，遺物，表象などの史資料に基づいて叙述されている。文字の発明以前の時代を「先史時代」とよぶように，従来，歴史叙述に用いられる「史料」は，いわゆる文字の形で残された「文献史料（記録や書簡，文書，日記，碑文，帳簿など）」とされてきたが，今日では，遺物（建造物やその痕跡，用具や機器など）や表象（絵画や彫刻，写真，地図など），無形の音声や聞き取り，伝承など，幅広い「史資料」が用いられている。ここでは，実際の教科書記述を例に，教科書がどのような史資料に基づいて記述されているのか確認してみよう。また，史資料を扱う際にはどのようなことに注意すべきなのか考えてみよう。

◆教科書の記述を見てみよう

ドイツでは，世界恐慌ののち，(A)失業者が増え，社会不安が高まるなか，(B)ヒトラーの率いるナチ党（国民社会主義ドイツ労働者党）と共産党が急速に勢力をのばした。ナチ党は，(C)国民に不満が行きわたっていたヴェルサイユ体制の打破を唱え，普及しはじめたマスメディアを最大限に利用して支持を拡大し，1932年の国会選挙で第1党に躍進した。翌年，首相に就任したヒトラーは共産党を弾圧し，(D)全権委任法を成立させることで立法権をにぎり，ナチ党の一党独裁体制をつくりあげた。1934年には大統領と首相を兼ねる総統に就任し，(D)国家の全権をにぎる独裁者となった。　＊(A)〜(D)は下の資料と対応

『歴史総合』教科書　第一学習社　p.142-143より

◆記述の根拠となる資料を確認しよう ▶P.112 ▶P.114

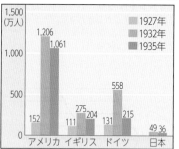

❶失業者の推移　1927年から1932年にかけて，ドイツの失業者数が増加していること，1935年には，失業者数が減少していることが読み取れる。(A)

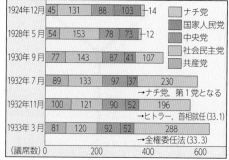

	ナチ党	国家人民党	中央党	社会民主党	共産	
1924年12月	45	131	88	103	14	
1928年5月	54	153	78	73	12	
1930年9月	77	143	87	41	107	
1932年7月	89	133	97	37	230	→ナチ党，第1党となる
1932年11月	100	121	90	52	196	→ヒトラー，首相就任(33.1)
1933年3月	81	120	92	52	288	→全権委任法(33.3)

(議席数) 0　200　400　600

❷ドイツの国会選挙結果　1929年の世界恐慌を機に，ナチ党と共産党が議席数を増やしていることが読み取れる。(B)

史料❶ インゲ＝ショル①の回想 (1953年) (C)

ある朝のこと，私は学校の階段で，同級生の一人がほかの女の子たちに「とうとうヒトラーが政権をとったのよ」と言うのをききました。そしてラジオもどの新聞も，「今やドイツ国内万般向上する秋，オールを掌握したヒトラー」と報道しておりました。生まれてはじめて，政治が私たちの生活にとびこんだのです。……私たちの耳には，祖国についてさまざまなことばが聞こえてきました。同胞とか，民族共同体とか，郷土愛とか。それは私たちを威服させ，私たちはそのことが学校や街頭で語られるのを耳にするたびに，感激して聞きほれました。……私たちは身も心も奪われていたのです。それで，父が（ヒトラー青年団への加入という）承諾をあたえるときいっこうに喜びもせず誇りにもしないのを見て，首をかしげました。それどころか，父はこの件についてはとても不機嫌で，ときどきこう申しました。「やつらを信用するなよ，子熊を追う狼だぞ，やつらはドイツ民族の鼻づらをひきまわすのだ」。また彼はしばしばヒトラーを，笛で子どもたちを誘惑したというハーメルンのねずみとりに，比べました。しかし父親のことばは風に吹きはらられ，子どもたちをひきもどそうとする彼の試みは，私たちの若気な感激のために失敗したのです。

(インゲ＝ショル著，内垣啓一訳『白バラは散らず』未来社)

①ハンスとゾフィのショル兄妹をはじめとするミュンヘン大学の学生を中心に組織された「白いバラ」は，反ナチを訴えるビラを作成・配布したことでゲシュタポ（秘密警察）に逮捕され，処刑された。『白バラは散らず』は，兄妹の姉インゲ＝ショルが，戦後にまとめた回想録である。

史料❷ 全権委任法 (1933年3月24日) (D)

第1条　国の法律は，憲法の定める手続によるほか，政府によっても制定され得る。……

第2条　政府が制定した国の法律は，憲法と背反し得る。ただし，国会および参議院の仕組みそのものが対象とならないかぎりにおいてである。大統領の権限は従来のままである。

『世界史史料10』岩波書店

統計資料

公文書や公の記録，租税台帳等のデータから作成されたグラフや表など。記録に残る数値に基づいて作成されているため，ある程度客観的な資料として扱うことができる。一方で，もとになった数値がどのような史料を根拠にしたものなのか，抽出された項目の選定はどのような意図で行われたのか，などに注意を払う必要がある。

文献資料

公文書や日記，碑文，帳簿など文字で残された資料。文献史料を扱う場合には，それらの資料が，いつ，どのような人によって，どのような意図で記されたものなのか，またどのような時代背景，思想状況のもとに記されたものなのか，などに注意を払う必要がある。

COLUMN 偽文書と史料批判

現在残されている史資料の中には，後世に意図的な改竄が行われたものや，偽造されたもの，あるいは作者の誤解や誇張などが含まれている可能性がある。そのため，他の史資料や隣接する諸学問の成果ともつき合わせながら，正しく史資料の信憑性を見極めるための史料批判が重要となる。一方で，近年では，偽文書そのものをテーマとする研究も積み重ねられている。

❸源頼朝袖判御教書　源頼朝が紀高弘に鋳物師支配権を認める内容の偽文書。戦国時代・近世社会では，土地や権利の正統性を高める目的で，多くの偽文書が作成された。

＊鉄などの金属を加工して生活用品をつくる職人

◆教科書の記述を見てみよう

(E)ヨーロッパでも，同じ言語や宗教，文化をもつ人々が一つの政治的なまとまりをもつべきという国民意識がめばえ，この考え方をもとに国民国家をつくろうとするナショナリズム（国民主義）の動きがおこった。

とりわけフランスでは，1830年の七月革命，1848年の二月革命と2度の革命がおきた。七月革命では自由主義者が中心となり，(F)二月革命では，普通選挙を求めるパリの労働者たちが立ち上がり，臨時政府が成立した（第二共和政）。

＊(E)，(F)は下の資料と対応

『歴史総合』教科書　第一学習社　p.57より

◆記述の根拠となる資料を確認しよう ➡ P.54

◀❹ドラクロワ筆「民衆を導く自由の女神」　1830年のフランス七月革命を描いたもの。ドラクロワ自身は戦闘に参加しなかったが，民衆側に共感を抱き，強烈な色彩とドラマチックな構図で描いた。(E)

▶❺ドーミエ筆「七月の英雄1831年5月」　松葉杖をもち，片足を失ったかのように見せた男性がセーヌ川の欄干の上に立っている。コートには多数の質札が貼られ，首に巻いた綱の先に結ばれた石には，「最後の頼みの綱」と書かれている。三色旗のはためく議事堂前のセーヌ川で身を投げようとしている男性を描いたこの作品は，七月革命の市街戦を戦った民衆の一年後の姿を象徴している。この作品を描いたドーミエは，当時のフランスを代表する写実主義画家の一人である。(F)

三色旗

下院

歴史画の読み解き方

歴史画とは，宗教や神話，実際に起こった出来事を題材とした絵画の総称である。歴史画の作成には，題材となる歴史的出来事に対する知識や作者自身の解釈，画面の構成力が問われるため，17〜19世紀のヨーロッパでは，肖像画や風景画，静物画を含めた絵画作品の中では最上級のものとされた。

歴史画を読み解くポイント
―次のような点に注目してみよう―
①どのような場面が描かれているのか。
②絵画全体からどのような印象を受けるか。
③作者はどのような意図で作品を描いたか。
④絵画と歴史的事実はどのように関係しているか。省略されたり，付け加えられたりしている要素はあるか。

風刺画（戯画）の読み解き方

風刺画（戯画）とは，批判的な意図をもって風刺的に描かれたもの。実際に起こった出来事や社会状況を題材とし，人物の特徴を際立たせるために誇張された表現が用いられる。

風刺画（戯画）を読み解くポイント
―次のような点に注目してみよう―
①どのような出来事・状況を描いているのか。
②描かれている登場人物（あるいはモノ）は何を表しているのか。
③作者はどのような意図でこの作品を描いたのか。

❽パリ・ピカソ美術館蔵，1951年

COLUMN ゴヤの構図に学ぶ―「1808年5月3日」のインパクト

西洋絵画の世界では，優れた先人の構図を借用することも盛んに行われた。ナポレオンに対するスペイン民衆の抵抗を描いたゴヤの作品「1808年5月3日」（➡ P.52）の構図は，マネやピカソなど様々な作家にインスピレーションを与えた。

❻「1808年5月3日」（ゴヤ筆）

マンハイム市立美術館蔵，1867年

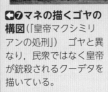

◀❼マネの描くゴヤの構図（「皇帝マクシミリアンの処刑」）　ゴヤと異なり，民衆ではなく皇帝が銃殺されるクーデタを描いている。

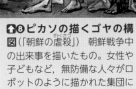

◀❽ピカソの描くゴヤの構図（「朝鮮の虐殺」）　朝鮮戦争中の出来事を描いたもの。女性や子どもなど，無防備な人々がロボットのように描かれた集団に殺されようとしている。

1 歴史学習の前に

◆人種・民族・語族とは

人種	従来は，身長・皮膚の色・毛髪などの身体的特徴によって人類をいくつかの集団に分けた生物学的概念であると説明されてきたが，今日では，「人種」は生物学的に有効な概念ではなく，社会的につくられたものであるという見解が主流となっている。
民族	言語・宗教・習俗・生活様式など文化的・社会的特徴によって区分された集団。
語族	同一の祖語から分かれ出たと考えられる言語の集団。同系統の言語を話す人間集団を「〜語系」と表現することも多い。

◆主な国の種類

帝国…皇帝が支配している国家で，広大な領域を支配下に置き，国内に多くの民族を抱える。
王国…王が支配しており，帝国に比べると小規模な国家。
王朝…同じ王家の血統の者が国を統治していた期間。

◆言語による人名表記の違い

アレクサンドロス(希)	アレクサンドル(露)
ウィリアム(英)	ヴィルヘルム(独)，ウィレム(蘭)
カール(独)	チャールズ(英)，シャルル(仏)，カルロス(西)
フィリッポス(希)	フィリップ(英)，フェリペ(西)
マリア(羅)	メアリ(英)，マリア(独)，マリ(仏)
ヨハネ(慣)	ジョン(英)，イヴァン(露)，ジョアン(ポ)
ルイ(仏)	ルートヴィヒ(独)，ルイス(西・ポ)

＊希＝ギリシア語　羅＝ラテン語　ポ＝ポルトガル語　慣＝慣用

◆国名などの略称

英	イギリス	仏	フランス
独	ドイツ	伊	イタリア
蘭	オランダ	西	スペイン
露(ロ)	ロシア	米	アメリカ
墺	オーストリア		
普	プロイセン		
印	インド	土	トルコ
豪	オーストラリア	中	中国
ソ	ソヴィエト社会主義共和国連邦		
欧	ヨーロッパ		

2 歴史の基本用語

◆政治

用 語		解 説
君主政(制)		君主が政治を行う政治体制。君主が皇帝の場合は帝政，国王の場合は王政とよばれる。君主の権限の強さに応じて，専制君主政と立憲君主政に分類できる。君主の地位は，多くの場合世襲されたが，選挙で君主が選ばれる場合もあった。
	専制君主政(制)絶対王政	君主が主権をもち，絶対的な権力を有する。その中でも近世ヨーロッパで生まれた，国王が官僚と常備軍を用いて統治する強力な統一国家は，絶対王政とよばれる。
	立憲君主政(制)	君主の権限が憲法などによって制限される政治体制。制限君主政などともいわれる。例 現在のイギリス，オランダ，スウェーデンなど多数
共和政(制)		君主を置かない政治体制。貴族など，少数の特権階級が政治を行う寡頭政(制)や，人々が自ら政治に参加する民主政(制)がある。民主政は，人々の政治への参加方法によって，直接民主政と間接民主政に分かれる。
	直接民主政(制)	人々が直接政治の運営に参加する。
	間接民主政(制)	人々が選挙で代表者を選出し，権力の行使を信託することで間接的に政治に参加する。現代のほとんどの国家が採用。
元首		国家の代表者。君主政の国家の場合は，皇帝や国王が元首に相当する。共和政の国家の場合は，大統領や，最高統治機関の長が元首となる。元首はもともと「国家権力の全能者」をさしたが，今日では単に対外的に国家を代表する地位にある人物や国家機関をさすことが多い。
内閣		複数の大臣により組織され，行政権を行使する機関。内閣を主宰する大臣を首相(総理大臣)とよぶ。大臣の全員または多数が議会内から選ばれ，議会の監視のもとに政治を行い，議会に対して責任を負うものを，特に議院内閣制(責任内閣制)という。
議会		法律の制定や予算の決定，条約の締結など，内政や外交について議員が合議し決定する機関。ヨーロッパでは，近世までは，貴族や平民などの身分ごとに選ばれた議員で構成される身分制議会があった。近代以降は，異なる原理で選ばれた議員で構成される二院制議会が一般的である。

●国民国家の形成とナショナリズム

封建国家

多数の独立権力が，国王を中心とする封建的主従関係を通じて組織化された国家。中世ヨーロッパでは，皇帝や国王はあくまで封建領主の一人にすぎず，国土を一元的に支配してはいなかった。また，百年戦争時の英仏のように，国境も明確ではなく互いに入り組んでいた。時代を経るにつれ，国王による集権化が進められた。

➡❶騎士の叙任

主権国家

主権と領土が明確となった国家形態。近代国家の原型。15世紀末からのイタリア戦争を契機に統一国家の形成が進み，ヨーロッパ各国は国境で区切られた領土を排他的に有し，統一的な国家権力(当初は国王)による一元的な統治が確立していった。各国は，官僚機構や常備軍を整備し，国内の経済活動を保障する一方で体系的な租税を徴収するしくみをつくり上げた。絶対王政は封建国家から主権国家への移行期に現れた主権国家の一形態と考えることができる。

国民国家(Nation-State)

国民を主権者とする国家。環大西洋革命を経て成立した。これにより主権・領土・国民という国家の3要素が揃い，自由・平等，基本的人権の保障，議会政治，法治主義，中央集権制などを特徴とする近代国家が確立した。

ナショナリズム(Nationalism)

国民としてのまとまりを重視する考え方や運動。ナショナリズムは，自由主義と結び付いて民主主義の発展に寄与するとともに，民族解放運動の原動力となった(国民主義・民族主義)。一方でナショナリズムは，自国民・民族が他国民・民族に優越するとの考えも生みだし，「劣等民族」の文明化を名目とした優越主義的行動の正当化にもつながった(国家主義)。

⬆❷二月革命　1848年のフランスにおける二月革命は，「諸国民の春」とよばれるヨーロッパ各地での民族運動の高揚をもたらした。➡P.55

➡❸ナチ党を支持するドイツの人々　ナチ党は様々なプロパガンダを巧みに利用して，国民の一体感を高めた。➡P.115

◆経済

用 語	解 説
重商主義	貴金属や貨幣の量こそ国家の富(国富)の源泉であるとの前提に基づき，国家が積極的に経済に介入することでその増大をめざす経済政策・経済思想。16〜18世紀にヨーロッパの絶対王政国家の多くが採用。金銀の獲得を重視する**重金主義**として現れ，のちに輸出促進・輸入抑制による貿易黒字を重視する**貿易差額主義**に移行した。
自由貿易主義	国家による貿易統制を排除しようとする経済政策・経済思想。重商主義に対する批判として登場し，産業革命(**▶P.42**)を経た19世紀以降のイギリスで台頭したほか，南北戦争(**▶P.61**)以前のアメリカ南部諸州でも主張された。
保護貿易主義	国内産業の保護・育成を目的として，関税などといった国家による貿易制限を重視する経済思想・経済理論。イギリス経済に対抗して工業化を進めようとする19世紀のヨーロッパ各国が採用した(**ドイツ関税同盟**など)。重商主義や，世界恐慌後に形成された**ブロック経済**は，保護貿易主義の一形態と考えることができる。
プランテーション	16世紀以降，ヨーロッパの進出によってラテンアメリカや東南アジアなどに形成された。商品作物生産のための大規模農場制。**▶P.51,65**
モノカルチャー	特定の輸出用商品作物のみを栽培する農業。**プランテーション**はその典型。石油など，特定の鉱物資源開発をさす場合もある。こうした一次産品の生産に依存する経済体制は**モノカルチャー経済**とよばれ，開発途上国を中心に現代にも見られるが，国際価格や気候の変動による影響が非常に大きく，経済停滞の原因となっている。
資本主義	生産手段を財産として私有する資本家が，労働者を雇い，商品を生産して利潤を得る経済システム。**産業革命**を経て確立された。
社会主義	生産手段の社会的共有・管理により平等な社会を実現しようとする思想・運動。**資本主義**が生みだす経済的・社会的諸矛盾を解消しようとする中で登場した。**▶P.43**
ブロック経済	1929年の世界恐慌に直面した諸国がとった自衛策。自国の決済通貨を軸としてそれぞれ経済圏(ブロック)をつくり，グループ内の関税を軽減して域内通商を確保するとともに，域外からの輸入には高関税をかけて自国産業を保護した。**▶P.112**

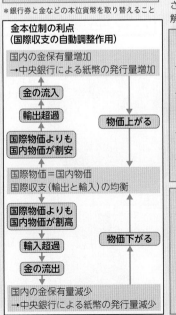

●金本位制 **▶P.112**

金本位制とは
①国内的には紙幣と金との兌換*(紙幣は，貴金属である金との引き換え券)
→金の保有量で紙幣の発行量が決まる
②対外的には金の輸出入の自由(貿易の代金は金で行う)
この2つが成り立っていること

*銀行券と金などの本位貨幣を取り替えること

金本位制の利点
(国際収支の自動調整作用)

国内の金保有量増加
→中央銀行による紙幣の発行量増加

金の流入

輸出超過 ─ 物価上がる

国際物価よりも国内物価が割安

国際物価＝国内物価
国際収支(輸出と輸入)の均衡

国際物価よりも国内物価が割高

輸入超過 ─ 物価下がる

金の流出

国内の金保有量減少
→中央銀行による紙幣の発行量減少

(表)

＊＊図柄は，1897年発行のものと同じ。翌1931年に金輸出再禁止となったため，使用期間は短かった。
日本銀行貨幣博物館蔵

④金解禁に備えて増鋳された二十円金貨 金貨は，貨幣法の制定にともない，1897年に鋳造された。その後，1917年の金輸出禁止にともない，鋳造されなくなったが，1930年の金本位制への復帰(金解禁)のための金準備として，再び鋳造された。

国際物価より国内物価の方が割安なとき
①輸出超過で貿易黒字となる。
→②金本位制では，貿易代金は金によって決済されるため，金が流入し金保有量が増加する。
→③紙幣の発行量は，金の保有量に規定されるため，中央銀行は金融緩和政策をとり，紙幣の発行量は増加する。
→④紙幣が増加すると，物価が上昇し，輸出が減少する。
→⑤国内物価は国際物価に近づき，輸出と輸入は均衡する。

国際物価より国内物価の方が割高なとき
①輸入超過で貿易赤字となる。
→②金が流出し，金保有量が減少する。
→③中央銀行は金融引き締め政策をとり，紙幣の発行量が減少する。
→④紙幣が減少すると物価が下がり，輸入は減少する。
→⑤国内物価は国際物価に近づき，輸出と輸入は均衡する。

◆外交・国際関係

用 語	解 説
植民地	移住・開拓や，武力的占領，条約締結などを通じて，ある国(**宗主国**)が内政や軍事，外交などの権限を行使し，土地と住民を支配する領域。徴税や徴兵などを通して宗主国による直接的な収奪が行われたほか，近代では宗主国への経済的従属も進んだ。
宗主国・保護国(領)	2つの主権国家の間で，条約の締結などにより主従関係が成立している場合，「主」側を**宗主国**，「従」側を**保護国(属国)**という。多くの場合，保護国では，宗主国がその軍事・外交の権限を代行した。保護国の内政の権限は維持されたが，宗主国が干渉を行うことも多かった。 例 エジプト(イギリスの保護国)，大韓帝国(日本の保護国)
自治領	ある国の領土でありながら，広範囲の内政・外交権限を独自に行使することが認められた地域。 例 カナダ・オーストラリア(イギリスの自治領)
委任統治領	第一次世界大戦後，国際連盟から委任を受けたイギリスやフランス，日本などといった国々が統治を行った地域。敗戦国ドイツ・オスマン帝国の領土であったアフリカ・中東・太平洋地域に設けられた。これら地域の植民地化防止や，将来の自治・独立の援助を目的としたが，実質的には戦勝国による領土再分割であった。
租借地	条約に基づいて，ある国が他国に一定期間貸し与えた地域。借り受けた(租借した)国は，租借地の行政・立法・司法権を行使し，軍隊を駐留させることもあった。 例 清末以降の旅順や膠州湾，九竜半島など(ヨーロッパ列強・日本が租借)，パナマ運河(アメリカ合衆国が租借)
租界	条約に基づいて，ある国が他国に一定期間貸し与えた区域。租借地に比べ面積が小さく，都市内の一区画であることが多い。借り受けた国は，租界内で行政・司法権を行使した。**外国人居留地**ともよばれる。アヘン戦争(**▶P.66**)後の1845年，イギリスが上海に設けたのが始まり。 例 上海，天津，幕末・明治維新期の横浜や神戸，長崎
条約	国家間または国家と国際機関が文書の形式で取り交わす合意。条約という名称のもの(狭義の条約)だけではなく，協約や憲章，議定書，宣言，規程，規約などといった名称のものを含める場合もある(広義の条約)。
同盟	第三国との武力紛争が発生した場合，これに共同で対応することを国家間で公式に取り決めたもの(攻守同盟)。
協商	特定の事項に関する協力を，国家間で非公式に取り決めたもの。同盟のような軍事的な援助義務をもたない。
治外法権(領事裁判権)	外国人が滞在国の法律や裁判権に服することを免れる権利。治外法権が認められている場合，犯罪を犯した外国人は，その出身国から派遣された領事によって，出身国の法律にしたがって裁かれた。
関税自主権	貿易において，輸入品に対する関税率を，輸入国自ら決定する権利。関税自主権がないと，関税による国内産業の保護が難しくなる。
最恵国待遇	二国間で取り決めを結び，いずれかの当事国が第三国に新たに特権や利益を認めた場合，同様の待遇をもう一方の当事国に与えることを約束すること。双方がこの義務を負う場合は**双務的最恵国待遇**，一方のみがこの義務を負う場合は**片務的最恵国待遇**とよばれる。

Prologue 1 諸地域世界

人類の誕生と拡散

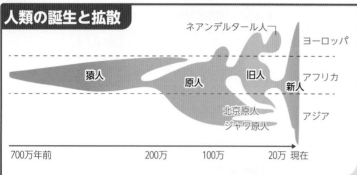

①人類の進化 約700万年前に直立姿勢で二足歩行する初期の人類（猿人）がアフリカで誕生した。その後の枝分かれを繰り返しながら進化の過程を歩み，約20万年前にホモ＝サピエンス（新人）が生まれた。それが現在の人類の祖先である。

アフリカで誕生したホモ＝サピエンスは，世界各地へ拡散していった。狩猟や採集が中心だった人類は，約1万年前には農耕や牧畜を始めた。やがて文字や青銅器の使用を始め，集団の規模も大きくなり文明とよばれる段階に達する。こうして人類は，自然環境の違いにも影響されながら，地域ごとに独自の社会を作り上げていった。諸地域の間では古くから交易を中心に，戦争や移住などの交流も行われた。

ヨーロッパ

世界遺産
②パルテノン神殿（ギリシア）

世界遺産
③コロッセウム（イタリア）

西アジア

→⑤楔形文字（上）**とフェニキア文字**（下） 西アジアで文字が生み出され，フェニキア文字はギリシアに伝わりアルファベットの起源となった。

- メソポタミア文明，エジプト文明を含む古代西アジア文明では灌漑技術・農耕技術の進展により都市文明が形成，諸民族を支配する大規模な帝国が興亡
- 太陽暦，アルファベット，週7日制，六十進法など現代につながる要素も誕生
- ユダヤ教，キリスト教とも西アジアで誕生。キリスト教はヨーロッパへ伝播
- 7世紀にアラビア半島で生まれたイスラームは，西アジアを中心に拡大，イスラーム諸王朝が興亡

世界遺産
カイロ市街
クフ王のピラミッド
カフラー王のピラミッド
メンカウラー王のピラミッド
⑥ギザの三大ピラミッド（エジプト）

⑦カーバ神殿（サウジアラビア） アラビア半島のメッカにあるイスラームの聖地。

A 世界の主な文明

大西洋
太平洋
マヤ文明
アステカ王国
インカ帝国
アンデス山脈
← ホモ＝サピエンスの拡散

アメリカ

→⑧マチュ＝ピチュ（ペルー） 高度な石造技術が発達していたインカ帝国が，標高2,400mの山頂に建設した空中都市。

- 中南米の高原地帯で都市文明形成。ユーラシア大陸と交流なく，独自の文明が発展
- 鉄器・車輪は使用せず，牛・馬を家畜としてもたなかった
- 15世紀のヨーロッパとの接触以降，アメリカ大陸原産の食物が世界中に拡散，各地の文化にも影響 P.16

世界遺産

→⑨ジャガイモ 南米原産の食物。救荒作物としてヨーロッパでも「貧者のパン」とよばれるほど貴重な作物となる。

アフリカ

- 北部は古代西アジア文明やローマ文明の影響を受けつつ，7世紀以降はイスラーム化が進む
- 西部では，西アフリカの金とサハラの岩塩とを交換する交易で王国が発展。ムスリム商人が交易に従事しイスラーム広がる
- 東岸海岸はアラビア半島・インド・東南アジア・東アジアに至る交易ネットワークに参画

→⑩サハラ砂漠から切り出された岩塩（マリ）

世界遺産

→⑪トンブクトゥのモスク（マリ） ニジェール川中流に栄えた交易都市。

「最後の晩餐」

（レオナルド゠ダ゠ヴィンチ筆）十字架にかけられる前の晩のイエスと，彼の12人の弟子が描かれている。

- ギリシアでは都市国家（ポリス）が興隆し，アテネでは民主政が発達
- 都市国家から生まれたローマは巨大帝国に成長。キリスト教を受容。ギリシア文明とともにヨーロッパ文化・思想の重要な構成要素となる
- 7世紀以降，イスラーム勢力が地中海に進出

イタリア・サンタ゠マリア゠デレ゠グラツィエ修道院食堂壁画，1495頃〜98年，縦420×横910cm

メソポタミア文明
エジプト文明
インダス文明
黄河文明
長江文明
ヒマラヤ山脈
サハラ砂漠
ジェンネ
アラビア半島
アラビア海
インド洋
太平洋
4000km

東アジア

- 中国王朝は，西方や北方の遊牧民との交易や戦争を繰り返しながら興亡
- 中国で生みだされた漢字や儒教は，ともに東アジア全体に広がり，共通の文化的基盤を持つ東アジア文化圏を形成
- 中国王朝は，中国を文明の中心（中華）とみなす中華思想を基盤として，周辺国との間で冊封・朝貢関係に基づく国際秩序を形成

↪⑫甲骨文字

↑⑬湯島聖堂（東京都）儒教の開祖孔子（前551頃〜前479）を祀る廟は中国や日本各地に建立されている。孔子は仁・礼の思想や，徳をもって民衆を導く徳治主義の考え方を唱えた。

↪⑭科挙 隋（581〜618）以来，官吏登用の試験である科挙が実施され，受験科目に設定された儒教の思想的重要性はますます高まった。

漢 委 奴 ─ 国 王
蛇

↩⑮「漢委奴国王」と刻まれた金印 1世紀に倭の奴国は後漢に朝貢し，皇帝より印綬を授けられた。
福岡・志賀島出土，1辺2.3cm

実物大

金印「漢委奴国王」，福岡市博物館蔵

南アジア

ボストン美術館蔵

- インダス川流域を中心にインダス文明が成立
- 仏教，ヒンドゥー教が誕生，のちイスラームの影響も受ける
- 北部では大国が興亡，南部では季節風を利用した交易が発達，西アジア・東アフリカと東南アジア・東アジアをつなぐ東西交流の要衝となる

⑯モエンジョ゠ダーロ（パキスタン）
世界遺産

↑⑰2世紀頃につくられた仏像 ギリシア彫刻の影響も受けている。

東南アジア

- 海のシルクロードとよばれる海上東西交易路の要衝
- 東アジア，南アジアの影響を受けつつ，香辛料やべっ甲などの産品を基盤とする交易活動を通じて独自の文化が発展
- 仏教やヒンドゥー教，イスラームが伝播

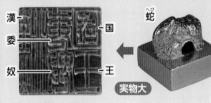

↪⑱香辛料 ヨーロッパで調味料や薬として重宝されたが，東南アジアでしか産出されず，その希少性から高級な交易品であった。直接取引をめざしたヨーロッパ勢力は15世紀以降海外進出に乗りだした。

↪⑲蘭奢待（沈香） 香木は貴重な交易品であった。正倉院宝物

⑳アンコール゠ワット（カンボジア）
世界遺産

1 世界の主な宗教

■一神教　■多神教

	キリスト教	ユダヤ教	イスラーム	ヒンドゥー教	仏　教
成立	1世紀		7世紀	紀元前後頃	前6世紀頃
創始者	**イエス**	特定の開祖なし	**ムハンマド**	特定の開祖なし	**ガウタマ＝シッダールタ**
聖典	『旧約聖書』『新約聖書』	『旧約聖書』	『クルアーン（コーラン）』	特定の聖典なし	仏典（多教）
教義特色	イエスは救世主（メシア）神の絶対愛と隣人愛	選民思想・メシアの時代を待望・律法主義	**神への絶対的帰依・偶像を厳禁・六信五行の実践**	**ヴァルナ制肯定** 輪廻からの解脱をめざす修行（ヨーガや沐浴など）	**ヴァルナ制否定** 八正道（精神的修養）の実践による解脱
	安息日は日曜日	安息日は土曜日	金曜日は礼拝の日		

①ユダヤ人には神から多くのことが課されたとする思想
②六信…唯一神（アッラー）・天使・啓典・預言者・来世・予定。五行…信仰告白・礼拝・喜捨・断食・巡礼
③古代インドの身分制度

[宗教分布・年表図表：アメリカ／ヨーロッパ／西アジア／南アジア／東南アジア／東アジア／日本の各地域における宗教の成立と伝播を示す。ゾロアスター教、ユダヤ教、ヴェーダの宗教（バラモン教）、ジャイナ教、仏教、上座部、大衆部、儒教、キリスト教、シーア派、イスラーム、スンナ派、ヒンドゥー教、大乗仏教、道教、仏教、チベット仏教、上座仏教、スンナ派、シク教、カトリック、東方正教（ギリシア正教）、プロテスタント等を年代（1000年〜2000年）で配置]

COLUMN 宗教と食のタブー

宗教には食に関するタブー（禁忌）が存在する。ヒンドゥー教の牛、イスラームの豚は有名だが、他にも細かい規定があり、イスラームでは豚肉以外でも特定の儀礼により処理された肉しか食べてはならない。合法的に処理された食材として認められたものがハラールであり、認証マークがつけられている。ユダヤ教にも宗教的に合法と認められた食材を示すコーシャという証認マークがある。国際化が進む近年では日本の企業もその認証を受ける機会が増えている。

➡①ハラールマークが表示された日本の食品

●仏教と神道

日本には6世紀に中国・朝鮮半島を経由して仏教が伝わった。一方、古代の祭祀から発展した神道は多神教であり、この二つの宗教は教義や儀式が互いに影響・融合し合い（神仏習合）、人々の間に広まりながら、日本の文化や思想、社会に影響を強く与えてきた。明治維新期に祭政一致を掲げた政府は神道国教化のために神仏習合を禁止し、廃仏毀釈が各地で起こった。➡P.91

⬆②インドの仏教壁画（アジャンター壁画、6世紀）

⬆③法隆寺金堂壁画（7世紀）

インドの仏教壁画はシルクロードを経由して日本にも伝来した。アジャンター壁画はシルクロードを経るうちに中性化し、法隆寺金堂壁画では宗教的雰囲気が強められている。

世界遺産

➡④日光東照宮の鳥居と五重塔（栃木県）　神仏習合により、かつては同じ敷地に寺院と神社があることも珍しくなかった。日光東照宮には今でもその名残がみられる。

A 世界の宗教分布

世界の宗教の割合（2016年）

- ユダヤ教 0.2
- その他 22.6
- キリスト教 32.9%
- イスラーム 23.6
- ヒンドゥー教 13.7
- 仏教 7.0

凡例：
- キリスト教：カトリック／東方正教会／プロテスタント
- イスラーム：スンナ派／シーア派
- 上座仏教／チベット仏教／儒教・道教・大乗仏教
- ヒンドゥー教／ユダヤ教／その他

0　3000km

サン＝ピエトロ大聖堂

2 ユダヤ教とキリスト教

●ユダヤ教

厳格な一神教で，**その思想はキリスト教やイスラームに影響を与えた。**ユダヤ教徒はパレスチナに居住していたが，ローマ帝国の侵攻を受けた1世紀以降，世界各地に離散した。19世紀末からシオニズムとよばれるパレスチナへの復帰運動が展開された。

史料① モーセの「十戒」

①あなたには，私をおいてほかに神々があってはならない。
②あなたは自分のために彫像を造ってはならない。……
③あなたは，あなたの神，主の名をみだりに唱えてはならない。……

（『旧約聖書』出エジプト記 聖書協会共同訳）

➡️❺嘆きの壁 古代イスラエルの神殿の遺構で，ユダヤ教の聖地。→P.141

岩のドーム
（イスラームの聖地）
【世界遺産】
嘆きの壁

●キリスト教

1世紀初め，ローマ帝国の領内において，ユダヤ教を批判し，神の絶対愛を説いたイエスの復活の信仰が生まれ，**キリスト教が成立した。**11世紀には，政治的・教義的な面で対立を深めたローマ＝カトリックと東方正教会に分離した。

東方正教会

主に東欧やロシアに広がるキリスト教の宗派。コンスタンティノープル（現イスタンブル）を中心に独自の発展をとげた。

➡️❽ニコライ堂（東京都） 東方正教会の大聖堂。

COLUMN 世界最小の国 ヴァチカン市国

ヴァチカン市国は，ローマ市内にある総面積0.4km²の世界最小の国で，ローマ教皇が国家元首。カトリック教会の総本山のサン＝ピエトロ大聖堂がある。8世紀以降，教皇はイタリア中部に領土を保持していたが，19世紀のイタリア統一時に大部分がイタリア王国に併合された。

❻ヴァチカン全景 【世界遺産】
サン＝ピエトロ広場

➡️❼ローマ教皇フランシスコ（在位2013〜）カトリックの最高指導者。イエスの弟子ペテロが初代教皇とされ，歴代教皇はその後継者という位置づけである。

➡️❾イコン 東方正教会ではキリストや聖母を描いた聖像（イコン）が崇拝の対象となった。「ウラディミルの聖母」，トレチャコフ美術館蔵

宗教改革

16世紀にドイツのルターが聖書中心主義を主張，聖職者の階層性も否定し，教皇とカトリック教会を批判した。こうして始まった**宗教改革**によりプロテスタント（「抗議する者」の意でカトリックから離脱した宗派）が生まれ，ドイツ北部やオランダ，イギリスなど，主にヨーロッパ北部に広まった。

➡️❿ルター（1483〜1546）

3 イスラーム

➡️⓫ムスリムの礼拝（サウジアラビア）

イスラームは，『クルアーン』に記された神（アッラー）の言葉に絶対的に従う生活を理想としている。その信者はムスリムとよばれる。

➡️⓬『クルアーン』 神の啓示がアラビア語で記されている。イスラームは厳格な一神教であり，偶像崇拝が禁止されているため，飾り文字や幾何学文様が発達した。

◆イスラームの重要語句

●**カリフ**…イスラーム共同体の首長で預言者ムハンマドの後継者を意味する。10世紀には政治的権威を喪失
●**スルタン**…政治的権威を喪失したカリフから任命されたイスラーム諸王朝の君主
●**スンナ派**…ムハンマドのスンナ（慣行）に従い，代々のカリフを正統と認めるイスラームの多数派
●**シーア派**…4代目カリフのアリーとその子孫をイマーム（指導者）とする人々。現在はムスリム全体の約1割を占める

COLUMN イスラームの女性

イスラームでは，女性は夫以外の男性に素肌を見せることは好ましくないとされ，地域差はあるが，既婚女性は外出時にチャドルをまとう。また，イスラーム法は男性が4人まで妻を持つことを認めているが，これも地域差があり，実際に2人以上妻を持つ男性はまれである。結婚は男女間の厳格な契約で決められる。

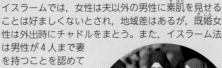

➡️⓭チャドルをまとった女性

4 仏教

インドで生まれた**仏教**は中央アジアから中国・朝鮮半島・日本に伝わった大乗仏教と，スリランカから東南アジアに伝わった上座仏教に大別される。

➡️⓮托鉢する僧侶（ラオス）

5 ヒンドゥー教

インドで生まれたヴェーダの宗教（バラモン教）は，インド各地の信仰や儀礼を吸収して**ヒンドゥー教**へと変容していった。ヒンドゥー教は，インドの人々の生活規範としての性格を持ち，生活に根づいてきた。

➡️⓯ガネーシャの祭り（インド・ムンバイ）

➡️⓰ガンジス川の沐浴（インド）
ヒンドゥー教には浄と不浄の概念がある。沐浴は罪を洗い清め，功徳を増すものと信じられている重要な宗教生活である。

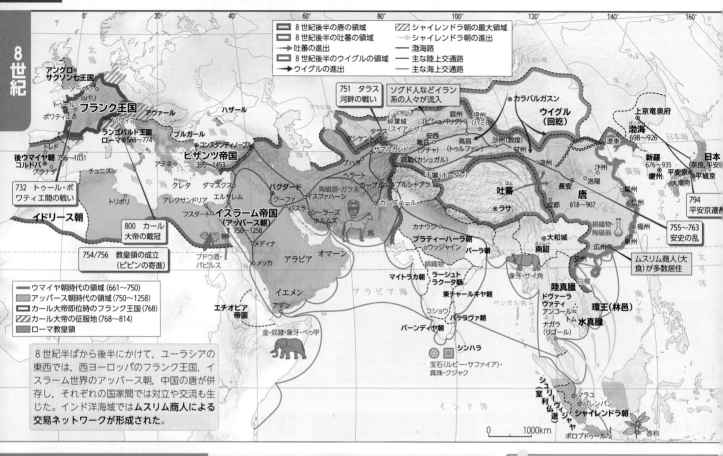

8世紀

凡例：
- 8世紀後半の唐の領域
- 8世紀後半の吐蕃の領域
- 吐蕃の進出
- 8世紀後半のウイグルの領域
- ウイグルの進出
- シャイレンドラ朝の最大領域
- シャイレンドラ朝の進出
- 渤海路
- 主な陸上交通路
- 主な海上交通路

751 タラス河畔の戦い
ソグド人などイラン系の人々が流入
732 トゥール・ポワティエ間の戦い
800 カール大帝の戴冠
754/756 教皇領の成立（ピピンの寄進）
794 平安京遷都
755〜763 安史の乱
ムスリム商人(大食)が多数居住

- ウマイヤ朝時代の領域（661〜750）
- アッバース朝時代の領域（750〜1258）
- カール大帝即位時のフランク王国（768）
- カール大帝の征服地（768〜814）
- ローマ教皇領

8世紀半ばから後半にかけて，ユーラシアの東西では，西ヨーロッパのフランク王国，イスラーム世界のアッバース朝，中国の唐が併存し，それぞれの国家間では対立や交流も生じた。インド洋海域ではムスリム商人による交易ネットワークが形成された。

8〜9世紀の世界と日本

世界

❶メスキータ（スペイン・コルドバ）　7世紀にアラビア半島で生まれたイスラームは，7世紀中に西アジア全体から北アフリカ・イベリア半島にまで広まった。写真は8〜10世紀にかけて建立されたモスク（イスラーム寺院）。

❷ラクダに乗った胡人（唐三彩）広大な領域を支配下におさめた唐のもとでユーラシア大陸の交易ネットワークが活性化し，唐の都の長安は国際都市に発展した。写真の胡人とは西域出身者のことで，その中心はソグド人であった。彼らは東西交易で活躍し，唐に西方の宗教や文物をもたらした。

日本

❸東大寺盧舎那仏（奈良市）743年，聖武天皇の詔によって造立された。仏教は朝廷による支配体制の一翼を担い，日本の社会に大きな影響を与えた。

❹遣唐使船　7世紀から9世紀にかけて派遣された遣隋使・遣唐使は，中国の政治制度や文化を日本に伝えた。呉市提供

COLUMN　海の交易で活躍した船

インド洋海域は「ムスリム商人の海」でもあった。この海のネットワークのもたらす富に注目した中国商人も，宋代になって，ジャンク船を用いて南シナ海に進出し始めた。

❺ダウ船 ムスリム商人が用いた。

❻ジャンク船

10〜12世紀の世界と日本

▶ヨーロッパではイスラーム勢力への反攻が試みられ，11世紀末から**十字軍**が開始
　→キリスト教世界の拡大，商業の発展
▶10世紀初頭に唐が滅亡し，諸王朝が乱立。唐の周辺地域では文化的な自立が進む
　→日本では**国風文化**が生まれる
▶混乱期を経て**宋**が中国を再統一。宋では産業が発達し，都市が繁栄
　→平氏政権のもと，**日宋貿易**が活発化

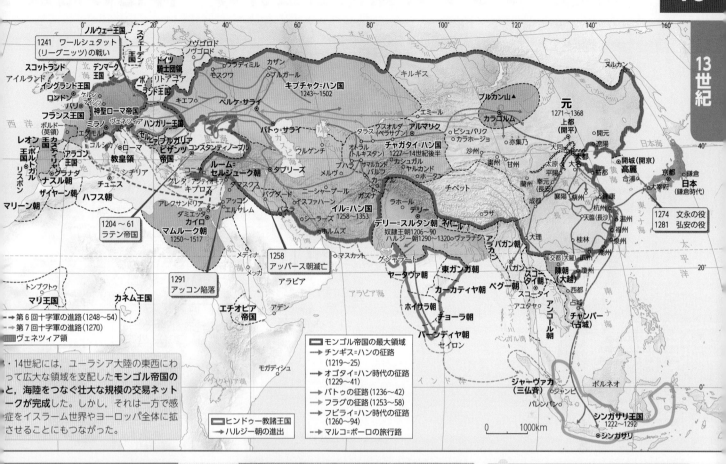

1241 ワールシュタット（リーグニッツ）の戦い

1204〜61 ラテン帝国

1250〜1517 マムルーク朝

1258 アッバース朝滅亡

1291 アッコン陥落

キプチャク＝ハン国 1243〜1502

元 1271〜1368 上都（開平）

チャガタイ＝ハン国 1227〜14世紀後半

イル＝ハン国 1258〜1353

デリー＝スルタン朝 奴隷王朝1206〜90 ハルジー朝1290〜1320 ヴァラナシ

高麗 開城（開京）

日本（鎌倉時代）

1274 文永の役
1281 弘安の役

シンガサリ王国 1222〜1292

→ 第6回十字軍の進路（1248〜54）
→ 第7回十字軍の進路（1270）
▨ ヴェネツィア領

・14世紀には，ユーラシア大陸の東西にわたって広大な領域を支配したモンゴル帝国の□と，海陸をつなぐ壮大な規模の交易ネットワークが完成した。しかし，それは一方で感染症をイスラーム世界やヨーロッパ全体に拡させることにもつながった。

□ モンゴル帝国の最大領域
→ チンギス＝ハンの征路（1219〜25）
→ オゴタイ＝ハン時代の征路（1229〜41）
→ バトゥの征路（1236〜42）
→ フラグの征路（1253〜58）
→ フビライ＝ハン時代の征路（1260〜94）
--→ マルコ＝ポーロの旅行路

□ ヒンドゥー教諸王国
→ ハルジー朝の進出

0　1000km

13〜14世紀の世界と日本

世界

■➐モンゴルの騎馬兵　13世紀初めに成立したモンゴル帝国は，卓越した機動力を備えた遠征軍によって領土を広げ，ユーラシア大陸の東西にまたがる大帝国を実現した。

■➑「死の舞踏」　黒死病（ペスト）の恐怖を描いたもの。14世紀には気候の寒冷化が続いて世界各地で飢饉が起こった。また，アジアの草原地帯で発生したペストの流行は，モンゴル帝国の商業路にのって拡大し，ヨーロッパでは3人のうち1人（2,500万人以上）が死亡したといわれる。

日本

■➒モンゴル軍と戦う日本の武士（『蒙古襲来絵詞』）
1260年に大ハン（モンゴル帝国の君主の称号）に即位し，元を創始したフビライは，二度にわたって日本に遠征軍を送った。宮内庁三の丸尚蔵館蔵

■➓倭寇（『倭寇図巻』）　元の衰退による混乱の中で，14世紀半ば以降，東アジア海域では倭寇の活動が活発化した。倭寇には日本人だけでなく，東アジア海域の様々な人々が入り混じっていた。

(右)東京大学史料編纂所蔵

COLUMN　ユーラシアをつなぐネットワーク

モンゴル帝国は，都の大都を中心とする主要道路に沿って，一定の距離ごとに駅を設置し，官命で旅する官吏・使節に，人馬・食料を提供した。これにより陸上交易はいっそう盛んになった。

■⓫モンゴル帝国が発給した通行許可証

15世紀の世界と日本

▶ヨーロッパでは，イベリア半島からイスラーム勢力を排除したスペイン・ポルトガルが海洋進出を開始（「大航海時代」の幕開け）
▶イスラームではオスマン帝国が勢力を拡大
▶元をモンゴル高原に追いやった明は，倭寇対策のため民間の海上交易を禁止（海禁），朝貢・冊封による外交体制構築
→日本もこの体制のもとで勘合貿易を開始
→明と周辺諸地域との中継貿易で琉球王国が繁栄

■⓬日明貿易で日本にもたらされた明銭（永楽通宝）

日本銀行貨幣博物館蔵

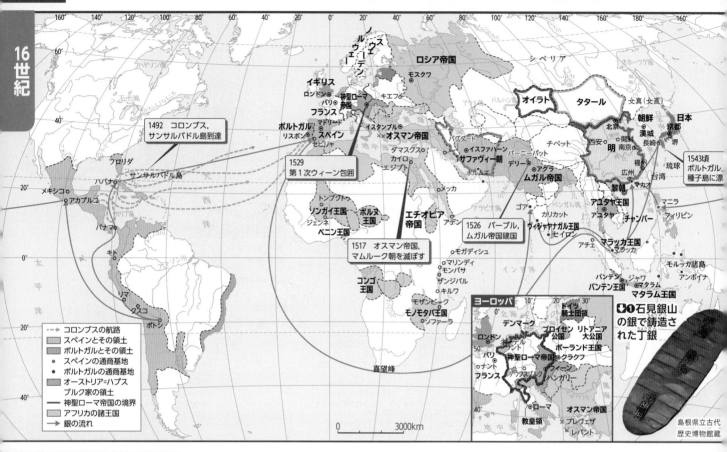

1492 コロンブス, サンサルバドル島到達

1529 第1次ウィーン包囲

1517 オスマン帝国, マムルーク朝を滅ぼす

1526 バーブル, ムガル帝国建国

1543頃 ポルトガル, 種子島に漂

凡例
- ‑‑‑‑ コロンブスの航路
- スペインとその領土
- ポルトガルとその領土
- ・ スペインの通商基地
- ● ポルトガルの通商基地
- オーストリア=ハプスブルク家の領土
- ─ 神聖ローマ帝国の境界
- アフリカの諸王国
- → 銀の流れ

ヨーロッパ

❶石見銀山の銀で鋳造された丁銀
島根県立古代歴史博物館蔵

16世紀の世界と日本

世界の動き	日本の動き
1492 コロンブス, サンサルバドル島到達	
1511 ポルトガル, マラッカ占領	
●ヨーロッパで宗教改革 ◀P.13	
●スペイン人, アステカ王国とインカ帝国征服 (1521, 1533)	1526 石見銀山採掘開始
1526 ムガル帝国成立 ▶P.62	
1534 イエズス会創設	1543頃 鉄砲伝来
●オスマン帝国の強盛 ▶P.62	1549 ザビエル, キリスト教を伝える
1545 ポトシ銀山採掘開始	
1557 ポルトガル, マカオ居住権獲得	1573 室町幕府滅亡
	1575 長篠合戦
1567 明, 交易制限を緩和	1582~90 天正遣欧使節
1568~1609 オランダ独立戦争	1587 バテレン追放令
1571 スペイン, マニラ建設	1588 刀狩令・海賊取締令
1588 スペインの無敵艦隊がイギリスに敗北	1590 豊臣秀吉, 全国統一
	1592~93, 97~98 豊臣秀吉の朝鮮侵略

世界
▶ヨーロッパの海外進出が本格化 (「**大航海時代**」)
　→全盛期のアジア交易に参入 (香辛料を入手)
　→アメリカ大陸で銀山開発とキリスト教の布教
▶オスマン帝国など**イスラーム諸帝国**が繁栄 ▶P.62

日本
▶世界最大級の銀供給国となり, 世界規模の交易網で存在感を増す
▶交易による利益や鉄砲の入手を背景に, 織豊政権が誕生

世界の一体化

◆一体化する世界

15~17世紀にアジアは大交易時代を迎えるが, それを支えたのは日本銀やメキシコ銀の流通であり, 初期の鉱山としてはポトシ銀山や石見銀山が有力であった。銀供給地である日本に対する国際的な関心も高まった。

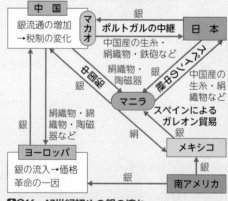

❷16~17世紀初めの銀の流れ

中国
銀流通の増加
→税制の変化

マカオ
ポルトガルの中継
中国産の生糸・絹織物・鉄砲など

日本

中国産の生糸・絹織物など

絹織物・陶磁器

マニラ
スペインによるガレオン貿易

ヨーロッパ
銀の流入→価格革命の一因

メキシコ

南アメリカ

絹織物・綿織物・陶磁器など

「コロンブスの交換」

アメリカ大陸にもたらされたもの
馬・牛・羊・小麦・サトウキビ 車輪・鉄器 感染症 (天然痘・インフルエンザ・ペスト) キリスト教

ヨーロッパにもたらされたもの
トウモロコシ・トウガラシ・ジャガイモ・トマト・タバコ・サツマイモ・落花生・カカオ・カボチャ・ピーマン・インゲンマメ・七面鳥

❸ドラードの日本図
(1568年にポルトガル人が作製したもの)

石見銀山のあたりに「R・AS MINAS DA PRATA」(銀鉱山王国)と記されている。

ヨーロッパ人のアメリカ大陸到達により文物の伝播交流が起こり (「**コロンブスの交換**」), ジャガイモやサツマイモは各地で救荒作物として重用された。またインカ帝国とアステカ王国が短期間で征服された理由として, スペイン人が持ち込んだ軍事術 (銃や馬) と疫病がある。

1 国際交易ブームとアジア

15世紀から17世紀まで続いた大交易時代に，アジア経済は飛躍的な発展を遂げた。ヨーロッパ人はアジア交易への参入を足がかりとして，植民地支配の基礎をかためていった。

	東南アジア海域世界	東アジア海域世界
14世紀後半	モンゴル帝国の崩壊でユーラシア大陸のネットワーク混乱	
		●元の衰退による混乱で倭寇出没（前期倭寇）P.15
		●明，民間交易を制限 P.34
15世紀前半	鄭和の南海遠征で明中心の朝貢交易圏成立（民間交易は制限）	
	●マラッカの繁栄	●琉球の繁栄 P.35
状況転換		●室町幕府の勘合貿易 P.15
	●スペイン・ポルトガル勢力の進出	モンゴル勢力の反乱，後期倭寇
		●明，交易制限を緩和 P.34
	ヨーロッパ人の交易参入・アジア海域世界の全盛期・様々な新興勢力	
16世紀後半	●タウングー朝・アユタヤ王国や島嶼部のイスラーム王国	●中国東北地域で女真の台頭（清の建国へ）
		●豊臣秀吉，海賊取締令
		●豊臣秀吉の朝鮮侵略
17世紀前半	●オランダと島嶼部のイスラーム王国の対立	●清が交易制限 P.34
		●日本は当初，朱印船貿易→しだいに「鎖国」的政策へ
17世紀半ば	日本銀・メキシコ銀の流通が減少　アジアの大交易時代の終焉	

東アジア海域世界

●5 泡盛　琉球は明への朝貢回数が極めて多く，アジア海域世界の中心地の一つとして繁栄した。沖縄で生産される泡盛は，アユタヤ朝時代のタイから伝わったものと考えられている。 P.35

←6 大坂夏の陣図屏風に描かれた豊臣時代の大坂城
アジア・ヨーロッパとの交易で利益を得た織豊政権は，戦乱の終結と17世紀の日本経済の安定的発展を準備した。
大阪城天守閣蔵

東南アジア海域世界

↓4 マラッカの王宮（復元）（マレーシア）

明の朝貢交易圏の結節点として栄えた**マラッカ王国**は，16世紀に入るとポルトガルに滅ぼされた。その後，東南アジア海域にはオランダが進出し，アチェ・バンテン・マタラムなどの**イスラーム王国**と交易の利益を争った。

●豊臣秀吉と朝鮮侵略

豊臣政権は，**アジアの交易ブーム**に乗って台頭した諸勢力の一つであった。秀吉の朝鮮侵略に対抗したのが，李舜臣率いる朝鮮の水軍で，鉄板で装甲された亀甲船が威力を発揮した。

●7 李舜臣像　韓国の各地に建てられている彼の銅像は，日本の方向を向いている。

⑧亀甲船

2 世界の一体化とヨーロッパ

●ルネサンス期の三大改良

宋代（960〜1276）の中国から伝わった技術がルネサンス期のヨーロッパで改良された。**羅針盤**や**火薬**は「大航海時代」を支え，**活版印刷**はドイツ語訳聖書の普及に寄与した。

*14世紀にイタリアで始まった文化運動。ギリシア・ローマの古典文化を模範とし，人間らしい生き方を追求した。

↑9 火砲

グーテンベルク

→10 グーテンベルクが改良した活版印刷機

↑11 羅針盤

A ヨーロッパの主要都市

ロンドン　アムステルダム
パリ　トリーア
ミラノ　ヴェネツィア
リスボン　ジェノヴァ
　セビリャ　ローマ　テッサロニキ
　　　ナポリ　アテネ
　パレルモ　コリントス
　　シラクサ

0　500km

大都市への成長
●900年まで
●1500年まで
●1800年まで

16世紀にヨーロッパの海外進出が本格化すると，商業の中心は地中海から大西洋岸に移動した。

日本観察の先駆者

フランシスコ=ザビエル
(1506〜52)

「聖フランシスコ・ザビエル像」（部分），神戸市立博物館蔵

鉄砲や南蛮文化が伝来した16世紀の日本には，キリスト教も伝わった。その先駆けとなったのがザビエルである。ザビエルは**イエズス会**を結成し，インド・東南アジアを経て鹿児島に上陸。日本で布教活動を行ったほか，膨大な書簡を残した。日本に関する記述も多く，日本が「銀の島」とよばれていることも記している。

↓13 イエズス会の注文でつくられ，日本から輸出された祭儀用漆器（花鳥蒔絵螺鈿聖龕，16世紀）　日本の伝統工芸といえる蒔絵・螺鈿の技法が使用されているが，聖母子像はヨーロッパで描かれた。南蛮貿易の様相を示す文化財である。九州国立博物館蔵

（万人）
1,687
1,600
1,400
1,200
1,000
800　630
600
400　265　189　137　107
200
0　1532　1548　1568　1580　1595　1680 年

高地地方
海岸地方

S.F.クック，W.ボーラ『人口史小論』による

↑12 中部メキシコの先住民人口の推移（推定）　ヨーロッパが進出したアメリカ大陸では，**鉱山労働や感染症により先住民人口が激減**し，かわってアフリカの人々が奴隷として連れてこられた。 P.41,45

17世紀

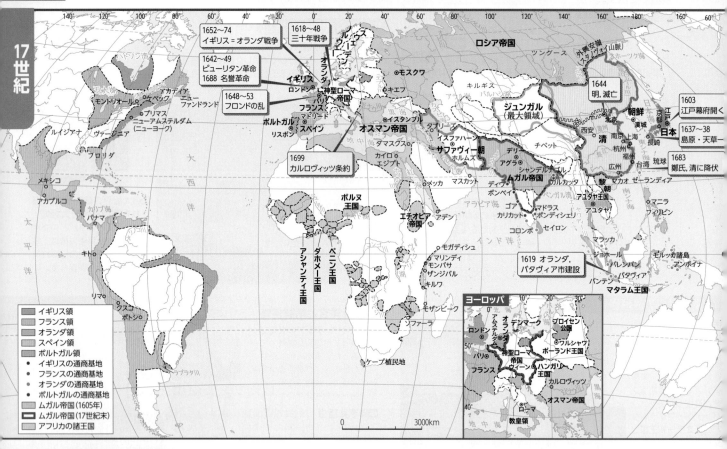

1652〜74 イギリス＝オランダ戦争

1618〜48 三十年戦争

1642〜49 ピューリタン革命
1688 名誉革命

1648〜53 フロンドの乱

1699 カルロヴィッツ条約

1644 明, 滅亡

1603 江戸幕府開く

1637〜38 島原・天草

1683 鄭氏, 清に降伏

1619 オランダ, バタヴィア市建設

ヨーロッパ

凡例：
- イギリス領
- フランス領
- オランダ領
- スペイン領
- ポルトガル領
- ● イギリスの通商基地
- ● フランスの通商基地
- ● オランダの通商基地
- ● ポルトガルの通商基地
- ムガル帝国(1605年)
- ムガル帝国(17世紀末)
- アフリカの諸王国

0　　3000km

17世紀の世界と日本

世界の動き	日本の動き
1600 英, **東インド会社**設立	1601 朱印船制度開始
1602 蘭, **東インド会社**設立	1603 江戸幕府の成立
1616 後金建国(1636 **清**に改称)	1609 島津氏が琉球へ侵攻
1618 **三十年戦争**(〜48)	1612 幕領に**キリスト教禁止令**
●17世紀の危機	1615 豊臣氏滅亡, 武家諸法度
1642 英, ピューリタン革命(〜49)*	1624 **スペイン船来航禁止**
1644 **明**滅亡	1635 **海外渡航・帰国の禁止**
1648 フランスで貴族の反乱	1637 **島原・天草一揆**(〜38)
1652 イギリス＝オランダ(英蘭)戦争(〜74, 3回)	1639 **ポルトガル船の来航禁止**
1664 仏, 東インド会社再興	1641 オランダ商館を出島へ移す **P.36**
1670 ロシアで農民(農奴)の反乱	1669 シャクシャインの戦い
1683 オスマン帝国が第2次ウィーン包囲	1671 宗門改帳の作成を制度化(禁教を目的とした信仰調査)
1688 英, 名誉革命(〜89)	
1689 ネルチンスク条約(露清間の国境画定)	

*1640〜60年とすることもある

世界
- ▶17世紀の危機を回避した**オランダ**が商業覇権を握る
- ▶内乱的状況を経て**イギリス**で議会政治確立, フランスは**絶対王政**に向かう
- ▶ロシアがシベリア方面で領土を拡大
- ▶オスマン帝国など**イスラーム**諸国の弱体化始まる
- ▶明の滅亡と清の勃興で中国は長期の混乱

日本
- ▶江戸幕府のもと戦乱終結, 新田開発や商業活動が活性化
- ▶気候寒冷化の影響を最小限に食い止めて人口増加
- ▶キリスト教の禁止と対外貿易の国家管理体制(「鎖国」)

17世紀の危機

◆17世紀の危機

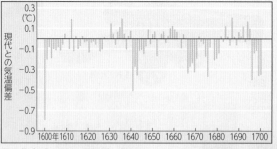

↑①北半球における夏季の気温

17世紀は全世界的に気温が低下し, 農業生産が減少して, 飢饉・疫病・戦乱を誘引した。ヨーロッパの広範囲を巻き込んだ三十年戦争, イギリスのピューリタン革命のほか, フランスやロシアでも反乱が起こった。また, 中国では明清の王朝交替に伴う混乱が続いた。

↓②凍結したテムズ川(イギリス・ロンドン) 気温の低下に伴って河川の凍結が頻発した。テムズ川では凍結した川にテントを張り, 様々なイベントを開催した。

↑③三十年戦争 宗教改革の結果, カトリックとプロテスタントの対立も激化した。1618年に宗教対立から起こった三十年戦争は, 周辺の各国も介入し, 国際戦争に発展した。

1 ヨーロッパの海外進出

16世紀

スペイン・ポルトガルのアメリカ大陸・アジア進出
◆南アジアではムガル帝国台頭

オランダの独立→オランダの覇権
◆英・蘭など**東インド会社**設立

オランダ	バタヴィアを拠点，マラッカ占領，モルッカ諸島到達
	→オランダ領東インドの基礎
	対日貿易独占（平戸→出島）
	ケープ植民地建設

17世紀

1652〜74 イギリス＝オランダ戦争
→オランダ敗北

イギリス・フランスの抗争

イギリス	インド…マドラス・ボンベイ・カルカッタ
	北米…東海岸に植民地
フランス	東インド会社再興・インド進出
	北米…カナダ・ルイジアナ

1689〜1815 第2次英仏百年戦争
→フランス敗北

18世紀

イギリスの覇権

2 オランダの覇権

オランダはなぜ17世紀の危機を回避できた？
◉スペインから独立し，宗教的に寛容な政策をとる
→商工業者が増加し，毛織物産業などが栄える
◉ポルトガル・スペインの築いたアジア貿易網を活用
◉株式会社形態の東インド会社の設立
◉長崎で日本との交易を維持できた

➡7フェルメール「士官と笑う少女」
自由な雰囲気に誘われて，17世紀のオランダには多くの学者や文芸家が集まった。地図製作も盛んで，フェルメール（1632〜75）の作品には地球儀や壁掛け地図がよく登場する。

➡8 17世紀半ばのアムステルダム 半円状に湾曲した運河が建設され，世界商業の一大拠点となった。

絶対王政と重商主義

西ヨーロッパでは16世紀以降，国王のもとに権力が一元化して，**絶対王政**が成立していった。王権神授説を採用しつつ，貴族や大商人に特権を付与して官僚制と常備軍を維持する国家体制は，フランスで最も典型的に現れた。常備軍を利用した対外進出も活発となり，植民地との貿易を重視する**重商主義政策**もとられるようになった。貿易活動を支えたのが，イギリス・フランス・オランダの**東インド会社**である。

＊王権は神から与えられたものとする説。

➡4ルイ14世
（1638〜1715）

世界遺産
➡5ヴェルサイユ宮殿（フランス）**➡P.48**

➡6オランダ東インド会社のロゴ（VOC）の入った皿

6有田窯，染付芙蓉手V.O.C.マーク入り大皿，神戸市立博物館蔵

COLUMN イギリスを動かしたコーヒーハウス

ピューリタン革命，王政復古，名誉革命を経て**議会政治**が発展したイギリスでは，議会主導の財政運営と海外進出が確立していった。17世紀半ば以降，ロンドンでは，イスラーム世界から伝わった**コーヒーハウス**の開店が相次ぎ，上流市民が政治や経済状況について自由に語りあった。アルコール飲料や砂糖入りの紅茶が労働者を含む一般市民に普及するのは18世紀以降である。

HERE STOOD THE FIRST LONDON COFFEE HOUSE AT THE SIGN OF PASQUA ROSEE'S HEAD 1652

➡9ロンドン初のコーヒーハウス跡を示す看板
➡10イスタンブルのコーヒーハウス オスマン帝国では，1554年に世界初のコーヒーハウスが誕生した。

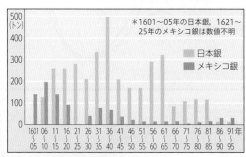

3 17世紀のアジア

朱印船貿易などを背景に東南アジアの**日本人町**が栄える中，山田長政のように現地の首長の信任を得て高位高官を得る者も現れた。

➡11タイにある山田長政像 アユタヤの日本人町の頭領で，日本人部隊を率いて内戦・外征に活躍し，国王の信任を得た。

➡12原城跡（長崎県） 江戸幕府はキリスト教を禁止した。島原・天草地方の農民は，過酷な年貢とキリシタン弾圧に対して蜂起し，原城に籠城した。この島原・天草一揆鎮圧に並行して「鎖国」の状態になっていくが，諸地域につながる4つの「窓口」は開かれていた。**➡P.36**

＊1601〜05年の日本銀，1621〜25年のメキシコ銀は数値不明
日本銀
メキシコ銀

➡13日本・フィリピンから中国に流入した銀
明滅亡後も明の復活を唱える勢力が残存し，清の支配は安定しなかった。銀の流入も減少したことから，日本とは対照的に，人口の急激な増加は起こらなかった。中国の人口の急増と経済の急激な発展は，18世紀の「盛世」を待たねばならない。

➡14台湾にある鄭成功像
明の滅亡後，台湾を拠点として清に抵抗した。

世界的な繁栄と工業化の始まり

❶18世紀後半の長崎で製作された蘇州都市景観図

❷浜離宮恩賜庭園(東京都)　江戸時代の大名庭園で，鷹狩りも行われた。

▶英仏の植民地争奪戦はイギリスが勝利を収め，イギリスで**産業革命**（➡P.42）が始まり，フランスで革命（➡P.48）が勃発した。

▶イギリスはインドで領土支配を強めたが，他方で**アメリカ独立戦争**（➡P.46）に直面した。

▶中・東欧では「上からの改革」を進める**啓蒙専制君主**に率いられたプロイセンやロシアが台頭した。

▶**大西洋奴隷貿易**が，西アフリカの人口や経済を停滞させた。

▶**イスラームの諸帝国**に対する外圧が高まり，衰退傾向が顕著となった。

▶清は「盛世」を迎え，人口も急増した。➡P.35

▶日本では貨幣経済が発展した一方，幕府や藩の財政は悪化し幕政改革が行われた。また飢饉も発生した。➡P.36

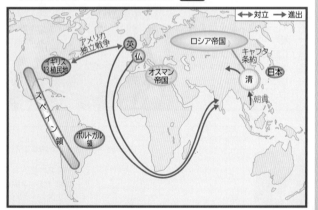

↔対立　→進出

アメリカ独立戦争
ロシア帝国
英
仏
イギリス13植民地
キャフタ条約
オスマン帝国
清
日本
スペイン領
朝貢
ポルトガル領

1776
アメリカ独立宣言

ハドソン湾
アカディア　ニューファンドランド
モントリオール　ケベック
セントルイス　ボストン
フィラデルフィア　ニューヨーク
ルイジアナ
ニューオーリンズ
フロリダ
グアダラハラ
メキシコ
グアテマラ
ヌエバ=エスパーニャ副王領
サン=ドマング（ハイチ）
サント=ドミンゴ
ジャマイカ
カリブ海
パナマ
カラカス
ボゴタ
ギアナ
ヌエバ=グラナダ副王領
キト
ペルー副王領
リマ
クスコ
ラパス
ブラジル
リオ=デ=ラプラタ副王領
リオデジャネイロ
サンパウロ
サンチアゴ
ブエノスアイレス

大西洋
太平洋

	イギリス領
	フランス領
	オランダ領
	スペイン領
	ポルトガル領
	1776年に独立した13州
	神聖ローマ帝国の境界(1763)
	アフリカの諸王国

モノが動かした歴史　砂糖

イギリスでは，植民地帝国の「東端」から来た茶に「西端」から入手した砂糖を入れて飲む習慣が上流階級の間で流行し，ヨーロッパ各国にも広まった。この砂糖入り紅茶は，やがてコーヒーハウスから諸階級に広まった。しかし，その砂糖の多くはカリブ海の西インド諸島における**奴隷労働**によって生産されたものであった。➡P.41

❸ウェッジウッドのティーセット　高級な陶磁器を使った豪華なティータイムは，ヨーロッパで上流階級のステータスを示すものであった。

❹西インド諸島の奴隷労働

❺リヴァプールの国際奴隷制博物館(イギリス)

❶冨島屋版／長崎版画「姑蘇石湖倣西湖勝景」(部分)，神戸市立博物館蔵

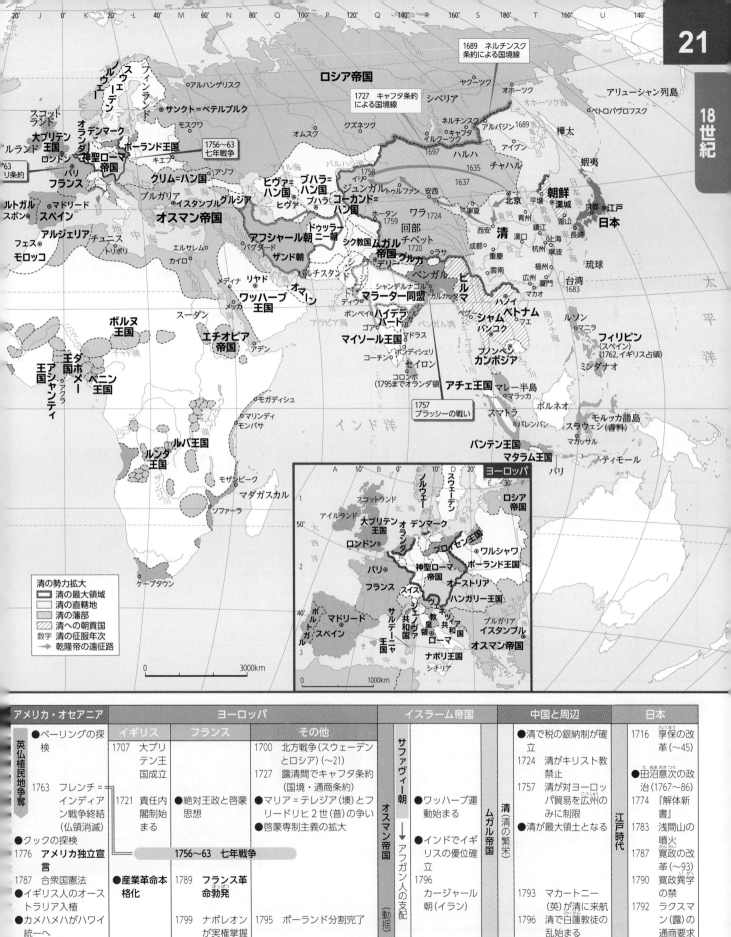

清の勢力拡大
- 清の最大領域
- 清の直轄地
- 清の藩部
- 清への朝貢国
- 数字 清の征服年次
- → 乾隆帝の遠征路

アメリカ・オセアニア	ヨーロッパ			イスラーム帝国	中国と周辺	日本
	イギリス	フランス	その他			
●ベーリングの探検	1707 大ブリテン王国成立		1700 北方戦争(スウェーデンとロシア)(~21)	サファヴィー朝→アフガン人の支配　オスマン帝国(動揺)	●清で税の銀納制が確立	1716 享保の改革(~45)
英仏植民地争奪		●絶対王政と啓蒙思想	1727 露清間でキャフタ条約(国境・通商条約)		1724 清がキリスト教禁止	
1763 フレンチ=インディアン戦争終結(仏領消滅)	1721 責任内閣制始まる		●マリア=テレジア(墺)とフリードリヒ2世(普)の争い	●ワッハーブ運動始まる	1757 清が対ヨーロッパ貿易を広州のみに制限	●田沼意次の政治(1767~86)
			●啓蒙専制主義の拡大	●インドでイギリスの優位確立		1774 『解体新書』
●クックの探検	1756~63　七年戦争				●清が最大領土となる	1783 浅間山の噴火
1776 アメリカ独立宣言						1787 寛政の改革(~93)
1787 合衆国憲法	●産業革命本格化	1789 フランス革命勃発		1796 カージャール朝(イラン)	1793 マカートニー(英)が清に来航	1790 寛政異学の禁
●イギリス人のオーストラリア入植						1792 ラクスマン(露)の通商要求
●カメハメハがハワイ統一へ		1799 ナポレオンが実権掌握	1795 ポーランド分割完了		1796 清で白蓮教徒の乱始まる	

19世紀前半

欧米の対外進出とアジアの変容の時代

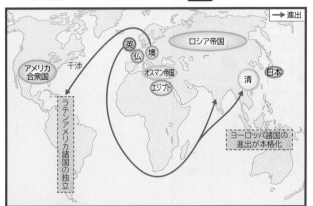

❶1830年頃の広州

▶ヨーロッパでは，復古主義的な国際秩序である**ウィーン体制**が形成され，この体制に対抗する形で，**自由主義とナショナリズム**が高まった。 ➡ P.54

▶フランス革命の理念が大西洋を越えて広がり，**ラテンアメリカ諸国が独立**を達成した。 ➡ P.51

▶オスマン帝国から**エジプトが自立**し，**ギリシアが独立**。支配の弱まりからオスマン帝国ではタンジマートとよばれる改革が始まった。 ➡ P.63

▶南アジアや東南アジアへのヨーロッパ列強の進出が本格化した。 ➡ P.64

▶清の市場拡大と自由貿易を求める西洋諸国の声が強まり，イギリスと清の間で**アヘン戦争**が起こった。 ➡ P.66

▶日本では，百姓一揆などの国内問題や外国船の相次ぐ接近などにより江戸幕府による支配体制が揺らいだ。 ➡ P.67

❷世界最初の実用蒸気船「クラーモント号」

モノが動かした歴史　蒸気船

❸フルトン (1765～1815)

蒸気船は1807年に実用化されたが，普及には時間がかかった。初期の蒸気船は蒸気機関のみでの長距離航海が難しく，帆を備えていたが，技術革新が進められ，19世紀後半には帆走なしでの航海も可能となった。海軍での導入も進み，欧米諸国の海洋進出において，蒸気船は重要な役割を果たした。

アメリカの技術家フルトンはイギリスで見た蒸気機関に感激して蒸気船の開発に着手し，1807年にハドソン川での試運転を実施した。

❹ペリー艦隊を描いた瓦版　「泰平のねむけを覚ます上喜撰　たった四はいで夜もねむれず」（宇治茶の銘柄と蒸気船をかけた風刺）という狂歌は，蒸気船が当時の日本に与えた衝撃を示している。下田了仙寺蔵

地図内のラベル：

アラスカ／カナダ／グリーンランド／オレゴン／シカゴ／オタワ／ニューファンドランド／サンフランシスコ／カリフォルニア／ロサンゼルス／テキサス／ルイジアナ／アメリカ合衆国／ニューヨーク／ワシントン／1812～14 アメリカ=イギリス戦争／フロリダ／メキシコ 1821／メキシコシティ／バハマ諸島／キューバ／ハイチ 1804／ドミニカ 1844／グアテマラ 1821／エルサルバドル 1821／ホンジュラス 1821／ニカラグア 1821／コスタリカ 1821／ジャマイカ／プエルトリコ／ベネズエラ 1819 (1830)／パナマ／ギアナ／大コロンビア共和国 1819～30／コロンビア 1819 (1830)／1810～20年代 ラテンアメリカ諸国の独立／エクアドル 1821 (1830)／ペルー 1821／リマ／ブラジル 1822／ボリビア 1825／パラグアイ 1811／リオデジャネイロ／チリ 1818／アルゼンチン 1816／ウルグアイ 1828／サンチアゴ／ブエノスアイレス／フォークランド諸島

凡例：
- イギリスとその領土（英）
- フランスとその領土（仏）
- スペインとその領土
- ポルトガルとその領土（ポ）
- オランダとその領土
- ドイツ連邦
- アフリカの諸王国
- 数字 国家の独立年
- → ナポレオンのロシア遠征
- → ナポレオンのセントヘレナ配流

下部地図ラベル：
アメリカ合衆国／干渉／英／仏／墺／ロシア帝国／オスマン帝国／エジプト／日本／清／ラテンアメリカ諸国の独立／ヨーロッパ諸国の進出が本格化／→ 進出

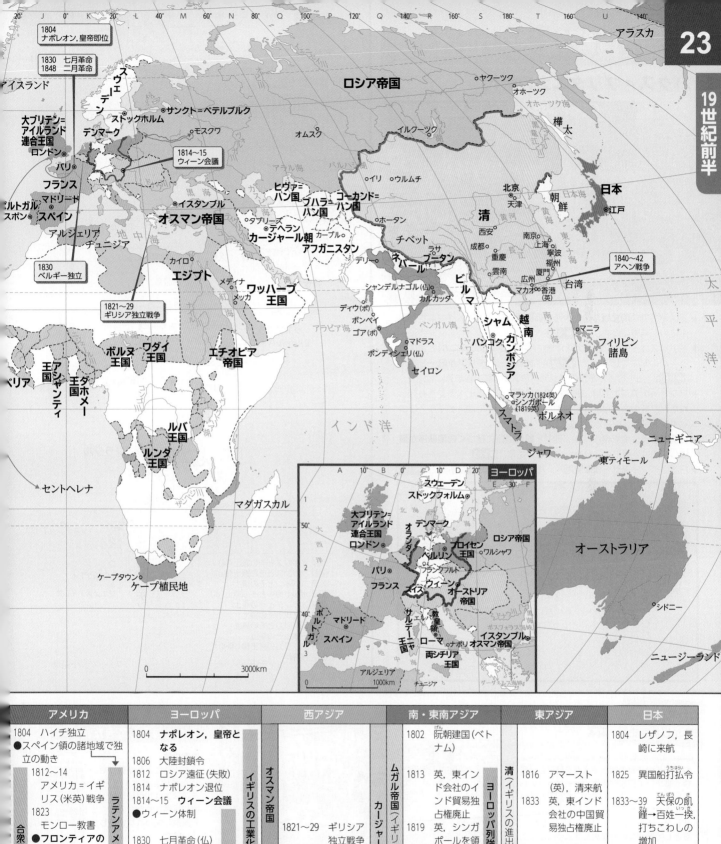

1804
ナポレオン, 皇帝即位

1830　七月革命
1848　二月革命

アラスカ

ロシア帝国

ヤクーツク

オホーツク

スウェーデン

大ブリテン＝アイルランド連合王国
ロンドン
パリ
フランス
マドリード
ルトガル
リスボン　スペイン
アルジェリア
チュニジア

1814〜15
ウィーン会議

サンクト＝ペテルブルク
ストックホルム
デンマーク
モスクワ
オムスク
イルクーツク

樺太

日本
江戸
朝鮮

イスタンブル
オスマン帝国

ヒヴァ＝ハン国
ブハラ＝ハン国
コーカンド＝ハン国

イリ　ウルムチ

北京
天津
清

1830
ベルギー独立

1821〜29
ギリシア独立戦争

カイロ
エジプト
メディナ
メッカ
ワッハーブ王国

カージャール朝
テヘラン
アフガニスタン
カーブル
チベット
ホータン
ラサ
ネパール
ブータン

西安
成都
重慶
雲南
南京　上海
福州　寧波
広州　台湾
マカオ　香港（英）

1840〜42
アヘン戦争

太平洋

ボルヌ王国
ワダイ王国
エチオピア帝国

シャンデルナゴル（仏）
カルカッタ
ディウ（ポ）
ボンベイ
ゴア（ポ）
ポンディシェリ（仏）
マドラス
セイロン

ビルマ
越南
シャム
バンコク
カンボジア

マニラ
フィリピン諸島

南シナ海

ベリア王国
アシャンティ王国
ダホメー王国
ルバ王国
ルンダ王国

アラビア海
ベンガル湾

インド洋

マラッカ（1824英）
シンガポール（1819英）
スマトラ
ボルネオ
ジャワ

ニューギニア
東ティモール

セントヘレナ
マダガスカル

ケープタウン
ケープ植民地

オーストラリア

シドニー

ニュージーランド

0　　　3000km

ヨーロッパ

スウェーデン
ストックフォルム
大ブリテン＝アイルランド連合王国
ロンドン
デンマーク
オランダ
プロイセン王国
ベルリン
ワルシャワ
ロシア帝国
フランクフルト
パリ
フランス
ウィーン
オーストリア帝国
サルデーニャ王国
教皇領
ローマ
ナポリ
両シチリア王国
マドリード
スペイン
ポルトガル
エルバ
イスタンブル
オスマン帝国
アルジェリア
チュニジア

0　　　1000km

19世紀後半

パクス=ブリタニカの時代

❶ヴィクトリア女王即位60年記念式典（1897年）

▶アメリカでは**南北戦争**後，**大陸横断鉄道**が開通。アメリカは世界第1位の工業国に躍進した。**➡P.60**

▶イギリスは圧倒的な経済力を背景に，「**パクス=ブリタニカ**」とよばれる空前の繁栄をほこった（**➡P.56**）。**ドイツ・イタリアが統一**を実現（**➡P.58**）。ヨーロッパ諸国のアジア・アフリカ進出強まる。

▶アジア・アフリカでは，列強に対する反乱や近代化への動きも見られたが，その多くは失敗に終わった。南アジアでは，イギリスにより**インド帝国**が成立した。**➡P.64**

▶**日清戦争**後，清を中心とする**冊封・朝貢関係**に基づく国際秩序が崩壊し，清は列強による分割の危機を迎える。**➡P.83**

▶日本はペリー来航を機に開港へ。幕府が倒れ，**明治政府**成立。**➡P.70**

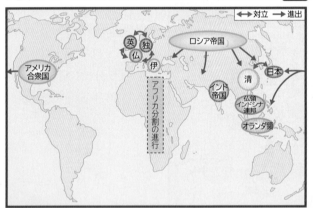

← → 対立　→ 進出

英・独・仏・伊／ロシア帝国／アメリカ合衆国／アフリカ分割の進行／インド帝国／清／日本／仏領インドシナ連邦／オランダ領

1869 大陸横断鉄道開通

アラスカ／グリーンランド／カナダ連邦（英自治領）／ハドソン湾／ニューファンドランド／ポートランド／ダルース／オタワ／サンフランシスコ／シカゴ／ニューヨーク／ロサンゼルス／ワシントン／ノーフォーク／ペリー出発1852.11／アメリカ合衆国／ニューオーリンズ／1861〜65 南北戦争／大西洋／メキシコ／バハマ諸島／キューバ／メキシコシティ／ハイチ ドミニカ／ジャマイカ／プエルトリコ／グアテマラ／ホンジュラス／エルサルバドル／ニカラグア／コスタリカ／パナマ／ベネズエラ／ギアナ／コロンビア／太平洋／エクアドル／アマゾン川／ブラジル／ペルー／リマ／ボリビア／パラグアイ／リオデジャネイロ／チリ／アルゼンチン／サンチアゴ／ウルグアイ／ブエノスアイレス／フォークランド諸島

■	イギリスとその領土（英）
■	フランスとその領土（仏）
■	スペインとその領土
■	ポルトガルとその領土（ポ）
■	オランダとその領土
■	ドイツとその領土
■	アメリカとその領土
■	日本とその領土
■	アフリカの諸王国（1884）
数字	獲得年

モノが動かした歴史　金

金は，その普遍の輝きで人々を魅了し，探検や戦争，人口移動の動因ともなった。19世紀に入り，各国で金本位制（**➡P.9**）が確立するようになると，金の採掘量は大幅に増加した。これにより，金は普遍的な価値尺度として重要な役割を果たすようになった。

➡❷南アフリカ戦争の風刺画　1886年，南アフリカのヨハネスブルク近郊で発見された金鉱は，イギリスとブール人との南アフリカ戦争の一因となった（**➡P.80**）。金をはじめ，資源をめぐる争いは，しばしば戦争に発展した。

兵士の血を金に変換する資本家たち

人々を魅了してきた金

●希少性
これまでに人類が掘りだした金の総量は約9万t。その94％は19世紀半ば以降に採掘されたもの。

●永遠に失われない美しい輝き
金は酸化を起こさないため，その輝きは何千年を経ても失われない。古来，人類は，黄金のもつ普遍の輝きに，永遠の命を夢見てきた。

➡❸ツタンカーメンの黄金のマスク
カイロ・エジプト博物館　高さ54cm

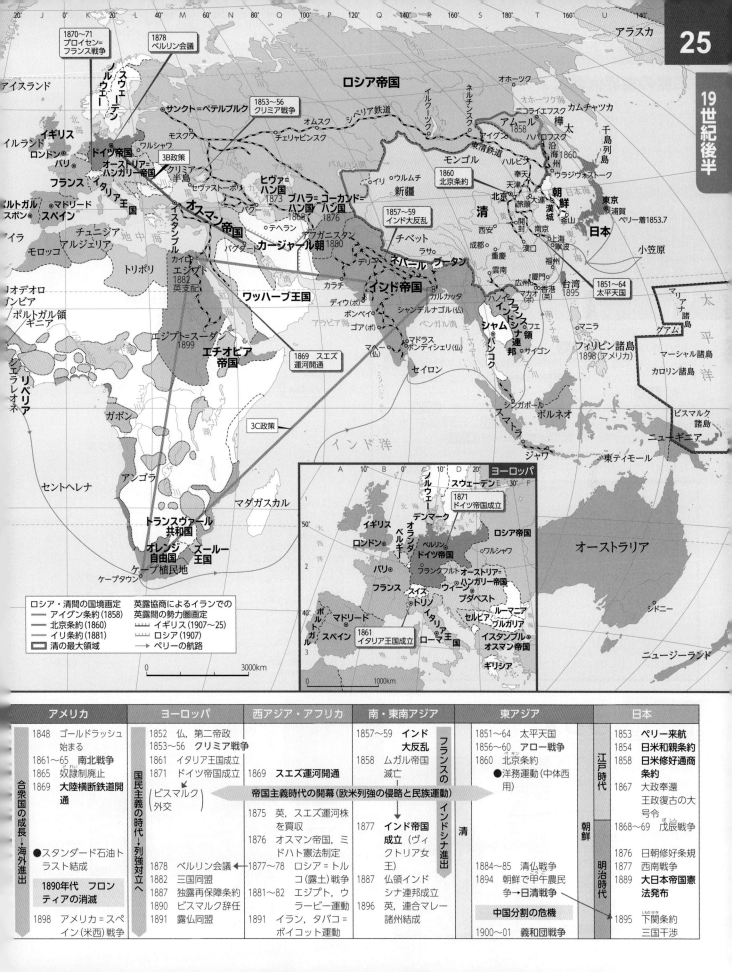

地図中表記

ロシア・清間の国境画定
- ----- アイグン条約(1858)
- —— 北京条約(1860)
- —— イリ条約(1881)
- ☐ 清の最大領域

英露協商によるイランでの英露間の勢力圏画定
- ▦ イギリス(1907~25)
- ▥ ロシア(1907)
- → ペリーの航路

0　3000km

年表

	アメリカ	ヨーロッパ	西アジア・アフリカ	南・東南アジア	東アジア	日本
	1848 ゴールドラッシュ始まる	1852 仏,第二帝政	1857~59 **インド大反乱**		1851~64 太平天国	1853 **ペリー来航**
合衆国の成長→海外進出	1861~65 南北戦争	1853~56 **クリミア戦争**			1856~60 **アロー戦争**	1854 **日米和親条約**
	1865 奴隷制廃止	1861 イタリア王国成立	1858 ムガル帝国滅亡		1860 北京条約	1858 **日米修好通商条約**
	1869 **大陸横断鉄道開通**	1871 ドイツ帝国成立	1869 **スエズ運河開通**	フランスのインドシナ進出	●洋務運動(中体西用)	1867 大政奉還 王政復古の大号令
		(ビスマルク)外交	帝国主義時代の開幕(欧米列強の侵略と民族運動)			1868~69 戊辰戦争
	●スタンダード石油トラスト結成	1875 英,スエズ運河株を買収		1877 **インド帝国成立**(ヴィクトリア女王)		1876 日朝修好条規
		1876 オスマン帝国,ミドハト憲法制定			1884~85 清仏戦争	1877 西南戦争
	1890年代 フロンティアの消滅	1877~78 ロシア=トルコ(露土)戦争	1881~82 エジプト,ウラービー運動	1887 仏領インドシナ連邦成立	1894 朝鮮で甲午農民戦争→日清戦争	1889 **大日本帝国憲法発布**
	1898 アメリカ=スペイン(米西)戦争	1878 ベルリン会議		1896 英,連合マレー諸州結成	**中国分割の危機**	1895 下関条約 三国干渉
		1882 三国同盟	1891 イラン,タバコ=ボイコット運動		1900~01 義和団戦争	
		1887 独露再保障条約				
		1890 ビスマルク辞任				
		1891 露仏同盟				

国民主義の時代→列強対立へ

清

江戸時代／朝鮮／明治時代

20世紀前半

二度の世界大戦とアメリカの台頭

❶ヴェルダンの墓地(フランス) 第一次世界大戦において，ドイツ軍とフランス軍の激戦の舞台となり，両軍合わせて70万人を超える死傷者をだした。

▶ 帝国主義列強間の対立によって**第一次世界大戦**が勃発。戦争は長期化して**総力戦**となった。 ➡ P.96

▶ 第一次世界大戦後，ヨーロッパ諸国は衰退し，**アメリカが台頭**した。

▶ ロシアでは革命が起こり，**世界初の社会主義国家であるソ連が誕生**した。 ➡ P.98

▶ **ヴェルサイユ＝ワシントン体制**により，国際協調が進展。 ➡ P.100

▶ ドイツやイタリアでは**ファシズム**が台頭(➡P.114)。世界恐慌後，世界では再び対立が深まり，**第二次世界大戦**が勃発(➡P.118)。

▶ 日本では軍部が台頭。東・東南アジアへ積極的に進出したことにより米英などとの対立が深まり，**太平洋戦争**へとつながった。 ➡ P.119

凡例: ⟷ 対立　→ 進出　── 三国同盟　── 三国協商

民族運動の高揚

1925年の世界
- イギリスとその領土(英)
- フランスとその領土(仏)
- スペインとその領土
- ポルトガルとその領土(ポ)
- オランダとその領土
- ベルギーとその領土
- イタリアとその領土
- アメリカとその領土
- 日本とその領土
- 1918年の独立国
- 数字 独立・成立年
- 第一次世界大戦でドイツの失った海外領土

モノが動かした歴史 # ラジオ

20世紀初頭に始まったラジオ放送は，リアルタイム中継の魅力に加えて，その強大な宣伝力も着目された。アメリカのフランクリン＝ローズヴェルト大統領の「炉辺談話」やナチ＝ドイツの「国民受信機」での一般向けプロパガンダ(特定の思想や世論へ導く行為)放送，日本における終戦の詔書(玉音放送)など，あらゆる歴史的場面をラジオは伝え続けた。

❷ラジオ放送を行うローズヴェルト米大統領 ローズヴェルトが実施した国民向けラジオ演説は，"Fireside Chat"(「炉辺談話」)の名で親しまれるようになり，1944年6月の第30回の放送まで続けられた。

❸ナチ＝ドイツの「国民受信機」 ナチ党は国民へのプロパガンダの手段としてラジオを積極的に活用した。ラジオ受信機の普及を高めるため，国内の製造業者に委託して，安価な「国民受信機」を開発させた。 ➡ P.115

❹終戦の詔書を聴く人々

太平洋戦争中，日本では戦局が進むにつれプロパガンダ的なラジオ放送が増えた。1945年8月15日には，天皇のラジオ放送によってポツダム宣言受諾の詔書が国民に伝えられた。 ➡ P.123

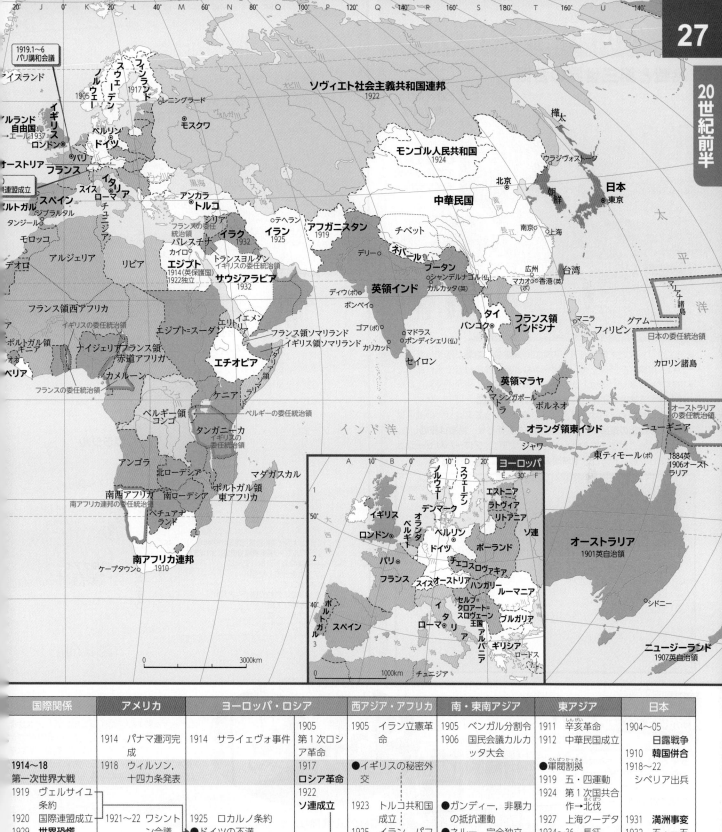

国際関係	アメリカ	ヨーロッパ・ロシア		西アジア・アフリカ	南・東南アジア	東アジア	日本
	1914 パナマ運河完成	1914 サライェヴォ事件	1905 第1次ロシア革命	1905 イラン立憲革命	1905 ベンガル分割令 1906 国民会議カルカッタ大会	1911 辛亥革命 1912 中華民国成立	1904〜05 日露戦争
1914〜18 第一次世界大戦	1918 ウィルソン,十四カ条発表	1917 ロシア革命		●イギリスの秘密外交		●軍閥割拠	1910 韓国併合 1918〜22 シベリア出兵
1919 ヴェルサイユ条約		1922 ソ連成立		1923 トルコ共和国成立	1919 五・四運動		
1920 国際連盟成立	1921〜22 ワシントン会議	1925 ロカルノ条約		1925 イラン,パフレヴィー朝成立	1924 第1次国共合作→北伐	●ガンディー,非暴力の抵抗運動	1931 満洲事変
1929 世界恐慌	1933 ニューディール	●ドイツの不満 ●英仏ブロック経済			●ネルー,完全独立（プールナ＝スワラージ）を要求	1927 上海クーデタ 1934〜36 長征	1932 五・一五事件
		1933 独,ヒトラー政権 1936〜39 スペイン内戦	●スターリン独裁			1936 西安事件→第2次国共合作	1937〜45 日中戦争
1939〜45 第二次世界大戦							1941〜45 太平洋戦争
1945 国際連合成立	1947 マーシャル＝プラン	1948 ベルリン封鎖 1949 ドイツ分断 1949 NATO 冷戦	コメコン	1948 第1次中東戦争（パレスチナ戦争）	1947 インド・パキスタン分離独立	1949 中華人民共和国成立。主席に毛沢東	●GHQの占領

20世紀後半

冷戦と第三世界の台頭

◀❶ベルリンの壁の構築
（1961年）

◀❷壁を越えて亡命する東ドイツの兵士

▶ 第二次世界大戦末期より米ソの対立が深まり、**冷戦**が始まった。米ソは、軍事・経済・文化・スポーツなどあらゆる分野で張りあった。

▶ アジア・アフリカでは、次々と**独立国**が誕生し、東西両陣営とは一線を画する姿勢を明確にした（**第三世界**）。 ➡P.138

▶ ベトナム戦争や、日本・西欧などの台頭によってアメリカの威信は低下。**多極化の進展**は米ソの二極構造を動揺させ、**冷戦は終結**した。

▶ 冷戦終結後、民族・宗教問題が各地で表面化。グローバリゼーションの動きが進む一方で、**地域間の格差が拡大**。 ➡P.155,156

← → 対立

資本主義（西側）陣営 ← → 社会主義（東側）陣営

アジア・アフリカ諸国の独立
第三世界の台頭

1962
キューバ危機

凡例：
- 北大西洋条約機構加盟国（1991年まで）
- ワルシャワ条約機構加盟国（1991年まで）
- 鉄のカーテン（1955年）
- 戦後独立した国
- 数字 独立年
- 1960年の独立国（アフリカ）
- （英）イギリス領
- （仏）フランス領
- （ポ）ポルトガル領

モノが動かした歴史 テレビ

欧米では、第二次世界大戦前からテレビ放送が開始されていたが、一般家庭に普及したのは20世紀後半になってからである。情報を視覚的に人々へ届けるテレビは、ラジオ以上に国際関係、政治、経済、生活、人々の価値観に大きな影響を与えた。また、情報の作り手であるメディアの存在感も、それまで以上に大きくなった。

◀❸テレビを囲む人々 日本では1953年に本放送が始まった。高価であったテレビも高度経済成長（➡P.145）の中で一家に一台置かれるものとなった。テレビに登場するドラマ、スポーツ、コマーシャルが人々の行動に大きな影響を与えた。

◀❹ベトナム戦争の中継 1968年1月30日、北ベトナム勢力が、サイゴンのアメリカ大使館を襲撃、一時的に占拠した。その一部始終がテレビで中継され、アメリカ国民は戦争の現状を目の当たりにした。これらの戦場の報道は、アメリカ国内の反戦運動を盛んにした。

写真提供：任天堂株式会社

▲❺ファミリーコンピュータ（ファミコン）

1983年に発売された任天堂の「ファミリーコンピュータ」は、テレビの画面にゲーム機器を接続し利用した。大ヒットゲームが次々に生まれ、今日まで、テレビゲームは人気カルチャーの一つとして世界中で愛されている。

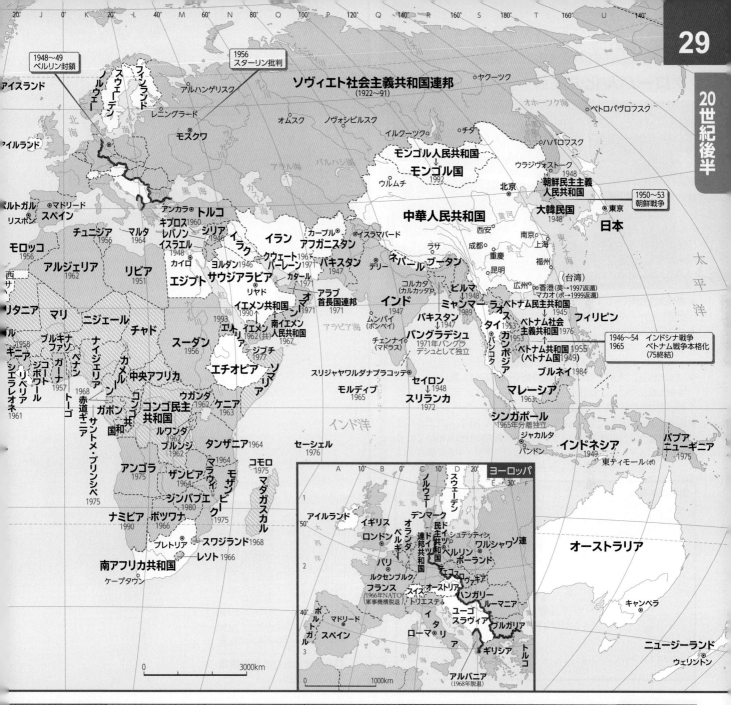

アメリカ	西ヨーロッパ	東ヨーロッパ・ロシア	西アジア・アフリカ	南・東南アジア	東アジア	日本
西側陣営		東側陣営	アジア諸国の独立→第三世界		1950～53　朝鮮戦争	1951　サンフランシスコ平和条約，日米安全保障条約
支援→		1955　ワルシャワ条約機構結成	1952　エジプト革命	1954　ネルー・周恩来会談「平和五原則」		
			1955　アジア＝アフリカ会議（バンドン会議）			
1959　キューバ革命	1958　EEC発足		1956　第2次中東戦争	1962　中印国境紛争		1956　日ソ共同宣言 国連加盟
1962　キューバ危機	1961　ベルリンの壁構築	（停滞）	1960「アフリカの年」	1965　ベトナム戦争本格化（75終結）	1966　文化大革命開始	●高度経済成長
——1963　部分的核実験禁止条約——			1963　アフリカ統一機構（OAU結成）		1969　中ソ国境紛争	1965　日韓基本条約
1965　北爆開始	1968　チェコスロヴァキアで「プラハの春」		1967　第3次中東戦争	1967　ASEAN発足	1971　中国，国連代表権獲得	1972　沖縄返還
1971　ドル＝ショック	1967　EC発足				1972　ニクソン訪中	日中国交正常化
	石油危機		1973　第4次中東戦争	1971　第3次インド＝パキスタン戦争		石油危機
財政危機	1975　第1回サミット	1979　ソ連，アフガニスタン侵攻	1979　イラン革命		1978　日中平和友好条約	●安定成長→経済大国化
——1987　INF全廃条約——		1986　ペレストロイカ	1980～88　イラン＝イラク戦争		●改革・開放	1985　プラザ合意
——1989　マルタ会談（冷戦終結）——		1989　東欧の民主化		1992　ASEAN自由貿易協定（AFTA）締結	1989　第2次天安門事件	
	1990　ドイツ統一				1992　中韓国交正常化	1992　PKO協力法
ポスト冷戦	1993　EU発足	1991　ソ連解体	1991　湾岸戦争			
グローバリゼーションの時代						

冷戦←（平和共存）→終結

21世紀初頭

グローバル化の進展

❶東京オリンピックの開会式（2021年）　新型コロナウイルス感染症拡大の影響で，マスクをつけて入場する日本選手団。

▶情報通信技術（ＩＣＴ）の発展などに支えられ，**グローバル化が一層加速**したが，一方で**深刻な経済格差や感染症の世界的大流行**も招いた。

▶グローバル化は新興国の経済成長も促し，**ＢＲＩＣＳ**とよばれる国々や東南アジア諸国，中東の産油国などが国内外に諸問題を抱えながらも著しい経済成長を遂げている。 ➡P.157

▶ソ連消滅後，アメリカは政治・経済面で「唯一の超大国」となったが，中東の混乱やロシアの復活，中国の台頭という状況下で国際的な威信は相対的に低下した。 ➡P.155,158

▶中東では，2000年代以降，国際社会による介入や政変などによる混乱が続き，難民の発生やイスラーム過激派勢力の台頭を招いている。

▶2010年代後半以降，世界各地で人々の願望や不安・不満に働きかけて支持を集める**ポピュリズム（大衆迎合主義）**の動きが勢いを増した。

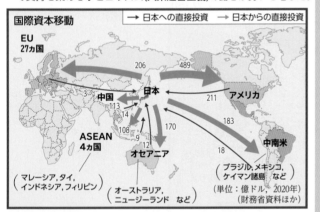

国際資本移動　→ 日本への直接投資　→ 日本からの直接投資

EU 27ヵ国　206　489
中国　113　14
日本　211　アメリカ
ASEAN 4ヵ国　108　9　170　183
（マレーシア，タイ，インドネシア，フィリピン）
オセアニア　12
（オーストラリア，ニュージーランド など）
中南米　18
（ブラジル，メキシコ，ケイマン諸島 など）

（単位：億ドル，2020年）（財務省資料ほか）

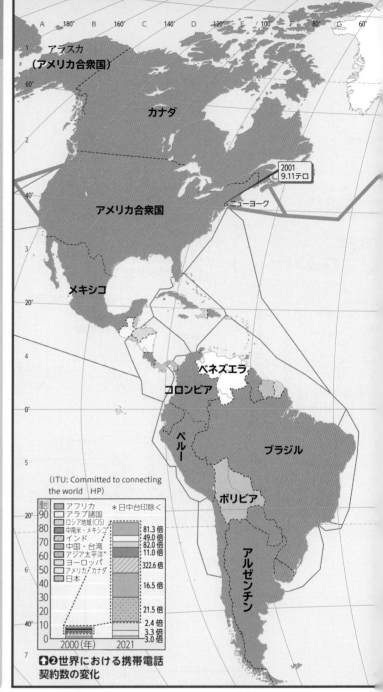

2001 9.11テロ

アラスカ（アメリカ合衆国）
カナダ
アメリカ合衆国
ニューヨーク
メキシコ
ベネズエラ
コロンビア
ペルー
ボリビア
ブラジル
アルゼンチン

（ITU: Committed to connecting the world　HP）

❷世界における携帯電話契約数の変化

＊日中台印除く

凡例：アフリカ／アラブ諸国／ロシア地域（CIS）／中南米・メキシコ／インド／中国・台湾／アジア太平洋＊／ヨーロッパ／アメリカ・カナダ／日本

2000（年）　2021
322.6 倍
82.0 倍
81.3 倍
49.0 倍
11.0 倍
16.5 倍
21.5 倍
2.4 倍
3.3 倍
3.0 倍

モノが動かした歴史　情報通信技術

1990年代以降，情報通信技術は急速に発展し，今日も日々めざましい発達を遂げている。日常生活の利便性は一層向上し，国境を越えた多様なコミュニケーションが可能となったが，一方で地域や年齢，経済状況などの差を背景とした情報格差（デジタル・デバイド）など，様々な弊害も問題になっている。

❸「バンガロール技術サミット2018」の看板（インド）　アメリカとの時差を利用してソフトウェア開発などのICT産業が発展したバンガロールには，数多くの多国籍企業が進出している。 ➡P.153

❹タブレット端末を活用した授業風景（アメリカ）　学校における情報端末の活用は，新型コロナウイルス感染症の拡大を受けて世界各地で実施されたオンライン授業の中で，一層加速した。

❺キャッシュレス決済が導入された飲食店（日本，2019年）

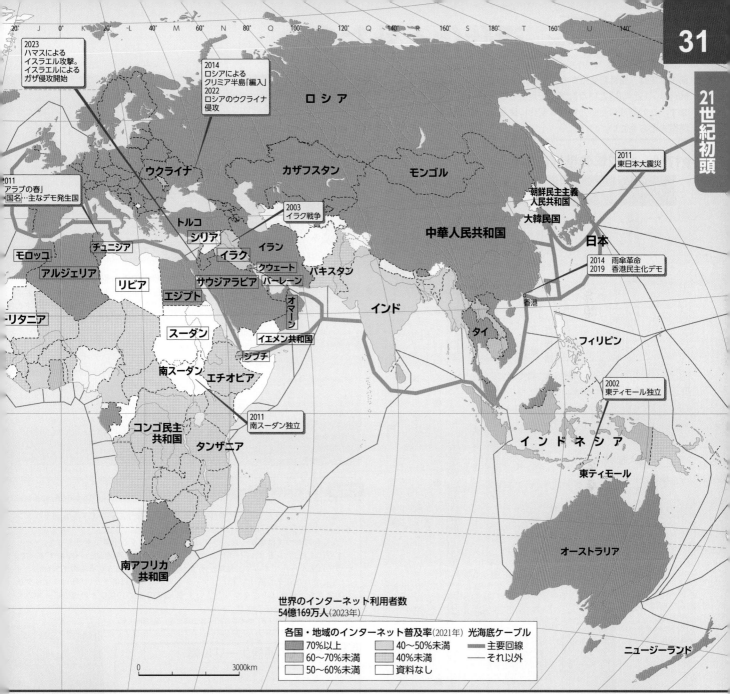

2023
ハマスによる
イスラエル攻撃。
イスラエルによる
ガザ侵攻開始

2014
ロシアによる
クリミア半島「編入」
2022
ロシアのウクライナ
侵攻

2011
東日本大震災

ロ シ ア

ウクライナ

カザフスタン

モンゴル

2011
「アラブの春」
国名…主なデモ発生国

朝鮮民主主義
人民共和国

大韓民国

日本

トルコ

2003
イラク戦争

2014 雨傘革命
2019 香港民主化デモ

シリア

イラン

イラク

中華人民共和国

モロッコ

チュニジア

クウェート

バーレーン

パキスタン

香港

アルジェリア

リビア

エジプト

サウジアラビア

オマーン

インド

ーリタニア

スーダン

イエメン共和国

タイ

フィリピン

ジブチ

2002
東ティモール独立

南スーダン

エチオピア

2011
南スーダン独立

コンゴ民主
共和国

タンザニア

イ ン ド ネ シ ア

東ティモール

南アフリカ
共和国

オーストラリア

世界のインターネット利用者数
54億169万人(2023年)

各国・地域のインターネット普及率(2021年)　光海底ケーブル

70%以上	40〜50%未満	主要回線
60〜70%未満	40%未満	それ以外
50〜60%未満	資料なし	

ニュージーランド

0　　　　3000km

◆⑥人工知能(AI)が導入
された空港の出発案内
イギリス・ヒースロー空港,
2019年)

COLUMN ソーシャルメディアの時代

情報がインターネットを通じて瞬時に, グ
ローバルな規模で拡大するようになった現
代は, ソーシャルメディアの時代といえる。
個人レベルで情報を発信でき, 発信に際し
て他者の干渉を受けにくいソーシャルメ
ディアは, 時には社会運動や政変において
も重要な役割を果たしている。しかし一方
で, 差別の煽動や犯罪に利用されたり, プ
ライバシー保護の観点から懸念が指摘され
たりするなど, 課題も多く存在している。

➡⑦ソーシャルメディアを活用して仲
間との連絡・情報収集を行うデモ参加
者(タイ, 2020年)

Donald J. Trump
@realDonaldTrump
51 フォロー中　88,781,619 フォロワー

アカウントが凍結されています
Twitterルールに違反するアカウントは凍結

⬆⑧「永久凍結」されたトラ
ンプ前米大統領の個人ア
カウント　支持者に向けた
発信が暴力行為の煽動とみな
されて規約違反となり, 運営
会社によって措置がとられた。*

*2022年にTwitterを買収したイーロン＝マス
クにより, 同年11月に凍結は解除された。

近代化と私たち

第1章では，18世紀後半から20世紀初頭までの時代を扱う。この時代は，「近代化」という言葉で表現することができる。ここではまず，この時代に生じた様々な変化に注目し，「近代化」の時代の特徴をとらえたい。

◆1700～1912年の世界の動き

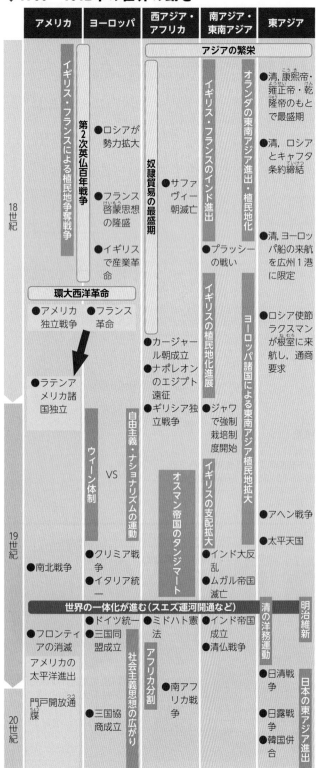

	アメリカ	ヨーロッパ	西アジア・アフリカ	南アジア・東南アジア	東アジア
			アジアの繁栄		
18世紀	イギリス・フランスによる植民地争奪戦争（第2次英仏百年戦争）	●ロシアが勢力拡大 ●フランス啓蒙思想の隆盛 ●イギリスで産業革命	奴隷貿易の最盛期 ●サファヴィー朝滅亡	イギリス・フランスのインド進出 ●プラッシーの戦い	オランダの東南アジア進出・植民地化 ●清，康熙帝・雍正帝・乾隆帝のもとで最盛期 ●清，ロシアとキャフタ条約締結 ●清，ヨーロッパ船の来航を広州1港に限定
	環大西洋革命				
	●アメリカ独立戦争	●フランス革命	●カージャール朝成立 ●ナポレオンのエジプト遠征 ●ギリシア独立戦争	イギリスの植民地化進展 ●ジャワで強制栽培制度開始	●ロシア使節ラクスマンが根室に来航し，通商要求
19世紀	●ラテンアメリカ諸国独立	ウィーン体制 VS 自由主義・ナショナリズムの運動	オスマン帝国のタンジマート	ヨーロッパ諸国による東南アジア植民地拡大 イギリスの支配拡大	●アヘン戦争 ●太平天国
	●南北戦争	●クリミア戦争 ●イタリア統一		●インド大反乱 ●ムガル帝国滅亡	
	世界の一体化が進む（スエズ運河開通ほか）				明治維新
	●フロンティアの消滅 アメリカの太平洋進出	●ドイツ統一 ●三国同盟成立 社会主義思想の広がり	●ミドハト憲法 アフリカ分割	●インド帝国成立	清の洋務運動 ●日清戦争
20世紀	門戸開放通牒	●三国協商成立	●南アフリカ戦争	●清仏戦争	●日露戦争 ●韓国併合 日本の東アジア進出

小さくなった世界

❶スエズ運河の開通式（1869年）→P.63

「近代化」の時代は，交通や情報をめぐる状況が大きく変わり，世界が「小さくなった」時代であった。世界の一体化が進み，各国，各地域の経済や産業にも大きな影響を与えた。

❷国内外の船でにぎわう横浜港（1871年） 1859年に開港された横浜は，日本で最大の貿易港に発展し，日本と世界を結ぶ重要な港となった。→P.67

神奈川県立歴史博物館蔵

史料❶ 『八十間世界一周』（1873年）

「どこだっていいですよ。いずれにせよ世界はかなり広いのですから。」そうアンドリュー・ステュアートは答えた。
「たしかにかつては広かった。」フィリアス・フォッグが小声でそう言った。……すぐにまた，アンドリュー・ステュアートは……会話を再開した。「なんですって，かつては広かったですって。地球が小さくなったとでもおっしゃるのですか。」
「もしかしたらその通りですよ。」ゴーティエ・ラルフは答えた。「私はフォッグ氏と同意見だ。地球は小さくなった。いまや，100年前の10倍以上の速さで，地球を一周することができるのです。……」

（ジュール=ヴェルヌ著，鈴木啓二訳『八十日間世界一周』岩波文庫）

A イギリスの通信ケーブル網

カナダ / ロンドン / インド / ニュージーランド / オーストラリア

❸アメリカの鉄道（『八十日間世界一周』のさし絵） アメリカでは1869年に大陸横断鉄道が開通した。19世紀以降，鉄道も世界の一体化を大きく促した。

1837年にアメリカのモールスが電信機の発明に成功して以降，情報通信網形成のための海底ケーブルの敷設が進んだ。電信によって，情報は瞬時に世界を飛び交うようになった。

❹ペリーが幕府に献上した電信機（1854年） ペリー→P.67 は幕府に電信機を献上し，また電信の実験を行い，日本の人々に最新の技術を見せつけた。

郵政博物館提供

人口の増加と人々の移動

19世紀は「移民の世紀」ともよばれるほど多くの人々が世界中を移動した時代でもあった。

➡P.92

➡⑤1500〜2003年の世界人口の変化

（アンガス＝マディソン『世界経済史概観』）

縦軸：（億人）70, 60, 50, 40, 30, 20, 10
横軸：1500年 1600 1700 1800 1900 2000

⬆⑥移民船「笠戸丸」でブラジルに渡る日本の人々（1908年）　1908年以降，多くの日本人が家族ぐるみでブラジルに移民として渡った。ブラジルではコーヒー農園で働く労働力の需要が高まっていた。

⬆⑦ハワイの農園で働く日系移民（1910年頃）　1885年から94年にかけて，日本とハワイ王国の両国政府の斡旋によって，約３万人の日本人がハワイに渡った。

B 19世紀から20世紀初めにかけての移民の動き

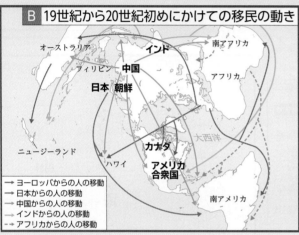

オーストラリア　インド　南アフリカ
フィリピン　中国　アフリカ
日本　朝鮮
ニュージーランド　大西洋
カナダ　ハワイ
アメリカ合衆国
南アメリカ

→ ヨーロッパからの人の移動
→ 日本からの人の移動
→ 中国からの人の移動
→ インドからの人の移動
-→ アフリカからの人の移動

史料２　アメリカの「排華移民法」（1882年）

第１条　本法律の制定の90日後以降，また，本法律が10年後に失効するまでの間，アメリカ合衆国への中国人労働者の入国を停止する。……
第14条　これ以降，州法廷およびアメリカ合衆国法廷は，中国人に市民権を認めてはならない。……
（『世界史史料７』岩波書店）

➡⑧中国人移民排斥の風刺画（1870年，アメリカ）　万里の長城に見立てた壁で中国人移民を排除する様子を風刺した絵。移民と，移民受け入れ先の国の人々が衝突する事態は，歴史的にも繰り返されてきた。

THE "CHINESE WALL" AROUND THE UNITED STATES OF AMERICA

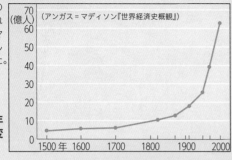

JAPS KEEP MOVING
THIS IS A WHITE MAN'S NEIGHBORHOOD.

⬆⑨日本人排斥を示す看板（1920年，アメリカ）　日本人移民が増加すると，アメリカ人たちの間で職が奪われるのではという危機感が募り，1900年頃から排日運動が強まっていった。

自由と権利の時代

18世紀後半から19世紀前半にかけて，大西洋の両岸で大きな変革が相次いだ。それは，「自由」や「権利」の理念をはじめ，世界の人々の政治意識にも大きな影響を与えた。

➡⑩パトリック＝ヘンリ（1736〜99）　北米・ヴァージニア植民地の指導者の一人で，イギリスからの独立を求め，「自由か，死か」という有名な演説を行った。

史料３　パトリック＝ヘンリの演説（1775年）

……鎖につながれ奴隷とされる代償を支払ってもよいほど，生命は大事であり平和はすばらしいのでしょうか。全能の神よ，このような取引はさせないでください。他の方々がどのような道をとるか，私は知りません。しかし，私に関する限り，私には自由をお与えください。そうでないのなら，私には死をお与えください。
（『世界史史料７』岩波書店）

史料４　ハイチ独立宣言（1804年）

自由か死か
現地軍
……司令官たちは，独立を宣言することに全員が賛成であることを表明した後，フランスを永遠に放棄すること，そしてフランスの支配の下で生きるよりは死を選ぶことを後世の人々と全世界に向って誓約した。……
（『世界史史料７』岩波書店）
＊フランス領サン＝ドマングは，1804年，ハイチとして独立を達成した。➡P.51

➡⑪フランスにおける女性たちの政治クラブ（1791年）　フランス革命の源泉となった啓蒙思想でも，女性は男性の下位に置かれた。女性の権利拡大を求めて，女性たち自身による運動も世界各地で展開された。

⬆⑫ペルーの独立を宣言するサン＝マルティン（1821年）　フランス革命やナポレオン戦争はラテンアメリカ諸国に変革をもたらし，各地で独立を求める戦争が生じた。

史料５　福沢諭吉『学問のすゝめ』第二編（1872年）

人と人との釣合を問えば，これを同等と言わざるを得ない。ただし，その同等とは，（外観などの）有様の等しきを言うにあらず，権理通義の等しきを言うのである。その有様を論ずるときは，貧富・強弱・智愚の差のあることが甚だしく，あるいは，大名華族といえば，御殿に住居し，美服・美食する者もおり，あるいは，人足といえば裏店に借家して，今日の衣食にも差し支える者もいる。……いわゆる雲と泥との相違であるが，また一方より見て，その人々持前の権理通義をもって論ずるときは，どうあろうと同等であって，一厘一毛の軽重の違いはない。
①福沢はrightの訳語として「権理通義」という語句を使用
②力仕事を行う労働者をさす

クローズアップ

①18世紀の蘇州（「姑蘇繁華図」）蘇州は長江下流の経済的中心地であり，北京から杭州に至る運河が通っていた。この地域は，絹織物や綿織物の生産が盛んで，多くの物資が集まり，各地へ運ばれた。

❓ 清をはじめ，東アジアにとって18世紀はどのような時代だっただろう。

1 東アジアの安定—中国・朝鮮・琉球の動き →P.66

中国（明・清）	朝鮮	琉球	明・清代の貿易
1368 朱元璋，**明**を建国 ●中華思想（←P.11）に基づいた**冊封・朝貢**による外交体制確立 →P.82 ②	1392 李成桂，**朝鮮**建国	1429 **琉球王国**成立 ●中継貿易による琉球王国の繁栄 ←P.17	**明**による**海禁** ←P.15
	1592 豊臣秀吉の朝鮮侵略（～93，97～98） ←P.17		16世紀～ 銀の大量流入と交易の活発化→海禁緩和＝**互市** ＊朝貢と切り離された民間レベルの交易。
1616 ヌルハチ，後金を建国 1636 後金，国号を清に改称 1644 民衆反乱で明滅亡。清，北京入城 1683 台湾の鄭成功の一族を平定 ←P.19	1607 最初の朝鮮通信使 1637 清の冊封をうける	1609 薩摩藩，琉球王国を支配（以後，日本と中国の両属） 1634 最初の日本への使節 1663 清の冊封をうける	●日本，「**鎖国**」政策 →P.36 清による海禁→台湾の鄭氏降伏→清，海禁解除
1727 キャフタ条約（ロシアと国境画定） 1793 英使節マカートニー来訪 1796 白蓮教徒の乱（～1804）	1728 党派によらない人材登用の開始		1757 清，ヨーロッパ貿易を広州1港に限定 ←P.22

A 清の対外関係

1689 ネルチンスク条約
1727 キャフタ条約

ロシア
スタノヴォイ山脈
1689 アイグン
1758 ジュンガル
ハルハ 1697
チャハル 1635
イリ→ 新疆
回部 1759 青海 1724
チベット 1720 西安 成都
ラサ
北京
黄河
朝鮮 1637
清 南京
日本
福建 台湾
広東 1683 琉球
広州
太平洋
デリー
ネパール
ビルマ
タイ ベトナム
ベンガル湾

1609 薩摩藩による琉球支配

凡例：
- 清の最大領域（18世紀中頃）
- 清の直轄地
- 清の藩部
- 清への朝貢国
- 数字 清への服属年
- → 乾隆帝の遠征路

0 1000km

2 清の繁栄 →②故宮（紫禁城）全景（中国・北京）南北約960m，東西約750m。

神武門
太和殿
世界遺産
午門
天安門

明代に創建され，明・清代を通して皇帝の居城となった。

●清の統治概念

東北
藩部
中央
地方
朝貢国
日本
非朝貢国

清の国内は，皇帝のいる中央，直轄地の地方および東北地域，および非直轄地の藩部に区分できる。また，周辺国については，朝鮮や琉球などの朝貢国と，非朝貢国に区分された日本は非朝貢国で，交易のみを行う「互市国」と位置づけられていた

→④**辮髪** 清は女真人（のち満洲人と改称）の風習である辮髪を漢人に強制した。

→⑤**乾隆帝**（1711～99）清最盛期の皇帝（在位1735～95）。清の領土を最大に広げた。

→③**雍和宮の扁額** 右から，満洲文字，漢字，チベット文字，モンゴル文字。清の皇帝は，満洲人にとってはハン（君主の称号），漢人にとっては中華皇帝，モンゴル人にとっては大ハン，チベット人にとってはチベット仏教の大施主，ムスリムにとってはイスラームの保護者というように，多様な顔をもって統治を行っていた。

🌶 歴史のスパイス 物語『アラジン』の原作の舞台は中国で，19世紀にヨーロッパ人が当時のイメージでランプの魔人を辮髪姿で描いた。

（公財）東洋文庫蔵

③ 清の社会・経済

▶❻円明園 イタリア出身のカスティリオーネが設計した北京郊外の離宮で，乾隆帝の時代につくられた。明・清代にはイエズス会宣教師によりヨーロッパの学術が流入し，彼らによって中国文化がヨーロッパに伝えられた。

▶ P.66

銀の流入

明末以降，大量の日本銀やメキシコ銀が流入した。その結果，清は18世紀に人頭税を土地税に組み込んで銀で一括納入させる制度を採用した。

◀❼メキシコ銀

▶❽銀錠（中国）

❽日本銀行貨幣博物館蔵

年		人口	
2 前漢	0.596		
156 後漢	0.565		
290 晋	0.162		
754 唐	0.529		
1006 宋	0.163		
1290 元	0.588		
1491 明	0.533		
1699 清	0.106		
1764 清	2.120		4.120
1841 清			
	1	2 3	（億人）4

清の中期に人口が急増している。これは，実人口の増加に加え，人頭税が廃止されたことで，届出の人口が急増したことによる。

▶❾東南アジアのチャイナタウン（タイ）　清の国内の人口増大をうけて，海外へ渡る人々も増えた。海外に移住した中国出身の人々によって，各地にチャイナタウンが形成された。

◀❿歴代王朝の人口変遷

史料❶ キャフタ条約（1727年）

第４条　今，両国（清とロシア）の国境画定に基づき，いずれの国も，逃亡者たちを引き留め置くべきではない。これにより，条約が更新されたので……両帝国の間で自由交易が行われる。……両国間の（政府公認の）交易以外に，国境におけるより小さな交易のためニプコフ［すなわちネルチンスク］とセレンギンスカヤ＝キャフタにおける都合の良い場所が選ばれ，そこに家屋を建設し……

『世界史史料６』岩波書店

国境画定は，清とロシアとの間で重要な外交課題であった。1689年のネルチンスク条約に続き，1727年のキャフタ条約では，民間の貿易が認められた。ロシアにとって清は，クロテンやラッコ（▶ P.38）などの毛皮の重要な輸出先であった。

▶⓫クロテン

史料❷ 乾隆帝と会見したマカートニーの記録

皇帝は16人の輿かきによってかつがれた無蓋の輿に乗り，旗や傘を樹てた大勢の士官が付き従っていた。彼が通り過ぎる時に，われわれは片膝でひざまずいて敬意を表した。その間，すべての中国人はいつもするように平伏した。……儀式を貫く特徴は，アジア的な高貴さに特有な物静かな威厳と目立たないような華やかさにあった。このようなものはヨーロッパ人の洗練さの程度をもってしては，まだ到達していないところである。

『世界史史料４』岩波書店

①屋根のないこと

乾隆帝　マカートニー

↑⓬乾隆帝に謁見するイギリス使節マカートニー
イギリスは清との貿易改善と条約締結を求めたが，乾隆帝はこれを拒否した。絵は，乾隆帝への謁見の様子をイギリス側が描いた想像図。（公財）東洋文庫蔵

④ 朝鮮

35

↑⓭景福宮（韓国）　朝鮮の王宮。1910年の韓国併合後には，日本の朝鮮総督府が置かれた。▶ P.85

朝鮮では朱子学（儒教の流派の一つ）が官学とされ，支配層である両班を中心とする官僚体制が築かれた。対外貿易には消極的で海禁政策を続けた。

両班

⓮両班

東アジア

⑤ 琉球

↑⓯首里城正殿（那覇市）　琉球王国は，中国・朝鮮・日本だけでなく東南アジアとも交易を行い，大いに繁栄した。王の居城であった首里城は紫禁城をモデルとしていた。太平洋戦争で焼失し，1992年に復元されたが，2019年に再び火災で焼失した。

▶⓰中国への進貢船　琉球は頻繁に中国に朝貢（進貢）した。

沖縄県立博物館・美術館蔵

▶⓱日本への琉球使節　1609年の薩摩藩（島津家）による侵攻以後，琉球王国は中国と日本との二重支配を受けた。琉球は，清に朝貢使節を送る一方，日本に対しては将軍の代替わりに慶賀使を，国王の代替わりに謝恩使を派遣した。

●日本への琉球使節一覧

年代	将軍	目的	総人数
1634	家光	謝恩	?
1644	家光	慶賀・謝恩	70
1649	家光	謝恩	63
1653	家綱	慶賀	71
1671	家綱	謝恩	74
1682	綱吉	慶賀	94
1710	家宣	慶賀・謝恩	168
1714	家継	慶賀・謝恩	170
1718	吉宗	慶賀	94
1748	家重	慶賀	98
1752	家重	謝恩	94
1764	家治	慶賀	96
1790	家斉	慶賀	96
1796	家斉	謝恩	97
1806	家斉	謝恩	97
1832	家斉	謝恩	78
1842	家慶	慶賀	99
1850	家慶	謝恩	99

🌱 **両班**　本来は文官（文班）と武官（武班）の総称であったが，次第に様々な面における支配階層をさす語句として定着した。

クローズアップ

←❶全国から船が集まる大坂（19世紀中頃，『菱垣新綿番船川口出帆之図』）　幕末の絵ではあるが，江戸時代における，大坂から江戸に新綿を運ぶ菱垣廻船の様子を生き生きと描いている。

にしのみやデジタルアーカイブ

❓江戸時代の経済発展は，どのようにして可能となったのだろう。

1 江戸時代前・中期の日本

1600	関ヶ原の戦い
1603	徳川家康，征夷大将軍となる
	（江戸幕府の成立）
1612	幕府直轄領で**キリスト教禁止令**
1615	大坂夏の陣で豊臣氏滅亡
1635	**日本人の海外渡航と帰国の禁止**
1637	島原・天草一揆（～38）
1639	**ポルトガル船の来航禁止**
1641	**オランダ商館を出島に移す**
1685	初めて生類憐みの令が出される
1689	長崎の唐人屋敷完成
	●新井白石の政治
1715	海船互市新例（正徳新令）…貿易の制限
1716	徳川吉宗による**享保の改革**（～45）
1742	公事方御定書…裁判の基準
	●田沼意次の政治
1782	天明の飢饉（～87）
	各地で一揆・打ちこわしが増加
1787	松平定信，**寛政の改革**（～93）
1792	ロシア使節**ラクスマン**，根室に来航

2 「鎖国」の実態

A 江戸時代の日本の交易関係

- テンの毛皮の生産地
- 人参の生産地
- 建州
- 北京
- 山海関
- 佐渡金山
- 漢城
- 石見銀山
- 綿織物の生産地
- 蘇州・上海
- 生糸の生産地
- 杭州
- 寧波
- 景徳鎮
- 米の生産地
- 福州
- 漳州
- 広州
- マカオ
- ゼーランディア城
- 堺
- 琉球
- A 松前口
- B 対馬口
- C 長崎口
- D 薩摩口

0　500km

江戸幕府は，キリスト教の禁止などのために「鎖国」政策をとり，それは幕末の開港まで続いたが，その間，完全に国を鎖したのではない。松前藩とアイヌを介した北方との交易＝「松前口」，対馬藩を介した朝鮮との交易＝「対馬口」，琉球・薩摩藩との交易＝「薩摩口」，そして中国・オランダと幕府との交易＝「長崎口」という「四つの口」を通じて，アジア諸地域とつながっていた。

↑❷朝鮮通信使　豊臣秀吉の朝鮮侵略で日本と朝鮮との関係が途絶えたが，江戸幕府は対馬藩を介して国交を回復させた。朝鮮からは，将軍の就任祝賀などの名目で朝鮮通信使が派遣された。「朝鮮人行列図巻」，東京国立博物館蔵

史料❶　朝鮮通信使が見た日本（1719年）

日本人が我が国の詩文を求めること，貴賤賢愚を問わず，神仙の如くに仰がないものはなく，珠玉の如くに珍重しないものはない。すなわち，輿を舁ぐ者や僕卒など目に書を知らない者も，朝鮮の楷書数字を得ればみな頭の上に手を合わせて謝す。

（姜在彦訳注『海游録　朝鮮通信使の日本紀行』平凡社）

●江戸時代の朝鮮通信使一覧

＊年代は将軍謁見の年

年代	目　的	総人数
1607	国交回復	504
1617	大坂平定・日本統一の祝賀	428
1624	家光就職の祝賀	460
1636	泰平の祝賀	478
1643	家綱誕生の祝賀	477
1655	家綱襲職の祝賀	485
1682	綱吉襲職の祝賀	473
1711	家宣襲職の祝賀	500
1719	吉宗襲職の祝賀	475
1748	家重襲職の祝賀	477
1764	家治襲職の祝賀	477
1811	家斉襲職の祝賀	328

江戸時代の日本の人々にとって，朝鮮通信使は東アジアの文化や最新の学問にふれる機会でもあり，多くの文人や学者が朝鮮通信使との接触を試みた。

←❸江戸に参府したオランダ人　江戸時代，オランダ商館長（カピタン）の江戸参府が定期的に行われた。この絵は，オランダ商館付の医師であったケンペルが，江戸城で将軍綱吉の指示でダンスを披露している様子。

カピタン（商館長）の部屋

通詞の部屋

表門

荷揚場

（上）長崎大学附属図書館蔵

↑❹長崎の出島　1641年，平戸にあった長崎商館が出島に移された。出島は，江戸時代における西洋への窓口として機能した。

❺復元された出島

●長崎貿易の制限

年代	年間の船数制限		貿易高	
	清	オランダ	清	オランダ
1688	70隻＊		＊東南アジア方面からの船も含まれる。	
1709	59隻			
1715	30隻	2隻	銀6,000貫	銀高3,000貫
1720	30隻		銀高4,000貫	
1736	25隻		銀高4,000貫	
1739	20隻		銀高4,000貫	
1746	10隻			
1765	13隻		銀高3,510貫	
1790		1隻		銅60万斤
1791	10隻		銀高2,740貫	

幕府は貿易による金銀の流出を懸念し，船の数や貿易高を制限する政策をとった。貿易制限の一方で，中国からの輸入品であった生糸や絹織物の国産化などにより，貿易に依拠しない国内市場の形成が進んだ。

←❻唐人屋敷　1689年に中国人たちは長崎の唐人屋敷に収容され，自由な出入りを禁じられた。

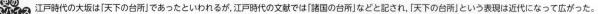

歴史のスパイス　江戸時代の大坂は「天下の台所」であったといわれるが，江戸時代の文献では「諸国の台所」などと記され，「天下の台所」という表現は近代になって広がった。

③ 流通網の形成

日本列島各地を結ぶ海運や陸路（街道）の整備が進み，それに伴い，地域の間を密接に結ぶ流通網も結成された。

↑⑦北前船 蝦夷地の海産物などを西廻り海運で大坂に輸送した。
加賀市北前船の里資料館蔵

B **近世の交通網**

○ 城下町　● 宿駅・湊津
□ 陣屋（郡代・代官の役宅・屋敷）
‡ 関所
━ 五街道　━ 脇街道
── その他の道路

西廻り海運（東北日本海沿岸→大坂）
南海路（西廻り海運に含まれる）（菱垣廻船・樽廻船）
東廻り海運（東北日本海沿岸→江戸）

↑⑧クーブイリチー 昆布を使った沖縄の料理。昆布は松前から琉球や清まで運ばれた。

↑⑨昆布締め 北前船が通る日本海側の富山県の郷土料理。昆布に魚などを挟み込む。

④ 知への欲求

↑⑩寺子屋開業数の推移
（石川松太郎『藩校と寺子屋』）

4,500校
4,293
1,984
676
387
165
101
34

一七五一〜六〇／一七七一〜八〇／一七八九〜一八〇四〜一八／一八一八〜三〇／一八三〇〜四四／一八五四〜六八

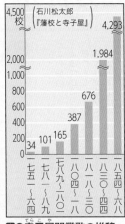

↑⑪寺子屋（渡辺崋山筆「一掃百態」）庶民の教育機関である寺子屋では，読み，書き，そろばんや平易な道徳が教えられた。子どもらは，各自のペースに合わせて学習を進めた。田原市博物館蔵

史料② 日本を訪れたイギリス人の記述（1859年）

日本には国民教育についてわが国よりもっと広く普及している制度があるようである。……ときどき街を通っているとき，私は学課を学習している子供たちの楽しい喋々の声を聞いた。（オリファント著，岡田章雄訳『エルギン卿遣日使節録』雄松堂書店）

18世紀に入ると，医学や天文学，化学など西洋の学問や知識を習得しようとする動きが生じた。

↑⑫解体新書 前野良沢や杉田玄白らは西洋医学の解剖書『ターヘル＝アナトミア』を邦訳し，日本初の翻訳解剖書として1774年に刊行した。

↑⑬ボルタ電池の図（『舎密開宗』）医師で洋学者の宇田川榕菴は，化学書を翻訳して日本初の本格的な化学書『舎密開宗』を1837年から出版した。

資料から読み解く 江戸時代の日本と勤勉革命

（万町）（万石）耕地（左軸）石高（右軸）石高/耕地（石/町）

9.6　9.8　10.8　10.9　11.4　11.0　12.4　13.0　14.5

1600　1650　1700　1720　1730　1750　1850　1872年

＊石高は米の収穫量。1石＝約180L。

↑⑭田畑面積と石高の増加 石高や人口の増加の背景には，政治や社会の安定が関係していた。

⑮日本の人口の推移（百万人）

1000　1100　1200　1300　1400　1500　1600　1700　1800　1900年

史料④ 近世日本の社会についての研究

江戸時代における農業技術の発展方向は，A労働生産性の上昇をもたらすような資本の増大を通じてではなく，むしろ逆に，家畜という資本の比率を減少させ，B人間の労働に依存するという形態をとった。……イングランドの場合には産業革命へ到達するが，（江戸時代の）日本の場合には……それ自身，勤勉革命(industrious revolution)とでも名付けることができる変化を経験したことになる。
（速水融『近世日本の経済社会』麗澤大学出版会）
①家畜の減少に関しては，諸説ある。
②英語ではindustrial revolution

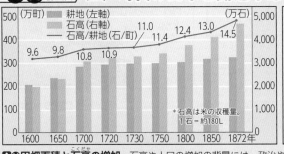

↑⑯丸山千枚田（三重県熊野市）高低差160mの斜面に，約1,340枚の棚田が現存する。1601年には，2,240枚もの棚田があったという記録がある。

史料③ 美食・美服を欲することは，天性の自然であるが，これを忍び，家産の分内①にしたがて，身体の安逸や奢侈②を願うのも，また同じである。〈「二宮翁夜話」〉
①分限の範囲内。ここでは家産に応じた消費のこと。
②何もせずぶらぶらすること。

➡⑰二宮尊徳（1787〜1856）倹約・貯蓄を中心とする事業法を広め，諸藩・諸村の復興に尽力した。報徳博物館提供

読み解き
1 江戸時代を通じて，石高と人口はどのように推移しただろう。
2 史料④の下線A・Bはイギリスの産業革命と日本の勤勉革命のどちらのことだろう。

クローズアップ

この船の　よるまも　ふたことを　夢のまも　忘れぬは　世の　宝なりけり

（この船が寄るということを夢の間にも忘れないことが世の宝である）

←1「異国船図」 画家の谷文晁が描き，幕府の元老中の松平定信が賛を記した版画。外国船が来る危機を忘れてはならない，という趣旨が書かれている。神戸市立博物館蔵
＊作品に書き添えられた文字

↑2デレンで清の官吏に毛皮を献上する先住民 19世紀初めに北方を探査した間宮林蔵は，中国大陸にもわたった。アムール川（黒竜江）沿いのデレンにも立ち寄った間宮は，清による北方支配の実情を探った。写真は間宮の探検記のさし絵。『東韃地方紀行』

? 外国船の接近によって，日本と北東アジアとの関係は，どう変化しただろう。

1 外国船の接近・来航と幕府の対外政策

外国船の動き		幕府の対外政策	
1791	アメリカの毛皮交易船，紀州来航	1791	外国船取扱の方針を定める
1791	イギリスの毛皮交易船，日本海通過		
1792	ロシア使節**ラクスマン**，根室に来航	1793	海防強化を諸藩に命ずる
		1798	近藤重蔵・最上徳内らの蝦夷地探査（～99）
1804	ロシア使節**レザノフ**，長崎に来航	1799	東蝦夷地を直轄化
1806	ロシア船による樺太・蝦夷地襲撃	1806	**文化の薪水給与令**
1808	フェートン号事件 イギリス船フェートン号，長崎に侵入。オランダ商館員を捕らえ，薪水・食料奪取	1807	西蝦夷地を直轄化
		1809	間宮林蔵，間宮海峡を発見
1811	ゴローウニン事件（～13） ロシアのゴローウニンが国後島測量中に日本側に捕らえられ，その後釈放される		
1816	イギリス船，琉球来航		
1818	イギリス船，浦賀来航	1821	蝦夷地を松前藩に還付
1824	イギリス捕鯨船員，常陸大津浜・薩摩宝島に上陸	1825	異国船打払令

19世紀後半の領域
オランダ領
フランス領 (F)
イギリス領 (B)
スペイン領
ロシア領 (R)
数字は進年次
→イギリスの進出
→フランスの進出
→ロシアの進出

カムチャツカ（1707）(R)
ニコライエフスク（1850）(R)
ロシア
イルクーツク（1652）(R)　ネルチンスク　アイグン　根室（R）
キャフタ
イリ
朝鮮　長崎　日本
新疆　清　琉球
アフガニスタン（1880）
チベット　香港（1842）(B)
インド帝国
ボンベイ（1661）(B)　カルカッタ（1690）(B)　ビルマ（1886）(B)　仏領インドシナ　フィリピン（1521）
マドラス（1640）(B)　シャム（1887）
ポンディシェリ（1674）(F)
カリカット（1792）(B)
コロンボ（1796）(B)
マラッカ（1824）(B)　シンガポール（1819）(B)
マッコウクジラ

A 列強のアジア進出
産業革命（→P.42）を背景に，新たな市場を求めてイギリスなど欧米諸国がアジアに進出を始めた。また，ロシアは清との国境紛争を繰り返しつつ，毛皮資源を求めてシベリアに進出し続けた。

（→P.42）

COLUMN 太平洋探検の時代

18世紀，欧米諸国によって太平洋の科学的探検が進められた。たとえば，イギリスが派遣したクック率いる探検隊は，当時存在すると考えられていた「南方大陸」の実在を確かめるという目的があった。「南方大陸」は存在しなかったが，こうした太平洋探検も，欧米諸国のアジア進出の背景となった。

←3クロノメーター 18世紀後半には，経度を測定するためのクロノメーターが開発され，より精緻な地図の作製も可能となった。

↑4クック（1728～79）

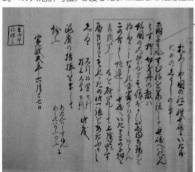

←5ラクスマンに渡された信牌の写し 1792年，根室にロシア使節ラクスマンが来航した。幕府は通商要求を拒否したが，今後交渉がある時には長崎に来るように伝え，「信牌」（長崎への入港許可証）を渡した。大黒屋光太夫記念館蔵

史料1 ラクスマンへの信牌

そもそもキリシタンの教えは，我が国の大禁である。その像，および器物，書籍などを持ってきてはならない。必ず処罰されるであろう。この旨をよく恪遵し，長崎に至り，この子細を主張しなさい。なお，調査をして，上陸を許す。そのため，この一枚を与える。
①謹んで従うこと。

↓6レザノフ（1764～1807）
1804年に長崎に来航したロシア使節レザノフは，日本との通商を要求したが，幕府は拒否した。これに怒ったレザノフは，海軍士官に命じて，樺太・択捉を襲撃させた。

←7ラッコ 太平洋探検により，西洋人は北太平洋海域に生息するラッコの存在と，その毛皮が中国で高価で取引されていることを知った

↓8マッコウクジラ 19世紀初頭からは，イギリスやアメリカの捕鯨船も，クジラの捕獲のために日本近海に近づいた。

❷ 北方世界の変容

●近世の蝦夷地 ➡P.73

■ アイヌの蜂起

1604	幕府，松前藩の蝦夷地交易独占を許可
1669	**シャクシャインの戦い**
	●18世紀初め頃，場所請負制が急速に成立
1785	幕府，蝦夷地に最上徳内を派遣
1789	**クナシリ・メナシの戦い**
1799	幕府，東蝦夷地を直轄し場所請負制廃止
1807	幕府，西蝦夷地を直轄（全蝦夷地直轄）
1821	幕府，蝦夷地を松前藩に還付
1854	日米和親条約で箱館の開港が定まる
1855	箱館開港。幕府，蝦夷地を再直轄

↑9『蝦夷漫画』（1859年） 蝦夷地の風景やアイヌの暮らしを絵入りで解説した冊子で，幕末に蝦夷地を6回にわたって踏査した松浦武四郎が刊行。
札幌市中央図書館蔵

松前藩による交易の制度

幕府から蝦夷地との交易独占権を認められた松前藩は，家臣に商場でアイヌと交易する権利を与えた（商場知行制）。しかし，不公平な交易に対し，1669年にアイヌが蜂起した。その後，家臣は和人の商人に交易を委託し商人から運上金を受け取るようになった（場所請負制）。労働力として酷使されたアイヌは1789年に蜂起した。

↑10 場所請負制

```
              幕府
               ↕ 蝦夷地交易権承認
              松前藩主
               ↕ 交易権を与える
            松前藩の上級家臣
               ↕ 交易を委託／運上金
              和人の商人
               ↕ 交易
               アイヌ
```

ロシアの接近をうけ，幕府は北方探検を進めた。1798年から99年にかけての近藤重蔵・最上徳内らの探検では，択捉島に「大日本恵登（土）呂府」の標柱が建てられた。

↓11 間宮林蔵
（1780〜1844） 幕府に派遣され北方を探検し，樺太が島であることを発見した。
資料協力　茨城市つくばみらい市立間宮林蔵記念館

B 北方の探検

──	最上徳内(1785,86)の行路
──	近藤重蔵，最上徳内の行路(1798〜99)
──	伊能忠敬(1800)の実測路
──	近藤重蔵(1807)の推定路
──	間宮林蔵(1808)の第1回行路
----	間宮林蔵(1808〜09)の第2回行路

0　　　200km

「大日本恵登（土）呂府」の標柱

資料 から 読み解く アイヌの人々と北方世界

C アイヌの交易（17〜18世紀頃） ←→交易

*領域はおおよその行動範囲を示す。

0　　　300km

和人	→	アイヌ	→	サンタン人
米，酒，麹，鉄製品，漆製品，たばこ，煙管，木綿，太刀・首飾り・耳飾り				蝦夷錦，青玉，煙管，ワシ羽，木綿
クジラ，アザラシ皮・油，ラッコ皮，トド皮，オットセイ，クマ皮，ワシ羽，ツル，サケ，ニシン，タラ，マス，昆布，イリコ，アワビなど				キツネ皮，クロテン皮，カワウソ皮

↑12 松前藩主に毛皮などを献上するアイヌの人々（「蝦夷国風図絵（藩主謁見之図）」） アイヌの人々は，千島列島や樺太，アムール川下流域の人々と交易を行い，また日本へは，ラッコの毛皮や蝦夷錦とよばれる中国産の錦織などをもたらした。函館市中央図書館蔵

↑13 厚岸の首長イコトイ 1789年，場所請負商人に酷使されたクナシリ・メナシ地方のアイヌたちが蜂起した。それを鎮圧した松前藩は，藩側に協力をした厚岸の首長イコトイをはじめ，12人のアイヌを描いた肖像画「夷酋列像」を作成した。函館市中央図書館蔵

↑14 蝦夷錦 市立函館博物館蔵
イコトイが赤い外套の下に着ているのは，蝦夷錦といわれる中国産の錦織。また，赤い外套はロシアのコートと考えられる。

史料2 「夷酋列像」のイコトイに関する説明

（イコトイは）大逆徒の作業を憤り……クナシリの徒党を討ち亡ぼさんとす。……誠によく忠に志深き酋長なり。

🔍 読み解き

1. 北方世界の中で，アイヌと和人との交易はどのような特徴をもっていたのだろう。

2. イコトイは，なぜ「忠に志深き酋長」と評価されたのだろう。

---

1 諸国の植民活動 （ポ）ポルトガル （西）スペイン

南北アメリカ進出	東・東南アジア進出	南アジア進出
16世紀〜 ポルトガル・スペインの進出		
（ポ）ブラジルへ	（ポ）ゴア・マラッカ・平戸・マカオへ	
（西）メキシコ以南の中南米へ	（西）マニラへ	
17世紀初〜 イギリス・フランス植民開始	**17世紀前半 オランダの台頭**	**17世紀初〜 イギリス・フランスの進出**
（英）ヴァージニア植民地	（蘭）**東インド会社**設立(1602)	（英）**東インド会社**設立(1600)
（仏）ケベック植民地	●平戸・バタヴィアに商館建設	→経営拠点確保 {マドラス／ボンベイ／カルカッタ}
（蘭）西インド会社設立(1621)→ニューアムステルダム建設	●台湾占領	
イギリス＝オランダ（英蘭）戦争(1652〜74,3回)	●ポルトガルからマラッカを奪う	（仏）東インド会社設立(1604, 1664再興)
→英，ニューアムステルダムを奪う（ニューヨークと改称）	●ケープ植民地建設（アフリカ）	→シャンデルナゴル・ポンディシェリ獲得
（仏）西インド会社設立(1664)→ルイジアナ植民地	●セイロン占領（スリランカ）	
	→ **オランダ領東インドの基礎**	
17世紀末〜18世紀初 イギリス・フランスの抗争		
（英）スペイン領アメリカへの奴隷供給権を獲得(1713)		（英）七年戦争中にインドでもフランスに「勝利」(1757)
（仏）七年戦争に「敗北」→北米の植民地をほぼ失う(1763)		
18世紀後半 イギリス植民地帝国の基礎確立		

『近代国際経済要覧』東京大学出版会

クローズアップ

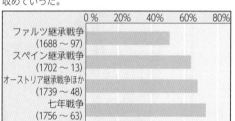

↑①ホガース「当世風結婚」
18世紀にイギリスで描かれた絵。ロンドン・ナショナルギャラリー蔵，縦70.5cm×横90.8cm

？ ①チョコレートを飲む紳士，②砂糖入りの飲み物を差し出すアフリカ系の召使い，③アフリカ系またはインド人の幼児などの様子から，イギリスの植民地貿易の実態について考えてみよう。

↓②17〜18世紀半ばのイギリスの主な戦争における国債支払額（戦費における割合）　これらの戦争は，英仏の植民地戦争と連動しており，公債発行による戦費調達が容易なイギリスが，勝利を収めていった。

	0% 20% 40% 60% 80%
ファルツ継承戦争(1688〜97)	
スペイン継承戦争(1702〜13)	
オーストリア継承戦争ほか(1739〜48)	
七年戦争(1756〜63)	

❸アジアで貿易活動に従事しヨーロッパに戻った船舶数
（ポルトガル／オランダ／イギリス）
1580年 1590 1600 1610 1620 1630

17世紀中頃の北米の植民地

（地図：ニューファンドランド，ハドソン湾，ケベック，ニューイングランド，ニューネーデルラント，ヴァージニア，フロリダ，メキシコ，キューバ，ハイチ，ジャマイカ）

A 18世紀中頃の世界

（地図）
ハドソン湾，アカディア，ニューファンドランド，イギリス，フランス，ロシア，カナダ，ケベック，タバコ・毛皮，ボストン，ニューイングランド，フィラデルフィア，ニューヨーク，ヴァージニア，ルイジアナ，フロリダ，砂糖，木材・穀物，メキシコ，アカプルコ，奴隷，ポルトガル，リスボン，スペイン，ジブラルタル，ミノルカ，オスマン帝国，イスタンブル，サファヴィー朝，ムガル帝国，火器・綿織物，金・象牙，セネガル，エルミナ，ルアンダ，マリンディ，ブラジル，ペルー，チリ，ブエノスアイレス，リオデジャネイロ，ケープ植民地，マダガスカル，香辛料・綿布，ボンベイ，ゴア，マドラス，ポンディシェリ，セイロン，カルカッタ，シャンデルナゴル，北京，清，長崎，マカオ，台湾，ゼーランディア城，フィリピン，マニラ，絹・香辛料，モルッカ諸島，スマトラ，ジャワ，バタヴィア，アンボイナ，マラッカ，絹・茶

凡例：スペイン領／ポルトガル領／オランダ領／フランス領／イギリス領／ロシア領／→主な交易路

0　5000km

17世紀末からの英仏の抗争（第2次英仏百年戦争，1688〜1815）の結果，世界の植民地勢力図は大きく変化した。

2 オランダとイギリスの商業網

17世紀半ばのオランダの貿易

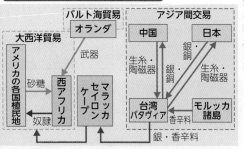

オランダ東インド会社はアジア間交易で得た利益を本国向けの香辛料輸入にあてていた。また，西インド方面の砂糖も輸入し，ヨーロッパ人の茶の飲み方を変化させた。

産業革命前のイギリスの貿易

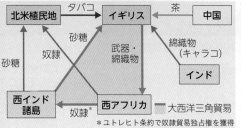

大西洋三角貿易
*ユトレヒト条約で奴隷貿易独占権を獲得

イギリスは**大西洋三角貿易**で大きな利潤を得て，産業革命の前提となる**資本を蓄積**した。奴隷と交換する綿織物は，インド産（**キャラコ ▶P.42**）の再輸出が多かった。
**＊＊輸入した商品を（ほぼ原型のまま）他国等へ輸出すること。

『近代国際経済要覧』東京大学出版会
（単位：1,000 ポンド）
□ 輸入量　□ 再輸出量

800 / 600 / 400 / 200

1699～1701　1722～1724　1752～1754　1772～1774年

◆④イギリスにおけるインド産綿織物の輸入・再輸出量

資料から読み解く　茶の流行と奴隷貿易

（布留川正博『奴隷船の世界史』岩波新書）
（千人）
2,500 / 2,000 / 1,500 / 1,000 / 500 / 0

ブラジル
フランス領西インド諸島
イギリス領北アメリカ
オランダ領西インド諸島
スペイン領アメリカ
イギリス領西インド諸島
その他

1501～1600年　1601～1700　1701～1810　1811～67

◆⑤奴隷貿易（地域別奴隷輸入数）　奴隷貿易は18世紀に最盛期を迎えた。イギリスでは19世紀初頭に廃止された。**◀P.22 ▶P.45**

▶⑥アフタヌーンティー　イギリスでは，輸入品で高価な砂糖入り紅茶を飲む習慣が貴族から広まり，優雅な「アフタヌーンティー」を主催して交流を深めた。

◆⑦工場労働者の昼休み（イギリス，19世紀後半）　マンチェスター近郊で，女性労働者たちが紅茶を入れたポットをもって集まっている。

読み解き
1 西インド諸島やブラジルで奴隷輸入が増加した背景は何だろう。
2 イギリスの紅茶を飲む習慣は，どのように変化しただろう。

---

3 啓蒙思想

背景	●イギリス近代哲学 ●皇帝権・教皇権などの減衰 ●ルネサンス（◀P.17）以来の科学の発達
内容	●迷信・思い込みの否定 ●根拠のない権威・権力を否定 ●理性に基づく合理的な思考

	人物・事績	影響
代表的な人物とその影響	**ロック**（英）**▶P.47** 政府に対する抵抗権主張	名誉革命 アメリカ独立宣言
	モンテスキュー（仏） 三権分立を主張	アメリカ合衆国などの政治制度
	ヴォルテール（仏） 宗教的寛容を説く	ロシアやプロイセンの君主と親交
	ルソー（仏） 自由平等を徹底考察	フランス革命（特にロベスピエール）
	ディドロ（仏）・**ダランベール**（仏） 『百科全書』の編集	啓蒙思想の集成と拡散

◀⑧『百科全書』　フランスのディドロ・ダランベールらが編纂した，科学・芸術・技術に関する合理主義的立場に基づく大辞典。

ルソー　ヴォルテールの胸像　ディドロ　モンテスキュー
ダランベール　ジョフラン夫人

◆⑨ジョフラン夫人のサロン（19世紀に描かれた想像図）　啓蒙思想とは，**古い偏見を打破し，理性を重視する思考法**である。イギリス**議会政治の発展**を支える理論を生み，18世紀のフランスで**絶対王政**（◀P.19）批判の基盤となった。17・18世紀のヨーロッパでは，貴族の女性が主催する**サロン**に多くの思想家が集まり，啓蒙思想が深められた。ルーアン美術館蔵

COLUMN　啓蒙思想と女性

啓蒙思想は国家体制や政治の変革に大きく寄与したが，市民社会に潜む女性差別にはあまり光をあてなかった。**ルソー**の『エミール』も教育上の性差別を主張していた。このような中，女性自らが女性の自立や参政権の獲得を訴える動きも現れ，**メアリ＝ウルストンクラフト**は『女性の権利の擁護』（1792）を著した。

▶⑩メアリ＝ウルストンクラフト（1759～97）

史料① エミール（1762年）

女性の教育はすべて男性に関連させて考えられなければならない。男性の気に入り，役に立ち，男性から愛され，尊敬され，男性が幼いときは育て，大きくなれば世話をやき，……生活を楽しく快いものにしてやる，こういうことが……女性の義務であり……（ルソー著，今野一雄訳『エミール』岩波書店）

『エミール』はルソーが物語の形で述べた教育論。革新的な内容で，刊行後発禁処分となった。

東アジア / 東南アジア / 南アジア / アフリカ / ヨーロッパ / アメリカ

1 イギリスの工業化と農村・都市

18～19世紀 **農業革命**
- ●農村で囲い込み進む
  …新農法導入促進をめ ざして，**議会主導**で 合法的に実施
- ●新農法の普及

結 果
- ●農場経営規模拡大
- ●**都市への人口流入**(工 場労働者となる)
- ●穀物増産(労働者の生 活を支える)

●③囲い込まれた農村

●④全人口に 占める人口1 万以上の都 市に住む人口 比率

クローズアップ

●①インド綿布 主にカリカットから輸入 されていたインド綿布はキャラコとよばれ， 着心地の良さから人気を博した。

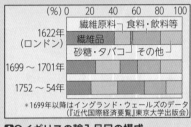

●②イギリスの輸入品目の構成

*1699年以降はイングランド・ウェールズのデータ 『近代国際経済要覧』東京大学出版会

	繊維原料	食料・飲料等	
1622年(ロンドン)	繊維品		
	砂糖・タバコ	その他	
1699～1701年			
1752～54年			

A 産業革命後のイギリス

主な都市(1851)
- ◉ 人口50万人以上
- ● 人口10～50万人
- ○ 人口10万人未満
- 炭鉱業地域
- 毛織物業地域
- 綿織物業地域
- ⊗ 金属 ⌖ 造船
- ✕ 鉄鉱山
- ── 1841年までに 開通した鉄道

1825 ストックトン・ ダーリントン間に 鉄道開通

1830 リヴァプール・マン チェスター間に鉄道開通

アバディーン / スコットランド / グラスゴー / エディンバラ / ニューキャッスル / ストックトン / ダーリントン / マンチェスター / リーズ / ヨーク / リヴァプール / シェフィールド / ノッティンガム / バーミンガム / イングランド / ケンブリッジ / ウェールズ / オクスフォード / ロンドン / ブリストル / ポーツマス / プリマス / イギリス海峡 / 北海

0 ─ 150km

? イギリスの工業化は，どのような背景で，どの 分野から始まったのだろう。

2 産業革命の展開

イギリス産業革命は世界で最初の**輸入代替工業化**(輸入品 の国産化)の試みであった。

●⑦ワット の蒸気機関
ボイラー①で 発生させた蒸 気が，シリン ダーでピスト ン運動に変換 され②，さら に回転運動を 得る③仕組み になっていた

背景
- ●**大西洋三角貿易**による資本蓄積
- ●植民地戦争に勝利し広大な**植民地**獲得
- ●農業革命・囲い込みで賃金労働者と穀物生産が増加
- ●議会政治が発達し，各国からの投資が増大
- ●石炭や鉄鉱石などの**豊富な資源**の存在

動力・交通革命	綿工業	製鉄業
【人力・畜力・水力の利用】	【17世紀に輸入キャラコの需要拡大】	【16世紀から木炭による製 鉄(森林破壊も)】
動力革命	●飛び杼(1733)〈ジョン=ケイ〉	
●蒸気機関(1712)〈ニューコメン〉	➡織布能力拡大で綿糸不足	18世紀初 ダービー父子に よるコークス製鉄法
●蒸気機関の改良(1769)〈ワット〉	●ジェニー紡績機(1764)〈ハーグリー ヴズ〉	**各種機械生産に寄与**
↓ 綿工業機械の効率化	●水力紡績機(1769)〈アークライト〉	
交通革命	●ミュール紡績機(1779)〈クロンプトン〉 ➡紡績能力拡大で綿糸供給過多	
●蒸気機関車(1804)〈トレヴィシック〉	●力織機(1785)〈カートライト〉	
●蒸気船の実用化(1807)〈フルトン〉 P.22	●綿繰り機(1793)〈ホイットニー(米)〉 …綿繰りの効率化	
●蒸気機関車(1814)〈スティーヴンソン〉	**イギリス綿製品を世界市場へ**	

●⑤飛び杼

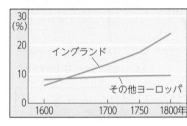
●⑥世界最古の鉄橋(イギ リス・バーミンガム郊外) **世界遺産**

●⑧綿織物の工程

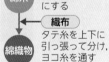

綿花 ── 綿繰り(種子を取り除く)
綿花 ── 紡績(綿の繊維を糸状にする) ── 綿糸
綿糸 ── 織布(タテ糸を上下に 引っ張って分け， ヨコ糸を通す) ── 綿織物

●⑨ミュール紡績 機 ジェニー紡績 機と水力紡績機の長所を合わせたもの
*ミュールとは馬とロバをかけ合わせたラバの意

3 工業化の影響

●⑩1862年のロンドン万博に展示された力 織機 万博には日本からの使節団も訪れた。

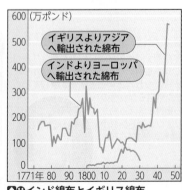

600(万ポンド)

イギリスよりアジア へ輸出された綿布

インドよりヨーロッパ へ輸出された綿布

1771年 80 90 1800 10 20 30 40 50

●⑪インド綿布とイギリス綿布

B 「世界の工場」イギリス(19世紀後半)

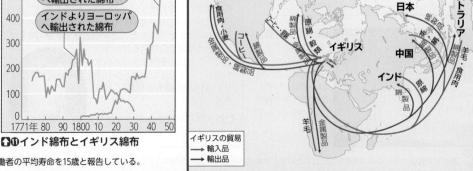

アメリカ / オーストラリア / 日本 / イギリス / 中国 / インド

イギリスの貿易
→ 輸入品
→ 輸出品

歴史のスパイス エンゲルスは自著で，リヴァプールの労働者の平均寿命を15歳と報告している。

1 産業革命以降の社会の変化

●イギリス社会の変化

- ◆アダム＝スミス『諸国民の富』(1776)
- ◆マルサス『人口論』(1798)
- 1799 団結禁止法制定
- 1811 **ラダイト運動(機械打ちこわし運動)** 始まる(～17)
- 1815 穀物法制定
- 1824 団結禁止法廃止→労働組合合法化
- 1832 第1回選挙法改正
- 1833 **工場法制定**(9歳未満の労働禁止, 18歳未満の夜間労働禁止, 監察官の設置義務)
- 1837 **チャーティスト運動**開始(選挙権獲得などをめざす都市労働者らの運動)
- 1846 穀物法廃止
- ◆(独)マルクス・エンゲルス『共産党宣言』(1848)
- 1858 イギリス東インド会社解散
- 1864 第1インターナショナル創立
- ◆(独)マルクス『資本論』(1867)

＊(独)…ドイツでの出来事

↑❶ロンドンの貧民街(19世紀) 産業革命期のロンドンは水も空気も汚染され, コレラなどの伝染病も多発していた。

❷狭い炭坑内で働く労働者

史料❶ イギリス議会特別委員会での報告 (ある人物の証言) (1832年)

……娘たちは朝の3時には工場に行き, 仕事を終えるのは夜の10時から10時半近くでした。……(休憩時間は)朝食に15分, 昼食に30分, 飲料をとるのに15分です。……事故が起こると賃金は全く支払われませんでした。……とても疲労しているときは, 鞭打ちがひんぱんに行われました。……(妻は)娘の背中がゼリー状になっていると言いました……。

(『世界史史料6』岩波書店)

読み解き

❶❷と史料❶から, 当時のイギリスの労働問題を読み取ろう。

❷このような状況を背景に制定された工場法の内容は, どのようなものだっただろう。

↓❸産業革命以前の紡績の様子

↓❹産業革命期の紡績工場 ミュール紡績機を取り入れたランカシャーの紡績工場の様子。

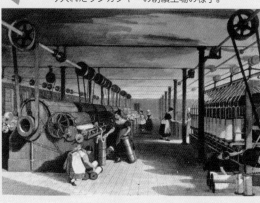

読み解き

❸産業革命によって, イギリスの繊維産業の生産体制はどのように変化しただろう。

❺

史料❷ イギリス内務大臣宛の報告書 (1812年)

カートライト氏の例を説明させていただきたい。……彼は能力・行動力を兼ね備え, 多くの場合において公衆の為に尽す者であるが, 現在の彼の身の上は深刻である。すなわちその財産は日々の破壊の対象となり, その身は殺害の標的となっている。

(『世界史史料6』岩波書店)

読み解き

❹❺の人物は, 何を壊そうとしているのだろう。史料❷も参考に考えよう。

❺❺のような事象を何というか。年表から探して下線を引こう。

社会主義の登場

```
産業革命
  ↓
階級分化
  ◆資本家階級(ブルジョワジー)
    土地・工場・機械などの生産手段を所有
  ◆労働者階級(プロレタリアート)
    生産手段を持たず, 労働力を搾取される
  ↓
資本主義経済の成立
  ◆資本家の自由競争と利潤追求
  ◆政府側の「自由放任」
  ↓
オーウェン, サン＝シモン, フーリエ
  ◆労働者の状況を直接改善する試み
  ◆マルクスから「空想的社会主義」と評される
  ↓
マルクス, エンゲルス
  ◆労働者の団結, 資本家打倒をめざす階級闘争
  ◆「科学的社会主義」を主張
```

❻「ジン横町」(ホガース筆) 18世紀イギリスの労働者を描いている。安い酒で憂さを晴らしていた。

労働者の悲惨な状況を見て, 理想的な産業社会をめざす動きが生まれた。イギリスの工場主であったオーウェンは, ニューラナークの紡績工場(❼)で労働環境の改善を実践した。

❼

史料❸ 共産党宣言 (1848年)

今日まであらゆる社会の歴史は, 階級闘争の歴史である。……全社会は敵対する二大陣営……ブルジョア階級とプロレタリア階級に, だんだんとわかれていく。……支配階級よ, 共産主義革命のまえにおののくがいい。プロレタリアは, 革命においてくさりのほか失うべきものをもたない。かれらが獲得するものは世界である。
「万国のプロレタリア団結せよ!」

(マルクス・エンゲルス著, 大内兵衛他訳『共産党宣言』岩波文庫)

↓❽マルクス (1818～83)

↓❾エンゲルス (1820～95)

各国の工業化と輸送革命がもたらした世界市場の形成が，現代世界におよぼしている影響について考えてみよう。

1 産業革命の波及

		産業革命関連の動き	背景となる事象
18世紀	1750年代	イギリスが広大な植民地を獲得し「覇権国家」となる	
	60年代	(英)綿工業・製鉄業の勃興	(英)農業革命，キャラコの需要増大
	70年代		(米)アメリカ独立戦争勃発(1775) ➡P.46
	80年代	(米)「政治的」独立	
19世紀	1810年代	(米)「経済的」独立	(米)アメリカ＝イギリス(米英)戦争(1812～14)
	30年代	(ベルギー)製鉄業の発展	(ベルギー)オランダからの独立(1830)，豊富な石炭・鉄鉱石
		(仏)絹織物業からゆっくりと進展	(仏)七月革命で王政打倒(1830) ➡P.55
		(米)北東部の軽工業と鉄道建設	(独)ドイツ関税同盟発足(1834)
	40年代	(独)「経済的」統一とルール地方の工業発展	
	60年代		(米)南北戦争(1861～65)，大陸横断鉄道開通(1869) ➡P.60
	70年代	(米)重工業を含めた本格的産業革命へ	(米)保護貿易政策
		(独)「政治的」統一と重工業の飛躍的発展	(独)保護貿易政策
	90年代	(露)政府主導の産業革命	(露)フランス資本の導入，シベリア鉄道着工(1891)
		(日)戦争と結合しつつ軽工業から工業化開始	(日)富国強兵と日清戦争(1894～95) ➡P.83
20世紀	1900年代	(日)戦争と結合しつつ重工業でも工業化が本格化	(日)日露戦争(1904～05) ➡P.84 官営八幡製鉄所操業(1901) ➡P.89
	1910年代	産業革命を達成した「列強」が出そろう，アジア・アフリカ「分割」終了，第一次世界大戦	

➡①八幡製鉄所（福岡県北九州市）1897年に設立され，1901年より操業開始。日本の重工業の発展につながった。
日本製鉄株式会社　九州製鉄所蔵
＊一般には非公開

➡②独占資本の風刺画(20世紀初，アメリカ)「開花」しているアメリカのスタンダード石油会社(Standard Oil Company)の根元で，多くの競争他社(competitors)が埋もれている。19世紀末以降，列強による対外投資が盛んとなり，植民地の役割も変化した。

2 輸送革命と情報革命

●輸送革命

➡③イギリスの鉄道建設　イギリスでは1825年にストックトン・ダーリントン間，1830年にリヴァプール・マンチェスター間の鉄道が開設された。このあと，ほかの欧米諸国で鉄道建設ラッシュとなり，アジア・アフリカでも植民地支配を進めるための鉄道建設が盛んになった。

➡④大正時代の東京駅(1910年代)　新橋・横浜間の開業から始まって，日本は世界有数の鉄道網をつくりあげていった。

➡⑤ロシアの鉄道建設(シベリア鉄道)　ヨーロッパロシアと極東を結ぶシベリア鉄道の建設は，1891年の露仏同盟締結以後，フランス資本の導入により本格化した。

●情報革命

19世紀の半ばにドーヴァー海峡・大西洋横断ケーブルが敷設されると，イギリス・フランス・アメリカなどの通信社が，自国の勢力圏や植民地を中心に通信網の拡大を競った。日本を含む東アジアは，イギリスの通信社の影響下に入っていった。

A 19世紀末～20世紀初頭の主な海底ケーブルと鉄道路線

カナダ　ロンドン　ニュージーランド　オーストラリア

― 海底電信ケーブル
-- 主な鉄道路線

1902年には太平洋横断ケーブルが開通し，イギリスと植民地を結ぶ電信網が完成した。

	1850年	1870年	1900年
アメリカ西海岸	99	7	2
南アフリカ	64	44	3
インド	36～45	10～11	2
オーストラリア南東部	115	41	2
中国(北京周辺)	64	34	2
日本	―	54	3

➡⑥ロンドンへの通信日数
(玉木俊明『〈情報〉帝国の興亡　ソフトパワーの五〇〇年史』，講談社現代新書)

COLUMN 世界旅行の時代へ

スエズ運河とアメリカ大陸横断鉄道の開通(1869)から間もない1872年，イギリスのトマス＝クック社が世界一周旅行を企画し，翌年にはフランスのジュール＝ヴェルヌの小説『八十日間世界一周』が出版された。また，岩倉使節団の世界旅行(➡P.74)も同様のネットワークを利用して，可能になった。北大西洋航路やスエズ航路では蒸気船の定期運用も盛んとなり，タイタニック号などの豪華客船も登場した。

➡⑦トマス＝クック社の旅行ポスター(1911年)

WHITE STAR LINE.
"OLYMPIC" 45,000 TONS.
"TITANIC" 45,000 TONS.
THE LARGEST STEAMERS IN THE WORLD.
TO NEW YORK.
TO BOSTON.
THOS. COOK & SON

3 近代世界システムの形成

「大航海時代」以降の世界の一体化と欧米諸国で始まった工業化に伴い，世界の枠組みは大きく変化した。アメリカの社会学者・歴史家ウォーラーステイン（1930〜2019）が提唱した近代世界システム論は近現代史を俯瞰する理論の１つとして，賛否両論を巻き起こした。

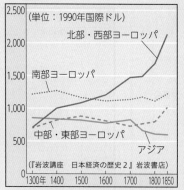
↑⑧ウォーラーステイン

世界システムの模式図

世界経済の中心で繁栄する地域
中核の中でも，生産・流通・金融で圧倒的な力を持つ国家は，**覇権国家**とよばれる

中核と周辺の間で，中間的地位を有する地域

原料や食料，労働力を供給し，中核で生産された**製品の市場**となる地域

（ピラミッド図）
中核
半周辺
周辺
原料・食料・労働力 → 製品

18世紀までの世界システム

●覇権国家：**オランダ**（17世紀）
→18世紀後半以降は**イギリス**と**フランス**の覇権争いへ
●周辺
東欧…西欧に穀物を供給
西アフリカ…奴隷をラテンアメリカに供給
ラテンアメリカ……奴隷労働によるプランテーション作物を供給

（ピラミッド図）
蘭・英・仏
スペイン・ポルトガル
ラテンアメリカ／東欧
西アフリカ
食料・原料・奴隷的労働力 → 工業製品

19世紀の世界システム

●覇権国家：**イギリス**（「**パクス＝ブリタニカ**」）
・イギリスに入ってくる商品…綿花，タバコ，砂糖，茶など
・イギリスが利用する労働力…アフリカ系奴隷から**華僑・印僑**へ
・産業革命により，大量に工業製品を生産・輸出＝「**世界の工場**」
●ドイツ・アメリカの経済的台頭
・覇権国家となるには，生産力のみではなく流通・金融も重要
・イギリスは「**世界の銀行**」へ

（ピラミッド図）
英・仏→米・独
ヨーロッパ諸国／カナダ／日本
ラテンアメリカ／オセアニア
アフリカ／アジア
食料・原料・低賃金労働力 → 資本・工業製品・移民

資料から読み解く 工業化の進展

↑⑨1990年国際ドルで算出した１人当りGDPの推移 1300年の段階では，アジアとヨーロッパの経済格差は小さく，ヴェネツィア・ジェノヴァなどのイタリア都市が一歩抜け出ていた。

（グラフ：1990年国際ドル。北部・西部ヨーロッパ，南部ヨーロッパ，中部・東部ヨーロッパ，アジア。1300〜1850）
（『岩波講座 日本経済の歴史２』岩波書店）

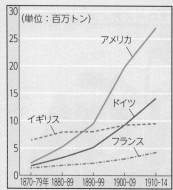
↑⑩主要国の平均銑鉄生産量 工業化後発国のアメリカやドイツでは，保護関税政策がとられ，重化学工業の発展が早かった。
＊鉄鉱石から直接つくられる鉄のこと。さらに鍛えることで，丈夫で成形しやすい鋼になる。

（グラフ：単位 百万トン。アメリカ，ドイツ，イギリス，フランス。1870-79〜1910-14）

読み解き
❶⑨で17世紀以降，北西ヨーロッパの所得が上昇する要因を世紀ごとに考えてみよう。
❷逆に，アジアの水準が下がっていく背景は何だろう。

（棒グラフ：ヨーロッパ，北アメリカ，その他の地域，アジア。1860年，1880年，1900年）
↑⑪世界の鉄道総距離に占める比率

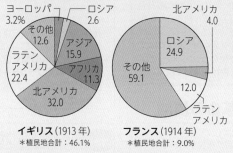

イギリス（1913年）
＊植民地合計：46.1%
ヨーロッパ 3.2％／ロシア 2.6／その他 12.6／アジア 15.9／ラテンアメリカ 22.4／アフリカ 11.3／北アメリカ 32.0

フランス（1914年）
＊植民地合計：9.0%
北アメリカ 4.0／ロシア 24.9／その他 59.1／12.0／ラテンアメリカ
↑⑫イギリス・フランスの海外投資

読み解き
❸イギリスにとって植民地の果たす役割は，どのように変化しただろう。
❹フランスの海外投資は，イギリスと比べてどのような特徴をもっているだろう。

＊⑩〜⑫はいずれも『近代国際経済要覧』（東京大学出版会）より。

イギリスの工業化と奴隷制の廃止

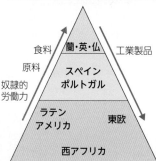
Plan of the lower deck

↑⑬奴隷船の船倉 奴隷輸送は死亡率が高かったため，イギリスでは奴隷制そのものよりも，奴隷貿易を禁ずる動きが先行した。

AM I NOT A MAN AND A BROTHER ?

EAST INDIA SUGAR not made by SLAVES

↑⑭奴隷制反対を訴えた絵（左）とグラス（右） 工業化とともに，労働者階級を中心に安価な砂糖を求める声が高まった。高関税で保護され，しかも，奴隷労働によって生産された西インド産砂糖に対するボイコット運動がおこり，様々なグッズが登場した。

奴隷制廃止の動き

1807〜08	イギリスとアメリカで**奴隷貿易の禁止**
1833	イギリス議会で**奴隷制廃止**の決議
1848	フランス第二共和政府が奴隷制廃止
1860年代	ヨーロッパ・植民地のほとんどで奴隷売買禁止
1865	アメリカで憲法修正第13条（奴隷制廃止）➡P.61
1888	ブラジルで奴隷制廃止
1948	**世界人権宣言**第４条（奴隷売買と奴隷制廃止）

イギリスでは，第１回選挙法改正で**自由貿易を求める産業資本家が参政権を得る**と，奴隷制の廃止が決定された。

クローズアップ

「自由の木」

LIBERTY TREE

「印紙法」

ACT
STAMP

ボストン茶会
事件の様子

英国茶を飲ま
される徴税人

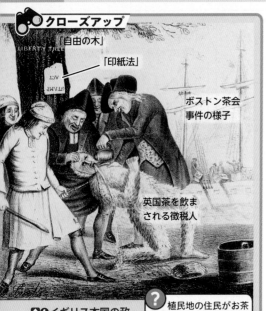

①イギリス本国の政策への反対運動 1774年にイギリスで描かれた風刺画。

？ 植民地の住民がお茶を捨てたり，徴税人に無理やりお茶を飲ませたりしているのはなぜだろう。

②イギリスの収入印紙 イギリスは1765年，税収増を目的として印紙法を制定し，公文書や新聞などの出版物に政府発行の印紙を貼ることを植民地に義務づけた。植民地住民は「代表なくして課税なし」のスローガンを掲げて激しく反対した。

2 北米植民地の発展

A 1713年
ユトレヒト条約後

凡例：イギリス領　フランス領　スペイン領

B 1763年
パリ条約後

凡例：イギリス領　フランス領　スペイン領

3 独立戦争

●13植民地の南北比較

北　部
●小規模な村落で共同体を形成。自由な成年男性全員が討論に参加する直接民主政による自治形態
●商業や貿易が発達，農業も自営農民が主流

↕

南　部
●郡ごとに代議制をとり，有力な農園主が郡の役職を独占する自治形態
●主にアフリカ系奴隷を使役した大農園（プランテーション）が発達〈タバコ，米，藍などを栽培〉

C 独立戦争の経過

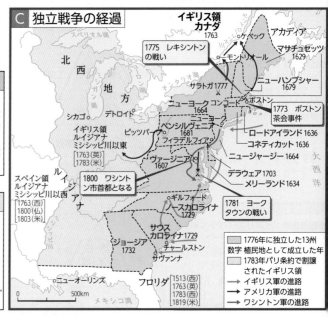

1775 レキシントンの戦い

1773 ボストン茶会事件

1800 ワシント市首都となる

1781 ヨークタウンの戦い

1776年に独立した13州
数字 植民地として成立した年
1783年パリ条約で割譲されたイギリス領
→ イギリス軍の進路
→ アメリカ軍の進路
→ ワシントン軍の進路

1 アメリカ独立革命の展開

1607	ジェームズタウン建設
	→以降，イギリスの植民地建設が始まる
	→18世紀前半　13植民地の成立

1755〜63　フレンチ＝インディアン戦争
イギリスとフランスの北米での植民地争い
→英仏植民地戦争終結，北米からフランスの脅威去る

13植民地	イギリス本国
	戦争による財政難→重商主義政策へ（本国による貿易独占，植民地への課税・統制を強化）
1765　「代表なくして課税なし」の決議 ←	1765　印紙法
1773　ボストン茶会事件	1773　茶法
1774　第1回大陸会議	ボストン湾封鎖
1775　独立戦争開始（〜83）▶P.33	
1776　トマス＝ペインが『コモン＝センス』発表　独立宣言（7月4日，ジェファソン起草）	
1778　フランスが参戦	
1781　ヨークタウンの戦いで植民地・仏連合軍勝利	
1783　パリ条約で独立承認	
1787　合衆国憲法制定	

COLUMN アメリカ国旗の誕生

合衆国の国旗は星条旗ともいわれ，13の条は建国当初の13州を，星は連邦の州の数を表す。星の数は，州が増加するたびに増え，現在まで26回も変更されている。図案の考案者は不明であるが，アメリカではベッツィ＝ロスという女性が考案者と信じている人が多い。国旗制定にまつわる彼女とワシントンのストーリーは，史実ではないが，現在でも「建国神話」として人気が高く，星条旗が建国から現在に至るまで国民意識を高めるシンボルの一つであることを物語っている。

1777年（最初の国旗）

1795年（15の星と条）

1960年（現行の国旗）

●独立戦争時の対立関係

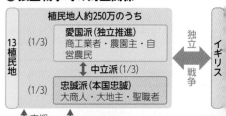

植民地人約250万のうち

13植民地　愛国派（独立推進）(1/3)　商工業者・農園主・自営農民

中立派(1/3)

忠誠派（本国忠誠）(1/3)　大商人・大地主・聖職者

独立戦争　イギリス

↑支援　フランス・スペイン・オランダ

↓義勇軍　ラ＝ファイエット ▶P.48

ロシア・プロイセンなど武装中立同盟結成

❸フランクリン（1706〜90）（100ドル紙幣）　独立戦争中に駐仏大使としてフランス参戦を実現させた。避雷針やストーブを発明するなど万能人でもあった。

1 独立宣言の背景

史料1 イギリス立憲政治についても，その構成要素をよく検討してみるとよい。その二つは古くさい専制のたちの悪い遺物であり，それらが新しい共和政治の素材と混ざり合っているのである。すなわち，第一は君主政的専制の遺物，国王の人格が体現している。第二は貴族政的専制の遺物，貴族身分の諸人格が体現している。第三はこの共和政の素材，庶民身分の諸人格が体現している。イギリスの自由はこの議員たちの有する美徳が支えているのである。最初の二つは世襲制であり，人民の手が及ばない。したがって，立憲政治の観点からいえば，国家の自由に何ら貢献しているわけではない。〈『コモン＝センス』1776年〉（『世界史史料7』岩波書店）

読み解き
1 史料1は，イギリス政体のどの部分を批判し，どの部分を認めているだろう。
2 1は独立後のアメリカの政治とどう関係しているだろう。

↑1トマス＝ペイン（1737〜1809）1776年1月に刊行したパンフレット『コモン＝センス』は年内に50万部も売れたという。イギリス王を痛烈に批判し，独立を「当然の常識」と訴えることで，独立への機運を高めた。

史料2 人間が社会を取結ぶ理由は，その所有の維持にある。また彼らが立法府を選任し，授権する目的は，こうして作られた法や規制が，社会のすべての成員の所有を保護し，……その社会のどの一部，どの一員といえども，これを支配しようとすれば制約し，その権力に限界をおくということにある。……もし立法府が，社会のこの基本的原則を破るならば，……人民の生命，自由および財産に対する絶対権力を，自分の手に握ろうとし，または誰か他の者の手に与えようとするならば，この信任違反によって，彼らは，人民が，それとは全く正反対の目的のために彼らの手中に与えた権力を没収され，それは人民の手に戻るようになる。人民はその本来の自由を回復し……新しい立法府を設置することによって，彼らが社会をつくった目的である自分自身の安全と保障の備えをするのである。〈『統治二論』1690年〉（『世界史史料5』岩波書店）

⇨2ロック（1632〜1704）17世紀イギリスの代表的思想家。ロックの思想は，アメリカ独立宣言に影響を与えた。←P.41

2 アメリカ独立宣言（1776年）

史料3 われわれは，次のような真理をごく当たり前のことだと考えている。つまり，すべての人間は神によって平等に造られ，一定の譲り渡すことのできない権利をあたえられており，その権利のなかには生命，自由，幸福の追求が含まれている。またこれらの権利を確保するために，人びとの間に政府を作り，その政府には被治者の合意の下で正当な権力が授けられる。そして，いかなる政府といえどもその目的を踏みにじるときには，政府を改廃して新たな政府を設立し，人民の安全と幸福を実現するのにもっともふさわしい原理にもとづいて政府の依って立つ基盤を作り直し，またもっともふさわしい形に権力のありかを作りかえるのは，人民の権利である。……大ブリテン（イギリス）の現在の国王の治政は打ち続く危害と略奪の歴史であり，こうしたことから判断してその本当の目的がアメリカの諸州に対して絶対的な専制を樹立することであるのは疑いの余地はない。（『史料が語るアメリカ』有斐閣）

1776年，各植民地の代表はフィラデルフィアにおいて独立宣言を発表した（左）。宣言が発表された7月4日は現在のアメリカ独立記念日である。ジェファソンら5人の起草委員が独立宣言の原案を提出した場面を描いた絵が2ドル紙幣に採用されている。

⇦3アメリカの2ドル紙幣

読み解き
1 どのような権利が保障されているだろう。
2 宣言に書かれた人民とはどのような人々をさしているだろう。
3 この宣言の画期的な部分と課題を考えよう。

↑4「自由の鐘」 大陸会議開催，独立宣言，独立戦争開始時などで鳴らされたアメリカ独立のシンボル。

↑5ジェファソン（1743〜1826）独立宣言の起草者で，合衆国第3代大統領。独立宣言草案には当初イギリスの奴隷貿易への批判が書かれていたが，南部の大農園主の反対で削除された。

3 アメリカ合衆国憲法の制定

●アメリカ合衆国憲法の特徴

連邦主義（州の自治権と中央政府の権限を折衷）
・各州政府：大幅な自治権を保持
・連邦政府：外交・軍事・通商規制・課税などの権限

人民主権
・共和政による民主主義
・制定当初は先住民やアフリカ系奴隷は除外

第1条第2節第3項 下院議員と直接税は，連邦に加わる各州の人口に比例して各州に配分される。【各州の人口は，年期を定めて労務に服する者を含み，かつ，納税義務のない先住民を除いた自由人の総数に，自由人以外のすべての者の数の5分の3を加えたものとする。*】
*奴隷は5分の3人として計算するという意味。

三権分立
・立法権…上院（各州に2名の代表）下院（各州の人口に比例して配分）
・行政権…大統領（国民の間接選挙による）
・司法権…連邦最高裁判所

史料4 憲法案への反対（1787年）

単一の全国政府が，数多くの気候帯にまたがり，礼儀や風俗，習慣において多種多様な住民を抱える広大な国に適していると考えられるでしょうか。広大な国を一つの政府が支配すれば必ず人民の自由を滅ぼすことになることを，歴史は明らかにしております。……〈ヴァージニア州憲法会議における反連邦主義派の演説〉（『世界史史料7』岩波書店）

↑7米大統領官邸 首都ワシントンD.C.にある。その外観からホワイトハウスとよばれる。

↑6ワシントン（1732〜99）独立戦争の司令官として人望を集め，合衆国初代大統領に選ばれた。一人の人物への長期間の権力集中を嫌い，大統領の3期目出馬を辞退した。大統領の任期が2期8年という慣習はこれに由来する。

読み解き
1 アメリカではどのような政治体制がとられているか。合衆国憲法の特徴から読み取ろう。またそれは何のためだろう。
2 合衆国憲法について，アメリカ独立宣言と矛盾するところを挙げよう。
3 史料4は，どのような観点から合衆国憲法を批判しているだろう。

クローズアップ

❶革命前に描かれた風刺画

? この2枚の絵から、フランス革命によって社会がどう変化したのか考えてみよう。

❷1789年8月4日以降に描かれた風刺画

絶対王政（ブルボン朝）	1787	国王側が特権身分への課税を提案
	1789.1	シェイエス『第三身分とは何か』刊行
	5	三部会（～1789.6） →第三身分分離
	6	国民議会（～91.9）
	6	球戯場の誓い
	7.14	バスティーユ牢獄の襲撃→革命勃発
	8.4	封建的特権の廃止宣言
	8.26	人権宣言
	10	ヴェルサイユ行進
立憲君主政	1791.6	国王一家逃亡未遂事件
	8	プロイセン・オーストリア，革命への干渉宣言
	9	1791年憲法制定（制限選挙）
	10	立法議会（～92.9）
	1792.4	オーストリアに宣戦 →革命戦争始まる
	8	8月10日事件（王権停止を宣言）
第一共和政	1792.9	国民公会（～95.10）
	9	王政の廃止→共和国宣言
	1793.1	ルイ16世の処刑
	2	第1回対仏大同盟（～97）
	6	ジャコバン派の独裁（～94.7） 恐怖政治
	6	1793年憲法制定（男性普通選挙）
	7	封建地代の無償廃止
	10	マリ＝アントワネット処刑
	1794.7	ロベスピエール逮捕・処刑
	1795.8	1795年憲法制定（制限選挙）
	1795.10	総裁政府（～99.11）
	1799.11	ナポレオン，クーデタで総裁政府倒す
	12	ナポレオンの統領政府成立

1 革命前夜のフランス

世界遺産

総人口 2,700万人

国王

特権
所有地：全国の30～40%
年金：国庫収入の50%
高位・高官の独占
免税特権

特権身分（2%）

第一身分
聖職者 約12万人

第二身分
貴族 約40万人

平民（98%）

第三身分
農村のブルジョワ（13%）｜都市のブルジョワ（10%）
富裕農民｜商工業者・弁護士など
それ以外の農民（65%）｜都市の民衆（10%）
中小農・貧農など｜小手工業者・職人など
農村住民（78%）｜都市住民（20%）

❸旧体制（アンシャン＝レジーム）の構造
＊数値は遅塚忠躬『フランス革命』（岩波ジュニア新書）による。

❹ヴェルサイユ宮殿「鏡の間」
たび重なる戦争や贅沢な宮廷生活はフランスの財政を悪化させた。

第三身分とは何か。すべてである。

❺シェイエス（1748～1836）　1789年に『第三身分とは何か』を刊行し，第三身分こそが国民を代表しており相応の権利を受けるべきと主張した。

資料から読み解く フランス人権宣言を読む

史料❸ フランス人権宣言（人および市民の権利宣言）（1789年）

（前文）国民議会として構成されたフランス人民の代表者たちは，人の権利に対する無知，忘却，または軽視が，公の不幸と政府の腐敗の唯一の原因であることを考慮し，人の譲りわたすことのできない神聖な自然的権利を，厳粛な宣言において提示することを決意した。……

第1条　人は，自由，かつ，権利において平等なものとして生まれ，生存する。……

第2条　あらゆる政治的結合の目的は，人の，時効によって消滅することのない自然的な諸権利の保全にある。これらの諸権利とは，自由，所有，安全および圧制への抵抗である。

第3条　あらゆる主権の淵源は，本来的に国民にある。いかなる団体も，いかなる個人も，国民から明示的に発しない権威を行使することはできない。

第6条　法律は，一般意思の表明である。すべての市民は，みずから，またはその代表者によって，その形成に参与する権利をもつ。法律は，保護を与える場合にも，処罰を加える場合にも，すべての者に対して同一でなければならない。……

第7条　何人も，法律が定めた場合で，かつ，法律が定めた形式によらなければ，訴追され，逮捕され，または拘禁されない。……

第10条　何人も，その意見の表明が法律によって定められた公の秩序を乱さない限り，たとえ宗教上のものであっても，その意見について不安を持たされることがあってはならない。

第11条　思想および意見の自由な伝達は，人の最も貴重な権利の一つである。したがって，すべての市民は，法律によって定められた場合にその自由の濫用について責任を負うほかは，自由に，話し，書き，印刷することができる。

第16条　権利の保障が確保されず，権力の分立が定められていないすべての社会は，憲法をもたない。

第17条　所有は，神聖かつ不可侵の権利であり，何人も，適法に確認された公の必要が明白にそれを要求する場合で，かつ，正当かつ事前の補償のもとでなければ，これを奪われない。

（『新解説世界憲法集　第3版』三省堂）

バスティーユ牢獄襲撃後，蜂起は農村にも広がり，改革を急いだ国民議会は1789年8月4日に**封建的特権の廃止**を，26日に**人権宣言**を採択した。

➡⓭ラ＝ファイエット（1757～1834）
アメリカ独立戦争に参加。人権宣言を起草した。

読み解き

❶人権宣言にはどのような権利が書かれているか，できるだけ列挙しよう。

❷それらの権利が現代社会でどのように扱われているか考えてみよう。

❸❶の中から，アメリカ独立宣言にはない権利を探してみよう（➡P.47）。

❹アメリカ独立宣言の中から，フランス人権宣言にはない権利と主張を探してみよう。

歴史のスパイス　フランス革命はトランプの絵柄にも影響を与え，キングやクイーンの絵柄が別のものに変えられたカードも登場した。

ギロチン

「パンが買えないならケーキを」？

人物 **マリ＝アントワネット** (1755〜93)

オーストリアの皇女として生まれ，14歳でルイ16世に嫁いだ。外国出身ということや贅沢で奔放な生活ぶりから国民には嫌われ，革命裁判によって処刑された。民衆の食料難について「パンがなければケーキを食べればいいのに」と語ったとされるが，事実ではない。革命期には悪政の象徴として大げさに悪く描かれることも多かったが，復古王政期（→P.55）には聖女として描かれるなど，時代や状況によって評価が変化した。

⑥ルイ16世の処刑 1792年12月から国民公会で始まった裁判でルイ16世は有罪とされ，死刑が確定した。翌1793年1月に処刑された。

⑦ルイ16世 (1754〜93)

史料① 革命時における人民政府の活力は，徳と恐怖の双方である。徳なくしては恐怖は有害であり，恐怖なくしては徳は無力である。……諸君が恐怖によって自由の敵どもを制圧するのは，共和国の創建者として正当である。革命政府は，暴政に対する自由の専制主義である。〈演説「共和国の内政において国民公会を導くべき政治道徳の諸原理について」，1794年〉
（『資料フランス革命』岩波書店）

⑧ロベスピエール (1758〜94) 革命の理想を次々と実現する一方，反対派を次々とギロチンにかけた。

⑨賃金と物価の推移 革命期に発行されたアッシニア紙幣の価値暴落とともに物価も上昇した。物価高騰と食料不足は暴動の要因にもなったが，労働者の賃金が上昇していることから，庶民の生活水準はある程度向上したとも考えられる。

砂糖 1 ポンド
アッシニア価値（1790年＝100）
大工職人日給
石工職人日給
ワイン 1 リットル
1789 90 91 92 93 94 95(年)

COLUMN 日本人が見たフランス革命

史料② は，中江兆民のフランス革命観を弟子の幸徳秋水（→P.87）が記したもの。兆民はフランス革命の意義は評価しつつ，革命の悲惨な面については否定的であった。

⑩中江兆民 (1847〜1901) ルソーの『社会契約説』の一部を訳した『民約訳解』を発表した。

史料② 私（幸徳秋水）はかつて，フランス革命は千古の偉業である，しかしその悲惨さにはたえられない，と言った。先生（中江兆民）は，私は革命を支持しているが，それでももし革命当時，私がルイ16世が断頭台にのぼるのを見たならば，必ず走っていって処刑人をつき倒し，王を抱きかかえて逃げるだろう，と言った。
〈幸徳秋水『兆民先生』〉

●国民国家の形成

政治	行政区画の再編 徴兵制(1793) 国旗(1794)と国歌(1795)の制定
経済	封建的特権の廃止(1789)，度量衡の統一（メートル法，1799）
文化	革命暦(1793〜1806) 国語（フランス語）の普及 →P.90

⑪三色旗 1789年，パリ市の色である赤と青に王家の色である白を加え，兵士の帽章の色としたことに始まる。

たて，祖国の子ら，今こそ栄光の日は来たぞ！ われらに向かって暴虐の血生臭い旗がひるがえる！ きこえるか，野に山に，あの暴虐どもの吼えるのが。やつらはすでにわれらの腕にせまり，われらの子，われらの妻を殺そうとしている！ 武器をとれ，市民たち！ 君らの部隊をつくれ！ すすめ！ けがれた血でわれらの畝を潤そう！

⑫フランス国歌「ラ＝マルセイエーズ」 革命を干渉勢力から守るための義勇兵の隊歌から始まり，1795年に国歌に制定された。

史料④ 女権宣言（女性および女性市民の権利宣言）(1791年)

（前文）母親・娘・姉妹たち，国民の女性代表者たちは，国民議会の構成員となることを要求する。そして，女性の諸権利に対する無知，忘却または軽視が，公の不幸と政府の腐敗の唯一の原因であることを考慮して，女性の譲りわたすことのできない神聖な自然的権利を，厳粛な宣言において提示することを決意した。……
第1条 女性は，自由なものとして生まれ，かつ，権利において男性と平等なものとして生存する。……
第3条 あらゆる主権の淵源は，本質的に国民にあり，国民とは，女性と男性との結合にほかならない。……
第6条 法律は，一般意思の表明でなければならない。すべての女性市民と男性市民は，みずから，またはその代表者によって，その形成に参加する権利をもつ。法律は，すべての者に対して同一でなければならない。……
第10条 何人も，自分の意見について，たとえそれが根源的なものであっても，不安をもたらされることがあってはならない。女性は，処刑台にのぼる権利をもつ。同時に，女性は，その意見の表明が法律によって定められた公の秩序を乱さない限りにおいて，演壇にのぼる権利をもたなければならない。
第17条 財産は，結婚していると否とにかかわらず，両性に属する。財産は，そのいずれにとっても，不可侵かつ神聖な権利である。……
（オリヴィエ＝ブラン著，辻村みよ子訳『女の人権宣言』岩波書店）

グージュは，1791年，「人権宣言」を皮肉って「女権宣言」を発表した。

⑭グージュ (1748〜93) 1793年，反革命の容疑で逮捕され，処刑された。

⑮ヴェルサイユ行進 1789年10月，武装した民衆がパリからヴェルサイユに押しかけ，国王一家をパリに連れ帰った。その中心となったのは，食料不足に怒った女性たちであった。

読み解き
⑤女権宣言について，人権宣言と異なる部分に下線を引こう。
⑥グージュがなぜ女権宣言を書いたのか，下の表などを参考に考えてみよう。

●1791年憲法と1793年憲法

1791年憲法	立憲君主政 ・制限選挙（25歳以上の男性かつ一定額の納税者に選挙権付与）・一院制（立法議会）・自由・所有・圧政への抵抗など人権宣言を含む
1793年憲法	急進的共和政 ・**男性普通選挙**（21歳以上の男性に選挙権付与）・一院制（国民公会）・主権在民，教育権，労働権などを規定 ＊内外の危機により施行されなかった。

ことば **ジャコバン派** フランス革命期における急進的な政治党派。パリのジャコバン修道院内に本部を置いたことに由来する。

クローズアップ

ダヴィド
ナポレオンの母
タレーラン
弟ルイ
ジョゼフィーヌ
ナポレオン
教皇ピウス7世

↑①「皇帝ナポレオン1世と皇妃ジョゼフィーヌの戴冠」　本来はローマ教皇が帝冠を授ける場面だが，ナポレオンは自ら戴冠したのち，妻にも冠を授けた。ダヴィド筆，ルーヴル美術館蔵，1806〜07年，縦621×横979cm

→②「サン＝ベルナール峠を越えるボナパルト」　アルプス山脈を越えてイタリアに遠征するナポレオンを描いたもの。ダヴィド筆，マルメゾン美術館蔵，1801年，縦260×横221cm

① ナポレオン関係年表 ←P.48

第一共和政	1769	コルシカ島で生まれる
	1784	パリ士官学校入学→その後軍人として各地を転戦，名声を高める
	1798	エジプト遠征（〜99）
	1799.11	クーデタで政権掌握，統領政府樹立
	1804. 3	ナポレオン法典発布
第一帝政	1804. 4	国民投票で皇帝となる（第一帝政）
	1805.10	トラファルガーの海戦で英に敗北
	12	アウステルリッツの三帝会戦に勝利
	1806. 7	ライン同盟結成（神聖ローマ帝国が滅亡）
	1806.11	大陸封鎖令
	1807. 7	ティルジット条約→プロイセンは領土が減少，ワルシャワ大公国成立
	1808	スペインで反乱始まる
	1812. 6	ロシア遠征（〜12.12）→失敗
	1813.10	ライプツィヒの戦い（諸国民戦争）
復古王政（ブルボン朝）	1814. 4	皇帝退位→.5 エルバ島へ配流
	9	ウィーン会議（〜1815. 6） →P.54
	1815. 3	復位（百日天下）
	6	ワーテルローの戦いで敗北
	10	セントヘレナ島へ配流
	1821	セントヘレナ島で死去

英首相ピット
ナポレオン

↑④ナポレオン大陸帝国とイギリス海洋帝国の対立（イギリスで描かれた風刺画）　ギルレイ筆，1805年

●大陸封鎖令

目的	●イギリスへの経済的打撃 ●大陸市場の支配，フランスの産業育成
内容	①イギリスとの貿易・通信の禁止 ②イギリスとその植民地産品の取引禁止 ③イギリスとその植民地発の船舶の大陸入港禁止

→結果→

イギリス…大陸の逆封鎖とラテンアメリカ市場の開発による対抗
大陸諸国…イギリス製品の輸入途絶，穀物・木材の輸出遮断による経済不振→密輸の横行，反ナポレオン感情の高揚

?　ナポレオンが絵に込めたねらいとその理由は何だろう。

→③「アルプスを越えるボナパルト」　②よりも実際の姿に近いとされる。ドラローシュ筆，ルーヴル美術館蔵，1848年

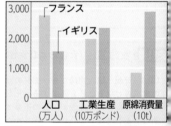

```
3,000┤ フランス
     │ イギリス
2,000┤
1,000┤
   0 ┴──────────────
     人口    工業生産  原綿消費量
   （万人）（10万ポンド）（10t）
```

↑⑤フランスとイギリスの国力

資料から読み解く　ナポレオン法典を読む

読み解き　どの部分からフランス革命の成果が読み取れるだろう。

史料①　ナポレオン法典（フランス民法典）（1804年）

Ⅰ　ナポレオン法典の精神
われわれの目的は，道徳を法律に結合し，人がなんと言おうと，かくも好ましい家族の精神を国家の精神にまで普及せしめることにあった……
Ⅱ　家族の尊重
213　夫は妻を保護し，妻は夫に服従する義務を負う。
371　子は年齢のいかんを問わずその父親に対し尊敬の義務を負う。

Ⅲ　所有権の絶対
……人は自己の生存とその維持とに必要な物に対する権利を有する。それが所有権の起源である。……
Ⅳ　契約の自由
1134　適法に締結された合意はそれをなした当事者間では法律たるの効力を有する。……

（『西洋史料集成』平凡社）

人物　ナポレオンと二人の女性

→⑥ジョゼフィーヌ（1763〜1814）

→⑦マリ＝ルイーズ（1791〜1847）

ナポレオン2世

ナポレオンは戦場からもラブレターを送るほどジョゼフィーヌに対して必死に求婚し，1796年に結婚した。社交界に顔がきく彼女を通じてナポレオンは政界に人脈を広げることができた。しかし，子どもが生まれなかったため離婚を決意，オーストリア皇女マリ＝ルイーズと結婚した。1811年には息子が生まれたが，この翌年からナポレオンの没落は始まり，マリは夫のエルバ島配流後にオーストリアへと戻った。ナポレオン2世もオーストリアに留めおかれ，21歳で没した。

② ナポレオンの大陸支配と没落

A ナポレオン時代のヨーロッパ（1812年頃）

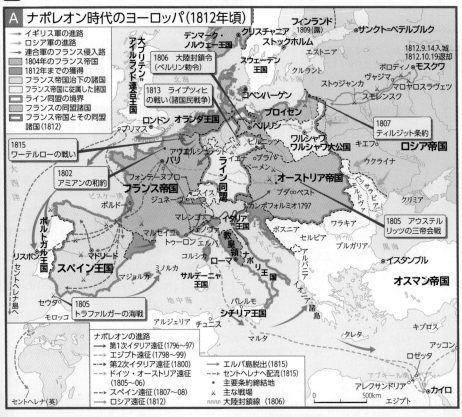

凡例：
- → イギリス軍の進路
- → ロシア軍の進路
- → 連合軍のフランス侵入路
- 1804年のフランス帝国
- 1812年までの獲得
- フランス帝国治下の諸国
- フランス帝国に従属した諸国
- ライン同盟の境界
- フランスの同盟諸国
- フランス帝国とその同盟諸国（1812）

1806 大陸封鎖令（ベルリン勅令）
1813 ライプツィヒの戦い（諸国民戦争）
1807 ティルジット条約
1815 ワーテルローの戦い
1802 アミアンの和約
1815 セントヘレナへ配流
1805 アウステルリッツの三帝会戦
1805 トラファルガーの海戦

1812.9.14入城
1812.10.19退却

ナポレオンの進路
- → 第1次イタリア遠征（1796～97）
- → エジプト遠征（1798～99）
- → 第2次イタリア遠征（1800）
- → ドイツ・オーストリア遠征（1805～06）
- → スペイン遠征（1807～08）
- → ロシア遠征（1812）
- → エルバ島脱出（1815）
- → セントヘレナへ配流（1815）
- ● 主要条約締結地
- × 主な戦場
- ～～ 大陸封鎖線（1806）

❽フィヒテ（1762～1814） プロイセンの大学教授で，ナポレオン軍に敗北後のベルリンで「ドイツ国民に告ぐ」と題した連続講演を行った。

史料② すべての場所でドイツ魂が燃え上がり，決断と行動へと駆りたてるであろうことを願うのです。……祖国が外国との交流において没落を免れることができ，また自ら充足して，いかなる隷属にも甘んじない自己をふたたび獲得することができるのは，このドイツという共通の特性だけなのです。……私が予告しておいた救済手段というのは，次のようなことであることが明らかになってきます。すなわち，……一般的，国民的なものとしては存在しなかったような自己を育成することであり，また以前の生命が失われ，外国の生命の附加物になってしまった国民をまったく新しい生命をもつように教育することです。……〈「ドイツ国民に告ぐ」1807年〉
（フィヒテ著，石原達二訳『ドイツ国民に告ぐ』玉川大学出版部）

●ロシア遠征

大陸封鎖令を無視してイギリスと通商するロシアに対し，ナポレオンは大軍を率いて遠征したが，冬の寒さと物資不足により撤退した。

1812年6月	遠征開始 61万人
8月	スモレンスク 15.5万
10月	モスクワ 退却開始 10万
12月	ニーメン川 5,000

（兵員数の推移）

❾ロシア遠征の過程

③ 環大西洋革命とラテンアメリカ

B

ヨーロッパ
- ●啓蒙思想や社会契約論 → P.41
- ●産業革命
- ●フランス革命

アメリカ独立革命 ⇄ 相互に作用 ⇄ ラテンアメリカの独立運動

18世紀後半から19世紀前半にかけて，大西洋の両岸で一連の変革が進行した（環大西洋革命）。

C ラテンアメリカ諸国の独立

独立前の宗主国
- スペイン
- ポルトガル
- イギリス
- フランス
- オランダ

数字 国家の独立年
- 中央アメリカ連邦共和国（1823～38）
- 大コロンビア共和国（1819～30）
- → シモン＝ボリバルの進路

グアテマラ 1821
ホンジュラス 1821
メキシコ 1821
キューバ 1902
ハイチ 1804
エルサルバドル 1821
ドミニカ 1844
ニカラグア 1821
コスタリカ 1821
パナマ 1903
コロンビア
エクアドル（1822）（1830）
ペルー 1821
ブラジル 1822
ボリビア 1825
パラグアイ 1811
チリ 1818
アルゼンチン 1816
ウルグアイ 1828

資料から読み解く ハイチの独立 → P.33

史料③ 同胞，友人諸君。私はトゥサン＝ルヴェルチュールである。諸君はおそらく私の名前を知っているだろう。私は復讐に着手した。私は自由と平等がサン＝ドマングに君臨することを望んでいる。私はその実現のために働く。同胞諸君，われわれのもとに結集し，同じ大義のためにともに闘おう。〈1793年に発した「呼びかけ」〉
（『世界史史料7』岩波書店）

🔍読み解き ハイチの独立には何が影響しているだろう。

❿トゥサン＝ルヴェルチュール（1743～1803） 1791年，フランス領サン＝ドマングで奴隷たちが自由を求めて蜂起した。奴隷たちはトゥサン＝ルヴェルチュールらを指導者として戦い，1804年にハイチとして独立した。

クリオーリョが主体となって独立したラテンアメリカ諸国と異なり，ハイチではアフリカ系奴隷が主体となって独立した。そのため，奴隷制を維持した周辺諸国から孤立した。

⓫サン＝ドマングでの奴隷蜂起

●ラテンアメリカの独立と英・米

イギリス
自国製品の市場拡大のため，ラテンアメリカの独立を支持

アメリカ
モンロー教書（1823）…アメリカ大陸における自国の影響力拡大のため，ヨーロッパ諸国によるラテンアメリカの独立運動への介入を批判 → P.60

●ラテンアメリカの社会構造

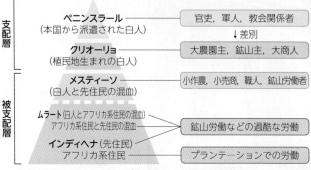

支配層
- ペニンスラール（本国から派遣された白人） → 官吏，軍人，教会関係者
- ↓差別
- クリオーリョ（植民地生まれの白人） → 大農園主，鉱山主，大商人

被支配層
- メスティーソ（白人と先住民の混血） → 小作農，小売商，職人，鉱山労働者
- ムラート（白人とアフリカ系住民の混血）／アフリカ系住民と先住民の混血 → 鉱山労働などの過酷な労働
- インディヘナ（先住民）／アフリカ系住民 → プランテーションでの労働

ハイチ以外ではクリオーリョが主体となって独立した（クリオーリョ革命）。

ことば プランテーション 主に輸出用作物を生産する大農場経営。中南米では先住民や奴隷が労働力として酷使されていた。

資料から読み解く ナポレオンへの視線

1 諸外国から見たナポレオン

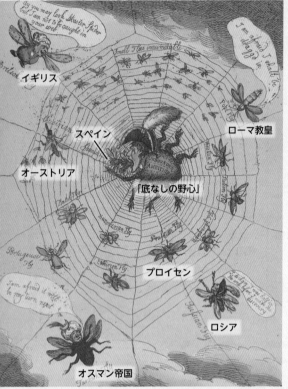

イギリス
スペイン
ローマ教皇
オーストリア
「底なしの野心」
プロイセン
ロシア
オスマン帝国

←**1「コルシカ島の蜘蛛」** 1808年にイギリスで描かれた風刺画。コルシカ島はナポレオンの出身地。ナポレオンをクモ，諸外国をハエに見立てている。ローランドソン筆

🔍**読み解き**

1 それぞれの時代や地域でナポレオンはどのように評価されてきたのだろうか。諸資料をもとに考えよう。

2 それらの評価には，どのような背景があったのだろう。

聖母マリアを暗示させる母子像

←**2「1808年5月3日」** ナポレオンが支配した地域ではフランス革命の諸原理が浸透したが，それは同時に各地で国民意識をめざめさせた。この絵は，スペインの画家ゴヤが，フランスに反乱を起こしたスペイン民衆を描いたもの。

ゴヤ筆，プラド美術館蔵，1814年，縦266×横345cm

↑**3白シャツの男性の手に描かれた聖痕** イエスに見立てられている。

進め　進め　ドンブロフスキ
進め　イタリアからポーランドへ
汝の指揮のもと　　我ら祖国の地へ
ヴィスワ河とヴァルタ河を越え
我らポーランド人とならん
ボナパルトの例にならい
勝利をこの手に

←**4ポーランド国歌** 18世紀末のポーランドは，プロイセン・オーストリア・ロシアに支配されていた。祖国解放のためにナポレオン軍に協力したのが，ドンブロフスキ将軍が指揮する亡命ポーランド人部隊だった。この歌は，その部隊の軍歌として歌われ，のちに国歌に制定された。
（弓狩匡純『世界の国家・国旗』KADOKAWA）

2 ナポレオンの自己評価とフランス国内の評価

史料1 ナポレオンの回想(1816年4月9日，10日)

今後なにをもってしても，わが国の，革命の偉大な諸原理を打ちこわすことや，色あせさせることはできないだろう。偉大で美しいそれらの真理は，永遠なものとなるにちがいない。……そして人がなんといおうとも，記憶すべきこの時代は，わたし自身と結びつけられるだろう。なぜなら，光を輝かせ，原理を神聖なものとなしたのは，結局のところ，わたしだったからであり，そしていま，迫害の身にあることで，わたしはメシア①となるだろうから。
（杉本淑彦『ナポレオン』岩波新書）
①救世主のこと。

ナポレオンは幽閉されてなお，自らを「民衆の懐から出た軍人」「革命の子」として評価していた。

↑**6ヴァンドーム広場のナポレオン像**(フランス・パリ) パリのヴァンドーム広場にある円柱とその上のナポレオン像は，アウステルリッツの戦勝記念としてナポレオン自らが建立を命じた。この像の変遷は，その時代ごとのナポレオンに対する評価を反映している。

ヴァンドーム広場のナポレオン像をめぐる動き	
1810	ナポレオン像建立
1814	ロシア軍により撤去
1833	軍服姿で再建
1863	古代ローマ皇帝姿へ変更
1871	第二帝政崩壊後にパリ民衆が樹立した自治政府により撤去
1875	再建

史料2 凱旋門建設の方針

この大モニュメントは，皇帝陛下のご治世にかかわるすべての事柄でもって，飾られる必要がございます。軍事栄光と，帝国の繁栄，政治……
（杉本淑彦『ナポレオン』岩波新書）

←**5エトワール凱旋門**(フランス・パリ) 凱旋門はアウステルリッツ戦勝記念として1806年に建造が計画され，ナポレオン死後の1836年に完成した。史料2は計画責任者がナポレオンに提示したもの。

COLUMN 日本人が見たナポレオン

同時代の日本にもオランダやロシアを通じてフランス革命やナポレオンは知られていた。ナポレオンに関する評伝も複数翻訳され，出版されていたという。日本の現状に危機意識を抱いた思想家の吉田松陰(1830～59)もナポレオンのもたらした「自由」について考察を深めていた。

←**7日本で描かれたナポレオン**（『那波列翁勃納把爾的伝』，19世紀）

史料3 吉田松陰のナポレオン観

日本は三千年以来独立して他の支配を受けなかったが，今回外国人の支配を受けるようなことになれば，我々のような志をもった人間は，見るに堪えない。ナポレオンを地の底から起こして彼が「自由」を唱えたようにしなければ，腹に抱えた悶々たる思いはいやすことができぬ。
（岩下哲典『江戸のナポレオン伝説』中公新書）

ナポレオンの支配を経て，ヨーロッパでは各地でナショナリズム（→P.90）の動きが起こった。ナショナリズムは文化・芸術を刺激し，相互に影響しあった。

(下)ルーヴル美術館蔵，1784年，縦330×横425cm

古典主義
18世紀末頃にヨーロッパで生まれた美術様式。

←**1「ホラティウス兄弟の誓い」** ダヴィド（←P.50）の作品。紀元前7世紀の逸話（都市国家ローマとアルバとの争い）を題材としており，人物群を三つに分ける整然として均衡のとれた構図が特徴。

1 ナショナリズムと文化

古典主義
古典文化を模範，均整・調和・理性を重視

↑批判

ロマン主義
民族の伝統・個性・歴史を重視 人間の感情・意思を称揚

↑相互に影響

ナショナリズム
民族統一・国民国家の樹立 他民族からの支配脱却

文化・芸術は，時にナショナリズムを高揚させることがある。それは意図的な場合もあれば，結果としてナショナリズム高揚に寄与したものもある。また，ナショナリズムにインスピレーションを受けて作品が作られることもある。この時代のロマン主義もそうであった。

ロマン主義
18世紀末から19世紀に，古典主義の形式主義に反発する形で生まれた美術様式。

←**2バイロン**(1788～1824) イギリスの詩人。ギリシア独立戦争（→P.54）に義勇兵として参加したが，現地で病死した。彼にとってこの戦争は，異教徒に対するキリスト教徒の聖戦，古代ギリシア文明の栄光の再生という意味をもっていた。

↑**3「キオス島の虐殺」**（ドラクロワ筆） フランスのドラクロワ（→P.55）はロマン主義の代表的画家。ギリシア独立戦争中のオスマン帝国によるギリシア人虐殺の悲劇をドラマチックに描き，ギリシアの救援を訴えた。ルーヴル美術館蔵，1824年，縦417×横354cm

→**4ショパン**(1810～49) ポーランドの作曲家。七月革命（→P.55）の影響で起きた祖国ポーランドの独立運動が弾圧された悲報を旅行中に聞き，深い悲しみと怒りから練習曲「革命」を作曲した。

史料1 いかに多くの人民を欺瞞してきた保安官どもとともに，抑圧された（ポーランドの）人民が屍と化したことか。……おお，神よ，汝はおわすや。神はおわすも，復讐せず！神よ，あなたはこのロシヤ人どもの犯罪をあきるほどごらんになったのではないでしょうか……それともあなた自身がロシヤ人なのですか？
（アーサー＝ヘドレイ編，小松雄一郎訳『ショパンの手紙』白水社）

人物 ドイツ各地の童話を集めた兄弟
グリム兄弟（兄1785～1863
弟1786～1859）

赤ずきんやシンデレラでも有名なグリム童話は，19世紀前半にグリム兄弟がドイツ各地に伝わる民間伝承を収集し，童話集として発表したものである。この時代はまだ「ドイツ」という統一国家は存在していなかったが，ナポレオン戦争による敗北は，ドイツ＝ナショナリズムを高めていた。言語学者でもあった彼らは，**ドイツ語で表現された思想や文学を共通の歴史的遺産として重視し，これを共有することでドイツの国民意識を喚起させようとした。**

●**ロマン主義と歴史学**

ロマン主義による民族意識の高揚や，国民国家の建設は，「私たちの共通の過去」を解明する歴史学の発達をもたらした。ランケは「事実それがいかにあったのか」を，同時代の史料を活用しながら綿密な史料批判を通じて解明する近代歴史学を確立した。

→**5ランケ**(1795～1886)

→**6スメタナ**(1824～84) チェコ国民楽派の祖とされる。チェコの民族意識の高揚を求めて連作交響曲「わが祖国」（モルダウは第2曲）を作曲した。

→**7ヴルタヴァ（モルダウ）川**（チェコ）

COLUMN ワグナーと二人の「支配者」

ドイツの作曲家ワグナー(1813～83)は，中世のドイツを題材にして，民族意識を高揚させるようなオペラを数多く作った。ドイツ南部のバイエルン王国の王ルートヴィヒ2世は，ワグナーに心酔し，彼を自国に招くだけでなく，作品に描かれた中世ドイツ世界の再現に取りつかれた。ディズニーランドのシンデレラ城のモデルとなったノイシュヴァンシュタイン城もその一つである。ワグナーの作品はのちに国家主義的な思想に結びつけられ，ヒトラーも彼の楽曲が大のお気に入りだったという。

→**8ワグナー**(1813～83)

9ノイシュヴァンシュタイン城（ドイツ）

クローズアップ

プロイセン王　ロシア皇帝　メッテルニヒ　ナポレオン

オーストリア皇帝　ナポレオン2世　タレーラン

？ 各国の参加者は地図を見ながら何をしているのだろう。

❶ウィーン会議の風刺画 1815年にフランスで描かれた風刺画。エルバ島を脱出したナポレオンも描かれている。

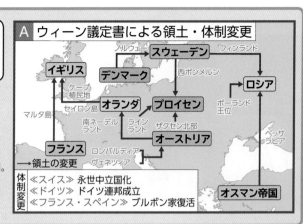

A ウィーン議定書による領土・体制変更

ノルウェー → スウェーデン → フィンランド
デンマーク ← 西ポンメルン
イギリス　ケープ植民地　オランダ　プロイセン → ロシア　ポーランド王位
マルタ島　セイロン島　南ネーデルラント　ラインラント　ザクセン北部　ベッサラビア
フランス　ロンバルディア　オーストリア　ヴェネツィア

→ 領土の変更

体制変更 ≪スイス≫永世中立国化　≪ドイツ≫ドイツ連邦成立　≪フランス・スペイン≫ブルボン家復活

オスマン帝国

1 ウィーン体制下のヨーロッパ

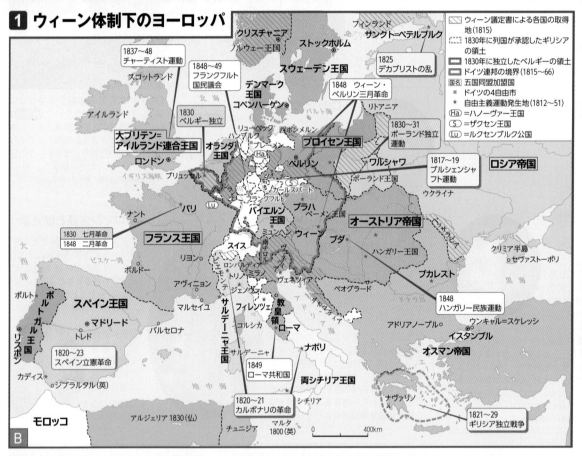

凡例:
- ウィーン議定書による各国の取得地(1815)
- 1830年に列国が承認したギリシアの領土
- 1830年に独立したベルギーの領土
- ドイツ連邦の境界(1815〜66)
- 国名 五国同盟加盟国
- ■ ドイツの4自由市
- ★ 自由主義運動発生地(1812〜51)
- Ha =ハノーヴァー王国
- S =ザクセン王国
- Lu =ルクセンブルク公国

1837〜48 チャーティスト運動
1848〜49 フランクフルト国民議会
1830 ベルギー独立
1848 ウィーン・ベルリン三月革命
1825 デカブリストの乱
1830〜31 ポーランド独立運動
1817〜19 ブルシェンシャフト運動
1830 七月革命
1848 二月革命
1820〜23 スペイン立憲革命
1849 ローマ共和国
1820〜21 カルボナリの革命
1848 ハンガリー民族運動
1821〜29 ギリシア独立戦争

クリスチャニア　ストックホルム　サンクト＝ペテルブルク　フィンランド
ノルウェー王国　スウェーデン王国
スコットランド　デンマーク王国　コペンハーゲン　リトアニア
アイルランド　オランダ王国　リューベック　西ポンメルン　プロイセン王国　ベルリン　ワルシャワ　ポーランド王国　ウクライナ　ロシア帝国
大ブリテン＝アイルランド連合王国　ロンドン　ハンブルク　ブレーメン
ブリュッセル　フランクフルト　プラハ　ベーメン王国
ナント　パリ　バイエルン王国　ミュンヘン　ウィーン　ブダ　ハンガリー王国
フランス王国　スイス　南チロル　オーストリア帝国
リヨン　ボルドー　トリノ　ミラノ　ヴェネツィア
アヴィニョン　ジェノヴァ　サルデーニャ王国　フィレンツェ　教皇領　ローマ
ビスケー湾　スペイン王国　マドリード　トレド　バルセロナ　コルシカ　ナポリ
ポルト　ポルトガル王国　リスボン　カディス　ジブラルタル(英)　サルデーニャ
両シチリア王国　シチリア　マルタ1800(英)
モロッコ　アルジェリア1830(仏)　チュニジア
ブカレスト　ベオグラード　アドリアノープル　イスタンブル　オスマン帝国
クリミア半島　セヴァストーポリ　黒海　ウンキャル＝スケレッシ　ナヴァリノ
400km

❷メッテルニヒ(1773〜1859)　ウィーン会議を主導したオーストリアの政治家。自由主義やナショナリズムを弾圧したが，近年では勢力均衡やヨーロッパ主義的な観点から再評価もされている。

❸タレーラン(1754〜1838)　フランスの外交官としてウィーン会議に参加。巧みな外交術で，フランスの責任を回避した。

資料から読み解く　ウィーン会議の様子

史料❶ タレーランのフランス国王宛書簡(1814年)

（プロイセン）国王は（ロシア）皇帝に，ポーランド問題で皇帝を支持することを誓いました。このプロイセンの態度の変化は，メッテルニヒ氏とカースルレー卿をいたく狼狽させました。……私はメッテルニヒ氏が彼が認めている以上の譲歩をプロイセンに対して行うことでプロイセンの協力をとりつけたのではないかと疑っておりましたので，プロイセンがオーストリアとイギリスから離れたのは，むしろ我が国にとって良いことではないかと考えております。

（『世界史史料6』岩波書店）

①ロシア皇帝がポーランド王を兼ね，事実上支配下においたこと。　②イギリスの政治家

読み解き
1 ウィーン会議はどのような様子で進んだのだろう。
2 タレーランは，なぜ下線部のように思ったのだろう。

●ウィーン体制と自由主義・ナショナリズム

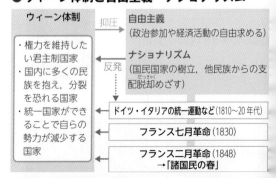

ウィーン体制　抑圧→　自由主義（政治参加や経済活動の自由求める）

・権力を維持したい君主制国家
・国内に多くの民族を抱え，分裂を恐れる国家
・統一国家ができることで自らの勢力が減少する国家

←反発　ナショナリズム（国民国家の樹立，他民族からの支配脱却めざす）

← ドイツ・イタリアの統一運動など(1810〜20年代)
← フランス七月革命(1830)
← フランス二月革命(1848)→「諸国民の春」

2 ウィーン体制の推移とフランスの動き

自由主義・ナショナリズムの運動	フランスの動き	
ウィーン会議(1814〜15)→ウィーン体制		
第一波		復古王政
1817〜19 ドイツ統一・立憲運動 ×	1814 ルイ18世即位(〜24)	
1820〜21 イタリア統一運動 ×	1824 シャルル10世即位 (〜30)	
1821〜29 **ギリシア独立戦争**		
1825 デカブリストの乱(ロシア) ×		
第二波	**フランス七月革命(1830)**	七月王政
1830〜31 ポーランド独立運動 ×	1830 ルイ=フィリップ即位(〜48)	
1831 イタリア統一運動 ×		
第三波	**フランス二月革命(1848)**	第二共和政
1848 **ウィーン三月革命** →メッテルニヒ失脚	1848 臨時政府成立労働者らの蜂起 ルイ=ナポレオン,大統領に当選	
1848 **ベルリン三月革命**	1852 ナポレオン3世,即位	第二帝政
1848 ベーメン・ハンガリーで民族運動 ×	1870 **プロイセン=フランス戦争**(〜71)	第三共和政
1848〜49 **フランクフルト国民議会**(ドイツ統一への会議) →プロイセン王が皇帝就任拒否	1871 臨時政府成立 パリ=コミューン	
	1875 第三共和政憲法	

×:失敗

七月革命

➡️❹「民衆を導く自由の女神」(ドラクロワ筆) 七月革命を描いたもの。ドラクロワ自身は戦闘には参加しなかったが,民衆側に共感を抱き,強烈な色彩とドラマチックな構図で描いた。
ルーヴル美術館蔵,1831年,縦260×横325cm

「諸国民の春」

自由の女神

➡捨てられた王冠

七月王政

➡️❺ルイ=フィリップの風刺画 七月王政下では農民や労働者が貧しさにあえぐ一方,上層市民が優遇された。また,財産による制限選挙が採用されたため,市民は選挙改革を求めた。ドーミエ筆

①税金を吸い上げるルイ=フィリップ ②人々から金を取り上げる役人 ③ルイ=フィリップの排泄物(おこぼれ)にあずかる特権階級の人々

➡️❻「諸国民の春」 七月王政への不満からフランスで二月革命が起こると,ヨーロッパ各地に革命運動が波及した。この絵画にはその理想が描かれ,一連の運動は「諸国民の春」とも言われた。しかし,その多くは王権や保守派の巻き返しにより挫折した。1848年

3 19世紀後半のフランス

➡️❼フランスの政体変遷の風刺画 ナポレオン3世が「二月革命」に刃物を突き刺している。ナポレオン3世がプロイセン=フランス戦争で降伏,退位したのちに成立した臨時政府の首班ティエールは「共和政」の手を縛っている。一番上で「コミューン」の旗を掲げるのが,女神マリアンヌ。

ティエール
マリアンヌ
ナポレオン3世
ルイ=フィリップ

COLUMN パリ大改造

19世紀半ばまでのパリは,路地が入り組み,下水道も未整備で不衛生な都市であった。ナポレオン3世はパリ大改造を命じて幅広い大通りの建設や上下水道の整備などを図り,パリは花の都として生まれ変わった。パリ大改造は,皇帝の威信を高めると同時に,疫病予防や物流の改善をもたらした。一方,せまい路地が取り壊されたことはバリケードの構築を困難にし,パリ=コミューンが簡単に鎮圧された理由の1つともなった。

➡️❽都市改造以前の路地

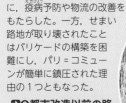

❾パリ市街

凱旋門

📖**資料から読み解く ナポレオン3世**

●ナポレオン3世の対外進出と内政

対外進出	●**クリミア戦争**(1853〜56)
	●アロー戦争(1856〜60)
	●インドシナ出兵(1858〜67)
	●イタリア統一戦争(1859)
	●メキシコ出兵(1861〜67)
	●**プロイセン=フランス戦争**(1870〜71)
内政	●パリ万国博覧会開催(1855, 1867) ▶P.57
	●パリ市の大改造
	●鉄道敷設の推進 1852年:3,870km →1860年:9,500km
	●英仏通商条約(1860)=自由貿易体制へ移行
	●産業革命の進展

読み解き
ナポレオン3世はどのように国民の支持を集めたのだろう。

➡️❿**ナポレオン3世**(1808〜73) ナポレオン1世の甥。大統領に就任したのち皇帝となった。

史料❷ 大統領ルイ=ナポレオンの演説(1852年)

ある人々は不信の念を抱いてこう思うでしょう。帝政とは戦争である,と。私ならこう言います。帝政とは平和だ,と。……皇帝(ナポレオン1世)と同様に私が望むのは,体制にはむかう諸党派を征服して和解へと導くことであり,……敵対的な分流を,人民がかたちづくる大きな本流へと戻してやることです。……われわれには開墾すべき広大な未耕作地があります。通すべき道路,掘るべき港,航行可能にすべき河川,仕上げるべき運河,完成させるべき鉄道網があります。
(『世界史史料6』岩波書店)

🌱**ことば パリ=コミューン** パリの民衆が1871年3月に樹立した自治政府。

ヨーロッパ

イギリスの繁栄と自由主義

クローズアップ

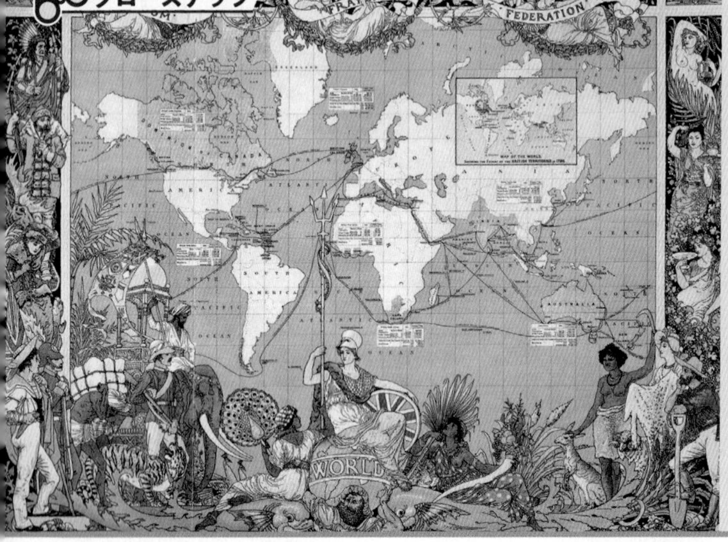

? この地図に隠されたメッセージは何だろう。描かれているものや描かれ方に注目して考えよう。

◀❶19世紀のイギリスの地図 地図中のピンク色の部分はイギリス本国とその植民地を表している。

2 イギリスの動き

19世紀の自由主義的改革

1828	**審査法廃止** …イギリス国教会信徒に限定してきた公職就任をカトリック以外の非国教徒に認める
1829	**カトリック教徒解放法** …カトリック教徒の公職就任を認める
1832	**第１回選挙法改正**
1833	**工場法** …労働者の就労条件改善 東インド会社の対中国貿易独占権廃止 ●**チャーティスト運動**（参政権獲得をめざした都市労働者の運動） 奴隷(どれい)制廃止
1846	**穀物法廃止** …外国産輸入穀物への高関税を廃止
1849	**航海法廃止** …イギリス貿易における外国船排除規定を廃止
1858	**東インド会社解散**
1870	初等教育法 …公立学校による初等教育
1871	労働組合法 …労働組合を合法化
1906	労働党結成
1911	国民保険法／議会法（下院の優位）

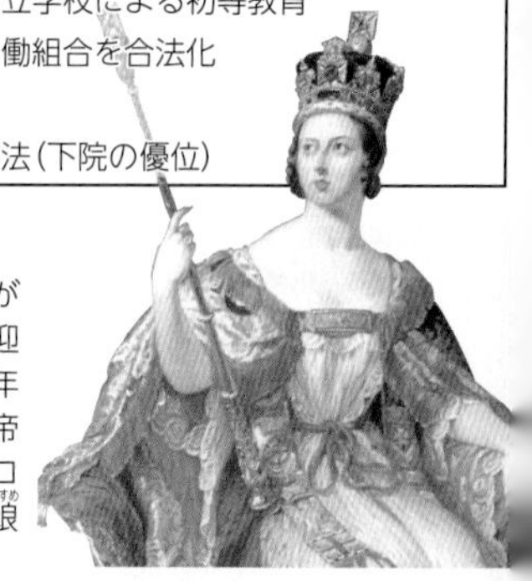

▶❹ヴィクトリア女王 (1819～1901) イギリスが大英帝国として最盛期を迎えた時代の女王で，在位年数は歴代２位。ドイツ皇帝ヴィルヘルム２世は孫，ロシア皇帝ニコライ２世は娘婿(むすめむこ)。

1 イギリスの繁栄

●イギリスの植民地 ◀P.24

自治植民地	アフリカ	アジア
●カナダ(1867) ●オーストラリア(1901) ●ニュージーランド(1907) ●南アフリカ連邦(1910) 白人移民が多い地域	●ケープ（1815，獲得）→のち，南アフリカ連邦へ ●**エジプト**（1882，保護国） ●**スーダン**＊(1899) ＊イギリスとエジプトによる二重支配	●**香港**(ホンコン)(1842，アヘン戦争で獲得) ●**インド帝国**(1877) ●アフガニスタン（1880，保護国） ●ビルマ(1886，併合) ●威海衛(いかいえい)・九竜半島(きゅうりゅうはんとう)（1898，清より租借(そしゃく)）

アイルランド問題

イギリスに併合されていたアイルランドは，1840～50年代に主食のジャガイモの不作により深刻な飢饉(ききん)に襲われた。人口約800万人のうち100万人以上が餓死(がし)し，それを上回る数の人々が世界各地へ移住した（➡P.92）。このジャガイモ飢饉は，本国イギリスの穀物法廃止を促した。

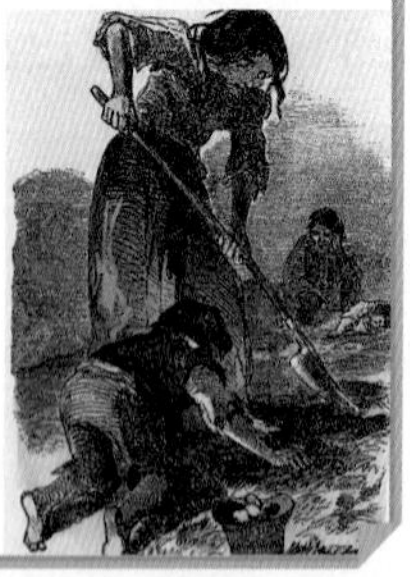

▼❷ジャガイモ飢饉

COLUMN 岩倉使節団が見たイギリス

1872年にイギリスを訪問した岩倉遣欧使節団（➡P.74）は，人口も国土も日本と似ていながら「経済力のへだたりは極めて大きい」と認識していたイギリス視察に４カ月を費やした。使節団はイギリス各地をまわって貿易，工業，議会，鉄道，司法など様々な分野について実態を把握し，イギリスの繁栄の理由を探ろうとした。植民地の役割についても言及し，特に「インドの利益は最大」と評している。

❸水晶宮(すいしょうきゅう) ➡P.57
（『米欧回覧実記』のさし絵）

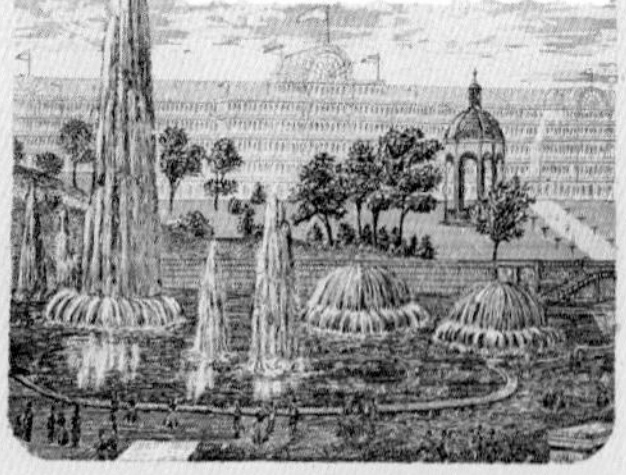

3 選挙法改正

	要 点
改正前	貴族，上層市民。一部の中産者が独占
第１回 (1832)	**産業資本家**，都市・農村の中産者に参政権。**腐敗(ふはい)選挙区の廃止**（144議席再配分）
第２回 (1867)	小市民。**都市労働者**に参政権 選挙区改正（46議席再配分）
第３回 (1884)	**農村・鉱山労働者**に参政権 小選挙区制採用，秘密投票制確立
第４回 (1918)	**男性普通選挙権：21歳以上** **女性普通選挙権：30歳以上**＊
第５回 (1928)	**21歳以上の男女普通選挙権**
第６回 (1969)	**18歳以上**の男女普通選挙権

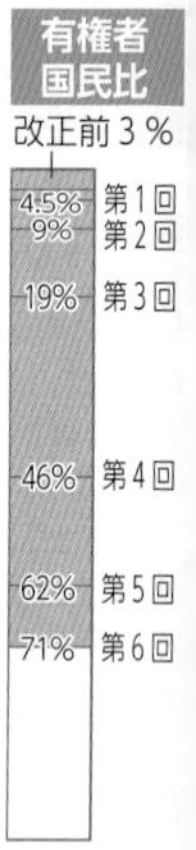

＊本人または夫が不動産を所有している女性に限って認められた。

資料から読み解く 「世界の工場」イギリスの変化

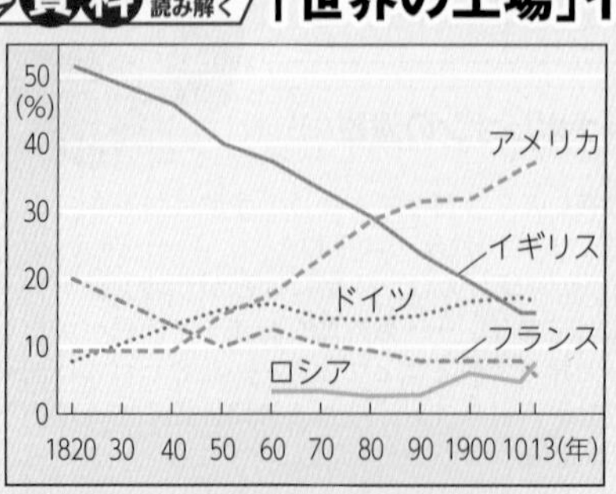

▲❺世界の工業生産に占める各国の割合

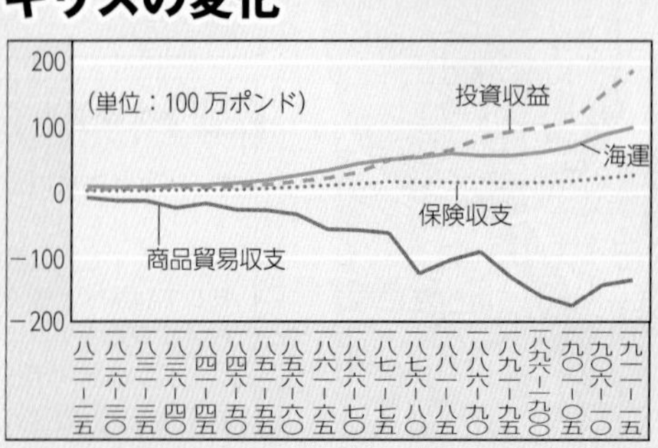

▲❻イギリスの国際収支

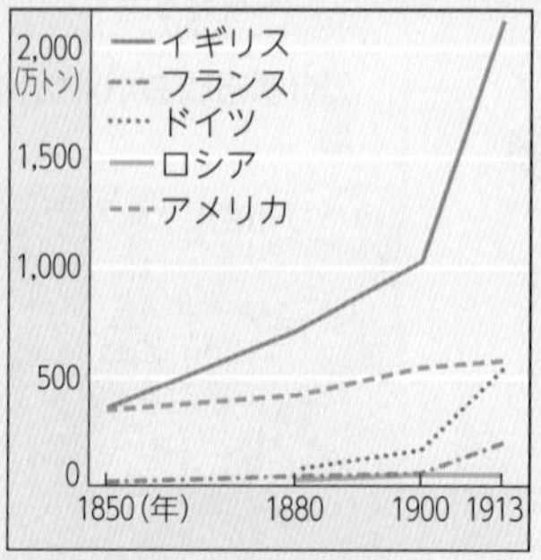

▲❼世界の船舶トン数

読み解き

1 イギリスの国際収支はどのように変化しているだろう。

2 イギリスの経済・産業の構造変化と，その特徴・強みを考えよう。

歴史のスパイス 現在もイギリス連邦は存在し，対等な関係の56カ国が加盟。カナダやオーストラリアの国家元首（国王）はイギリス国王が兼任している（象徴的存在で実権はない）。

万国博覧会は，科学技術の成果が展示される一方で，自国の産業発展を誇示する場でもあった。

❶第1回ロンドン万国博覧会(1851年)　万国博覧会は1851年にロンドンで初めて開催された。会場となった水晶宮は長さ約563m，幅約124mの巨大建築物だった。

イギリスのトマス＝クックは，ロンドン万博の際に団体旅行を企画して庶民を万博見物に動員した。鉄道網の普及と相まって旅行は人気のレジャーとなった。◀P.44

❸パリ万博へのツアー旅行広告

史料❶ ロンドン万博を報じた新聞記事

この大都市の道路には人々があふれ，……騒ぎまわっている。これほど膨大な数の人間が集結したことは人間の記憶にないだろう。……群集が，……通りや，巨大な産業の神殿の周りに集結した。……随行団が水晶宮に現れるにつれ，女王陛下への歓迎は熱狂的となった。……ほどなく建物の中から大歓声がわきおこり，「神は女王を救い給う」のフレーズがガラスの壁から漏れてきた。……世界中の粋を凝らした物の一大展示を前にしては，文章は無力である。これらの展示は，産業と平和の技芸に捧げられた偉大な賛歌なのである。〈タイムズ紙記事〉　　　　　(『世界史史料6』岩波書店)

第1回ロンドン万博
- 参加国　34カ国
- 開催期間　141日間
- 入場者数　1日平均4万3,000人。のべ約604万人
*当時のロンドンの人口の約3倍

2 主な万国博覧会

1851	ロンドン(世界初の国際博覧会) 鉄骨とガラスの建造物「水晶宮」登場
1855	パリ(ナポレオン3世の国威発揚)
1862	ロンドン(日本から幕府の遣欧使節団)
1867	パリ(日本初参加→ジャポニスム) ドイツからジーメンス電動機出品
1876	フィラデルフィア(アメリカ建国100周年) ミシン・タイプライターなど登場
1878	パリ　エディソンの蓄音機などが話題に
1889	パリ(フランス革命100周年) エッフェル塔建設
1893	シカゴ(アメリカ大陸到達400周年)
1900	パリ　アール・ヌーヴォーが主流
1937	パリ　「ゲルニカ」出品
1970	日本(大阪万博。日本初の万博)
1975	沖縄国際海洋博覧会(沖縄の本土復帰記念)

フランス革命100周年を記念して開催。鉄製のエッフェル塔が建設され，照明には電気が大量に使用されるなど，新たな産業時代到来の象徴となった。

エッフェル塔

❷第4回パリ万博(1889年)

COLUMN 日本と万博

日本は，1867年の第2回パリ万博から万博に正式参加した。日本の特産物や工芸品が出品されたことにより，ヨーロッパで日本趣味(ジャポニスム)がまき起こった。モネやゴッホなど印象派の画家たちが浮世絵の影響を受けていたことは有名である。

❹ウィーン万博における日本の展示(1873年)

❺日本万国博覧会(大阪，1970年)　1940年に日本で初の万博開催が予定されたが，日中戦争激化のため中止された。30年後の1970年，「人類の進歩と調和」をテーマとして，日本初の万博が大阪で開催された。

資料から読み解く 博覧会と人間の展示

❻セントルイス万博で展示された「フィリピン村」(1904年)　1889年のパリ万博では，植民地の人々とその民族衣装・日常生活を見世物とする「人間の展示」が初めて行われ，その後各地の万博でも同様の展示が行われた。

❼第5回内国勧業博覧会での学術人類館　日本では，1877年以降，殖産興業のため内国勧業博覧会が開催されたが，1903年の第5回博覧会では，場外に「学術人類館」が設けられた。

史料❷ 学術人類館

内地に近き異人種を集め，其風俗，器具，生活の模様等を実地に示さんとの趣向にて，北海道のアイヌ5名，台湾生番①4名，琉球2名，朝鮮2名，支那②3名，印度3名，同キリン人種7名，ジャワ3名，バルガリー1名，トルコ1名，アフリカ1名，都合32名の男女が……一定の区域内に団欒しつつ，日常の起居動作を見する。

(吉見俊哉『博覧会の政治学』，中公新書)
①台湾の先住民　②ここでは清のこと

読み解き

1 なぜ，このような"展示"をしたのだろう。
2 琉球とアイヌが入っているのはどのような意図があるのだろう。

*開館前後に出身地からの抗議を受け，清・朝鮮・琉球の人々の「展示」は中止されたが，人類館の営業は続けられた。

❼伊藤勝一蔵(『大琉球写真帖』より)　那覇市歴史博物館提供

ヴィルヘルム1世

ビスマルク

? どのような人々が中心となって統一運動を達成したのだろう。

◀①ドイツ帝国の成立 プロイセン＝フランス戦争末期の1871年1月18日，プロイセンは，フランスのヴェルサイユ宮殿（←P.48）でドイツ皇帝即位式を行った。

▶②イタリアの統一 1860年のこの会見を経て，翌年イタリア統一が達成された。

サルデーニャ国王を出迎えるガリバルディ（1860年）

ガリバルディ

サルデーニャ国王（ヴィットーリオ＝エマヌエーレ2世）

---

1 イタリア・ドイツの統一の過程

A イタリア・ドイツの統一

1870 スダンの戦い

オランダ王国

ベルギー王国

プロイセン王国
ベルリン

シュレスヴィヒ
ホルシュタイン
ダンツィヒ
ケーニヒスベルク

ロシア帝国

フランス帝国

スダン
エムス
ザクセン
プラハ
ケーニヒグレーツ
バイエルン
ウィーン

スイス

オーストリア＝ハンガリー帝国
1867〜1918

ロンバルディア
トリノ
ニース
ソルフェリーノ
コルシカ
サルデーニャ

トリエステ
イストリア
ヴェネツィア
2世の進路
イタリア王国
教皇領
ローマ
ナポリ
ガリバルディの進路

オスマン帝国

地中海
シチリア

400km

- フランスへ割譲（1860年）
- イタリア王国（1861年）
- 1866年併合
- 1870年併合
- 未回収のイタリア
- プロイセン領（1866年）
- 北ドイツ連邦（1867年）
- ドイツ帝国（1871年）
- フランスより獲得（1871年）

---

2 ドイツの統一
●ビスマルクの内政と外交

＊プロイセンの地主貴族。

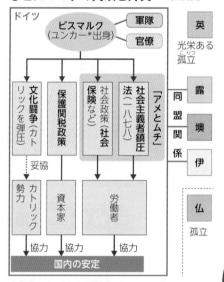（chart: ドイツ）

ビスマルク（ユンカー＊出身）── 軍隊 ／ 官僚

文化闘争（カトリックを弾圧）｜保護関税政策｜保険（社会政策など）｜社会主義者鎮圧法（一八七八）社会政策・社会「アメとムチ」

妥協 ↓

カトリック勢力｜資本家｜労働者

協力 協力 協力

↓ 国内の安定

成立間もないドイツ帝国にあって，ビスマルクは国内の安定のため社会主義やカトリック勢力に対応した。外交ではフランスの孤立化と列強間の協調を重視した。

▶④ビスマルク（1815〜98）

英 光栄ある孤立

露｜墺｜伊 同盟関係

仏 孤立

資料から読み解く **ビスマルクがめざしたもの**

史料① ドイツが注目しているのは，プロイセンの自由主義ではなくて，プロイセンの力であります。……プロイセンはすでに何度か好機を逃してきましたが，今こそ次の好機に向けて力を結集し，保持しておかねばなりません。ウィーン［会議］の諸条約によるプロイセンの国境は，健全な国家の営みのためには好都合なものではありません。現下の大問題が決せられるのは，演説や多数決によってではなく──これこそが1848年および1849年の重大な誤りだったのですが──，まさに鉄と血によってなのであります。〈ビスマルクの鉄血演説(1862年)〉

『世界史史料 6』岩波書店

読み解き
1 「1848年 および1849年の重大な誤り」とは何だろう。
2 「鉄と血」は何を意味しているのだろう。

●ドイツ帝国の機関

| ドイツ皇帝（プロイセン王） | 帝国宰相（プロイセン首相） | 連邦参議院（上院）22 君主国と 3 自由都市の代表 |

帝国議会（下院）男性普通選挙による

- ●プロイセン主導の体制
- ●帝国宰相は皇帝に対して責任を負う
- ●帝国宰相は下院に対して責任を負わない

オーストリア＝ハンガリー帝国

多民族国家であったオーストリアは，ドイツ統一から排除された後，領内のスラヴ人の不満・反抗を抑えるため，ハンガリー人の自治を認めて同君連合の形で帝国を再編した。さらに支配の重点を東欧に置いたが，それは領域内の民族問題をさらに複雑化させることにつながった。

COLUMN イタリアの南北格差とサッカー

イタリアのサッカー・プロリーグ「セリエA」では，北部に比べて南部のチームは所属数も優勝回数も圧倒的に少ない。背景には，北部のサルデーニャ主導でイタリアが統一されて以降，現在まで続く南北の経済格差がある。そのため，南部のチームである「ナポリ」に1987年の初優勝を含め2回の優勝をもたらしたアルゼンチン人のマラドーナは，南部の人々の間で圧倒的な人気を誇った。2020年に彼が死去すると，「ナポリ」はスタジアム名に「マラドーナ」の名を冠することを発表した。

③「ナポリ」初優勝時のマラドーナ

▲⑤社会主義者を箱におしこめるビスマルク（風刺画）　ビスマルクにとって，労働者をいかに国家に統合するかが課題であった。

クローズアップ

? モンロー主義は，アメリカ合衆国の発展にどのような"利益"を与えただろう。

↑❶モンロー主義の風刺画 ◀P.51

A 合衆国の領土拡大

英領カナダ（1867自治領）

1848〜49 ゴールドラッシュ

1869 大陸横断鉄道開通

メキシコ（1821スペインより独立）

1863 ゲティスバーグの戦い

0 500km

	1776年 独立宣言時の領土		1819年 スペインより買収		1848年 メキシコより割譲	数字 各州の成立年代
	1783年 イギリスより割譲		1845年 テキサス併合		1853年 メキシコよりガズデン買収	●━ 主な大陸横断鉄道（開通年）
	1803年 フランスより買収		1846年 オレゴン協定により獲得	アラスカ…1867年，ロシアより買収	── 主な開発道路
	1818年 イギリスとの国境協定		1845〜48年 メキシコより割譲	ハワイ…1898年，併合	× 主な金鉱

1 19世紀のアメリカ

1812	アメリカ=イギリス(米英)戦争(〜14)
	→アメリカ経済の「独立」
1823	モンロー教書(ヨーロッパとの相互不干渉)
1830	インディアン強制移住法
	●ジャクソニアン=デモクラシー(白人中心の民主主義)
1845	「明白な天命」が初めて使われる
1846	アメリカ=メキシコ戦争(〜48)
1848	**カリフォルニアで金鉱発見**
	→ゴールドラッシュ
1854	共和党成立／日米和親条約 ▶P.67
1860	共和党の**リンカン**，大統領選に勝利
1861	南部諸州，アメリカ連合国結成
	→**南北戦争**(〜65)
1861	フランスによるメキシコ出兵(〜67)
	→モンロー主義を背景に反発
1862	ホームステッド法…西部の開拓農民に公有地を無償分配
1863	**奴隷解放宣言** ゲティスバーグの戦い
	●南北戦争終結後，北部の工業化が本格化
1869	**大陸横断鉄道開通**
	北部と西部がつながり，大市場形成
1890	シャーマン反トラスト法…独占禁止法
1890	**フロンティアの消滅**

↑❷「涙の道」(移住させられる先住民) 先住民はミシシッピ川以西の不毛の指定保留地に追いやられ，従わない者は武力による制圧を受けた。

↑❸アメリカの対イギリス貿易収支 アメリカ=イギリス戦争でアメリカ経済が「自立」に向かったあとも，南部の綿花産地とイギリスの結びつきは強かった。

(単位：1,000ポンド)
1784〜1816年平均
1824〜1856年平均
『近代国際経済要覧』東京大学出版会

(1900年のイギリス=100)
イギリス
アメリカ
1750年 1830 1880 1913

↑❹アメリカとイギリスの1人当たり工業生産高推移 南北戦争後のアメリカでは北部の重化学工業化が加速した。

資料から読み解く アメリカ合衆国の発展

オクラホマ
　白人　アフリカ系
　ネイティブ=アメリカン
ミシシッピ
カリフォルニア
　アジア系
0% 25 50 75 100

➡❺三つの州の人口構成 (2019年)(アメリカセンサス局資料)

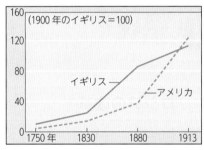

➡❼金を探す人々

❻「アメリカの進歩」(1872年)

進歩の女神
文明の書
バッファロー
先住民

➡P.92

読み解き

1 ❺について，オクラホマ州でネイティブ=アメリカン(先住民)が多いのはなぜだろう。

2 ❶の背景となる思想が❻に象徴的に示されている。どのような思想だろう。

3 ❺について，ミシシッピ州でアフリカ系が多いのはなぜだろう。

4 カリフォルニア州でアジア系が増加する契機となった出来事は何か。❼と年表を参考に考えよう。

歴史のスパイス 大陸横断鉄道の駅まで牛を追うため，カウボーイが活躍した。

2 南北戦争

アメリカ

		人口	農地	工場	国富	預金額	兵力
北部	<18の自由州>産業資本家による商工業が経済の中心 ◆保護貿易 ◆連邦主義(集権) ◆共和党支持 ◆奴隷制反対	1,880万人	67%	81%	75%	74%	220万人
南部	<15の奴隷州>大農園主によるプランテーションが経済の中心 ◆自由貿易 ◆州権主義(分権) ◆民主党支持 ◆奴隷制維持	1,220万人	33%	19%	25%	26%	80万人

↑⑧北部と南部の比較

英領カナダ

*数字は各州の大統領選挙人の数。

メキシコ

B 1860年の大統領選挙結果

- リンカン(共和党)
- ダグラス(北部民主党)
- ブレッキンリッジ(南部民主党)
- ベル(立憲連合党)
- 選挙人の出せない準州

0 600km

南北の対立が鮮明であるが,同時に西部を味方につけ,自らの経済圏に取り込むことが重要だった。

➡⑨南北戦争の風刺画　剣を振り上げているジェファソン＝デヴィスの後ろで,アフリカ系の人物が応援するふりをしながら国旗を踏んでいる。

リンカン

IS COTTON KING?

ジェファソン＝デヴィス(アメリカ連合国大統領)

…government of the people, by the people, for the people, shall not perish from the earth.
…人民の,人民による,人民のための政治が,この地球上から消え去ることがあってはならないのである。
(1863年,最大の激戦地跡ゲティスバーグでの演説)

↑⑩リンカン

リンカンが出した奴隷解放宣言は,アメリカ国内の世論を味方につけるとともに,南部の綿花地帯との結びつきが強いイギリスを牽制する意味を持っていた。

➡⑪農場所有登録の順番を待つ人々の集団　1862年のホームステッド法は,北部と西部の結びつきを強めた。

独立戦争	1万2,000人
南北戦争 Civil War	62万2,222人
第一次世界大戦	11万2,432人
第二次世界大戦	32万1,999人

↑⑫合衆国の戦死者数

史料① 奴隷解放宣言(1863年)

(反乱状態にある)州と一部地域において奴隷とされている者すべてに対して,これ以後は自由であると宣言し,アメリカ合衆国政府は,陸海軍当局も含めて,彼らの自由を承認し維持することを命じる。……こうした行為は正義に基づくものだと信じており,軍事的必要性を鑑みて合衆国憲法によっても正当性を保証されていると思うが,私はここに,これらの行為に対して,人類の思慮深い判断と,全能なる神の慈悲深い恩顧を祈るものである。

『世界史史料7』岩波書店）

資料 から読み解く アメリカの奴隷制

●奴隷制をめぐる動き

奴隷制の発達→奴隷貿易の禁止へ

17世紀　タバコ栽培等に奴隷制導入
●アメリカ独立,イギリス産業革命
→輸出用綿花の収益性が高まる
　ホイットニー,綿繰り機発明(1793)
1808　アメリカで奴隷貿易禁止
　＊以降は密貿易となる

奴隷制をめぐる対立

1820　**ミズーリ協定**
ミズーリ州を奴隷州とし,以後,北部(北緯36度30分以北)に奴隷州を設置しない
〈イギリス(1833)・フランス(1848)で奴隷制廃止〉
1854　**カンザス＝ネブラスカ法**
ミズーリ協定を廃止。奴隷州設置に住民投票を導入

奴隷解放と人種分離の進展

1863　奴隷解放宣言
1865　憲法修正第13条(奴隷制廃止)
1866　クー＝クラックス＝クラン(KKK)結成
1868　憲法修正第14条(州による市民権侵害の禁止)
1870　憲法修正第15条(アフリカ系の人々に投票権承認)
1896　連邦裁判所,「**分離すれども平等ならば合憲**」の判決

➡⑬大陸横断鉄道の開通(1869年)
奴隷制廃止後のアメリカで労働力となったのは,中国などからの移民であった。**大陸横断鉄道**の建設においても中国人労働者が重要な労働力となったが,この写真に彼らの姿はない。

🔍 **読み解き**
1⃣⑬に中国人労働者が写っていないのはなぜだろう。

(東西のレールがつながった場面)

➡⑭解放奴隷の生活　解放奴隷の多くは,元の農園主のもとで小作人となった。また,クー＝クラックス＝クランによる差別的行為は,長く公然と存続した。

🔍 **読み解き**
2⃣ここに示された資料から,解放奴隷のその後の状況を考えよう。

➡⑮クー＝クラックス＝クラン(KKK)

史料② **キング牧師の演説**
(1963年)　➡P.149

100年前,ある偉大な米国民が,奴隷解放宣言に署名した。今われわれは,その人を象徴する坐像の前に立っている。この極めて重大な布告は,……何百万もの黒人奴隷たちに,大きな希望の光明として訪れた。それは,捕らわれの身にあった彼らの長い夜に終止符を打ち,喜びに満ちた夜明けとして訪れたのだった。しかし100年を経た今日,黒人は依然として自由ではない。

(アメリカセンター JAPAN資料)

🌱ことば **ジャクソニアン＝デモクラシー**　白人男性の普通選挙が実現したが,女性・先住民・アフリカ系の人々などの権利は犠牲となった。

➡①1876年に描かれた風刺画（イギリスの『パンチ誌』）

ディズレーリ

❓ ①と②は，イギリスの首相ディズレーリが1870年代に行った帝国主義政策を示している。どのような政策だろう。両方の絵に描かれている鍵に注目してみよう。

ディズレーリ

⬆②1875年に描かれた風刺画（『パンチ誌』）①と同様に1875年の事象を示唆している。

1 イスラーム帝国の威容（16～17世紀）

16～17世紀のアジアには，それぞれ特徴の異なる三つのイスラーム帝国が繁栄した。しかし西欧諸国が海外進出を本格化するにつれ，これらの諸国家は「陸の帝国」の様相を色濃くした。

オスマン帝国（1299頃～1922）　都：イスタンブル
- ◆トルコ系のイスラーム国家で，**イェニチェリ**とよばれる歩兵が軍事力の中核を担った
- ◆イスラーム法に基づく統治を行う一方，**異教徒や外国人に寛容な政策**にも特徴があった
- ◆最盛期の16世紀前半には**ハンガリー**も領有

サファヴィー朝（1501～1736）　都：イスファハーン
- ◆シーア派を国教とし，オスマン帝国と争った
- ◆16世紀末～17世紀初頭が最盛期で，国際的な通商活動にも積極的に参加した

ムガル帝国（1526～1858）　都：アグラ・デリーなど
- ◆圧倒的多数の**ヒンドゥー教徒**を支配したイスラーム国家
- ◆第3代皇帝アクバルは非ムスリムに対する融和政策で，統治の安定をめざした

③ブルー＝モスク（トルコ・イスタンブル）　世界遺産

④イマーム広場（イラン・イスファハーン）　世界遺産

⑤タージ＝マハル廟（インド・アグラ）　世界遺産

2 オスマン帝国の衰退と西アジアの動き

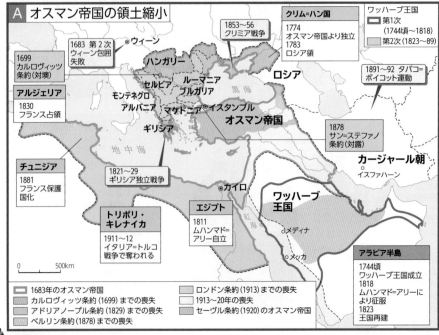

A オスマン帝国の領土縮小

1683 第2次ウィーン包囲失敗

1699 カルロヴィッツ条約（対墺）

アルジェリア 1830 フランス占領

チュニジア 1881 フランス保護国化

トリポリ・キレナイカ 1911～12 イタリア＝トルコ戦争で奪われる

1821～29 ギリシア独立戦争

エジプト 1811 ムハンマド＝アリー自立

1853～56 クリミア戦争

クリム＝ハン国 1774 オスマン帝国より独立 1783 ロシア領

1891～92 タバコ＝ボイコット運動

1878 サン＝ステファノ条約（対露）

ワッハーブ王国
第1次（1744頃～1818）
第2次（1823～89）

ウィーン
ハンガリー
セルビア
モンテネグロ
アルバニア
ルーマニア
ブルガリア
ギリシア
マケドニア
イスタンブル
オスマン帝国
ロシア
黒海
地中海
カージャール朝
イスファハーン
カイロ
紅海
メディナ
メッカ

アラビア半島
1744頃 ワッハーブ王国成立
1818 ムハンマド＝アリーにより征服
1823 王国再建

凡例：
- □ 1683年のオスマン帝国
- カルロヴィッツ条約（1699）までの喪失
- アドリアノープル条約（1829）までの喪失
- ベルリン条約（1878）までの喪失
- ロンドン条約（1913）までの喪失
- 1913～20年の喪失
- セーヴル条約（1920）のオスマン帝国

0 500km

COLUMN イスラーム世界の改革運動

外圧にさらされたイスラーム世界では，様々な抵抗運動や改革運動が見られた。軍事システムや政治制度の西欧化・近代化だけでなく，外圧による危機をイスラームの堕落ととらえ，預言者ムハンマドの時代の「原点」に立ち返ろうとする復古的な動きや，外圧に対処できない専制政治に対する革命をめざす動きなど，多様な事例がある。

➡⑥アフガーニー（1838/39～97）　パン＝イスラーム主義を唱えてイスラームの連帯の重要性を訴え，エジプトの反英運動など広い地域に影響を与えた。

➡⑦近代化後のオスマン帝国軍（1903年）

❸ オスマン帝国とアジアの近代化

		オスマン帝国		エジプト		清 ➡P.68	日本	
		国内の動き	対外関係	対外関係	国内の動き			東アジア
南下をめざすロシア	インドへのルートを狙うイギリス	●軍隊の近代化, イェニチェリ廃止	●バルカン半島や黒海沿岸で領土喪失	●ナポレオン軍による占領 (1798～1801)	●総督ムハンマド＝アリーの近代化政策	1793 マカートニー(英)来航 ◀P.35	1790 寛政異学の禁	
			ギリシア独立戦争 (1821～29)	←参戦(オスマン側)		1816 アマースト(英)来航	1825 **異国船打払令**	
			→ギリシア喪失		・西洋式軍隊創設 ・鉄道建設 ・灌漑(綿花増産)			
		1839 ギュルハネ勅令, **タンジマート**(恩恵改革)開始(～76)	エジプト＝トルコ戦争 (1831～33, 39～40)			1840～42 **アヘン戦争**	1842 異国船打払令緩和	
			●スーダン領有					
		1856 改革勅令(タンジマート前進)	クリミア戦争(1853～56)				1854 **日米和親条約**	
				●アメリカ南北戦争で綿花輸出増大		1856～60 **アロー戦争**	1858 **日米修好通商条約**	
		1876 **ミドハト憲法**		1869 **スエズ運河開通**		●洋務運動	1867 **大政奉還**	
		1878 憲法停止 ◀┄┄	ロシア＝トルコ(露土)戦争(1877～78)	1875 **イギリスがスエズ運河会社株を買収**	●急激な改革と運河建設により財政破綻へ		王政復古の大号令	西アジア
		→専制政治復活	→バルカン半島の領土縮小	ウラービー運動(1881～82)…軍人ウラービーの蜂起(反英の民族運動)		1884～85 清仏戦争	1885 内閣制度の創設	
							1889 **大日本帝国憲法**	
				1882 イギリスによる事実上の保護国化		日清戦争(1894～95)		
						●変法運動		
		1908 **青年トルコ革命** (憲法復活)		➡❽ウラービー(1841～1911)		1900 義和団戦争		アフリカ
						1908 憲法大綱発表	1904～05 **日露戦争**	

❹ エジプトの改革

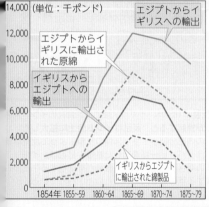

➡❾ムハンマド＝アリー(1769～1849) オスマン帝国のエジプト総督としてエジプトを支配。近代化政策を実施し近代エジプトの基礎を築いた。

❿イギリスとエジプトの貿易

(縦軸: 単位：千ポンド, 14,000 / 12,000 / 10,000 / 8,000 / 6,000 / 4,000 / 2,000 / 0)
(横軸: 1854年 1855～59 1860～64 1865～69 1870～74 1875～79)

- エジプトからイギリスへの輸出
- エジプトからイギリスに輸出された原綿
- イギリスからエジプトへの輸出
- イギリスからエジプトに輸出された綿製品

ムハンマド＝アリーの改革は一定の成果をあげたが, 外債に依存する開発は, 両刃の剣であった。1870年代以降は, アメリカ南北戦争終結に伴う綿花輸出の不振も加わって, 財政危機が顕著となった。エジプトはその後, インドへのルートの確保を狙うイギリスの支配下に入っていった。

COLUMN スエズ運河の功罪

1869年, フランス人レセップスによってスエズ運河が完成した(幅22m, 全長162.5km)。これにより地中海と紅海が結ばれ, ヨーロッパ・アジア間の航路は著しく短縮された(例えば, ロンドン―ボンベイ間の距離は約20,000kmから12,000kmとなった)。一方, 運河開通後に財政難に陥ったエジプトは, スエズ運河会社株の大半をイギリスに売却したため, フランスに加えてイギリスからも強い干渉を受けることになった。

⓫スエズ運河の開通式(1869年)

資料から読み解く オスマン帝国の改革

外圧高まる

- イェニチェリ廃止…軍の近代化
  ↓
- ギュルハネ勅令…イスラーム国家の枠組みの中で非ムスリムの権利を拡大
  ↓ クリミア戦争で英仏からの圧力が高まる
- 改革勅令…非ムスリムの権利をさらに拡大, 西欧型法治国家に近づく
  ↓ 財政破綻, 列強からの圧力の増大
- **ミドハト憲法**…大日本帝国憲法よりも早い, タンジマートの集大成

史料❶ オスマン帝国憲法(ミドハト憲法)(1876年)

第3条 オスマン家の至高なるスルタン権はイスラームの偉大なカリフ権を有し, 古来の方法に従ってオスマン家系の最年長男子に帰する。

第7条 国務大臣の任免, ……外国との条約締結, 宣戦布告および講和, 陸海軍の統帥, ……イスラーム法および法律の執行, ……帝国議会の召集と停会, ……は, スルタンの神聖な大権に属する。

第8条 オスマン国籍を有する者はすべて, いかなる宗教宗派に属していようとも例外なくオスマン人と称される。

第11条 オスマン帝国の国教はイスラーム教である。この原則を遵守し, かつ国民の安全と公共良俗を侵さない限り, オスマン帝国において認められるあらゆる宗教行為の自由, ならびに処々の宗教共同体に与えられてきた宗教的特権の従来通りの行使は, 国家の保障の下にある。

第42条 帝国議会は, 元老院と代議院という名の両議院でこれを構成する。

第62条 元老院議員の身分は終身である。……

『世界史史料 8』岩波書店)

*カリフとスルタンについては ◀P.13

➡⓬ミドハト憲法

読み解き

1 大日本帝国憲法の条文(➡P.77)と類似している箇所を抜き出してみよう。

2 オスマン帝国はトルコ人・アラブ人などを含む多民族国家である。第8条に「オスマン人」という表現を用いた理由は何だろう。

3 この憲法で非ムスリムの権利はどのように規定されているだろう。

ことば **イェニチェリ** オスマン帝国では, キリスト教徒の子弟をイスラームに改宗させ, スルタン直属の軍団に育てた。

クローズアップ

↑❷ダージリン＝ヒマラヤ鉄道（インド）

❶20世紀初頭のインド帝国の鉄道網

❓ インド帝国の範囲に入っている現在の国を挙げよう。また，イギリスはインド支配に際し鉄道をどのように利用したのだろう。

A　18世紀後半のインド

1757 プラッシーの戦い

1775〜1818(3回) マラーター戦争

1767〜99(4回) マイソール戦争

1744〜61(3回) カーナティック戦争

イギリスの植民地獲得
1766
1798

通商基地
● イギリス
● ポルトガル
○ オランダ
○ フランス

ムガル帝国
マラーター同盟
シク王国

B　19世紀後半のインド

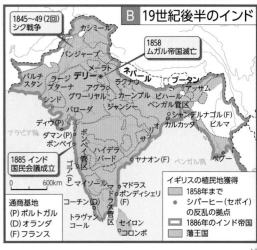

1845〜49(2回) シク戦争

1858 ムガル帝国滅亡

1885 インド国民会議成立

イギリスの植民地獲得
1858年まで
● シパーヒー(セポイ)の反乱の拠点
1886年のインド帝国
藩王国

通商基地
(P)ポルトガル
(D)オランダ
(F)フランス

↑❺インド大反乱　1857年，イギリス東インド会社のインド人傭兵(シパーヒー)が蜂起すると，反乱はインド全土に拡大した。しかし，インド側の内部分裂やイギリス側の反撃によって反乱は鎮圧された。なお，シパーヒーが蜂起した直接の動機は，イギリス軍が採用した銃の薬包に，ヒンドゥー教徒が神聖視する牛と，ムスリムが不浄視する豚の油を使用したためといわれている。

1　インドの植民地化

イギリスの進出

1600　イギリス，東インド会社設立

18世紀半ば　インドの領土支配始まる（東インド会社による間接統治）

19世紀半ば　全インドの植民地化完了

↓

インド大反乱(1857〜59)…ムガル皇帝を擁して独立戦争の様相

↓

イギリス支配の強化

1858　ムガル帝国滅亡
東インド会社解散（イギリスの直接統治）

1877　インド帝国成立（ヴィクトリア女王がインド皇帝を兼ねる）

❸イギリス綿布の輸出市場
イギリスはインドからの地税収奪を進めるとともに，同地を自国綿布の市場として機能させた。

(年)	ヨーロッパ	イギリス領インド	オスマン帝国・エジプト・アフリカ	その他
1840				
1850				
1860				
1870				
1880				

0(%) 20 40 60 80 100

❹弾丸のしくみ
火薬　薬包(油紙)　弾丸

資料から読み解く　インド帝国の統治

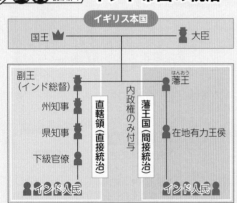

イギリス本国

国王　大臣

副王（インド総督）　藩王

州知事　内政権のみ付与　在地有力王侯

県知事

下級官僚

直轄領（直接統治）　藩王国（間接統治）

インド人民　インド人民

❻インドの統治体制
イギリス領インド帝国の中では，藩王国が大きな面積を占めた。

読み解き
❶❼の風刺画の右側の女性は誰だろう。
❷イギリスのインド統治において，藩王国の設置がもたらしたメリットは何だろう。

ディズレーリ（イギリス首相）

❼新しい王冠を差しだすディズレーリ(1876年の風刺画，『パンチ誌』)

グレート＝ゲームの決着　← P.59

C　英露協商

ロシア帝国

ヒヴァ＝ハン国 1873

コーカンド＝ハン国 1876

ブハラ＝ハン国 1868

テヘラン

カージャール朝

アフガニスタン 1877

英領インド

英露協商による勢力範囲

→ イギリスの進出
→ ロシアの進出
数字　獲得年

インドを支配するイギリスと，南下政策を推進するロシアは，日露戦争終結後の1907年，英露協商を結んで，イランにおける勢力圏を定めた。

❽英露協商の風刺画

イギリス　ロシア

カージャール朝

2 19世紀の東南アジア

ビルマ	マレー半島	インドシナ	インドネシア
イギリスの侵略		フランスの侵略	オランダの侵略
コンバウン朝	1819 イギリス, シンガポール買収	1802 阮福暎, 阮朝建国	1825～30 ジャワ戦争
↓	↓	↓	↓
1824～86 イギリス＝ビルマ戦争(3回)	1824 イギリス, マラッカ獲得	1858～62 仏越戦争	1830 オランダ, ジャワで強制栽培制度開始
↓	↓	フランス, カンボジア(1863)とベトナム(1883)を保護国化	↓
1886 英領インド帝国に編入	1867 海峡植民地がイギリスの直轄地となる	1884～85 清仏戦争	1873～1912 スマトラでアチェ戦争
↓	↓	1887 仏領インドシナ連邦成立	↓
	英領マラヤ成立	1893 フランス, ラオスを保護国化→仏領インドシナ連邦に編入(1899)	1910年代 オランダ領東インド成立

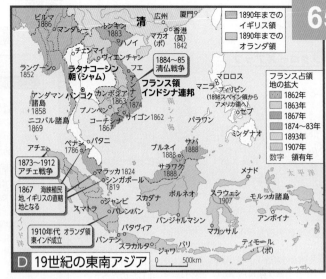

D 19世紀の東南アジア　　500km

凡例：
- 1890年までのイギリス領
- 1890年までのオランダ領

フランス占領地の拡大
- 1862年
- 1863年
- 1867年
- 1874～83年
- 1893年
- 1907年
- 数字 領有年

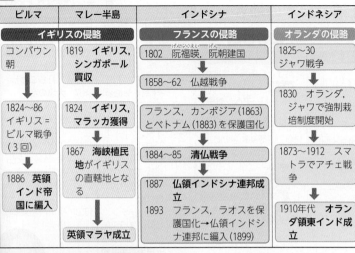

世界遺産

⬆️❾フエにある阮朝時代の王宮の内部(上)と❿太和殿(右上)(ベトナム) ベトナムは古代から中国の影響を強く受けていたが, 19世紀半ば以降, フランスの進出が強まった。

➡️⓫ハノイ大劇場(オペラハウス)(ベトナム) 1911年に完成したもの。

🔍資料から読み解く　独立を維持したタイ

史料①　在西欧のタイ王族・官吏からラーマ5世への意見具申書(1885年)

シャム(タイ)の位置は, 地理的に英仏両国の中間にあるので……大国間のA緩衝国として残ることができる可能性は高い。……
列強との友好条約も独立の助けとはならない。清国は各国と条約を締結しているが, 現にBフランスに攻撃されている。
……国際法は文明があり正義責任についての考えが同一で, 法律や制度が似ている国の間にのみ適用されるものである。……日本は多大な利益と引き換えに, 領事裁判権廃止を求めて条約改正に奔走した。その後, 間違いに気づき, 国家の制度を変え, 西洋に近い法制度の整備に努めた。

『世界史史料9』岩波書店)

読み解き
1. 下線部A・Bは, それぞれ具体的にどういう意味だろう。
2. ラーマ5世の改革はどのようなものだっただろう。

➡️⓬ラーマ5世(1853～1910) 父ラーマ4世の政策を継承しタイの国内改革を進めた。

3 植民地化とアジア間貿易

東南アジアが欧米諸国の植民地になると, 中国系移民である**華僑**や, インド系移民である**印僑**を利用した鉱山開発やプランテーション農園の経営が盛んとなった。華僑や印僑は, やがてヨーロッパ勢力と現地の人々との間を結ぶ中間層としての地位を確立し, **国境を越えた独自の通商ネットワークを形成して, アジア間貿易において重要な役割を果たした。

ヨーロッパ・アメリカ ─一次産品→
労働力
中国・日本
労働力・生活雑貨
インド
シンガポール
生活雑貨
労働者の食料(コメなど)
一次産品
一次産品生産(砂糖・コーヒー・天然ゴム・錫など)
シャム, 英領ビルマ, 仏領インドシナ
蘭領東インド, フィリピン, 英領マラヤ

➡️⓭**アジア間貿易** 19世紀末にはアジア独自の地域間貿易網が形成され, 欧米列強の植民地と, 日本・中国・シャム(タイ)などを経済的に結びつけた。こうした**アジア間貿易**がアジア諸地域の軽工業の発展を支え, インドや中国では民族資本の台頭を促した。

強制栽培制度

オランダ東インド会社総督ファン＝デン＝ボスは1830年, ジャワで**強制栽培制度**(政府栽培制度)を開始した。植民地政庁は, 地元農民に低賃金で栽培させたコーヒーやサトウキビなどを独占販売し, その利益は財政難に苦しむオランダ政府の貴重な収入となった。開発によりジャワでは人口が増加したが, 住民の疲弊や飢饉を招いた地域もあった。

⬇️⓰**ジャカルタ**(インドネシア) オランダ統治時代はバタヴィアとよばれた。写真は植民地時代の政庁舎。

➡️⓮**多言語で示された案内表示板**(シンガポール) シンガポールはアジア間貿易の中核となって繁栄し, マレーシアとともに多民族化・多宗教化が進んだ。

➡️⓯**クアラルンプールの街角**(マレーシア)

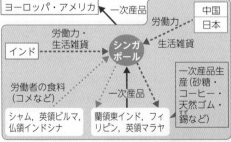

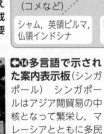

クローズアップ

↑1 攻撃する太平天国軍 広東省出身の洪秀全は、キリスト教の影響を受けて拝上帝会を組織し、1851年に挙兵。太平天国は、「滅満興漢」を掲げ、清の打倒をめざした。

？ 19世紀中頃の中国と日本で、どのような変化が生じたのだろう。

↑2 桜田門外の変 日米修好通商条約を天皇の許可（勅許）なく締結した幕府に批判が高まったが、大老井伊直弼は批判者を弾圧した。それに憤った者たちが井伊を暗殺する事件が生じた。

1 清と日本の動き

清 ◀P.34 ▶P.68

国内の動き	対外関係
	英など自由貿易を要求 ◀P.35
1839 林則徐、広州でアヘン没収	1840〜42 **アヘン戦争**
1843 洪秀全、拝上帝会結成	↓
	1842 **南京条約**（対英）
太平天国（1851〜64）	1844 望厦条約（対米）黄埔条約（対仏）
1853 南京陥落、天京と改称	
◆辮髪・纏足禁止	
◆土地均分	
	↑3 洪秀全（1813〜64）
●郷勇の反攻：曽国藩の湘軍・李鴻章の淮軍	1856 アロー号事件
	1856〜60 **アロー戦争**
●常勝軍（ゴードン〈英、▶P.80〉ら）の協力	1858 アイグン条約（対露）
（1864 南京陥落）	1858 天津条約（対英仏米露）→清、批准拒否。戦争再開
●洋務運動（1860年代〜90年代）	1860 北京条約（対英仏露）

日本 ◀P.36, 38 ▶P.68

対外関係	国内の動き
1807 フェートン号事件	1825 異国船打払令
	1833〜39 天保の飢饉→各地で一揆・打ちこわし
1837 モリソン号事件（米商船を砲撃）	1837 大塩の乱
	1839 蛮社の獄
	1841 天保の改革（〜43）
1844 オランダ、開国勧告	1842 天保の薪水給与令（遭難した船に限り給与認める）
1846 ビッドル（米）の浦賀来航	
1853 ペリー（米）の浦賀来航	
1853 プチャーチン（露）の長崎来航	1853 品川台場築造開始
1854 ペリー再来航→**日米和親条約****日露和親条約**	 **↑4 井伊直弼**（1815〜60）
1856 アメリカ総領事ハリス、下田着任	
1858 **日米修好通商条約→安政の五カ国条約**（対蘭露英仏）	1858 安政の大獄（〜59）
	1859 神奈川、長崎、箱館で貿易開始
	1860 桜田門外の変

東インド会社─茶→/公行*←銀─**清**（広州） 17〜18世紀 ＊特許商人組合

イギリス⇄茶/銀⇄**清**、綿織物→**インド**、**インド**→アヘン⇒清 19世紀

↑5 イギリスと清の貿易 銀流出が続いていたイギリスは、インド産アヘンを密輸することで、銀の回収をはかった（三角貿易）。

2 清の開港と国内の動揺

6 アヘン戦争の海戦 清がアヘンを没収・廃棄したことから、イギリスと清との間で戦争が始まった。

炎上する清軍の船

ネメシス号（英）

史料1 グラッドストンの議会演説

その起源においてこれほど正義に反し、この国を恒久的な不名誉の下に置き続けることになる戦争をわたくしは知らないし、これまで聞いたこともないと、明言できる。

『世界史史料6』岩波書店

イギリス議会ではグラッドストン（のちの首相）のように戦争に反対をする意見も強かったが、9票差で清への軍隊派遣が決定された。

●南京条約と北京条約

南京条約（1842、対英）		北京条約（1860、対英仏露）
広州・厦門・福州・寧波・上海の5港	開港場	天津条約（1858）で承認した10港＋天津（全11港）
香港島の割譲	香港	イギリスに九竜半島南部割譲
◎公行の廃止 ◎多額の賠償金の支払い 虎門寨追加条約（1843）・領事裁判権の承認・関税自主権の喪失・片務的最恵国待遇の承認	その他	◎天津条約（1858）の批准 外国公使の北京駐在 キリスト教布教の自由 など ◎多額の賠償金の支払い ◎ロシアにウスリー川以東の沿海州を割譲

7 中国のアヘン密輸入額と銀流出額 1824年以降、清の対英貿易は輸入超過となり、清国内の銀が流出した。その結果、銀貨が高騰し、銀で税を納める民衆にとって実質的な増税にもなった。

（グラフ：1,000 万銀両。アヘン密輸入額、銀流出額。横軸 1818, 20, 22, 24, 26, 28, 30, 32, 34）

↑8 アロー戦争で破壊された円明園 イギリスとフランスは、イギリス国旗を掲げた船アロー号が清の役人の取調べを受けた事件を口実に、アロー戦争を起こした。 ▶P.35

A 19世紀中頃の東アジア

凡例：
● 南京条約による開港場
■ 天津・北京条約による開港場
→ アヘン戦争におけるイギリス軍の進路
← 太平軍の進路
□ 太平天国の活動範囲
▲ 日米和親条約の開港場
▲ 日米修好通商条約の開港場

0　500km

1860 北京条約、1842 南京条約、1858 天津条約、1840〜42 アヘン戦争、香港（1842 イギリス領）

清、朝鮮、日本、ウラジヴォストーク、箱館、新潟、神奈川、浦賀、兵庫、下田、長崎、小笠原

③ 日本国内の動揺

↓⑨百姓一揆の発生件数の推移

（件）（青木虹二『百姓一揆総合年表』）
100
80
60
40
20
0

関ヶ原の戦い（一六〇〇）

このほか発生年代不詳が140件ある

島原・天草一揆（一六三七～三八）

享保の改革（一七一六～四五）

享保の飢饉（一七三二～三三）

天明の飢饉（一七八二～八七）

寛政の改革（一七八七～九三）

天保の飢饉（一八三三～三九）

天保の改革（一八四一～四三）

1600　50　1700　50　1800　50

天保の飢饉により，日本国内では百姓一揆，打ちこわしが多発した。また幕末期には，貿易開始による経済変動などが要因となって，さらに多くの一揆が発生した。

↑⑩大塩の乱（『出潮引汐奸賊聞集記』）　大坂町奉行所の元与力で，学者でもあった大塩平八郎は，1837年，天保の飢饉に対する大坂町奉行の無策に憤り，周辺百姓らを動員して武装蜂起した。大阪歴史博物館蔵

↓⑪大塩平八郎（1793～1837）　東北大学附属図書館蔵

④ 日本の開港

↓⑫北太平洋蒸気船航路の計画（1848年）

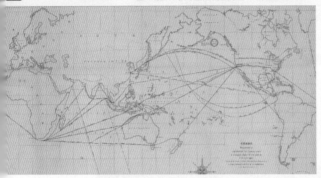

清との条約締結を背景に，アメリカ国内では東アジアとの貿易拡大が期待され，太平洋を横断する蒸気船航路を開くことが構想された。さらにゴールドラッシュにより西部開拓（←P.60）が加速されると，太平洋への進出の意欲がいっそう高まった。

↦⑬ペリー艦隊の来航（1853年）　ペリーはアメリカ東インド艦隊の軍艦を日本に集結させて，幕府に条約締結をせまった。

（上）一般財団法人　黒船館蔵

↦⑭ペリー（1794～1858）　日本遠征の準備として多くの日本関係の資料に目を通し，対日外交の成功をめざした。

●和親条約と修好通商条約

日米和親条約（1854）		日米修好通商条約（1858）
①永世不朽の和親 ②下田・箱館開港　薪水・食料等提供 ③アメリカ漂流民への援助 ④片務的最恵国待遇　　　　　ほか	内容	①神奈川・長崎・新潟・兵庫の開港・江戸・大坂の開市 ②自由貿易 ③領事裁判権の承認，居留地制 ④関税自主権の喪失　　　　　ほか
英・露・蘭とも和親条約締結 ・日露和親条約…長崎も開港，択捉・ウルップ島間を国境と決定，樺太を雑居地と決定	他国との条約	蘭・露・英・仏とも修好通商条約締結（安政の五カ国条約）

＊神奈川は隣村の横浜，兵庫は神戸が開港場となった。横浜開港後，下田は閉鎖された。

開港後，品不足や貨幣改鋳により物価騰貴が生じた。生活が苦しくなった人々の中には，幕府への不満を強め，尊王攘夷運動を支持した者も多かった。

（百万ドル）
輸出超過　　　　輸入超過
20
石井孝『幕末貿易史の研究』
10
貿易額
輸出
輸入
改税約書関税5%へ（1866年）
0
1860　61　62　63　64　65　66　67年

↑⑰貿易額の推移　当初は輸出が輸入を上回っていたが，1866年に結ばれた改税約書によって関税率が引き下げられたことで，輸入超過に転じた。

●金銀比価問題

金銀比価の相違	
	金：銀
国際相場	約1：15
日本	約1：5

↦⑯万延小判（1860年）
実物大　日本銀行貨幣博物館蔵

日本と外国とで金銀交換比率が異なり，外国で金と交換するのに必要な銀は日本の3倍だった。外国人はメキシコ銀を持ち込み，日本で金に両替し，さらに外国で銀に両替して利益を得たため，日本から大量の金貨が流出した。幕府は金の重量を約3分の1に落とした万延小判の発行で金銀比価を国際相場にあわせたが，それは国内の物価騰貴の一因にもなった。

↑⑮横浜に来た中国人　開港後，横浜には多くの中国人たちも来た。欧米人たちは，中国人を日本に連れて，商品買付にあたらせるなどした。その後，中国人たちは居留地の一画に集まって商売などを行い，今に続く中華街が形成された。横浜開港資料館蔵

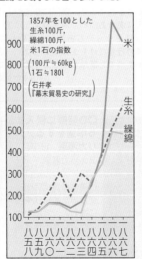

1857年を100とした生糸100斤，繰綿100斤，米1石の指数
900
800
700
600
500
400
300
200
100
（100斤≒60kg）（1石≒180l）石井孝『幕末貿易史の研究』
米
生糸
繰綿
一八五五　五九　六〇　六一　六二　六三　六四　六五　六六　六七

↑⑯物価の高騰

⑤ 琉球の開港

那覇市歴史博物館提供

↑⑲ペリーの首里城訪問（1853年）　ペリー艦隊は琉球王国も訪れた。1854年には，琉球とアメリカとの間で，琉米条約が締結された。

史料②　琉米条約（1854年）

第1条　今後，合衆国市民，琉球に来島したる際は，必ず最高の礼節と友愛の念をもって待遇せらるべし。……

第2条　合衆国の船舶，琉球国内の港に寄港したる際は，必ず薪水を供給せらるべし。ただし，他の物品を入手せんと欲する場合は，那覇においてのみ，これを購求し得るものとする。

（ウィリアムズ著，洞富雄訳『ペリー日本遠征随行記』雄松堂書店）

🌱ことば　**開国**　現在では開港と同じ意味で使われることもあるが，開国という語句は，鎖国の対義語として幕末から使用されるようになった。

資料提供：大和ミュージアム

◆❶清の北洋艦隊の主力艦「鎮遠」 北洋艦隊は李鴻章らが創設した清の海軍。

◆❷横須賀製鉄所（造船所） 幕末に工事が始まり，明治政府が継承した。

？ 欧米諸国の進出に，東アジアの諸国はどのように対応しようとしただろう。

1 東アジアの情勢（19世紀後半〜20世紀初頭）

清 ➡P.82	朝鮮 ➡P.82	日本 ➡P.70
1860 北京条約		
●洋務運動（1860年代〜90年代）		1862 文久の改革
●同治中興（1862〜74）…一時的安定	1863 高宗即位→父の大院君が実権を握る ➡P.82	1863 薩英戦争 1864 禁門の変→第1次幕長戦争（長州征討） 四国艦隊下関砲撃事件
1864 太平天国滅亡	1866 フランス艦隊との衝突事件	1866 薩長同盟 第2次幕長戦争 1867 大政奉還 王政復古の大号令
	1871 アメリカ艦隊との衝突事件	1868 戊辰戦争（〜69） 1871 廃藩置県
1871 日清修好条規（対等条約） ➡P.72		
	1873 高宗の親政布告 1875 江華島事件	1873 明治六年の政変 1874 台湾出兵
	1876 日朝修好条規（日本に有利） ➡P.73	
1881 イリ条約（対露） 1884 清仏戦争（〜85） 1885 天津条約（対仏）	1882 壬午軍乱 1884 甲申政変	1877 西南戦争 1879 琉球処分→琉球王国滅亡 1889 大日本帝国憲法発布
	1894 甲午農民戦争	1890 第1回帝国議会
1894〜95 日清戦争（清の敗北，冊封・朝貢体制の崩壊） ➡P.82		
1895 下関条約 ➡P.83		
●変法運動（1895〜98） 1898 戊戌の政変→変法運動失敗 1900 義和団戦争（〜01）→清，連合国に宣戦布告	1895 閔妃殺害事件 1897 国号を大韓帝国と改称	●台湾での植民地経営開始 1895 三国干渉 義和団鎮圧のための連合軍に参加
1901 北京議定書		

●洋務運動

◆❸南京の兵器工場

太平天国の鎮圧にも貢献した李鴻章や曾国藩らは，欧米諸国の軍事力に注目し，洋式軍隊の創設や科学技術の近代化を図った。

◆❹曾国藩（1811〜1872）

史料❶ 同治元年[1862年]，臣（李鴻章）の軍が上海にやってまいりまして以来，機会あるごとに洋式の小銃，大砲を買い入れ，局を設けて榴散弾を鋳造し，賊軍[太平天国軍]を殲滅するための助けとしてまいりましたが，ことのほか威力がございました。……機械製造というこの一事は，今日，禦侮のためのよりどころであり，自強の本であります。〈李鴻章の上奏文（1865年）〉
『新編原典中国近代思想史2』岩波書店）
①敵を防ぐこと。

◆❺李鴻章（1823〜1901） 洋務運動を進めただけでなく，1870年代から外交でも活躍した。 ➡P.83

史料❷ 洋務運動への批判（1881年，清の官僚の上奏文）

わたくしはかねてより，西洋は豪商のようだと思っております。金宝に満ちあふれ，湯水のように使います。……もしその華美奢侈をうらやむあまり，おのれのなすべきことを捨てて西洋の行為だけをまねるならば，一食にかかる費用で自分の財産すべてを蕩尽してしまうようなことになりかねません。
『新編原典中国近代思想史2』岩波書店）
①湯水のように使い果たすこと。

史料❷は清の官僚で1876年に渡欧して駐独公使などを務めた人物が上奏したもの。ヨーロッパ滞在の経験を踏まえ，安易な鉄道導入に反対した。

2 朝鮮の攘夷政策

朝鮮は，1866年にフランスと，1871年にアメリカと戦ったが，いずれも漢江の河口にある江華島（➡P.72）で戦闘が行われた。

A
江華島
漢江
漢城
0 20km
→× フランス艦隊の侵入・戦闘
→× アメリカ艦隊の侵入・戦闘

◆❻朝鮮に侵入する準備をするアメリカ海軍 1871年，アメリカ艦隊が1866年のアメリカ船打払い事件の真相究明と交渉のために江華島に進むと，戦闘が生じた。交渉不可と判断したアメリカ側は艦隊を引き揚げた。

洋夷侵犯するに，戦いを非とするは則ち和なり，和を主とするは売国なり
①西洋のこと

◆❼斥和碑 大院君（➡P.82）は1871年，西洋との「和」を「斥ける」という，攘夷の決意を表す石碑を朝鮮全土に建立した。

3 幕末日本の動き

●文久の改革 (1862年)

- ●参勤交代制の緩和
- ●将軍後見職の設置など、職制改革
- ●洋式の陸海軍の編成
- ●留学生派遣
  …榎本武揚 (→P.72)、津田真道など

1862年に始まる文久の改革で、幕府は軍事力の強化とともに、薩摩藩などの有力な藩や、朝廷との融和を試みた。
江戸東京博物館蔵

➡️⑧将軍徳川家茂の上洛　1863年、朝廷と幕府の協力体制 (公武合体) を築くため、将軍徳川家茂が上洛した。幕府の将軍の上洛は、約230年ぶりのことだった。

●揺れ動く欧米諸国との関係

⬆️⑨東禅寺事件　1861年に浪士たちがイギリス公使館の東禅寺を襲撃。開港後、貿易への不満などから、外国人を襲撃する攘夷事件がたびたび発生した。

➡️⑩薩英戦争　1862年に発生した生麦事件 (薩摩藩士によるイギリス人殺傷) をうけ、翌1863年にイギリス艦隊が鹿児島を襲撃した。尚古集成館蔵

長州藩士高杉晋作は、1862年に幕府の船で上海に渡航した。そこで晋作は、欧米諸国の最新の軍事力と、列強の進出や太平天国で動揺する中国の状況を目の当たりにした。

➡️⑪高杉晋作 (1839〜67)　身分にとらわれず兵士を募って1863年に奇兵隊を結成。その後、長州藩内で挙兵し、藩を討幕路線へと導いた。港区立郷土歴史館蔵

史料3　5月21日　つらつら上海の形勢を見ると、中国人はことごとく外国人の使用人となっている。英仏の人が街を歩行すれば、中国の人は皆、傍らに避けて道を譲る。実に、上海の地は中国に属するといえども、英仏の属地ということも可能である。〈晋作の上海滞在中の日記〉

4 幕府の滅亡と戊辰戦争

B 戊辰戦争

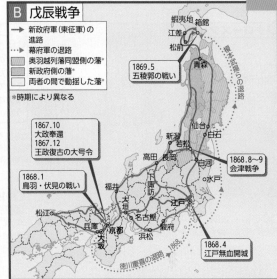

- ➡️ 新政府軍 (東征軍) の進路
- ┅➤ 幕府軍の退路
- ▨ 奥羽越列藩同盟側の藩*
- ▨ 新政府側の藩*
- □ 両者の間で動揺した藩*
- ＊時期により異なる

1869.5 五稜郭の戦い

1867.10 大政奉還
1867.12 王政復古の大号令

1868.1 鳥羽・伏見の戦い

1868.8〜9 会津戦争

1868.4 江戸無血開城

薩摩藩や長州藩が討幕の動きを進める中、徳川慶喜は朝廷に政権を返上する**大政奉還**を行った。その後、慶喜に対する処分に憤った旧幕府軍と、薩摩藩・長州藩を中心とする新政府軍が、鳥羽・伏見で衝突し、1869年まで続く**戊辰戦争**が始まった。

➡️⑫徳川慶喜 (1837〜1913)　江戸幕府最後の将軍。フランスの援助を受けながら、幕政改革を行った。

⬆️⑬新政府軍の行進　新政府軍には、天皇の旗である錦旗 (錦の御旗) が与えられた。錦旗は、新政府軍が正統な軍であることを内外に示すことにもつながった。藤沢市文書館寄託堀内家文書
＊藤沢市文書館の許可なく、画像の転載・転用および複写禁止

🔎資料から読み解く 日本の「植民地化の危機」を考える

幕末の日本に植民地化の危機があったのかなかったのか、という点に関しては、歴史学の研究でも論争が行われてきた。

(右)所蔵：三宅立雄　協力：流通経済大学三宅雪嶺記念資料館

史料4　対日貿易などはなくてもよいであろう。かれらが供給している茶や絹などは、どこからでも手にいれることができる。……日本とどんな貿易をしてみたところで、どこかほかのところでそれと同じだけの貿易をやめてよいほどには、われわれと他国との貿易にプラスすることになりはしないであろう。……かりにロシアがシナ海とオーストラリアの海岸からアメリカの海岸にいたる太平洋においてイギリスの通商に対抗しようとする企図をもつとすれば、これらのものは、ロシアにたいして攻撃の手段を提供することになろう。それゆえにわれわれは、世界をめぐる大英帝国の連鎖を完成するに当たって、いまひとつだけ欠けている環である日本海域での併合とか征服とかいう問題にたいして、差し迫った重大な関心をよせざるをえないのである。〈『大君の都』1863年〉(山口光朔訳『大君の都』岩波文庫)　①日本近海の資源や港

➡️⑭オールコック (1809〜97)　イギリスの外交官。1859年に初代総領事として来日。長州藩の下関海峡封鎖に対抗し、四国艦隊による下関砲撃を遂行。
横浜開港資料館蔵

史料5　遣仏使節団の正使池田長発の帰国後の上申 (1864年)

欧州各国の形勢、強弱大小の国々が互いに併呑の意思を醸成しているのですが、スイス、ベルギーのような微弱の小国でも、大国強国の間に毅然と独立し、接待の礼をもって交誼交際を全うしているのは、ほかでもなく、ただ条約を結び、信義をもって交わり……善隣をもって国家の第一としているからです。……欧州各国の形勢を熟考しますところ、英仏などは日本へ垂涎し、戦争のきっかけをうかがっていることはもちろん、ロシアはその間に乗じて日本の地を独占しようという存念が少なくありません。いずれも御油断ならない国柄です。〈続再夢紀事〉①手に入れたいと強く思うこと。

⬆️⑮スフィンクスの前で写真を撮る遣仏使節団　開港した横浜を再び閉鎖する交渉のため、幕府は1863年、池田長発を正使とする使節団をフランスに派遣した。

🔍 読み解き
❶ オールコックは、経済面、および国際情勢の面から、日本をどう見ていただろう。
❷ 池田長発は、国際情勢をどうとらえ、どのような外交を提言しただろう。

🌱ことば　幕府　本来は出征した将軍の陣幕をさす語句で、江戸時代に幕府は「公儀」とよばれた。天皇の権威が強まった幕末頃から、「幕府」というよび方が広がった。

🔍クローズアップ

明治天皇　岩倉具視
山内豊信
大久保利通

↑①小御所会議(1867年12月9日)　王政復古の大号令発令当日の夜に，京都御所内の小御所で開かれた。

> **この2枚の絵の共通点は何だろう。そして，異なる点は何だろう。**
> (左)『小御所会議之図』，東京大学史料編纂所蔵

↓②第1回帝国議会(1890年)　▶P.77　慶應義塾図書館蔵

❶ 新しい国家像

❸❹慶應義塾福澤研究センター蔵

福沢諭吉は，欧米での見聞と，西洋書からの知識をもとに『西洋事情』を記述し，1866年に初編3冊を刊行した。ベストセラーとなり，西洋社会に関する知識を日本に根づかせた。

⇒④福沢諭吉(1834〜1901)　明治時代に入ってからも政治や社会に関する情報や評論を発信し続け，日本の近代化に大きな影響を与えた。

↑③福沢諭吉『西洋事情』

↑⑤フランス式調練を行う幕府軍　江戸幕府も軍制の改革を試みた。

↑⑥アームストロング砲　開国から戊辰戦争にかけて，諸藩は軍事力の西洋化にまい進した。それは銃，西洋式軍艦など兵器だけでなく，服装や集団行動などにおよんだ。写真は，肥前藩がイギリスから輸入した鋼鉄製の大砲。
公益財団法人鍋島報效会提供

❷ 明治新政府の改革

1868	五箇条の誓文，五榜の掲示 政体書を公布 江戸を東京と改称 明治と改元，一世一元の制
1869	版籍奉還(諸藩主を知藩事に任命) 開拓使設置 ▶P.73
1870	工部省設置 大教宣布の詔(神道を国教化)
1871	新貨条例(貨幣制度の確立) 廃藩置県
1872	学制発布　徴兵告諭 鉄道開通 富岡製糸場開業 ▶P.88 国立銀行条例　太陽暦採用
1873	徴兵令　地租改正条例 内務省設置 秩禄奉還の法
1874	東京警視庁設置
1876	廃刀令　秩禄処分
1877	第1回内国勧業博覧会
1878	地方制度に関する三新法制定
1879	教育令 ▶P.75

⇒⑦木戸孝允
(1833〜77)　長州藩出身。開明的な識見をもち，新政府の政策実行に大きな役割を果たした。

📖資料から読み解く　明治政府の基本方針とは

史料①　五箇条の誓文(1868年)

一、広ク会議ヲ興シ、万機公論ニ決スヘシ
一、上下心ヲ一ニシテ、盛ニ経綸ヲ行フヘシ
一、官武一途庶民ニ至ル迄各其志ヲ遂ケ、人心ヲシテ倦マサラシメン事ヲ要ス
一、旧来ノ陋習ヲ破リ、天地ノ公道ニ基クヘシ
一、智識ヲ世界ニ求メ、大ニ皇基ヲ振起スヘシ

①国家を治め，ととのえること。　②あきさせないようにすること。
③悪習。ここでは攘夷運動をさす。　④国際法のこと。
⑤天皇政治の基礎。

史料②　福岡孝弟の修正案

一、列侯会議ヲ興シ、万機公論ニ決スヘシ
一、官武一途庶民ニ至ル迄各其志ヲ遂ケ、人心ヲシテ倦マサラシムルヲ欲ス
一、上下心ヲ一ニシテ盛ニ経綸ヲ行フヲ要ス
一、智識ヲ世界ニ求メ大ニ皇基ヲ振起スヘシ
一、徴士期限ヲ以テ賢才ニ譲ルヘシ

1868年に新政府が発表した五箇条の誓文は，由利公正の原案を福岡孝弟が修正し（**史料②**），さらにそれを木戸孝允が修正して作成された。

🔍読み解き
1 両方の史料の1条目にある「公論」とは何だろう。調べてみよう。
2 世界に対してどのような態度をとっているだろう。
3 木戸孝允による1条目の修正は，どのような意味をもつだろう。考えてみよう。

●国民皆兵

史料③　徴兵告諭(1872年)

……明治維新の大改革で，諸藩は領地を朝廷に返還し，明治4年(1871年)になると昔の郡県制にもどった。① 代々世襲で仕事もせずに暮らしていた武士は，その世襲の家禄をへらし，刀をさしていなくてもよいことになり，士農工商の四民にようやく自由な権利をもたせようとしている。これは上下の身分差をなくし，人権を平等にする方法で，とりもなおさず兵農を一体化する基である。　《法令全書》
①廃藩置県のこと

↑⑧徴兵検査(ビゴー筆)　政府は1873年に徴兵令を制定し，満20歳以上の男性に兵役の義務を課した。身体検査の結果，体格などによって5段階に区分され，上位の甲種と乙種が現役に適するとされた。

3 国制の近代化

●廃藩置県

史料4 廃藩置県(1871年)

私(明治天皇)が考えるに、新しい政治を始めるに際し、国内に人々を安定させ、国外に万国と対峙しようとするのなら、名と実がきちんと合い、政令が一致していなくてはならない。私が先に諸藩の版籍奉還の提案を受け入れ、新たに知藩事を命じ、知藩事たちは、その職に従事した。しかし数百年の古い習慣が長く続き、名ばかりあって実がないものがある。これで、どのようにして人々を安んじ、万国と対峙できようか。私は深く嘆かわしく思う。よって今回、さらに藩を廃して県とする。《『法令全書』》

1871年の廃藩置県で、261の藩は3府302県となった。当初は藩や旗本領、幕領が県に改称されただけであったため、その数は膨大だった。現在の47の数に落ち着くのは1881年である。

府県界
---- もとの国界
● 府県所在地
○ 県庁所在地

1872年 琉球王国を廃し尚泰を藩王
1879年 沖縄県を設置

●地租改正

⬅9地券 土地の所有を政府が証明したもの。裏面には所有者の変遷が記載されている。

⬇10国税収入の内訳 明治初年には、国税収入に占める地租の割合が大きかったため、明治時代前半は、地租の税率は政治上の大きな争点であった。しかし、経済の近代化にともない、明治時代後半には25%以下に割合が低下した。

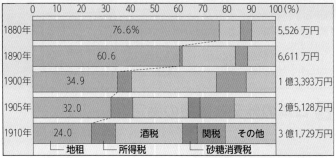

1880年 76.6%	5,526万円
1890年 60.6	6,611万円
1900年 34.9	1億3,393万円
1905年 32.0	2億5,128万円
1910年 24.0	3億1,729万円

地租　所得税　酒税　関税　その他　砂糖消費税

(『近代日本経済史要覧』東京大学出版会)

人物 日本における統計学のパイオニア

杉亨二 (すぎこうじ) (1828〜1917) 長崎県出身

長崎の町人の家に生まれ、苦労しながら医学を学んだ。江戸で勝海舟の知遇を得て、幕府の蕃書調所に出仕。多くの洋学者や外国からの情報にふれ、統計学を自らの専門とした。明治になって大蔵省で各種統計を作成し、近代国家を運営する上で重要な統計を日本に導入したパイオニアとなった。杉は「統計」という訳語を好まず、「スタチスチック」という語を用い続けた。

資料から読み解く 教育制度の確立 ➡P.75

史料5 学制(学事奨励に関する被仰出書)(1872年)

人々がその身を立て、財産を管理し、その家業・職業を盛んにしてその生涯を完成するものは他でもない、身を修め、知識を広め、才能や技芸に長ずるからである。そしてその身を修め、知識を広め、才能・技芸に長ずるには、学問でなければできない。だから学校があるのであって、……今度、文部省が学制を定め……布告するので……人民は、村に無学の家なく、家に無学の人のないようにしたいと思っている。　〈『法令全書』〉

史料5 は、翌日発せられた学制の趣旨を説いたものである。

🔍 **読み解き**
明治政府が教育をどのように位置づけていたか考えてみよう。

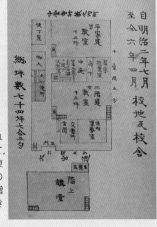

⬇11淳風校沿革絵図 京都に設置された学校の資料。京都では学制に先んじて、1869年に小学校が設置された。天皇が東京に移る中で、京都の住人は教育に町の発展を託した。一方、各地では負担の増加などの理由から、学制反対一揆が起きた。　京都市学校歴史博物館提供

4 士族の解体と新政府への抵抗

金禄高	金禄高に乗ずる年数	公債受取人員(人)	1人平均
1,000円以上(藩主中心)	5.00〜7.50	519 (0.2%)	60,527円
100円以上(上・中級士族)	7.75〜11.00	15,377 (4.9%)	1,628円
10円以上(下級士族)	11.50〜14.00	262,317 (83.7%)	415円
売買家禄	10.00	35,304 (11.3%)	265円
合　計		313,517 (100%)	557円

⬆12金禄公債の階層別交付状況 士族に支払われていた秩禄は廃止され、かわりに公債が交付された。下級士族の公債交付額は1人平均415円だが、現金で支払われる公債利子は年間で29円5銭、1日当たり8銭足らずで、当時の大工手間賃(日給40〜45銭)と比較してもかなりの少額だった。(丹羽邦男『明治維新の土地変革』)

➡13西郷軍の熊本城攻撃 1877年、西郷隆盛を首領とする鹿児島県士族らによる反乱が起こった(西南戦争)。写真は同年2月、政府軍の拠点の熊本城を攻める西郷軍。

➡14西郷隆盛 (1827〜77) 維新第一の功臣として新政府に参画したが、明治六年の政変で下野した。
西郷南洲顕彰館蔵

近藤樵仙筆『西南役熊本籠城』
聖徳記念絵画館壁画

ことば 版籍奉還 1869年、薩長土肥を皮切りに諸藩主が土地と人民を政府に返上したこと。旧藩主は知藩事として旧藩領を引き続き支配した。

1869	開拓使設置，蝦夷地を**北海道**と改称
1870	朝鮮に国交を求め拒絶される →朝鮮への非難高まる（**征韓論**）
1871	岩倉使節団出発 ➡P.74 **日清修好条規**（対等条約） 琉球王国を鹿児島県に編入 台湾で琉球漂流民殺害事件
1872	**琉球藩**設置
1873	閣議で**西郷隆盛**の朝鮮派遣決定 岩倉使節団帰国，「**征韓論争**」 朝鮮遣使を無期延期 （征韓派敗北，西郷ら下野＝明治六年 の政変）
1874	**台湾出兵**（西郷従道主導）
1875	**樺太・千島交換条約**（対露） **江華島事件**（軍艦雲揚と江華島守備兵 交戦）
1876	**日朝修好条規** **小笠原諸島**領有
1879	琉球藩廃止，**沖縄県**設置（**琉球処分**）

クローズアップ

山口尚芳

伊藤博文

木戸孝允

岩倉具視

大久保利通

「特命全権岩倉使節一行」山口県文書館蔵

↑①岩倉使節団　不平等条約改正の可能性を探る目的で出発した。正使の岩倉は，和装でまげを結っているが，革靴をはき，シルクハットをもっている。岩倉以外の副使は断髪で洋装である。➡P.74

➡②グラント元アメリカ大統領と会見する明治天皇　グラントはアメリカ大統領退任後の1879年，世界周遊の旅で日本を訪れ，明治天皇と非公式の会談を行った。

大久保作次郎筆「グラント将軍と御対話」聖徳記念絵画館壁画

？ 日本は欧米諸国とどのように向き合おうとしたのだろう。

2 日本の外交と国境の画定

江華島事件

草芝鎮砲台
江華島
漢城
永宗鎮砲台
仁川
20km

江華島は朝鮮の首都漢城から漢江を下った河口付近の島。付近には砲台が設置され，この事件以前にもフランス軍やアメリカ軍と朝鮮側が武力衝突していた。

カムチャツカ半島

占守島

**1875年5月
樺太・千島
交換条約
による国境**

ロシア

樺太
（サハリン）

日露和親条約により，日本とロシア両国民の雑居地

沿海州
1860
（1860年，清
から獲得）

得撫島

択捉島

国後島

色丹島

歯舞群島

日露和親条約による国境
（1854年12月〈旧暦〉）
※太陽暦1855年2月

清

北京

日朝修好条規
による開港場

平壌
元山1880
漢城
仁川1883
釜山1876

朝鮮

日本

伊豆諸島
八丈島

樺太・千島交換条約

日露混住の地とされた樺太では日露間の紛争が頻発した。政府は，樺太を放棄する代わりに得撫島以北の千島列島を日本領とする方針を決め，榎本武揚をロシアに派遣し条約を締結した。

COLUMN 榎本武揚のシベリア横断

榎本武揚（1836〜1908）は，駐露公使の任を終えてロシアから帰国する際，海路ではなく，陸路シベリアを横断するルートを選んだ。当時シベリアには鉄道が無く，馬車などで未開の荒野を移動する危険な旅であった。しかし，約1万3,000kmにおよぶ行程を2カ月間かけて産業，鉱物資源，兵力，風俗などを調査しながら移動し，帰国後記録に残した。

➡③駐露公使時代の榎本武揚　幕末に5年弱オランダに留学し，海軍の運用術や国際法を学んだ。当時の日本で欧米流の外交交渉に最も精通していた。

↑⑤尚泰（1843〜1901）　琉球王国最後の国王。琉球処分に伴い，尚泰は侯爵の地位を与えられて東京に移された。

那覇市歴史博物館提供

小笠原諸島
父島
母島
硫黄島

南鳥島

奄美大島
琉球諸島
沖縄島
宮古島
石垣島

台湾

台湾出兵

→日本軍の侵入

楓港
牡丹社
竹社
八瑤湾
車城
社寮湾
八瑤社
社寮港上陸
1874.5
20km

1871.11
琉球島民
漂着

薩南諸島

●日清・琉球・台湾の関係性

明治政府は，日清両属状態にあった琉球を日本の領土に確定していく方針をもっていた。1871年，清統治下の台湾に漂着した琉球人が先住民に殺される事件が起こった。事件の処理をめぐる外交交渉で，清は台湾・琉球は自らの領土であるため殺害事件は国内問題に過ぎないと主張しながらも，台湾の先住民を「化外の民（統治のおよばないところの人々）」として責任を回避する態度をとった。1874年，日本は**台湾出兵**にふみきった。

➡④19世紀に描かれた小笠原諸島（『ペリー提督日本遠征記』）　小笠原諸島には19世紀半ばから，欧米系の住民が移り住んでいた。幕末以降，日本国内で小笠原諸島領有の声が大きくなり，調査や開拓を経て，日本は1876年に領有を米英などに通告した。

3 アジアの中の日本

●台湾出兵と日清関係

⬆6台湾の先住民と写る西郷従道

➡7台湾出兵をめぐる日清交渉　台湾出兵後、大久保利通が北京に行き、問題解決の交渉を行った。イギリスの仲介を得ながら、清が日本軍の出兵の正当性を認め、琉球漂流民への見舞金を支払うことで妥結した。洋装の人物らが大久保ら日本側代表。野田市立図書館蔵

●日朝関係

➡8日朝修好条規の締結を要求するために進出した日本の軍艦　この写真から約20年前、日本は列強の軍艦を前に国を開き近代化への歩みを始めた。そして、今度は日本が同じ手段で、朝鮮に接しようとした。

資料から読み解く　日朝修好条規を読む

史料1　日朝修好条規(1876年)

第1款　朝鮮国は自主の邦(国)であり、日本国と平等の権利を保有している。これ以降、両国が和親の関係を実現していくためには、両国が互いに同等の礼儀で応接しあい、いささかも(相手を)侵し踏み入り、ねたみ嫌うことがないように……

第8款　今後、日本政府は、朝鮮国が指定した各貿易港に時機に応じて日本商人を監理する官吏を設置する。もし両国間に関係のある事件があった時は、その官吏がその地方の地方長官と会合協議して処理する。

第10款　日本国民が朝鮮国の指定する各居留地に滞在中に、もし罪科を犯し朝鮮国民と関係する事態となったら、全て日本側の審判によって判断する……

《『日本外交年表竝主要文書』》

読み解き

1　第1款で「朝鮮は自主の邦」と記されているのは、なぜだろう。朝鮮をめぐる旧来の国際秩序から考えよう。

2　この条約は日本と朝鮮とどちらに有利だろう。また、それはどこから読み取れるだろう。

4 琉球(沖縄)と北海道 ⬅P.57,67

明治政府は殖産興業政策を推し進め、**積極的に北海道の開拓を行った**。また、琉球は1872年に琉球藩とされ、さらに、1879年には沖縄県が設置された(琉球処分)。北海道のアイヌや、琉球の人々に対しては同化政策がとられ(➡P.90)、これにより伝統的な生活文化が失われていった。

●琉球(沖縄)

➡9首里城の正門前に並ぶ政府軍の兵士
1879年、東京から派遣された松田道之は、警察官160人、軍隊400人を率いて琉球に入った。この動きに反発して清に渡り、清に救援を要請した人々もいた。

(上)日本カメラ博物館蔵

⬅10 1922年の首里城正殿　琉球王国の象徴で、国王が政務をとる場所だった。琉球処分後は、熊本鎮台分営所とされ、昭和期には沖縄神社拝殿となり、太平洋戦争の沖縄戦で焼失した。⬅P.35

➡11第1回県費留学生
(1884年)　農家に生まれた謝花昇(1865〜1908)は、県費留学生として帝国大学農科大学を卒業。沖縄で官職に就いたが、薩摩閥の県知事の圧政に反対して辞職した。その後、沖縄県民の参政権獲得運動などを展開した。那覇市歴史博物館提供

謝花昇

●北海道

⬆12開拓使本庁　1869年に開拓使が設置され、殖産興業政策の一つとして士族の移住や道路・鉄道・都市の整備などに巨額の資金が投入された。

➡13樺戸集治監(北海道樺戸郡)　政府は囚人を北海道の開拓に用いた。本州から送られた囚人は、過酷な環境で道路建設などに従事した。樺戸集治監は現在月形樺戸博物館として公開されている。

⬅14農業実習のため東京に派遣されたアイヌたち　政府は、アイヌに対して伝統的な狩猟や漁労を禁止し、1899年には**北海道旧土人保護法**を制定した。法律はアイヌの保護をうたっていたが、主にアイヌの農耕民化と、和人への同化を内容とするもので、伝統的なアイヌ文化は否定されていった。この法律は1997年にアイヌ文化振興法が制定され、ようやく廃止された。*

*2019年には、アイヌを先住民と初めて明記したアイヌ施策推進法が成立した。

資料から読み解く　失われるアイヌの伝統文化

史料2　アイヌの教化

女達は最近入れ墨が禁止されたので非常に悲しいと言っていた。……入れ墨が禁止されたので神々が怒っているだろうということで、またこれがなければ結婚できないと言っていた。(イザベラ=エル=バード著、神成利男訳『コタン探訪記』北海道出版企画センター)

➡15アイヌの女性が施した伝統的な入れ墨

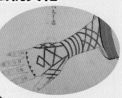

読み解き

アイヌの人々は、日本政府による「近代化」をどのように受け止めたのだろう。

ことば　北海道　明治政府は蝦夷地を日本の領地に明確に組み入れるため、古代の行政区分の名称を参考に、1869年に「北海道」と名づけた。

⬇15秦檍磨「蝦夷島奇観」(部分)、東京国立博物館蔵

岩倉使節団には明治政府の主要人物が参加した。彼らが欧米諸国を直接見聞したことは，この後の日本の進路に大きな影響を与えた。また同行した随員や留学生の中には，日本の近代化を主導した者が多い。

1 岩倉使節団の派遣（1871.11～1873.9） 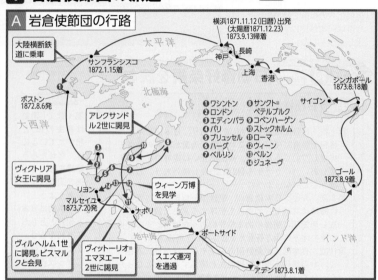 P.72

A 岩倉使節団の行路

横浜1871.11.12（旧暦）出発
（太陽暦1871.12.23）
1873.9.13帰着

❶ワシントン ❽サンクト
ペテルブルク
❷ロンドン
❸エディンバラ ❾コペンハーゲン
❹パリ ❿ストックホルム
❺ブリュッセル ⓫ウィーン
❻ハーグ ⓬ベルン
❼ベルリン ⓭ジュネーヴ

大陸横断鉄道に乗車
サンフランシスコ 1872.1.15着
ボストン 1872.8.6発
アレクサンドル2世に謁見
ヴィクトリア女王に謁見
リヨン
マルセイユ 1873.7.20発
ウィーン万博を見学
ナポリ
ヴィルヘルム1世に謁見。ビスマルクと会見
ヴィットーリオ エマヌエーレ2世に謁見
スエズ運河を通過
ポートサイド
アデン1873.8.1着
ゴール 1873.8.9着
シンガポール 1873.8.18着
サイゴン
香港
上海
長崎
神戸

1871年，政府は岩倉具視を全権大使とする使節団を欧米諸国に派遣した。主な目的であった不平等条約改正（ P.82 ）のための交渉は果たせなかったが，一行は，2年近くにわたり欧米諸国の進んだ政治や産業の状況をつぶさに視察した。

● 構成
　総勢107名*（使節団46名，随行員18名，留学生43名）
　*使節団の人数は諸説ある。
● 平均年齢　約32歳

● 使節団列伝

⬆❷林董（1850～1913）外務省から参加。幕府に仕え，戊辰戦争にも参加。欧州各国の公使を歴任。日英同盟締結で活躍した。

⬆❸井上毅（1843～95）後発の随行員として参加。大日本帝国憲法，教育勅語，皇室典範など多くの法制策定に関与した。

⬆❹長与専斎（1838～1902）肥前大村藩藩医出身。主にオランダで保健行政を調査し，公衆衛生の概念を日本に導入した。

➡❺最初の女子留学生　使節団には5人の女子留学生も随行した。

永井繁子（1862～1928）ニューヨークのヴァッサー大学音楽科を卒業。文部省音楽取締調掛の教授となり，近代音楽教育を担った。

津田梅子（1864～1929）満6歳で渡米して現地の教育を受け，一度帰国した後に再渡米し生物学を学ぶ。帰国後，女性のための高等教育に尽力した。

永井繁子　上田悌子　吉益亮子　山川捨松　津田梅子

津田塾大学津田梅子資料室蔵

史料❶ ビスマルクの語るドイツ

使節団はドイツ訪問時に，ドイツ統一とその後の発展に尽くしたビスマルク（ P.58 ）と会談し，大きな影響を受けた。

夜，外務宰相ビスマルク侯より宴会に招かれた。……今，世界の各国は親睦と礼儀をもって交際しているが，これは表面のことで，裏では強弱がしのぎを削り，互いに侮っている。私の若い時は，プロイセンは貧弱だったことは，皆さんもご存じだろう。当時，小国の実態を目の当たりにし，常に憤懣を抱いたことは今でも忘れない。……今日本が親睦を深める国は多いが，国権自主を重んずるドイツが，最も親睦を深める国であろう，と言った。〈意訳〉〈久米邦武『特命全権大使　米欧回覧実記』〉

❶ベルリンの王宮（『米欧回覧実記』のさし絵）
*ベルリン王宮は1945年に焼失。

資料から読み解く 『特命全権大使　米欧回覧実記』を読む

史料❷ サンフランシスコ滞在中の記録

明治4年12月9日（1872年1月18日）
（A）　それより帰路に，「ウードワルト公園」に至る。当府（サンフランシスコ）の南の外れにある。入場料は1人25セント。この施設は，動物園，植物園，博物館，および絵画館を兼ねる場所だ。……門に入れば，中に一軒の高い建物があり，ここに動物を集めている。動物から昆虫の卵にいたるまで，みな剝製にして，分類し，棚ごとに収蔵している。……
（B）　西洋の各都市に植物園，動物園があるのは，我が方（日本）の植木・動物の見せ物場があることと，規模の差こそ違え，その外観は似ている。しかし，その設置の本領は，もともと反対である。西洋でこれらを設けるのは，人々の耳目を誘い，見聞を実のあるものとし，それをもって産業を振興し，科学を発展させるために行われる。費用が多くかかっても惜しまないのは，大きな利益につながるからだ。……東洋の学問において，一つの草や木を研究することを笑い，あるいは珍奇の目で見て目の前の利益を追い求めるのとは，一緒にしてはならない。……
〈意訳〉〈久米邦武『特命全権大使　米欧回覧実記』〉

使節団の帰国後，書記官として同行した久米邦武によって詳細な報告書が作成された。報告書は『米欧回覧実記』として刊行された。『米欧回覧実記』では，一つの項目の後に，（B）のような総括が記されることが多い。そこでは，東洋と西洋を比較する視点が導入されることが多い。

読み解き

1 （A）より，使節団が訪問した「ウードワルト公園」とはどのような施設であったのか，想像してみよう。

2 （B）では，東洋と西洋の「学知」への姿勢の違いを論じている。どのような違いがあると考えているか，動植物を観察することへの姿勢の違いに注目して，まとめてみよう。

3 ここで論じられた東洋と西洋の違いへの認識が，この後の日本にどのような影響を与えたか，考えてみよう。

4 あなたは，史料❷や，3での考察に対して，どのような意見をもつだろう。考えをまとめよう。

➡❻久米邦武（1839～1931）肥前藩出身。藩校弘道館で抜群の成績を誇り，藩命により昌平坂学問所で学んだ。『米欧回覧実記』は，その間に育まれた豊かな漢籍の知識をもとに叙述されている。

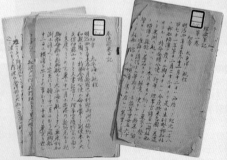
⬆❼視察中の久米邦武のメモ　細かな数字も含め，見聞したことを詳細に書き記している。

殖産興業や富国強兵の名のもとに社会の近代化が進む中で，人々の行動・習慣も大きく変わっていった。

1 鉄道の普及と時間の観念

⬆❶開業当時の新橋駅の様子　1872年に，新橋・横浜間に鉄道が開通した。

⬆❷開業当時の運賃および時刻表　現在の時刻表と同じく分刻みで到着時刻が表記されている。鉄道の建設と運行は，人々の時間の感覚をそれ以前に比べ飛躍的に綿密にした。

時間に関する変化

- 太陰太陽暦から**太陽暦**に変更（1872年）
  →欧米の暦とそろう・閏月がなくなる
- 定時法の採用（1872年）→ 1日が24時間になる
- グリニッジ標準時の採用（1888年）
  →日本各地の時間が統一される

乗車セント欲スル者ハ遅クモ此表示ノ時刻ヨリ十分前ニ（ステイション）ニ来リ…

⬆❸東京市内電車の発達（日本橋通り）　日露戦争前後から，東京市内では急速に電車鉄道が発達した。この結果，都市の通りは徒歩者，馬車，人力車，自転車，電車鉄道などが，あわただしく行き来することとなり，都市の景観を大きく変えた。

2 学校生活と価値観

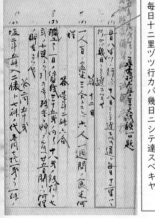

毎日八里ヅツ行カバ十八日ニシテ達スベキ道ヲ，毎日十二里ヅツ行カバ幾日ニシテ達スベキヤ

⬆➡❹尋常小学校3年の試験問題（上，1892年）と**❺通知表**（右，1906年度）　学校では試験が実施され，その結果が通知された。人々は学校に通い，良い成績をおさめるべきであるという価値観を身につけざるを得なかった。

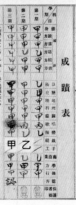

成績表

⬆❻体操（「少年少女小学教科雙六」，1907年）　学校では，体操や整列などが取り入れられ，人々に集団行動を身につけさせた。また，始業はラッパの音で知らされるなど，時間を守る意識も育てられた。このように学校では規律の正しさや協調性，迅速な行動が要求された。

⬆❼裁縫（「女子学校勉励寿語録」，1887年）　女子教育では，良妻賢母をめざす教育が進められ，小学校の女子や高等女学校では「裁縫」の科目もあった。

史料❶ 高等女学校の修身の教科書

世の中が文明に進むにしたがい，女子の務めも日々重くなっている……広く様々な知識を備え，実業・美術を一通り修め，将来，良妻賢母となって，家庭内を整え，子を教育する覚悟こそが肝要である。（「日本女子読本」，1890年）

教育制度の変遷

- **学制**（1872年）◀P.71
  →文部省が全国の教育行政を明示する
- **教育令**（1879年）
  →小学校設置単位が町村になる
- **学校令**（1886年）
  →尋常小学校4年間の義務制が明示される
- **教育勅語発布**（1890年）➡P.90
- 高等学校令（1894年）
- 実業学校令・高等女学校令（1899年）

3 唱歌の導入

➡❽唱歌（「男子学校教授寿語録」，1890年）　岩倉使節団の一員として欧米の学校教育を視察した田中不二麿のもと，伊沢修二やお雇い外国人のメーソンらが中心となり，学校教育に唱歌が導入された。初期は西洋のメロディに日本語の歌詞をつけた唱歌が導入され，人々に西洋音楽にふれるきっかけをもたらした。

➡❾軍歌集　日清・日露戦争は多くの軍歌の題材となった。軍歌は戦意高揚や国民の結束力を強める意味を持つとともに，兵士や民衆の心を代弁する面も持っていた。

史料❷ 鉄道唱歌（1900年）

（第1集1番）
汽笛一声新橋を　はや我汽車は離れたり
愛宕の山に入り残る　月を旅路の友として
（第2集1番）
夏なお寒き布引の　滝の響きをあとにして
神戸の里を立ちいずる　山陽線路の汽車の道

鉄道唱歌は，停車駅とその周辺の名所などを織り込んだ歌詞で，爆発的な人気を博した。国民に自国の地理を教授し，国土への愛着心を喚起する意味も持った。

❻❼❽：国立教育政策研究所教育図書館蔵

COLUMN 野球の登場

1872年，アメリカ人教師が第一大学区第一番中学（現在の東京大学）の学生に教えたのが，日本における野球の始まりとされる。学校でのスポーツは次第に盛んとなっていった。写真は1901年頃の様子。

野球殿堂博物館蔵

クローズアップ

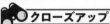

❶1 演説会の様子(「絵入り自由新聞」) 日本は，立憲国家の樹立をめざす熱気に包まれた。

❷2 憲法発布の式典(1889年2月11日) 近代国家を作るために，立憲体制の整備は不可欠であった。
宮内庁宮内公文書館蔵

❓ 立憲国家は，日本国内のどのような空気の中から建設されたのだろう。❶❷から言えることを考えよう。

1 立憲体制をめざす

❸3 民権家の集会(「懇親会席上演説絵馬」) 民衆が民権家を招き，演説会の後に懇談している様子。酒食も出されており，人々の熱気が読み取れる。
安芸市立歴史民俗資料館蔵

❹4「自由」と書かれた盃
町田市立自由民権資料館提供

2 立憲体制の形成

1874	民撰議院設立建白書の提出
1875	大阪会議(板垣退助・木戸孝允，参議復帰)→漸次立憲政体樹立の詔
	元老院，大審院設置
1878	地方制度に関する三新法制定
1880	国会期成同盟の結成
1881	明治十四年の政変：伊藤博文ら大隈重信追放，国会開設の勅諭
	○私擬憲法作成相次ぐ
	自由党の結成(党首：板垣退助)
1882	ルソー著，中江兆民訳『民約訳解』
	伊藤博文らが憲法調査のため渡欧
	立憲改進党の結成(党首：大隈重信)
1884	制度取調局設置 華族令
1885	内閣制度の創設
1887	三大事件建白運動(言論集会の自由，地租の軽減，外交失策の回復)
	保安条例(民権派を追放)
1888	枢密院の設置
1889	大日本帝国憲法発布
1890	第1回総選挙 第1回帝国議会 ◀ P.70

自由民権運動関連

資料から読み解く 自由民権運動

史料❶ 民撰議院設立建白書(1874年)

私どもが謹んで現在の政権を動かしているところを考えると，上は天皇ではなく，下は人民でもない。ただ政府の役人のみが動かしている。……私たちは愛国の気持ちをおさえることはできない。そのため，国を救う方法を求めてみると，ただ天下の公議を開くことしかない。……今，民撰議院の設立の意見を拒む者は，一般の人々は勉強が足らず，無知であり，いまだ開明の域に達していないため，民撰議院の設立は尚早であるという。私どもが考えるところは，もし本当にそのように言われるのなら，すなわち学問を高め知識を深め早急に開明の域に進ませるには，民撰議院を立てるしかない。……
《『日新真事誌』》

1874年に，明治六年の政変によって下野した板垣退助，後藤象二郎，江藤新平らが政府に提出した建白書。『日新真事誌』(新聞)に掲載され，社会に大きな議論を巻き起こした。

❺5 板垣退助(1837〜1919)

🔍 読み解き
1 建白書では，国の現状をどのようにとらえ，何が必要であると主張しているか，まとめよう。
2 彼らの行動は何をめざしているのだろう。複数考えよう。

人物 日本人が出会ったヨーロッパの法学者
グナイストとシュタイン
(1816〜95)　(1815〜90)

憲法調査に出かけた伊藤博文が，最初に会ったのが，ベルリン大学のグナイストであった。しかし，彼は伊藤に，日本が憲法を制定するには時期が早いこと，議会には権限を与えるべきでないことなどを伝え，伊藤をたじろがせた。その後，伊藤はウィーン大学のシュタインに会い，そこで立憲体制の建設についての助言を受けた。伊藤以外にも，多くの日本人がシュタインを訪問し，「シュタイン詣で」と言われた。ただし，グナイストへの信頼も厚かったようで，現在ベルリンの国家機密公文書館の「グナイスト文書」(→P.82)には，伊藤や山県有朋(→P.82)，青木周蔵(のち外相)ら日本要人からの書簡が残されている。

❽8 グナイスト

❾9 シュタイン

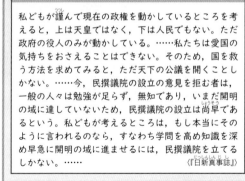
深澤篤彦蔵，あきる野市教育委員会提供

第三篇　立法権
第一章　民撰議院
民撰議院八撰挙会法(律ニ)依リ定メタル規程ニ循ヒ撰挙人於テ直接投票シ法ヲ以テ成リ
但シ人口二十万人ニ付一員ヲ出スシ
代民議員ノ任(期)ハ三ヶ年トシニケ年毎ニ半数ヲ改撰ス可シ
但シ(幾)年モ重撰セラルルコトヲ得……

❻6 五日市憲法草案 五日市(現東京都あきる野市)で千葉卓三郎(小学校校長)が地元の農民と勉強会を開いてまとめた草案。五日市以外でも様々な場所で様々な人々によって，独自の憲法草案が作られた(私擬憲法)。内容は多岐にわたった。

史料❷「東洋大日本国国憲按」①(1881年)

第5条　日本の国家は，日本人ひとりひとりの自由の権利を損なう規則を作って実施することはできない。
第49条　日本人民は思想の自由を有する。
第70条　政府が国家の憲法に違反する時は，日本人民は政府に従わないことができる。
①植木枝盛の作成した私擬憲法

❼7 伊藤博文(1841〜1909) 明治十四年の政変で立憲体制樹立への主導権を握り，1882年，立憲政体の調査のため渡欧した。随員には伊東巳代治，西園寺公望など，この後の政界で活躍する人物が多く含まれていた。
山口県光市　伊藤公資料館蔵

3 立憲体制への道のり

●激化事件

民権運動は，1882〜83年頃から政府の弾圧と農村の不況によって停滞状態に陥り，一部の農民は蜂起などの実力行動を起こした（激化事件）。福島県令の三島通庸は，強引な道路建設に反対する河野広中（1849〜1923）ら県会の自由党員らを弾圧した（福島事件）。

➡⑩河野広中

➡⑫枢密院会議
郵政博物館蔵

今さとして聞かせた通り，これから注意せぬと直ちに臨権の処分を致すから左様心得ろ

➡⑪言論弾圧の風刺画（ビゴー筆『トバエ』1888年1月1日）　三大事件建白運動の高まりに対して，言論の弾圧が行われた。新聞を持ち威圧する警官（左）と口を封じられた新聞編集者（右）。

人名	経歴
鳥尾小弥太（長州）	元老院
吉田清成（薩摩）	元老院
元田永孚（熊本）	宮中
土方久元（土佐）	宮中
佐野常民（肥前）	宮中
佐々木高行（土佐）	宮中
福岡孝弟（土佐）	宮中
副島種臣（肥前）	宮中
勝安芳（幕臣）	宮中
河野敏鎌（土佐）	宮中
品川弥二郎（長州）	宮中
吉井友実（薩摩）	宮中
川村純義（薩摩）	元老院
大木喬任（肥前）	元老院関係者
東久世通禧（公卿）	宮中関係者
寺島宗則（薩摩）	

➡⑬枢密院顧問官とその経歴　憲法草案が，どのような人々によって審議されたのかがうかがえる。

4 大日本帝国憲法下の国家機構

```
元老 ─補佐─→ 天皇
 └1934年から重臣会議に移行
統帥
 │
陸軍  海軍       皇族華族   解散「立法権の協賛」  任命「行政権の輔弼」  任命「天皇の名による裁判」   枢密院 1888（天皇の諮問）
参謀総長 軍令部総長
一八七八 一八九三              帝国議会（両院対等）   〈府中〉内閣        裁判所         〈宮中〉内大臣 1885（天皇を補佐）
帝国陸海軍              貴族院 衆議院      国務大臣 各省庁     大審院 控訴院 地方裁判所   宮内大臣 1885（皇室事務）
徴兵*          制限選挙
多額納税者        「臣民」**                              □憲法外機関
官僚経験者
```

*徴兵事務は陸軍省の所管。　**大日本帝国憲法での国民の呼称。天皇・皇族以外をさす。

憲法は，天皇が定め，臣民に授けるという「欽定憲法」の形で発布された。憲法のほか，刑法，民法，商法などの国内法の整備も進められた。

史料3 明治民法における家督

第970条
被相続人ノ家族タル直系卑属ハ左ノ規定ニ従ヒ家督相続人ト為ル……
2　親等ノ同シキ者ノ間ニ在リテハ男ヲ先ニス……
《法令全書》

1898年に施行された新民法では，男性の家長に強い権限があり，女性の地位は低いものになっていた。

➡⑭憲法発布を喜ぶ人々
東京ガス　ガスミュージアム　憲法発布式大祭之図

➡⑮ベルツ（1849〜1913）　ドイツ人医師で30年近く在日した。急進的に西洋を模倣し，実質的な成果や利益を求めようとする日本の姿勢に批判的で，憲法発布の際も，「誰も憲法の内容を知らないのに，お祭り騒ぎをしている」と，皮肉っている。➡P.87

資料から読み解く　大日本帝国憲法を読む

史料4 大日本帝国憲法　（1889年2月11日発布，1890年11月29日施行）

第1条　大日本帝国ハ万世一系ノ天皇之ヲ統治ス
第3条　天皇ハ神聖ニシテ侵スヘカラス
第4条　天皇ハ国ノ元首ニシテ統治権ヲ総攬シ此ノ憲法ノ条規ニ依リ之ヲ行フ
第5条　天皇ハ帝国議会ノ協賛ヲ以テ立法権ヲ行フ
第8条　天皇ハ公共ノ安全ヲ保持シ又ハ其ノ災厄ヲ避クル為緊急ノ必要ニ由リ帝国議会閉会ノ場合ニ於テ法律ニ代ルヘキ勅令ヲ発ス……
第11条　天皇ハ陸海軍ヲ統帥ス
第12条　天皇ハ陸海軍ノ編制及常備兵額ヲ定ム
第13条　天皇ハ戦ヲ宣シ和ヲ講シ及諸般ノ条約ヲ締結ス
第20条　日本臣民ハ法律ノ定ムル所ニ従ヒ兵役ノ義務ヲ有ス
第21条　日本臣民ハ法律ノ定ムル所ニ従ヒ納税ノ義務ヲ有ス
第28条　日本臣民ハ安寧秩序ヲ妨ケス及臣民タルノ義務ニ背カサル限ニ於テ信教ノ自由ヲ有ス
第29条　日本臣民ハ法律ノ範囲内ニ於テ言論著作印行集会及結社ノ自由ヲ有ス

第33条　帝国議会ハ貴族院衆議院ノ両院ヲ以テ成立ス
第34条　貴族院ハ貴族院令ノ定ムル所ニ依リ皇族華族及勅任セラレタル議員ヲ以テ組織ス
第35条　衆議院ハ選挙法ノ定ムル所ニ依リ公選セラレタル議員ヲ以テ組織ス
《法令全書》

読み解き

1️⃣ 第1条では，天皇をどのような存在であるとしているだろう。
2️⃣ 第4，5条は，天皇をどのような存在であるとしているのだろう。この二つの条文は，この後の歴史にどのような影響を与えたのだろう。
3️⃣ 第20，21，28，29条は「国民」についての記述だが，「国民」とは書かれていない。どのような用語でどのように記述されているだろう。
4️⃣ 第5，33，34，35条より，「議会」はどのような存在であるとされたのだろう。

5 第1回衆議院議員選挙

選挙権のない見物人
立会人
警官
有権者

➡⑯投票風景　投票所には，警察官と地元有力者が立ち会った。有権者は地租など直接国税を15円以上納める満25歳以上の男性に限られたため，全人口の約1.1%であった。

立憲自由党 130名
大成会 79名
41名 立憲改進党
45名
国民自由党 5名　無所属

□民党　政府反対の政党
□吏党　政府支持の政党

➡⑰第1議会（1890〜91年）の構成
➡P.109

ことば　枢密院　大日本帝国憲法の草案を審議するために設置された会議。憲法制定後も重要な国務に関して天皇の要請を受けて審議する機関として存続した。

◯ クローズアップ

◀❶ふんぞり返るモルガンとセオドア＝ローズヴェルト米大統領（風刺画）　セオドア＝ローズヴェルトがモルガン（モルガン財閥創始者）の発言をタイピングしている。

❓❶の風刺画は，アメリカのどのような状態を表現しているのだろう。

セオドア＝ローズヴェルト大統領

▶❷パナマ運河の建設（風刺画）

1 帝国主義

産業革命（第1次）：18世紀後半〜
（軽工業中心，石炭や水力をエネルギー利用）

イギリスから他国へ波及

- ●イギリスが「世界の工場」となる
- ●自由貿易主義が優勢
- ●植民地は原料供給地・製品市場に

第2次産業革命：19世紀後半〜
（重化学工業中心，石油・電力の登場，保護貿易主義優勢）

ドイツ・アメリカを追う日本・ロシア

- ●独占資本主義の成立
- ●設備投資の巨大化
- ●カルテル・トラスト・コンツェルン

- ●植民地は資本の輸出先に
  →工場・銀行の進出，鉄道建設

帝国主義の時代へ：1870年代〜

| 列強国内では社会主義運動の激化 | 植民地の民族運動の激化 | 列強による植民地獲得競争激化 |

2 列強の帝国主義政策

アメリカ	●国内市場が巨大 ●モンロー主義（ヨーロッパ大陸との相互不干渉）◀P.51,60 ●イギリス・ドイツ系の移民 ↓ ●フロンティアの消滅（1890）以降，カリブ海・太平洋へ進出 ・強引な棍棒政策 ・自由と民主主義の「輸出」 ●東欧・南欧・アジアからの移民 ●独占資本が極度に発達
イギリス	●世界最大の海軍力と植民地 ●「世界の銀行」の地位を維持 ●3C政策（アフリカ縦断政策を含む） → 当初はフランス・ロシアと対立やがてドイツと対立

フランス	●イギリスに次ぐ植民地帝国 ●金融資本が強い→ロシアに投資 ●アフリカ横断政策，インドシナ進出
ドイツ	●ビスマルクが重化学工業化推進 ●1890年代からヴィルヘルム2世が対外進出推進（3B政策） → イギリス・フランス・ロシアと対立 ●アメリカに次ぐ独占資本の発達
ロシア	●農奴制残存→国内市場が狭い ●後発国の弱みをフランス資本の導入で補う ●南下政策→日英独との対立
日本	●政府・軍部との結合→財閥台頭 ●朝鮮・中国東北地域への進出

▶❸各国の植民地領有面積（1914年）

（本国と植民地の境界不分明）　■本国面積　■植民地面積（単位：100万km²）

	イギリス	ロシア	フランス	ドイツ	アメリカ	日本
植民地	33.5	全体で22.8	10.6	2.9	9.4	0.4
本国	0.3		0.5	0.5	0.3	0.3

▶❹バグダード鉄道建設の風刺画（1903年）
ドイツはバグダード鉄道を建設して中近東への進出を図った。絵では，ライオンがBAGDAD RAILWAYの存在に気づき，警戒している。この結果，イギリスはフランスやロシアとの連携を進めた。

岩陰からのぞくヴィルヘルム2世

わなの存在に気づいたライオン（イギリス）

BAGDAD RAILWAY

A 1914年の世界

1910 韓国併合

1914 パナマ運河開通

凡例：イギリス領／フランス領／オランダ領／ドイツ領／スペイン領／ポルトガル領／ロシア領／アメリカ領／イタリア領／日本領

──イギリスの3C政策　──ドイツの3B政策
←アメリカの進出方向　←ドイツの進出方向　←ロシアの進出方向　←日本の進出方向

2000km

史料❶ レーニンの帝国主義論（1917年）

帝国主義はその経済の本質の点で，独占的資本主義である。帝国主義の歴史上の位置は，すでにこの一事をもって決まっている。というのは，自由競争に立脚し，ほかならぬ自由競争を母胎として育つ独占は，資本主義体制から高次元の社会，経済体制へ至る過渡期の現象だからである。
（レーニン著，角田安正訳『帝国主義論』光文社古典新訳文庫）

科学技術の発展に支えられ，帝国主義諸国は繁栄期を迎えたが，一方で様々な矛盾も生じた。

1 科学技術の発展

*(ス)…スウェーデン　(ポ)…ポーランド　(ノ)…ノルウェー

ファラデー(英)
…電気分解の法則
マイヤー(独)
…エネルギー保存の法則
ダイムラー(独)…ガソリン機関
ディーゼル(独)
…ディーゼルエンジン
ベッセマー(英)…製鋼法の発展
ノーベル(ス)
…ダイナマイト発明

レントゲン(独)
…X線発見
ピエール=キュリー(仏)
・マリ=キュリー(ポ)
…ラジウム放射能発見
パストゥール(仏)
…狂犬病予防接種
コッホ(独)…結核菌・
コレラ菌発見 →P.160
北里柴三郎(日)
…ペスト菌発見

モールス(米)…電信機発明
ベル(米)…電話機発明
フルトン(米)…蒸気船実用化
→P.22
スティーヴンソン(英)
…蒸気機関車
リヴィングストン(英)・スタンリー(英・米)
…アフリカ内陸部の探検
アムンゼン(ノ)・スコット(英)
…南極点到達

- 重化学工業の発達
- 医療・公衆衛生の向上
- 地理的視野の拡大
- 生活水準の上昇
- 思考的視野の拡大

↑1ダーウィン (1809〜82)
『種の起源』を著した。

エディソン(米)
…蓄音機・発熱電球
シンガー(米)…家庭用ミシン
リュミエール兄弟(仏)
…映画(シネマトグラフ)

ダーウィン(英)…進化論
スペンサー(英)
…社会進化論

2 大衆社会の成立

19世紀末から第一次世界大戦までのヨーロッパの状況は「ベル=エポック」(フランス語で「良き時代」の意)ともよばれる。**科学技術の発展と植民地および国内から供給される工業製品によって大衆の生活が大きく変化**し，近代スポーツ，娯楽，印象主義や象徴主義の文化が華やかに開花した。

❷19世紀のボン=マルシェ百貨店(パリ)

←3パリのモンマルトル
パリ北部に位置するモンマルトルには，ベル=エポックの時代から芸術家らが集った。

3 社会主義 ◀ **P.43**

19世紀前半まで　市民革命・産業革命・自由主義の時代(資本家の優位)
↓

マルクス主義　革命・階級闘争を重視する動き	穏健な動き　議会を通した漸進的改革など
1848　『共産党宣言』…労働者による階級闘争の必要性	国際的な労働者組織 マルクスが創立宣言
第1インターナショナル(1864〜76)　本部：ロンドン	
1867　『資本論』(第1巻)…資本家による労働者からの搾取	
1871　(仏)労働者らが自治政府樹立(パリ=コミューン)→短命に終わる	
1878　(独)ビスマルクが社会主義者鎮圧法 ◀ **P.58**	
第2インターナショナル(1889〜1914)　本部：パリ	1884　(英)フェビアン協会
1890　(独)ビスマルク退陣→ドイツ社会民主党(SPD)が合法活動へ	1886　(米)アメリカ労働総同盟(AFL)
1895　(仏)サンディカリスム(社会革命路線)台頭	
1898　(露)ロシア社会民主労働党(社会革命路線)	1899　(独)SPDの中で議会主義路線が台頭
1901　(露)社会革命党(農民を巻き込む革命路線)	
1903　(露)ロシア社会民主労働党がボリシェヴィキ(急進的革命派)とメンシェヴィキ(漸進的改革)に分裂	1905　(仏)フランス社会党
1905　(露)第1次ロシア革命	1906　(英)イギリス労働党(フェビアン協会などが母体)
1912　第2インターナショナルが戦争反対決議	
第一次世界大戦 →各国の社会主義勢力が政府を支持(戦争協力)，第2インターナショナル崩壊	
1916　(独)SPD内の反戦派が蜂起	
1917　(露)ボリシェヴィキがロシア革命を主導	
第3インターナショナル(1919〜43)　本部：モスクワ →各国共産党を指導	西欧では議会主義が続く(社会民主主義)

COLUMN 国内外で強まる排他主義

ダーウィンの進化論にヒントを得た**スペンサー**は，「適者生存」をキーワードに**社会進化論**を唱えた。中国人が急増していたアメリカやオーストラリアでは，このような思想が**移民排斥**に利用された。労働者の困窮に対する政治家・資本家の無関心も，排他的傾向の表れと言える。日本でも社会主義運動に対する風当たりは強く，社会民主党は結成届提出の翌日に解散した。

↑4演説するローザ=ルクセンブルク(1907年)　ドイツの社会主義者。1918年のドイツ共産党の創設に関わったが，1919年に反革命派に殺害された。

→5白豪主義を示すメダル(オーストラリア)

4 独占資本主義

カルテル (企業連合)	トラスト (企業合同)	コンツェルン (企業連携)
A社 B社—C社 協定	A社 B社—C社 合併	【親会社】持株会社 支配 支配 支配 【子会社】A企業B企業C企業 業種 業種 業種 【孫会社】a a b b c c

↑6独占の三形態　重化学工業の発展に伴って，**少数の大企業や企業グループが市場を支配するようになった状態を独占資本主義**という。

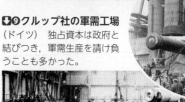

アメリカではトラスト型，日本ではコンツェルン型の独占資本が大きな影響力を持っていた。

←7アメリカのスタンダード石油の風刺画　典型的なトラストとして発展し巨利を得ており，アメリカでは反トラスト法が何度も制定された。◀ **P.44**

↓8三菱財閥の長崎造船所(1917〜18年頃)

↓9クルップ社の軍需工場(ドイツ)　独占資本は政府と結びつき，軍需生産を請け負うことも多かった。

クローズアップ ❶

イギリス
フランス

❷アフリカをめぐる英仏関係に関する風刺画

19世紀末

❷ 'MOROCCO'
イギリス
フランス
20世紀初頭

FASHODA

？ 2つの風刺画に描かれた，両国の関係の変化について考えてみよう。

1 アフリカ分割の流れ

分割前史	18世紀まで　奴隷供給地としてのアフリカ（主に西岸） ↓産業革命 18世紀末～　原料供給地・製品市場としてのアフリカ ↓内陸部の探検，第2次産業革命 **資本輸出先・帝国主義的分割の舞台としてのアフリカ**
列強の進出	●イギリス…スエズ運河会社株買収・エジプトを支配 ●フランス…アルジェリア・チュニジアを支配 ●ベルギー…スタンリーを派遣しコンゴを支配
「調停」	**ベルリン会議**（1884～85）…ビスマルクが主催 ・ベルギーのコンゴ支配を認める ・先占権を確認→かえって分割が加速
国際関係の変化	1898　**ファショダ事件**で英仏が衝突寸前に 1899～1902　**南アフリカ戦争**（イギリスの外交的孤立） ↓英仏が妥協し，ドイツの進出を抑制 1904　**英仏協商** 　→第1次**モロッコ事件**（ドイツの反発）(1905) 1906　アルヘシラス会議（英仏協調の確認） 1911　第2次モロッコ事件

●「孤立化」するイギリス

19世紀末，エジプトはオスマン帝国の形式的宗主権のもとで，実質的にはイギリスの支配下にあった。そのエジプトはスーダンを「植民地」として支配していた。この結果，スーダンは**多重支配**に苦しみ，「救世主（マフディー）」を自称した**ムハンマド＝アフマド**が率いた反乱も長期化した。イギリスは反乱の制圧に苦戦し，ゴードン将軍が戦死した。

❺ゴードンの戦死

A アフリカ分割

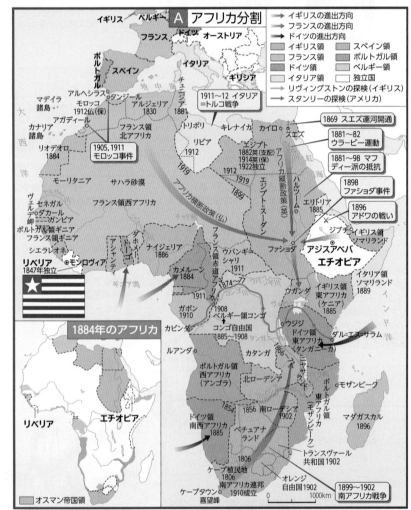

→ イギリスの進出方向
→ フランスの進出方向
→ ドイツの進出方向
■ イギリス領　■ スペイン領
■ フランス領　■ ポルトガル領
■ ドイツ領　　■ ベルギー領
■ イタリア領　□ 独立国
→ リヴィングストンの探検（イギリス）
→ スタンリーの探検（アメリカ）

イギリス　ベルギー
フランス　ドイツ　オーストリア
ポルトガル
スペイン　イタリア
ギリシア
地中海

1911～12 イタリア＝トルコ戦争

マデイラ諸島
モロッコ　タンジール　アルジェリア　1830
1912仏(保)
アガディール
カナリア諸島
リオデオロ 1884
1905,1911 モロッコ事件
フランス領北アフリカ
トリポリ　キレナイカ
リビア 1912
1869 スエズ運河開通
カイロ　スエズ
エジプト 1882英(支配)1914英(保)1922独立
1881～82 ウラービー運動
1881～98 マフディー派の抵抗
モーリタニア
サハラ砂漠
フランス領西アフリカ
アフリカ縦断政策（英）
ハルツーム
1898 ファショダ事件
ヴェルデ岬　セネガル　ダカール
ガンビア
ポルトガル領ギニア
フランス領ギニア
シエラレオネ
リベリア 1847年独立　モンロヴィア
アシャンティ　ダホメ　トーゴ
ナイジェリア 1886
フランス領赤道アフリカ　シャリ　ウバンギ
1911
エジプト＝スーダン
エリトリア 1885
1896 アドワの戦い
ジブチ　イギリス領ソマリランド
アジスアベバ　エチオピア
カメルーン 1884
ガボン 1910
1887
1911
ウガンダ
イギリス領東アフリカ（ケニア）1885
イタリア領ソマリランド 1889
ベルギー領コンゴ
コンゴ自由国 1885～1908
ウジジ
ドイツ領東アフリカ（タンガニーカ）
ダル＝エス＝サラーム
カタンガ
ルアンダ
ニヤサランド
ポルトガル領西アフリカ（アンゴラ）
北ローデシア
南ローデシア 1902
1856
ポルトガル領東アフリカ（モザンビーク）
モザンビーク
マダガスカル 1896
1854
ドイツ領南西アフリカ 1885
ベチュアナランド
トランスヴァール共和国 1902
ケープ植民地 1806
南アフリカ連邦 1910成立
ケープタウン　喜望峰
オレンジ自由国 1902
1899～1902 南アフリカ戦争
1000km

1884年のアフリカ

リベリア　エチオピア
□ オスマン帝国領

❸ベルリン会議の風刺画（「アフリカ」と書かれたケーキを分けあう列強）会議では，アフリカ分割に関する原則がヨーロッパ列強間で確認された。

ビスマルク
AFRIQUE

❹エチオピア帝国の国旗

アフリカのほぼ全域がヨーロッパの植民地となるなか，**エチオピアとリベリアのみ独立**を維持した。

歴史のスパイス イギリスのゴードンは，太平天国の乱でも軍隊を率いていた。　◀P.66

B 南アフリカ戦争

オランダ系移民の子孫（ブール人）の独立国であったオレンジ自由国とトランスヴァール共和国で金・ダイヤモンドが発見されると，イギリスが征服にのりだし，1899年，**南アフリカ戦争**を開始した。

→ イギリス軍の攻撃
■ 南アフリカ連邦(1910)
鉱物資源 ◆金　▲ダイヤモンド

ローデシア　東ポルトガル領
トランスヴァール共和国
ピーターマリツバーグ
プレトリア
スワジランド
ヨハネスブルク
オレンジ自由国
キンバリー
バストランド
ズールーランド
ダーバン
フプ
ドイツ領南西アフリカ
ケープ植民地
ケープタウン
ポート＝エリザベス
喜望峰
ナタール
500km

＊南アフリカ戦争のあと，イギリス系・オランダ系など白人が非白人を差別するアパルトヘイトが確立した。

COLUMN 南アフリカ戦争と日本

南アフリカ戦争を開始したイギリスは，圧倒的多数の兵力を投入したが，ブール人のゲリラ作戦による抵抗に苦戦を強いられ，戦争は長期化した。"白人"どうしの戦いの中で孤立したイギリスは，極東におけるロシアの勢力拡大をおそれて，日英同盟に踏み切った。

❻日英同盟の風刺画

日本　イギリス

2 太平洋の分割

●ハワイ

- ●ポリネシア人が移住（13世紀まで）
- 18世紀 **クックの航海** ←P.38
- 1795 カメハメハ朝成立
- ●捕鯨とサトウキビ生産が盛んになる
- ●アメリカ資本と日本・中国からの労働力
- 1898 **アメリカがハワイ併合**
- 1959 アメリカの50番目の州となる

⬆❼ハワイ最後の女王・リリウオカラニ（1838〜1917）

白人	アジア系		その他
25.5%	37.6	10.1	24.6

アフリカ系 2.2　ハワイ先住民・その他太平洋諸島民

⬆❽ハワイの人口構成（2019年）（アメリカセンサス局資料）

⬆❾ハワイの日本人移民 サトウキビ農園で働く日本からの移民の生活は厳しかったが、勤勉さが認められ、日本とハワイの絆を強めた。 ←P.33 →P.92

C 太平洋の分割

ロシア
樺太 1905
千島列島 1875
ウラジヴォストーク
中華民国 1912
北京　旅順
威海衛　朝鮮 1910
青島　東京
黄河　日本
上海
小笠原諸島 1875
1899 門戸開放通牒
香港　マカオ　沖縄 1879(日)
台湾 1895
フィリピン 1898　グアム島 1898
マリアナ諸島
アリューシャン列島 1867 アラスカ湾
カナダ 1867 英自治領　シトカ
シアトル
アメリカ
サンフランシスコ
1898 米,ハワイ併合
ミッドウェー諸島 1867
(米)　ハワイ 1898
パルミラ島 1897
太平洋
マーシャル諸島 1885 (独)
ギルバート諸島
カロリン諸島 1899
クリスマス諸島 1892
赤道
ビスマルク諸島 1884
ニューギニア　ソロモン諸島 1893
フェニックス諸島 1888
(英)
シンガポール　スマトラ
ボルネオ
スラウェシ
オランダ領東インド
バタヴィア　ジャワ
東ティモール（ポルトガル領）
ポートダーウィン
ニューヘブリデス諸島 1886(仏)・1899(英)
フィジー諸島 1874
サモア諸島 1899(独)
トゥトゥラ諸島 1899(米)
(仏)
タヒチ 1842　ツアモツ諸島 1880(仏)
ニューカレドニア諸島 1853(仏)
トンガ諸島 1899
クック諸島 1888(英)
シャム
仏領インドシナ 1887
ビルマ　ラングーン　フエ
広州湾

タスマンの探検 →1642〜43
クックの探検 →1768〜71
各国の支配地
- イギリス
- フランス
- ドイツ
- アメリカ
- オランダ
- 日本
- ロシア

0　2000km

オーストラリア 1901 英自治領
パース　アデレード　シドニー　キャンベラ　メルボルン　タスマニア 1825
ニュージーランド 1907 英自治領

各国の拠点
- ■イギリス ▲日本
- ●フランス ○ロシア
- ▲ドイツ →アメリカの進出
- ◆アメリカ　数字 獲得年
- ○オランダ

●オーストラリアとニュージーランド

- ●オーストラリアに**アボリジニー**渡来（約4万年前）
- ●ニュージーランドに**マオリ人**が渡来（14世紀）
- ●**タスマン**（17世紀）・**クック**（18世紀）の探検
- 19世紀半ば イギリスの植民地となる
- ●オーストラリアでゴールドラッシュ（1851）
- ●中国系移民の増加 →**白豪主義**へ（1901）←P.79
- 20世紀前半 両国がイギリス連邦内の自治植民地となる

●太平洋の島々

- ●ポリネシア人などの移住（紀元前）
- 16世紀 マゼラン一行の航海
- 19世紀まで 欧米諸国の捕鯨・貿易基地
- 1898 **アメリカ＝スペイン（米西）戦争**
  - →フィリピン・グアムがアメリカ領、マリアナ諸島などがドイツ領に
- 1914〜18 第一次世界大戦
  - →ドイツ領の島々が**国際連盟委任統治領**へ（日本の統治）→P.109

⬅❸「タヒチの女」（ゴーガン筆） 19世紀末には、太平洋の「分割」が終了した。写真はフランス領タヒチに滞在したフランスの画家ゴーガンの作品。
オルセー美術館蔵

❶マオリ人 ニュージーランドの先住民。民族舞踊であるハカが有名である。

⓾アボリジニー オーストラリアの先住民。白人の移住によって、その生活は大きく変化した。

⓬フリーマントル刑務所 19世紀半ばまでオーストラリアはイギリスの流刑植民地となっていた。先住民の強制移住も実施され、アボリジニー人口は激減した。

世界遺産

資料 から読み解く アメリカの膨張

フロンティアの消滅とともに、アメリカは一気に帝国主義的な海外進出を進めた。キューバの独立運動支援を名目に1898年にスペインとの戦争に突入し、フィリピンでも**アギナルド**（独立運動の指導者）を援助したアメリカは、戦争終結後に手のひらを返し、両国を保護国化・植民地化した。また、**門戸開放通牒**を発し、他の列強の中国における利権拡大を牽制した。

BILL OF FARE
"CUBA STEAK"
メニューを見る男性
マッキンリー米大統領
⓮1900年頃に描かれた風刺画

⓯1899年に描かれた風刺画
去っていくスペイン
IMPERIALISM
アメリカ
暴れるフィリピン

🔍 読み解き

❶⓮の絵は、アメリカのどのような対外政策を示しているのだろう。
❷⓯はどのような出来事を風刺しているのだろう。

アフリカ　ヨーロッパ　アメリカ　オセアニア

ことば 白豪主義 オーストラリアにおける政策で、ヨーロッパ系白人以外の移民を制限した。

← P.68,72 → P.84

クローズアップ

？ この絵は，日本・清・ロシアのどのような思惑を風刺しているのだろうか。

日本　ロシア　RUSSIE　清　朝鮮　COREE

← ❶日清戦争前の風刺画（「漁夫の利」）（ビゴー筆）（『トバエ』1887年2月）

❶ 19世紀後半の東アジア

清		朝鮮	日本	
● 洋務運動			1868	明治政府成立
1871	日清修好条規		1873	征韓論争
			1874	台湾出兵 P.73
			1875	樺太・千島交換条約（対露）
		江華島事件（1875，日本が朝鮮に開国要求）→日朝修好条規（1876）← P.73		
1884	清仏戦争（〜85）	1882 壬午軍乱 1884 甲申政変	1879	琉球に沖縄県設置
			1883	鹿鳴館完成
	1885　天津条約…日清両軍の朝鮮からの撤兵，今後出兵時の事前通告			
1885	天津条約（対仏）→ベトナムの宗主権放棄	1894 甲午農民戦争→日本・清の出兵	1889	大日本帝国憲法発布
			1894	日英通商航海条約（領事裁判権撤廃）
		日清戦争（1894〜95）　→　下関条約（1895）		
1899	アメリカが門戸開放通牒	1895 閔妃殺害事件 1897 国号を大韓帝国と改称	1895	三国干渉…露・仏・独の遼東半島返還要求

❷ 日清戦争に至る背景

●中国の外交原則の変容

中華帝国の伝統的自意識 P.34
● 朝貢…豊かな中国が周辺国に恩恵を与える
● 冊封…周辺諸国を中国皇帝の臣下として扱う
→対等外交ではない

→

アヘン戦争〜日清戦争の相次ぐ敗北
● 朝貢国を失い，列強と直接対峙
● 近代国際法の理念を受容

→

冊封・朝貢関係の崩壊後
● 貿易の公行管理から開港場を通した自由貿易へ
● 総理衙門と外国公使を通した対等外交へ

●朝鮮の動き

大院君ー○
（1820〜98）

閔妃══高宗
（1851〜95）（第26代国王）
＊1863年に　　（1852〜1919）
王妃となる

↑❷大院君

大院君は，1863年に12歳で王位に就いた高宗を補佐して王権強化と鎖国政策を進めた（← P.68）。しかし，1873年に政変が起こり，閔氏一族に政権を奪われた。開国後は朝鮮の改革路線をめぐり対立が続いた。

●朝鮮をめぐる国際関係

対立
露──英
支援↗　ロシアの南下を警戒
仏　南下政策（不凍港求める）
清　朝鮮　日
宗主権　　影響力を高めたい
対立

朝鮮に対し宗主権を主張する清と，朝鮮を勢力圏下におさめようとする日本が対立を深めていった。

壬午軍乱（1882）

| 大院君派〈攘夷・親清〉 | ←→ | 閔氏政権〈開国・親日〉 |

● 軍隊の暴動から大院君が実権掌握
● 主に清軍が鎮圧→閔氏政権復活
　→清の影響力増す
　　　　　　　　親清派になる

甲申政変（1884）

| 事大党〈親清〉閔妃一族穏健開化派 | ←→ | 独立党〈親日〉金玉均ら急進開化派 |

● 日本が支援する開化派のクーデタ
● 清軍に鎮圧され失敗

↑❸甲午農民戦争の指導者全琫準
1894年，全琫準を指導者とする大規模な農民反乱が起こった。朝鮮が清に援軍を要請すると日本も出兵した。反乱軍が政府と和約を結んだのちも日本軍は撤退せず，清との対立が深まった。

資料から読み解く 山県有朋の外交政略論

史料❶ 国家の独立自衛の道には二つある。一つ目は，主権線を守り他人から侵害されないこと，二つ目は，利益線を防護し要害の地を失わないことである。主権線とは国境のことであり，利益線とは，隣国で，その情勢が我が国の主権線の安全・危険と緊密な関係にある地域のことをいう。主権線を保たない国はなく，また利益線を保たない国もない。……我が国の利益線の焦点は実に朝鮮にある。シベリア鉄道はすでに中央アジアに進んでおり，数年のうちに完成すると，ロシアの首都を出発して十数日で，黒竜江（アムール川）で馬に水を飲ませることができる。シベリア鉄道が完成したときには，朝鮮におおいに影響があることを忘れるべきではない。〈第一議会での山県有朋首相の演説（1890年）〉

読み解き
❶山県は利益線をどのようなものと述べているだろう。
❷山県は日本にとっての利益線の焦点をどこと捉え，何がその焦点に影響をおよぼすと考えているだろう。

↑❹山県有朋（1833〜1922）

●条約改正に向けた日本の動き

↑❺舞踏会で踊る人々
1883年，東京に鹿鳴館が建設され，舞踏会や音楽会などが催された。国際親善の場であると同時に，招かれた欧米諸国の人々に日本の近代化を強調するねらいもあったが，その極端な欧化政策に批判の声もあった。

人物 条約改正を実現させた二人の外交家

陸奥宗光（和歌山県出身）
第2次伊藤博文内閣の外相として条約改正交渉を指揮。ロシアと対立するイギリスとの間で，日英通商航海条約に調印したのは日清戦争の直前だった。これにより領事裁判権が撤廃された。

↑❻陸奥宗光（1844〜97）

小村寿太郎（宮崎県出身）
外務省官僚時代に陸奥から才能をみいだされた。記憶力に優れ，常に原稿なしで長い演説を行った。日露戦争の講和会議では日本側全権を担った（→ P.85）。1911年には日米新通商航海条約調印とともに幕末以来の懸案事項であった関税自主権の完全回復を実現した。

↑❼小村寿太郎（1855〜1911）

歴史のスパイス　夏目漱石の『坊っちゃん』に登場する体操教師のモデルといわれる濱本利三郎は日清戦争に従軍し，戦争の記録を残している。

3 日清戦争

A 日清戦争

凡例: 日朝修好条規による開港場／東学軍の分布地域／日清戦争での日本軍の進路

清　奉天　遼東半島　安東　江　鴨緑江　大同江
大連　旅順　威海衛　山東半島　黄海
朝鮮　平壌　元山　漢城　済州島　日本海
1882 壬午軍乱　1884 甲申政変
江華島　仁川　全州　慶州　釜山　対馬
1894 甲午農民戦争
1895 下関条約
広島　下関　日本
0 200km

●日本と清の戦力比較

	日 本	清
兵力	240,616人	630,000人
軍艦	28隻	82隻
水雷艇	24隻	25隻
総トン数	59,088トン	85,000トン
戦死	1,417人	不詳
病死	11,894人	不詳
戦費	約2億円	不詳

日本の戦艦は、排水量4,000トン級が最大であったが、清は「定遠」、「鎮遠」（←P.68）という7,000トン級の戦艦を所有していた。しかし、速力に勝る日本艦隊が制海権を握った。「鎮遠」は日清戦争後、日本海軍に接収、編入され、日露戦争の日本海海戦に参戦した。

下関条約の主な内容（1895年4月17日締結）

【日本側全権：伊藤博文・陸奥宗光　清側全権：李鴻章】
① 清は、朝鮮が独立自主の国であることを認める。
② 清は、遼東半島、台湾、澎湖諸島を日本に割譲する。
③ 清は、2億両（3億1,000万円）の賠償金を日本に支払う。
④ 清は、沙市・重慶・蘇州・杭州を開市・開港する。

↓8 下関講和会議

永地秀太筆『下関講和談判』、聖徳記念絵画館壁画

↓9 賠償金の使途

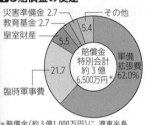

賠償金特別会計　約3億6,500万円*
軍備拡張費 62.0%
臨時軍事費 21.7
皇室財産 5.5
教育基金 2.7
災害準備金 2.7
その他 5.4

*賠償金（約3億1,000万円）に、遼東半島返還の代償などを加えた金額。

日本は、遼東半島還付金の約4,500万円を含む総額3億6,500万円もの賠償金を得た。この金額は当時日本の国家予算のおよそ4倍にも上る。

↓10 列強クラブの新入り

（ビゴー筆）日清戦争終結から2年後の1897年に発表された作品。洋装に高下駄の見慣れぬ男の登場にメンバーは戸惑っている。

イギリス　CLUB　ドイツ　イタリア　フランス
オスマン帝国　アメリカ　ロシア　日本

*列強のメンバーは明確ではなく、オーストリア＝ハンガリー帝国を入れる説もある。

4 台湾統治

1895	下関条約により日本に割譲→台湾総督府設置
1896	台湾総督府条例（総督は陸海軍大将、中将）／武官総督時代（～1919）
1898	児玉源太郎総督と後藤新平民政局長の台湾統治／●土地調査事業（1898～1905）／●台湾銀行設立（1899）
1919	文官総督時代（貴族院議員）（～36）
1936	武官総督時代（～45）／●台湾人の「皇民化」／●東南アジア進出のための「南進基地化」
1945	第二次世界大戦終了→植民地統治終わる

人物 植民地経営から東京復興まで担った政治家

後藤新平（ごとうしんぺい）（1857～1929）岩手県出身

児玉源太郎総督の下で台湾民政局長として土地調査事業や産業の育成を推進した。また、満鉄（→P.84）の初代総裁や大臣、東京市長なども歴任した。関東大震災の際には復興院総裁を任され、予算30億円をかけた東京の新都市計画を打ち出した。計画は結果的に縮小せざるを得なかったが、現在の東京都心の大動脈となっている大通りや火災で焼失することのない鉄橋、大小様々な公園を整備した。

金を残して死ぬのは下だ。事業を残して死ぬのは中だ。人を残して死ぬのが上だ。

↓11 旧台湾総督府

（台北市）1911年起工、1919年竣工。現在は台湾の総統府となっている。

5 列強の中国進出

国名	租借地	租借年	勢力範囲
ロシア	旅順・大連	1898	万里の長城以北
ドイツ	膠州湾	1898	山東半島
イギリス	威海衛・九竜半島	1898	長江流域
フランス	広州湾	1899	広東・広西・雲南
日 本	遼東半島南部	1905	福建・南満洲
アメリカ	ジョン＝ヘイの門戸開放通牒（門戸開放・機会均等〈1899〉、領土保全〈1900〉）		

史料2

ヨーロッパが500年追い求めてきたものを、日本は20年で成功させました。その効果の速さは、地球上かつてなかったものです。…東アジアに武威をとどろかせ、世界に名を知られるのは、その原因を探ってみるに、旧俗をことごとく改め、大政維新を行ったからではないでしょうか。〈康有為『日本変政考』（1898年）〉

『新編原典中国近代思想史2』岩波書店

●中国の改革

	変法運動（1895～98）	光緒新政（1901～08）
特徴	●康有為、梁啓超らが指導 ●「変法自強」…日清戦争で洋務運動の限界が露呈。明治維新をモデルとした議会制を含む立憲君主政 ●科挙改革と近代学校制度の整備	●西太后、袁世凱らが指導 ●義和団戦争（→P.84）で改革断行の必要性痛感 ●憲法大綱発布、国会開設を公約 ●新軍（西洋式軍隊）設置 ●科挙廃止と学制改革
結果	保守派（西太后ら）のクーデタ（戊戌の政変）で挫折	改革を「清の延命策」と捉えた民衆による革命運動（辛亥革命）で挫折

↓12 康有為（1858～1927）光緒帝のもと、変法運動を展開した。

ことば 門戸開放通牒　アメリカ国務長官ジョン＝ヘイが発表、中国への経済進出の機会均等を求めたもの。

B 下関条約後の中国

凡例:
ロシアの勢力範囲／日本の勢力範囲／イギリスの勢力範囲／ドイツの勢力範囲／フランスの勢力範囲
各国の租借地：ロシア／イギリス／ドイツ／フランス

ハバロフスク　黒竜江　シベリア鉄道　吉林　沿海州　ウラジヴォストーク　東清鉄道　ハルビン　長春　奉天　旅順・大連　朝鮮 1910（日）
外モンゴル　内モンゴル　隆山山脈　満洲 鉄道　牛荘　1904～05 日露戦争　1894～95 日清戦争　漢城　釜山　済州島
北京　天津　山西　陝西　山東　山東半島（独）　膠州湾（独）　威海衛（英）
甘粛　河南　江蘇　1900～01 義和団戦争　南京　上海　鎮江　日本
四川　湖北　武昌　漢口　安徽　浙江　1895 下関条約
貴州　湖南　江西　福建　澎湖諸島（日）
雲南　広西　広東　廈門　台湾 1895（日）　淡水
ハノイ　マカオ（ポ）　広州湾（仏）　香港（英）　九竜半島（英）　潮州（汕頭）　広州
インドシナ

● 天津条約（1858）による開港場
● 北京条約（1860）による開港場

0 500km

🔍 クローズアップ

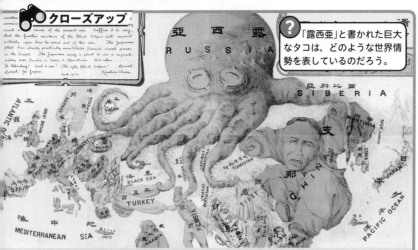

❓ 「露西亜」と書かれた巨大なタコは、どのような世界情勢を表しているのだろう。

↑**❶**ヨーロッパ列強の勢力拡大（『滑稽欧亜外交地図』1904年）

---

1 日露戦争前後の動き ← P.82 → P.107

* ▨は清の動き

朝鮮		日本	
1895	閔妃殺害事件	1895	露・仏・独による三国干渉
1897	国号を**大韓帝国**と改称	1898	ロシア，清より旅順・大連租借
		1900	清，列強8カ国に宣戦布告（**義和団戦争**，〜01）
		1901	北京議定書→連合軍，撤兵
		1902	**日英同盟協約**
		1903	戸水寛人ら東大七博士，政府へ建議書提出（主戦論）
		日露戦争（1904〜05）	
1904	日韓議定書（日本は軍事用に必要な土地を収容できる）**第1次日韓協約**		
1905	**第2次日韓協約**	1905	**ポーツマス条約**（日露講和条約）
	義兵闘争の激化		桂・タフト協定
			日比谷焼打ち事件
1907	ハーグ密使事件（第2回ハーグ万国平和会議で高宗の使者が提訴を試みるが失敗）**第3次日韓協約**	1909	安重根，伊藤博文暗殺
1910	韓国併合条約→日本，**韓国併合**…朝鮮総督府設置		

---

2 日露戦争の背景

❷義和団戦争
1899年，清では「扶清滅洋」を唱える義和団が蜂起した。清もこれに乗じて1900年に各国に宣戦したが，日露など8カ国連合軍の前に敗北した。各国が撤兵する中，ロシアは中国東北地域に駐留を続けた。東京都立中央図書館特別文庫蔵

「義和団民大戦天津紫竹林得勝図」

●日露戦争時の国際関係

独 → 露 [支持＝ロシアを極東に集中させるため]

三国同盟 1882 ← 対抗 → 露仏同盟 1891

伊 ← 墺

満洲 / 朝鮮 / 対立 / 1904 英仏協商

露 ← 対立 → 朝鮮 ← 日英同盟 1902 → 日 → 支持 ---→ 米

仏 ← 英

❸ドイツ皇帝ヴィルヘルム2世が描かせた寓意画 日清戦争直後から，欧米では，黄色人種が白人を圧倒し，脅威を与えるのではないかという考え方（黄禍論）が生まれた。ロシアもこの黄禍論を利用して日露戦争で欧米の支持を得ようとした。

燃える仏像（アジア）

大天使ミカエルが率いる女神たち（ヨーロッパ諸国）

❹ロンドンで発行された日本の外債 日本は，日本銀行副総裁の高橋是清をロンドンに派遣し，戦時外債の発行（約1億700万ポンド）による戦費を調達した。日本の外債引き受けには，ユダヤ系財閥が協力したが，背景には，ロシア国内におけるユダヤ人に対する迫害や虐殺があった（→P.125）。

IMPERIAL JAPANESE GOVERNMENT

📖 資料 から 読み解く 日露戦争をめぐるかけひき

日英同盟協約の主な内容

①日英両国は清における利権をそれぞれ承認し，イギリスは韓国における日本の権益を認める
②日英両国の一方が第三国と開戦した場合，もう一方の国は厳正中立を守る
③敵対国に味方する国が出た場合，日英両国は共同して戦う

史料❶ ドイツ外交官の情勢分析（1903年）

日本大使館の方でいかに否定しようとも，東アジアの軋轢にたいする確信は深まっている。現在のところイギリスが戦争にかかわる気分にあるとはさらさら考えられない。どこもかしこもトランスヴァール戦争①の重苦しい財政的負担に青息吐息で，軍司令部は信用を失ってしまい，崩壊に瀕したも同然の内閣は全く信用されていない。『世界史史料12』岩波書店
①南アフリカ戦争

🔍 読み解き

1 日英同盟において両国が敵対国と想定していた国はどこだろう。
2 史料❶ ではイギリスは日露戦争にどのように関わってくるとみていただろう。

❺シロクマ（ロシア）と相撲をとるミカド（日本）（風刺画）

---

3 日露戦争

1905.3.1〜10 奉天会戦

A

1905.1.1 旅順占領

1905.5.27〜28 日本海海戦

日本軍の進路	
←	第1軍
←	第2軍
←	第3軍
←	第4軍

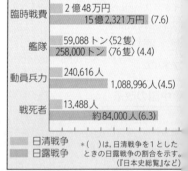

●日清戦争と日露戦争の比較

臨時戦費	2億48万円	15億2,321万円	(7.6)
艦隊	59,088トン〈52隻〉	258,000トン〈76隻〉	(4.4)
動員兵力	240,616人	1,088,996人	(4.5)
戦死者	13,488人	約84,000人	(6.3)

▨ 日清戦争
▨ 日露戦争

*（ ）は，日清戦争を1としたときの日露戦争の割合を示す。
（『日本史総覧』など）

世界最大の陸軍国ロシアに対し，1904年，仁川に入った日本艦隊はロシア艦隊を奇襲，その後宣戦布告した。激しい地上戦が行われ，日本は兵力・弾薬ともに消耗し，ロシアも多数の捕虜・死傷者をだした。

---

4 日露講和会議

6ポーツマス条約の調印(1905年) 日露講和会議は，セオドア゠ローズヴェルト米大統領の斡旋でポーツマスで開かれた。ロシア側の「一銭の金銭も一握の領土も渡さない」という方針と日本側の賠償金の要求が会議の争点になった。

ウィッテ　セオドア゠ローズヴェルト　小村寿太郎

ポーツマス条約の主な内容(1905年9月5日締結)
【日本側全権：小村寿太郎，ロシア側全権：ウィッテ】
①ロシアは韓国に対する日本の指導・監理権を承認
②ロシアは遼東半島の旅順・大連の租借権，長春・旅順間の鉄道とその付属地の権利を日本に譲渡
③ロシアは北緯50度以南の樺太と，その付属の島嶼を日本に譲渡
④ロシアは沿海州とカムチャツカの漁業権を日本に認める

B 日本の領土拡張

■ 日本の領土
□ ポーツマス条約による獲得地
①台湾総督府(台北)
②関東都督府(旅順)
③統監府(漢城)*
④樺太庁(大泊)
*1910年から朝鮮総
--- 督府(京城)

中国分割に出遅れたアメリカは，門戸開放政策を通してアジアにおける勢力拡大を図ったが，日露戦争の調停もその政策の一つであった。日露戦争後，満洲の権益やアメリカ国内における日本人移民排斥運動の高揚をめぐって，両国の関係は悪化した。

●日米関係

ポーツマス条約(1905)
↓
桂・タフト協定(1905) …日本による韓国指導権，アメリカによるフィリピン支配の相互承認
↓
桂・ハリマン協定(1905) …南満洲鉄道の日米共同経営を模索　→中止

7タフト(1857〜1930)
8ハリマン(1848〜1909)

5 日露戦争後の国際関係

英　露
三国協商　満洲
仏　1907　日露協約　朝鮮　対立　米　日
1902 日英同盟

日露戦争後，日本はロシアと協調し，イギリスとも提携関係を続けたが，一方でアメリカとの対立が深まった。

●日露関係

第1次日露協約(1907)
―― 協約による分界線
▨ 日本の勢力圏
第3次日露協約(1912)
―― 協約による分界線
■ 日本の勢力圏
□ ロシアの勢力圏

C 日露協約

日本とロシアは満洲支配において妥協を重ね，4次にわたって日露協約を結んだ。その背景には，アメリカが満洲支配に参入しようとしていることに対する危機感があった。

●日本の満洲進出

日本は1906年，半官半民の国策会社である南満洲鉄道株式会社(満鉄)を設立した。満鉄は，鉄道の運営だけでなく，炭鉱なども経営していた。沿線にあった撫順炭田は東アジア有数の石炭埋蔵量を誇った。

9撫順炭田

10満鉄特急あじあ号 満鉄により，中国東北地域で栽培された大豆が，大連経由で欧米や日本に輸出された。1934年に運行を開始した特急あじあ号は，満鉄を象徴する機関車となった。

6 韓国の保護国化

11伊藤博文と韓国皇太子(1908年撮影) 韓国皇太子李垠は，日朝の「融合」を目的として，1920年に日本の皇族と結婚した。

・初期の蜂起(1895年10月11日〜)
・中期の蜂起(1904年〜)
・末期の蜂起(1907年〜)

D 義兵闘争

初期の義兵闘争は，日清戦争後の閔妃殺害事件を機に起こった。中期以降は，日本の韓国保護国化に対する蜂起となった。

12安重根(1879〜1910) 1909年，伊藤博文をハルビンで暗殺した。

資料から読み解く　韓国の保護国化

史料2 第1次〜第3次日韓協約

①第1次日韓協約(1904年)
1 韓国政府は日本政府の推薦する日本人1名を財務顧問として韓国政府に招聘・雇用し，財務に関する事項はすべてその意見に従って行うこと。
2 韓国政府は日本政府の推薦する外国人1名を外交顧問として外部[外務省]に招聘・雇用し，外交に関する重要事項はすべてその意見に従って行うこと。
▼
②第2次日韓協約(1905年)
第1条 日本国政府は，東京の外務省により今後韓国の対外関係およびその事務を監理指導し，日本国の外交代表者および領事は，外国における韓国の臣民およびその利益を保護すること。
第3条 日本国政府は，その代表者として韓国皇帝陛下の下に1名の統監(レヂデントゼネラル)を置く。……
▼
③第3次日韓協約(1907年)
第2条 韓国政府は，法令および行政上の処分は前もって統監の承認を得ること。
第4条 韓国高等官吏の任免は統監の同意を得てから行うこと。〈①〜③とも『日本外交年表竝主要文書』〉

読み解き
日本は大韓帝国に対して，どのように支配権を強めていったのだろう。

13朝鮮総督府 1910年，日本が設置した。

朝鮮総督府　朝鮮王宮

ことば 南満洲鉄道株式会社 ポーツマス条約でロシアから獲得した利権に基づき1906年に設立された。東清鉄道満洲支線の長春・旅順間の鉄道，鉱山，石炭採掘業などを経営した。

クローズアップ

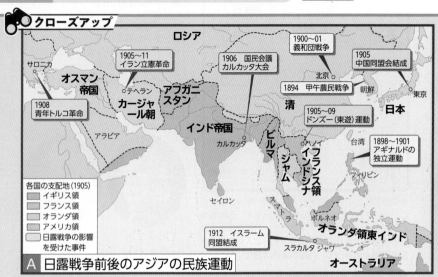

地図内のラベル：
- ロシア
- サロニカ
- オスマン帝国
- 1908 青年トルコ革命
- アラビア
- 1905〜11 イラン立憲革命
- テヘラン
- カージャール朝
- アフガニスタン
- インド帝国
- カルカッタ
- 1906 国民会議カルカッタ大会
- 1900〜01 義和団戦争
- 北京
- 1894 甲午農民戦争
- 朝鮮
- 清
- 1905 中国同盟会結成
- 東京
- 日本
- 1905〜09 ドンズー（東遊）運動
- 台湾
- ビルマ
- ハノイ
- フランス領インドシナ
- シャム
- セイロン
- スマトラ
- ボルネオ
- 1898〜1901 アギナルドの独立運動
- フィリピン
- オランダ領東インド
- 1912 イスラーム同盟結成
- スラカルタ ジャワ
- オーストラリア

各国の支配地（1905）
- イギリス領
- フランス領
- オランダ領
- アメリカ領
- 日露戦争の影響を受けた事件

A 日露戦争前後のアジアの民族運動

アジア各地では，20世紀に入ると，民族の解放や独立を求める動きが広がった。イランやオスマン帝国では立憲政治をめざす運動が起こった。

? 日露戦争における日本の勝利はアジア諸国にどのような変革をもたらしただろう。

女性解放運動の先駆者
カルティニ（1879〜1904）

インドネシアにおける民族主義運動および女性解放運動の先駆者。ジャワ島に生まれ，オランダ式の教育を受けた。多くのオランダ書を読み，同胞のジャワ人，とくに女性の民族的自覚の向上につとめ，女子教育の普及につくした。

---

1 辛亥革命 →P.106

年	できごと	年	清の動き
1894	興中会結成（ハワイ）		
1905	中国同盟会結成（東京）	1905	科挙の廃止
	三民主義…民族の独立，民権の伸長，民生の安定	1908	憲法大綱発表 国会開設公約
1911	四川暴動	1911	鉄道国有化令
	辛亥革命（第一革命）		
1911.10	武昌新軍，挙兵		
1912.1	中華民国成立 孫文，臨時大総統に就任	1912.2	宣統帝溥儀退位（清滅亡）
3	袁世凱，臨時大総統に就任		
8	孫文，国民党結成		
1913.7	第二革命（反袁世凱）		
	→失敗→孫文，日本に亡命		
10	袁世凱，大総統に就任		
1914.7	孫文，中華革命党結成（東京）		
1915.1	日本，中国に二十一カ条要求		
12	袁世凱，帝政宣言		
	第三革命（反帝政）		
1916.3	袁世凱，帝政取消し		
6	袁世凱死去		

→1 袁世凱（1859〜1916）

皇帝として生まれ，庭師として死んだ
宣統帝（溥儀）（1906〜67）

2歳で即位するが，辛亥革命によって退位する。「満洲国」が建国されると執政，のちには皇帝となった。日本の敗戦でソ連軍に捕らえられ，中国の政治犯収容所で「再教育」を受け，釈放後は庭師となり，一市民として生涯を終えた。

B 辛亥革命

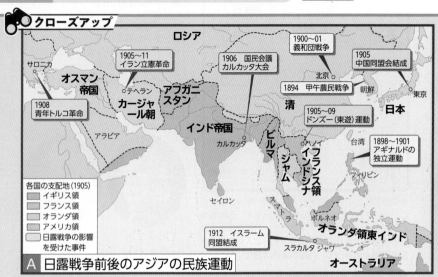

地図内のラベル：
- モンゴル
- 内モンゴル
- 奉天
- 直隷
- 北京
- 山西
- 太原
- 甘粛
- 陝西
- 山東
- 黄河
- 青海
- 西安
- 河南
- 江蘇
- 南京
- 上海
- 浙江
- 杭州
- 四川
- 成都
- 湖北
- 漢口
- 武昌
- 安徽
- ④ 1912.2 清滅亡 1912.3 袁世凱，臨時大総統就任
- ③ 1912.1 中華民国成立
- ① 1911.9 四川暴動
- 重慶
- 川漢鉄道予定線
- 湖南
- 長沙
- 江西
- 福建
- 福州
- 貴州
- 貴陽
- 雲南
- 昆明
- 広西
- 桂林
- 粤漢鉄道
- 広州
- 広東
- ② 1911.10.10 武昌挙兵
- 台湾
- 海南島

凡例：
- 革命発生の省
- 革命に応じた省
- 革命軍政府の所在地
- 0 500km

史料1 ……欧米の進化は三大主義にあると思う。それは民族，民権，民生である。ローマが滅び，民族主義がおこって，欧米各国が独立した。やがてそれぞれ自分たちもその国を帝国とし，専制政治をおこない，被支配者はその苦しみにたえられなくなり，民権主義がおこった。18世紀の末，19世紀の初め……経済問題が政治問題のあとをついでおこり，民生主義が盛んになっている。20世紀は民生主義のひとり舞台の時代となるにちがいない。《『民報』発刊の言葉》
（中村義訳『アジア歴史事典 別巻 東洋史料集成』平凡社）

→2 孫文（1866〜1925） 孫文と日本の交流は深く，1905年には東京で中国同盟会を結成し，総理となった。宮崎滔天・犬養毅らも彼を支援した。しかし，袁世凱との争いに敗れ，再び日本へ亡命した。

→3 梅屋庄吉（1868〜1934） 長崎県出身で，のちに映画会社「日活」の創業者となる梅屋庄吉は，香港で孫文と出会い，その思想に共鳴して巨額の資金援助を行った。

 孫文は1925年，「革命いまだ成功せず」の言葉を残して北京で客死した。

---

2 インドの民族運動 ←P.64 →P.106

インド	イギリス
1885 インド国民会議の成立（ボンベイ）	
↓	1905 ベンガル分割令…ヒンドゥー・イスラームの分離・分割支配（1911年撤回）
1906 国民会議派カルカッタ大会 英貨排斥・スワラージ（自治獲得）・スワデーシ（国産品愛用）・民族教育の4綱領採択	
1906 全インド＝ムスリム連盟結成 ……支援	

→4 ジンナー（1876〜1948）
当初，ヒンドゥー教との協力による独立を模索したが，やがて全インド＝ムスリム連盟に加入し，分離独立を訴えた。

地図ラベル：
- ネパール
- アッサム
- ビハール
- ベンガル
- オリッサ
- カルカッタ
- ダッカ
- 分割前のベンガル州
- 1905年のベンガル分割線
- イギリス領

C ベンガル分割

史料2 ベンガル分割反対運動（1906年）
「国産品愛用」は今日このごろのものではありません。……インド人の犠牲と貧窮と引きかえに，外国人の体給や年金などに毎年2億ルピーほどを供給しなければならないことによって，[インドの]経済状況が不自然に貧窮化を招くままにとどまっているかぎり，インドの状況に[イギリスの]経済法を適用しようと語ることは，危害を加えたうえに侮辱しようというにひとしいのです。〈国民会議派カルカッタ大会における議長ナオロージーの演説〉
（『世界史史料8』岩波書店）

1 日本における見方

史料①　ベルツ（←P.77）が記した日本の様子（1903年9月25日）

日本の新聞の態度もまた厳罰に値するものといわねばならない。『時事』や『東京タイムス』のような最も名声のある新聞ですら戦争を、あたかも眼前に迫っているものの如く書き立てるのだ。交渉の時期は過ぎ去った、すべからく武器に物を言わすべし──と。しかしながら、勝ち戦さであってさえその反面に、いかに困難な結果を伴うことがあるかの点には、一言も触れようとしない。（ベルツ著、菅沼竜太郎訳『ベルツの日記』岩波文庫）

🔍 読み解き

1. 史料①から、当時の新聞は日露関係についてどのように報道していたと読みとれるだろう。
2. 史料②で、平民社はどのような手段で戦争反対を唱えていくと述べているだろう。

史料②　平民社の非戦（反戦）論（1904年）

戦争がとうとう始まった。平和は乱れ、罪悪がまかり通るようになった。日本政府は言う。その責任はロシア政府にあると。ロシアの政府は言う。その責任は日本政府にあると。……しかし、平和が乱れたことから起こる災禍は、すべて我々平民にふりかかってくる。平和を乱す人は、少しもその罰を受けることはなく、その責任は常に我々平民に負わされることになる。我々は徹底的に戦争を認めてはならない。……ゆえに我々は、すでに戦争が始まってしまったが、口があり、筆があり、紙がある限り、戦争反対を叫ばねばならない。そして、ロシアの我々の同胞も必ず同じ態度、方法に出ると信じる。英米独仏の平民、とくに我々の同志は、ますます我々の事業を援助すべきであると信じる。（『平民新聞』1904年2月14日）

幸徳秋水や堺利彦は1903年に平民社を設立して週刊の『平民新聞』を出し、帝国主義戦争に反対する労働者の国際連帯を説く社会主義の立場から非戦（反戦）論を展開した。

➡❶幸徳秋水（1871～1911）　1910年に大逆事件に連座して検挙され、死刑判決を受け、処刑された。

国民一人一人の命は軍人の勲章より軽い
毛鴻於軽死

岳山於重義
戦争の大義は山より重い

➡❷1904年に描かれた風刺画（『滑稽新聞』1904年4月8日号）
（下）日本近代文学館蔵

新しい女性

人物　与謝野晶子（1878～1942）大阪府出身

歌人の与謝野晶子は、日露戦争中のさなか、「あゝをとうとよ、君を泣く　君死にたまふことなかれ」で始まる長編詩を発表した。従軍中の弟の安否を気遣って歌ったものである。この詩は非戦詩と批判されたが、晶子にとっては、国のこと以上に弟の生死が心配であり、自分の感情を率直に表現したものであった。彼女は明治後半頃から評論活動も始め、男女平等や女性の自立などを主張した。

2 アジアの見方

史料③　日本の勝利に対するネルーの評価

かくて日本は勝ち、大国の列にくわわる望みをとげた。アジアの一国である日本の勝利は、アジアのすべての国ぐにに大きな影響をあたえた。わたしは少年時代、どんなにそれに感激したかを、おまえによく話したことがあったものだ。たくさんのアジアの少年、少女、そしておとなが、同じ感激を経験した。ヨーロッパの一大強国はやぶれた。だとすればアジアは、そのむかし、しばしばそういうことがあったように、いまでもヨーロッパを打ち破ることもできるはずだ。（ネルー著、大山聰訳『父が子に語る世界歴史4』みすず書房）

インドの独立運動を指導したネルーは、9回にわたり投獄された。投獄中に一人娘インディラに宛てた手紙は、のちに『父が子に語る世界歴史』として出版された。

➡❸ネルーとインディラ　インド独立後、ネルーは初代首相となり（➡P.139）、インディラものちに首相となった。

インディラ　ネルー

史料④　日本に対する期待

近代的な兵器の調達は国内で解決できない。支配者フランスによって、厳重に管理されているからである。したがって、外国からの支援を頼む以外にない。……しかし、欧米諸国は相手になどしてくれないだろう。頼みを聞き入れてくれるとすれば、それは「同文同種」の国のみである。
日本はアジアの黄色人種の国であり、今まさにロシアと戦って、それを打ち負かしつつある。日本は将来、アジア全体の覇主となる野心を抱いているようだ。そうであれば、われわれベトナム人を手助けし、フランスの勢力を削ぐことは、日本にとっても利益となる。われわれが日本に行って同情を求めれば、兵隊を派遣してくれないまでも、武器や資金を提供してくれるであろう──〈ファン＝ボイ＝チャウの自伝より〉
（白石昌也『日本をめざしたベトナムの英雄と皇子　ファン・ボイ・チャウとクオン・デ』彩流社）

日露戦争における日本の勝利は、フランス統治下のベトナムにも影響を与えた。ファン＝ボイ＝チャウはドンズー（東遊）運動をおこし、多くのベトナムの青年を日本に留学させた。しかし、そのようなアジアから日本への期待は失望に変わっていった。

➡❺ファン＝ボイ＝チャウ（1867～1940）

➡❹トルコ軍艦遭難慰霊碑（和歌山県串本町）

COLUMN　日本・トルコの友好関係の原点!?

1890年、オスマン帝国の使節団を乗せた軍艦エルトゥールル号が、日本からの帰途、和歌山沖で沈没し、500人以上の乗組員が犠牲となった。乗組員の一部は地元住民に救助され、日本の軍艦で帰国した。日露戦争で日本が勝利すると、オスマン帝国の人々は歓喜し、子どもに「トーゴー」「ノギ」「ジャポンヤ」という名をつけた人もいたという。また、専制政治に反対する統一と進歩委員会が結成され、1908年にはミドハト憲法を復活させて立憲政治を実現した（青年トルコ革命）。

史料⑤　ファン＝ボイ＝チャウから日本政府への抗議

本年[1]10月に、日本国政府が越南国の王族クオンデを国外に強制追放した由、仏人は彼を追捕中との報を得た。……彼は、本国においてのみならず貴国においても、万国公法に照らしても、なんらの罪を犯してはおらぬ。……彼はアジア人として欧人の牛馬ドレイとなるのを拒否している。仏人が彼を追捕する理由は、ここにある。……しかるに、堂々たる大日本帝国が、強国文明を自認する日本が、この無罪有功の人物をあえて許さず、白人の傲慢を助長させるばかりである。悲しいことではないか。
（後藤均平『日本のなかのベトナム』そしえて文庫）
①1909年　②ベトナム

ベトナム人留学生を援助した日本人もいたが、日本政府は、1907年にフランスと日仏協約を締結すると、フランス政府の要請を受けてベトナム人留学生を国外に退去させた。

🔍 読み解き

3. 史料③より、なぜ、たくさんのアジアの人々が感激を経験したのだろう。
4. 史料⑤より、ファン＝ボイ＝チャウは日本政府のどのような行動に失望し、抗議したのだろう。

クローズアップ

❶ボンベイ航路に就役した日本郵船「三池丸」 日本・インド間の航路を独占するイギリスのP&O汽船とその同盟に対抗して、日本郵船会社は1893年、インドのタタ商会とともに、神戸からインドのボンベイ（現在のムンバイ）までを結ぶ航路を開設した。

? ボンベイ航路の開設で、日本の産業はどのように変化しただろう。

❷ボンベイ航路の綿花積取契約書

A 19世紀末のアジア間貿易

清 — ボンベイと大阪から中国市場へ 綿糸
インド帝国 — ボンベイ — ビルマ 米 — タイ 米 フランス領インドシナ
日本 — 日本からの帰り荷 生活雑貨品
北京 / 神戸 / 東京 / 大阪 / 香港 / 台湾
ボンベイからの積荷 綿花 — コロンボ / セイロン — シンガポール — マラヤ — スマトラ — ボルネオ — フィリピン
オランダ領東インド — ジャワ 砂糖

— ボンベイ航路（1893年当時）
→ 印僑の移動
→ 華僑の移動
綿花 主な交易品

凡例：イギリス領 / フランス領 / オランダ領 / アメリカ領

❶❷日本郵船歴史博物館蔵

1 近代日本の産業発展

1870	殖産興業政策（～74）：官業育成
1880	工場払下概則：民業育成
1882	**日本銀行**設立
1883	**大阪紡績会社**操業
1885	第1次企業勃興期（～89）：繊維産業・鉄道を中心に
1890	最初の経済恐慌 綿糸生産量が輸入量を超える
1894	日清戦争（～95）
1895	第2次企業勃興期（～97）：繊維産業・鉄道・銀行を中心に
1897	金本位制確立
1900	経済恐慌（～01）
1901	官営八幡製鉄所操業
1904	日露戦争（～05）
1907	経済恐慌
1909	生糸輸出量世界1位 三井合名会社設立→三井・三菱・住友などの財閥形成進む

軽工業の成長 / 重工業の成長 / 産業革命

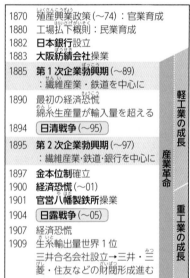

❺大阪紡績会社 渋沢栄一により設立された会社で、1883年に操業が始まった。東洋紡提供

紡績業

＊紡績…羊毛や綿などの短繊維から長い糸を作る工程のこと。

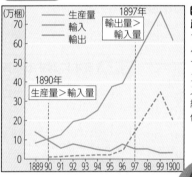

（万梱）生産量 / 輸入 / 輸出
1897年 輸出量＞輸入量
1890年 生産量＞輸入量
1889 90 91 92 93 94 95 96 97 98 99 1900

❸綿糸生産量の推移 1893年のボンベイ航路開設で、安価なインド綿花の輸入が実現し、綿糸輸出が急伸した。

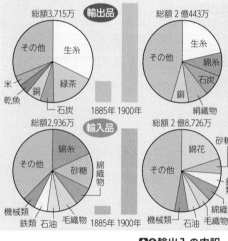

輸出品
総額3,715万 — その他 / 生糸 / 緑茶 / 銅 / 石炭 / 米 / 乾魚 — 1885年
総額2億443万 — その他 / 生糸 / 綿糸 / 石炭 / 銅 / 絹織物 — 1900年

輸入品
総額2,936万 — その他 / 綿糸 / 砂糖 / 綿織物 / 毛織物 / 石油 / 鉄類 / 機械類 — 1885年
総額2億8,726万 — その他 / 綿花 / 砂糖 / 鉄類 / 綿織物 / 毛織物 / 石油 / 機械類 — 1900年

❹渋沢栄一（1840～1931） 幕末は一橋家に仕え、明治維新以後、政府内で務めた後に実業界に転身。第一国立銀行や大阪紡績会社など数々の会社を設立し、「日本経済の父」とも称される。ボンベイ航路の開設も渋沢の働きかけで実現した。

❻輸出入の内訳 紡績業の発展で、綿糸の輸出額が輸入額を超えるようになった。一方、紡績業に頼る日本の貿易収支は、大幅な赤字が続いた

製糸業

＊製糸…繭から糸を繰り取り、生糸を作る工程のこと。

❼富岡製糸場の内部 富岡製糸場は、1872年にフランスの技術を取り入れて設けられた官営模範工場。1893年に民間に払い下げられたが、器械製糸の普及や、技術者の養成に貢献した。

生糸輸出量（イタリアのみ生産量、単位：トン）

年代	日本	中国	イタリア
1891	2,994	4,156	3,210
1905	4,619	6,010	4,440
1909	8,372	7,480	4,251

生糸輸出先 （単位：%）

年代	アメリカ	フランス	イギリス
1897	57.1	35.1	0.5
1909	69.6	19.5	0.1
1919	96.3	2.8	0.5

❽生糸生産の比較 欧米、とくにアメリカからの需要に支えられ、日本の製糸業が発展し、1909年には中国を抜いて世界第1位の生糸輸出量に達した。

❾輸出生糸につけられた商標 フランス語で記載され、上部には「大日本上野国富岡製糸所」と書かれている。商標には、桜花や富士山など日本的なデザインのものが多くあった。横浜開港資料館蔵

歴史のスパイス 生糸の原材料となる繭をつくる蚕は、中国古代から人間に飼育され、人間の望むような改良が加えられた昆虫であり、飛ぶことができず、自然界では生存できない。

重工業

⬆❿八幡製鉄所の生産・消費割合

鉄鋼	八幡製鉄所産の銑鉄		八幡製鉄所産の鋼材	
年度	国内生産に対する割合	消費に対する割合	国内生産に対する割合	消費に対する割合
1901	53%	30%	82%	26%
1911	73%	37%	95%	29%

＊鋼材は銑鉄から不純物を除去し機械用などに加工した鉄。銑鉄は ◀ P.45

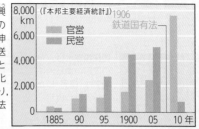

⬆⓭最初の国産機関車（1893年）　国産の第1号は、1893年に官営鉄道工場で製造された。鉄道博物館提供

⬆⓫八幡製鉄所（1900年撮影）日清戦争の賠償金をもとに福岡県八幡村（現北九州市）に建設された。ドイツの技術を取り入れ、中国の鉄鉱石を用い、九州筑豊の石炭を燃料とした八幡製鉄所は、日本の重工業発展を大きく支えた。 ◀ P.44

（上）日本製鉄株式会社　九州製鉄所蔵

⬇⓬現在の八幡製鉄所　東田第一高炉跡

鉄道

1880年代の企業勃興期には、民営鉄道の総距離が飛躍的に伸びた。しかし、輸送の統一や軍事利用という観点から国有化を求める声が高まり、1906年に鉄道国有法が成立した。

⬆⓭官営鉄道と民営鉄道の総距離

『本邦主要経済統計』
- ■ 官営
- ▨ 民営

1906 鉄道国有法

（グラフ縦軸 0〜8,000km、横軸 1885・90・95・1900・05・10年）

金本位制の確立

95mm×159mm

⬆⓯金兌換日銀券（10円）（1899年）日清戦争の賠償金2億両をイギリス金貨で得たことを背景に、1897年、日本は金本位制＊を確立した。それに伴い、新しい金貨と、金兌換日銀券が発行された。

日本銀行貨幣博物館蔵

＊通貨の信用を金によって保証する制度。

（紙幣内文字）此券引換ニ金貨拾圓相渡可申候也

2 寄生地主制

（帯グラフ 0〜100%、小作地・自作地）

年	小作地	自作地
1873年平均	27.4%	72.6%
1883〜84年	35.9	64.1
1892年	40.2	59.8
1903年	43.6	56.4
1912年	45.4	54.6
1922年	46.4	53.6
1932年	47.5	52.5
1940年	45.9	54.1
1950年	10.1	89.9

⬆⓰寄生地主制の進行　自ら耕作せず、土地を小作農民に貸し付けて小作料を取る地主経営を寄生地主制という。地主は、他事業にも手をだし、また地方議員や国会議員に進出するなど、経済的にも政治的にも大きな力を有するようになった。

3 社会運動の高揚

●劣悪な労働環境

（就業時間の図 0:00〜24:00）

紡績工場
昼業　入場・朝食・昼食・掃退除場　勤務時間合計11:10
器械注油・その他準備　就業　就業　就業

夜業　就業　夜食・掃退除場　器械注油・その他準備　就業　勤務時間合計11:55　入場

長野県諏訪郡の製糸工場
起床・朝食・昼食・小憩・終業予報・終業　就業　就業　就業　就業　勤務時間合計14:20

『職工事情』1903年刊

⬆⓱紡績・製糸工場の就業時間　生産を伸ばした紡績業や製糸業では、労働者を安い賃金で長時間働かせ、その結果、製品価格を安くおさえていた。しかし、劣悪な労働環境は、労働者たちが団結して労働条件の改善を進める運動につながった。

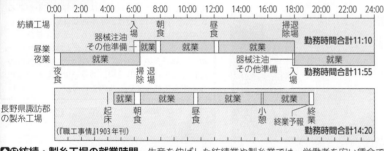

足尾銅山鉱毒事件

（地図）足尾銅山　群馬・栃木・埼玉・茨城　松木・足尾・桐生・足利・小中・佐野・館林・藤岡・谷中・古河・幸手　渡良瀬川・利根川

■ 鉱毒被害地

Ⓑ **足尾銅山鉱毒被害地**

鉱業では、劣悪な労働環境に加え、鉱毒対策を軽視した強引な開発により、足尾銅山鉱毒事件のような公害問題を引き起こした。

⬆⓲田中正造（1841〜1913）　衆議院議員の田中正造は、足尾銅山鉱毒問題に対し、政府に被害農民の救済を求めた。しかし、政府は対策を講じず、失望した田中は議員を辞職し、天皇に直訴を試みた。

女性労働者と結核

不十分な換気、過密な生活空間、特に深夜操業もあった紡績工場など、過酷な労働環境にあった女性の工場労働者たちの間で、しばしば結核が蔓延した。そして、体調を崩し、郷里に帰った女性労働者を介して、結核菌が郷里の家族やその地域にもたらされ、それが都市化や工業化のおよんでいない地域でも結核が流行した要因の一つと考えられている。

⬇⓲紡績工場で働く女性たち

史料❶ 労働組合期成会設立趣旨（1897年）

今や、我が国の産業はようやく旧式の姿を脱して、新式の状態に移り……前途大いに好望な勢いを有している。……そうであれば、これに従事する労働者の状態はどうであろうか。その旧弊がいまだに存在して、美風は、なお養成されず……彼らは、いまだ自己の産業上における地位を悟っていないため、いまだわが身が貴重であるということを発揮せず、したがって自重の念、自信の心、いまだ盛んに行われず、これが、天下滔々たる労働者の状態である。

アメリカの労働運動を経験した高野房太郎により、1897年に労働組合期成会が結成され、労働者の団結がめざされた。

史料❷ 治安警察法（1900年）

第1条　政事に関する結社の主幹者（支社については支社の主幹者）は、結社組織の日より3日以内に、社名、社則、事務所、およびその主幹者の氏名を、その事務所所在地の管轄警察署に届け出ること。その届出の事項に変更のあったときは、また同じく届け出ること。

第5条　左に掲げる者は、政事上の結社に加入することはできない。
一　現役および召集中の予備・後備の陸海軍軍人
……
五　女子
六　未成年者　　　〈『官報』〉

高まる労働運動に対し、政府は1900年に治安警察法を制定し、集会・結社・言論の自由を取り締まった。

ことば　治安警察法　第5条では、女性の政治活動への参加が禁止され、その撤廃を求める女性たちの運動が活発となった。 ➡P.110

環大西洋革命（◀ P.50）を経て成立した国民国家は，基本的人権などの概念の普及に寄与した一方，国家間の争いを誘発し，他国民・少数民族への圧迫をもたらすこともある。

1 国民という意識

⬆①サッカー日本代表チームを応援するサポーター 日本という国の代表チームを応援する人々は，応援という行為を通じて一体となっているが，必ずしも皆が知り合いというわけではない。

国民国家とは，一つの国家の領域内には均質な「国民」しかいないという思想に基づく国家であり，言語や文化をもとに一体性を高めようとする運動や思想が**ナショナリズム**である。◀P.8,53

史料❶ アンダーソン『想像の共同体』（1983年）

国民を次のように定義することにしよう。国民とはイメージとして心に描かれた想像の政治共同体である——そしてそれは，本来的に限定された，かつ主権的なもの[最高の意思決定主体]として想像されると。国民は[イメージとして心の中に]想像されたものである。というのは，いかに小さな国民であろうと，これを構成する人々は，その大多数の同胞を知ることも，会うことも，あるいはかれらについて聞くこともなく，それでいてなお，ひとりひとりの心の中には，共同の聖餐①のイメージが生きているからである。
（ベネディクト＝アンダーソン著，白石隆・白石さや訳『定本 想像の共同体』書籍工房早山）　①キリスト教における儀式の一つ

2 国民意識の創造　　言語の統一

史料❷ フランスにおける言語の統一（1794年）

公教育委員会は，フランス語の新しい文法と新しい語彙を完成するための手段に関する報告を提出する。当該委員会は，文法，語彙の学習を容易にし，自由の言語にふさわしい性質を与えるはずの変革に関する考え方を提出する。（『世界史史料6』岩波書店）

フランス革命が進む中で，数多くの地方言語の存在は新たな国家形成の妨げとみなされ，統一的なフランス語の形成・普及がめざされた。

日本でも標準語の統一が進められ，沖縄県でも標準語励行運動が展開された。学校で方言を用いた生徒は，罰則として方言札を首にかけられた。**⬆②方言札**

国民統合のシンボル

1830年にオスマン帝国から独立したギリシアは，キリスト教の十字と青色（イスラームで低く評価されている色）を用いた国旗を定めた。それはオスマン帝国の国旗（三日月はイスラームのシンボル）に対抗するための国旗でもあった。

「国民」としての仲間意識を強めるため，**国旗や国歌などのシンボル**が用いられた。◀P.49

⬆③ギリシア国旗　**⬆④オスマン帝国の国旗**

3 国民国家と教育

史料❸ 木戸孝允の教育制度整備に関する建議書（1868年）

元来，国の富強は人民の富強であって，一般の人民が無知や貧弱の境を脱することができないときは……世界富強の各国に対峙するという目的も，必ずその実体を失います。ついては一般人民の知識の進渉を期して，文明各国の規則を取捨し，徐々に全国に学校の設立を振興し，大いに教育を広めることが，すなわち今日の一大急務であると存じます。

国家を支える国民という意識を養うため，近代国家においては教育制度も重視された。高等教育は，国家を支える官僚や技術者の養成にもつながった。

⬆⑤アメリカの植民地教育に関する風刺画（1899年）　アンクル・サム（アメリカ合衆国政府の擬人化）が，子どもたちに教育を行っている。前列の生徒らは，左からフィリピン，ハワイ，プエルトリコ，キューバを表し，いずれも19世紀末にアメリカの植民地や保護領となった国である。帝国主義国にとって，領有した国・地域の子どもをどう教育するのか，「国民」として同化させるのか，といった点が問題となった。

アンクル・サム

天皇の写真（御真影）

御名御璽

明治二十三年十月三十日

常ニ国憲ヲ重ジ、国法ニ遵ヒ、一旦緩急アレバ、義勇公ニ奉ジ、以テ天壌無窮ノ皇運ヲ扶翼スベシ
①永遠に続くこと
②助けること

⬆⑥教育勅語　1890年に発布された**教育勅語**（教育に関する勅語）では，「忠君愛国」を主旨とする教育理念が掲げられた。

⬆⑦小学校での元旦の式典風景（『風俗画報』）　政府は，教育勅語の謄本を全国の学校に頒布し，祝祭日などに生徒を集めて奉読させた。

4 国民国家と戦争

史料❹ アンダーソン『想像の共同体』

国民は一つの共同体として想像される。なぜなら，国民のなかにたとえ現実には不平等と搾取があるにせよ，国民は，常に，水平的な深い同志愛として心に思い描かれるからである。そして結局のところ，この同胞愛の故に，過去2世紀にわたり，数千，数百万の人々が，かくも限られた想像力の産物のために，殺し合い，あるいはむしろみずからすすんで死んでいったのである。（前掲書）

⬆⑧アメリカのアーリントン国立墓地　独立戦争から現在に至るまでアメリカが関わった戦争の戦死者が埋葬されている。国家の戦争で亡くなった兵士を弔うことも国民国家ではよく見られる。

⬆⑨核実験の成功を喜ぶパキスタンの人々　インドとパキスタンは1947年の分離独立後，3次にわたって戦争をくり返し，長く対立し続けている。現在では，両国がともに核兵器開発で競う事態に至っている。

明治維新以降，日本の社会，生活などは，欧米社会からの影響を受けながら，大きく変化していった。

1 明治初期
大都市を中心に「文明開化」といわれる欧米流の生活文化の流行が見られた。

東京ガス ガスミュージアム 銀座通煉瓦造鉄道馬車往復図

↑①東京の銀座通り
(1870年代) 洋風建築が並び，ガス灯が設けられるなど，文明開化を代表する東京の新名所となった。

➡②牛鍋(仮名垣魯文『安愚楽鍋』) 欧米文化の影響を受け，肉食も広がった。日本近代文学館蔵

新文物・新制度の導入
牛鍋店登場 (1867)
自転車使用 (1870)
人力車登場 (1870)
西洋料理店登場 (1871)
太陽暦使用 (1872) **←P.75**
鉄道開通 (1872) **←P.75**
日曜休日制導入 (1872)
鉄道馬車登場 (1882)
電灯設置 (1887)
映画の登場 (1896)

←③横浜毎日新聞 1870年に創刊。印刷技術の発達にともなって，新聞や雑誌も発達した。

←④『明六雑誌』
1873年創刊。幕末から明治にかけて欧米に渡った経験のある者たちが欧米の最新の思想などを紹介した。

←⑤廃仏毀釈
明治新政府が神道国教化を掲げたことを背景に，各地で神官らによる廃仏毀釈の運動が生じた。

➡⑥大浦天主堂(長崎市) 開港後，外国人のために築かれた天主堂。1865年，浦上村の潜伏キリシタンが宣教師に信仰を告げる事件が起きた。その後，政府は，幕府のキリスト教禁止の方針を継承し，浦上村のキリシタンを流罪にしたが，欧米諸国からの抗議もあり，1873年，キリスト教禁止の高札が撤廃された。 世界遺産

2 明治中期・後期
(1880年代～1910年代初め頃) 様々な近代化事業が進められ，人々の生活文化はさらなる変化を遂げ，また多様化した。

↑⑦東京の本郷界隈(1907年頃) 路面電車が走り，電線も見える。明治後期には，都市を中心に電気が普及し始めた。

⑧映画(活動写真)

⑨弁士

明治30年代には，映画が娯楽の一つとなった。当時の映画はサイレント(無声)映画で，弁士が臨場感あふれる解説を行った。

↑⑩『国民之友』
1887年創刊。政府の欧化主義を批判(平民主義)。

↑⑪『日本人』
1888年創刊。日本の伝統的な価値を強調(国粋主義)。

↑⑫『太陽』
1895年創刊。日本のアジア進出を肯定(日本主義)。

明治中期頃から，欧化政策に対する批判的な意見も高まり，国粋主義や平民主義などの思想的風潮を生んだ。それらの論陣による雑誌も発刊された。

➡⑬島地黙雷
(1838～1911) 政府の神道国教化政策に反対し，廃仏毀釈で打撃を受けた仏教界の革新運動を主導した。

↑⑭立教女学校のバイブルクラス(1909年頃) バイブルクラスは聖書を学ぶ授業のこと。キリスト教各派の伝道団体が布教活動のために設立した学校をミッションスクールという。明治期に日本の各地で設立された。1877年創立の立教女学校もその一つ。女子教育や英語教育で大きな役割を果たした。

➡⑮新島襄(1843～90) 明治期に青年知識層を中心にキリスト教が広まった。アメリカに渡って洗礼を受けた新島は，帰国後に同志社英学校(現同志社大学)を設立した。

今を考える 移民の歴史

↑②ロンドンのチャイナタウン（イギリス）

↑①反移民を訴える人々（ドイツ，2016年）

19世紀末から20世紀初頭にかけて，世界は大量の人が移動する「移民の時代」を迎えた。人の移動は新たな文化を生み出すことにつながったが，言葉や生活習慣の違いから時に摩擦も引き起こした。また，仕事が奪われるという危機感から移民排斥の動きも生まれた。今日でも，世界各地で移民をめぐって様々な問題が生じている。

> 移民はどのような歴史的役割を果たしてきたのだろう。また，移民は歴史的にどのような立場だったのだろう。

1 19世紀以降の移民の流れ

A 移民の流れ

➡日本からの移民　➡中国からの移民

カナダ　シベリア
アメリカ合衆国　ヨーロッパ　日本
アラビア　中国
インド
タイ
ブラジル
南アフリカ　オーストラリア
ニュージーランド

←ヨーロッパからの移民　←インドからの移民　←←←アフリカ系奴隷の移動

2 印僑・華僑 ←P.65

B 現代の華僑・華人の分布

中国
ミャンマー　135万人 2.5%　ラオス　ベトナム　タイ 738万人 10.6%　フィリピン
728万人　カンボジア　アンダマン海
マレーシア 22.8%　ブルネイ 10.2% 4万人
432万人 74.4%　南シナ海
シンガポール　セレベス海
ジャワ海　1083万人
インドネシア 4.0%

0　500km

■集中地区
■散布地区
中国系の対総人口比（%，2019年）

植民地時代の東南アジアにおいて，プランテーションなどの労働力として渡った印僑・華僑は，同郷者の集団を中心として移民ネットワークを形成し，やがて東南アジアの経済発展に重要な役割を果たした。マレーシアやシンガポールでは現在でも華僑の比率が高く，経済的な影響力も大きい。印僑は世界各地に拡散したが，特に近年では，アメリカのICT産業における印僑の活躍が目立つ。

3 移民大国アメリカ

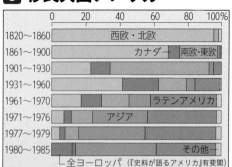

	西欧・北欧			カナダ	南欧・東欧
1820～1860					
1861～1900					
1901～1930					
1931～1960					
1961～1970		ラテンアメリカ			
1971～1976	アジア				
1977～1979					
1980～1985		その他			

全ヨーロッパ（『史料が語るアメリカ』有斐閣）

↑③アメリカ合衆国への移民出身地域の変化　19世紀後半には，奴隷制廃止に伴う代替労働力として移民が増加した。アイルランド系移民（←P.56）や，ポグロム（→P.125）から逃れたユダヤ系移民，開港した中国や日本からの移民が増加した。一方，仕事を奪われる危機感から，新たな移民への差別や迫害の動きも生まれ，20世紀前半には移民が減少した。←P.33

著名なアメリカ移民とその子孫
アンドリュー＝カーネギー（スコットランド系，鉄鋼王）
ジョン＝F＝ケネディ（アイルランド系，第35代大統領）
スティーヴン＝スピルバーグ（ユダヤ系，映画監督）
マドンナ（イタリア系，歌手）
ヨーヨー＝マ（中国系，音楽家）

●日本人移民とアメリカ ←P.33

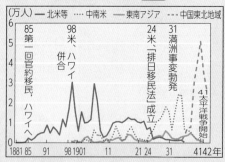

（万人）　—北米等　……中南米　—東南アジア　----中国東北地域

85 第一回官約移民・ハワイへ　98 米，ハワイ併合　24 米，「排日移民法」成立　31 満洲事変勃発　41 太平洋戦争開始

1881 85 91 98 1901 11 21 24 31 4142年

↑④日本人移民の移住先の変遷　日本人移民の渡航先は，その時々の世界情勢により大きく変化した。アメリカへの移民が制限されると，コーヒープランテーションの労働力としてブラジルへの移民が増加した。

↑⑤ハワイの日本人移民
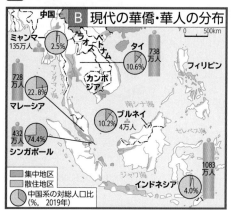

↑⑥移民の流入を嫌がる自由の女神
（1890年）　大西洋を渡ってくる移民が最初に目にするアメリカの象徴「自由の女神」に，「このまま移民が増えれば私はフランスに帰る」というセリフが付されている。東欧や南欧からの移民増加に嫌悪感を抱いた当時の人々が，その感情を代弁させている風刺画。

史料① 1924年移民法

第11条　（a）各国別の年間割当数は，1890年の合衆国国勢調査に基づき決定される。同年，合衆国本土に居住していた当該国生まれの者の数の2％とする……。

第13条　（c）合衆国の市民となりえない外国人は……合衆国に入国することを許されない。（『史料が語るアメリカ』有斐閣）

この法案で移民は国別に割当人数を定めて制限された。しかし，日本人を含む多くのアジア人は帰化不能人とされていたため，第13条によりアメリカへの移民が事実上禁止された日本人は憤慨して「排日移民法」とよんだ。

今を考える 工業化と環境破壊

❸レジ袋有料化 日本では2020年7月よりレジ袋が有料化された。

❶世界の年平均気温偏差の推移 近年,洪水や干ばつなどの異常気象が多発しており,その要因の一つに地球温暖化があるといわれている。

グラフ（気象庁資料）:
- 基準値は1991〜2020年の30年平均値
- — 各年の平均気温の基準値からの偏差
- ··· 偏差の5年移動平均値
- — 長期の変化傾向

縦軸 1.0〜-1.5,横軸 1890〜2020年

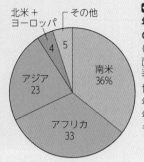

❷1990〜2020年の森林減少の地域別割合（植林による森林面積の増加分を考慮しない場合）世界の森林は,年平均(2015〜20年)で1,015万haも減少している。

円グラフ:
- 南米 36%
- アフリカ 33
- アジア 23
- 北米＋ヨーロッパ 4
- その他 5

森林減少や地球温暖化の要因をあげてみよう。また,環境を守るために,どのような取り組みが実施されてきただろう。

1 工業化と大気汚染

❹19世紀のイギリス ロンドンの大気汚染や水質汚濁は産業革命(➡P.42)とともに始まった。

❺足尾銅山(2012年撮影) 日本の公害問題の原点である足尾銅山では水質汚染(➡P.89)に加え大気汚染も起こった。第二次世界大戦後の**高度経済成長期**にも**四日市ぜんそくや水俣病**など公害問題が深刻になった(➡P.145)。その後,公害対策基本法のち環境基本法が制定され,環境省の設置に至った。

煙害で樹木が枯れた山々

足尾銅山の本山製錬所

❻スモッグで煙る紫禁城(2018年) 今日,「世界の工場」となった中国や経済成長に沸くタイなどでも大気汚染は深刻であり,大気汚染物質のpm2.5による国境を越えた被害が懸念されている。

2 グローバル化する環境問題

一部の国々の工業化は,途上国における資源開発・農地開発をもたらした。また,途上国の人口増加と工業化も顕著となってきた。このため,**温暖化や森林破壊**など,地球規模の環境問題が深刻化している。森林破壊の原因は地域によって異なる。先進国による工業用の伐採のほか,アフリカでは薪炭材利用の増加,東南アジアでは焼畑やアブラヤシ農園の増加,ブラジルでは牧牛場の開設などが原因と考えられる。**酸性雨**のような越境汚染も深刻であり,解決方法が模索されている。

❼オーストラリアなどで頻発する山火事(2019年)

❽酸性雨の被害を受けたドイツの森林

3 解決策の模索

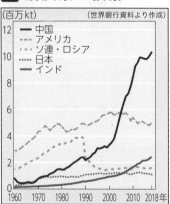

グラフ(百万kt)（世界銀行資料より作成）:
- — 中国
- --- アメリカ
- --- ソ連・ロシア
- ··· 日本
- — インド

縦軸 0〜12,横軸 1960〜2018年

❾主な国のCO₂排出量の推移

Paris, Fran

❿パリ協定の採択(2015年) 二酸化炭素排出削減に関する京都議定書に続く大きな枠組みとして,**パリ協定**が採択された(2016年発効)。地球温暖化対策では二酸化炭素排出大国の役割が大きい。そうしたなか,トランプ政権のもとでアメリカがパリ協定離脱を表明して批判が強まったが(2021年に復帰),一方で中国の存在感が増した。

⓫知床の雄大な自然 イギリスでは19世紀,産業革命による環境悪化から,歴史的資産と自然環境を守るための**ナショナルトラスト運動**が始まった。この運動は世界各地に広まり,日本においても様々な団体が設置されている。知床では,1977年に「しれとこ100平方メートル運動」が始まった。

世界遺産

国際秩序の変化や大衆化と私たち

第2章では，20世紀前半の時代を扱う。この時代は「国際秩序の変化や大衆化」がキーフレーズとなる。多くの面で国際的な結びつきが強まり，国家間の関係性が変化する中で，個人や集団の社会参加が拡大した時代を概観し，その特徴をとらえたい。

◆1913～54年の世界の動き

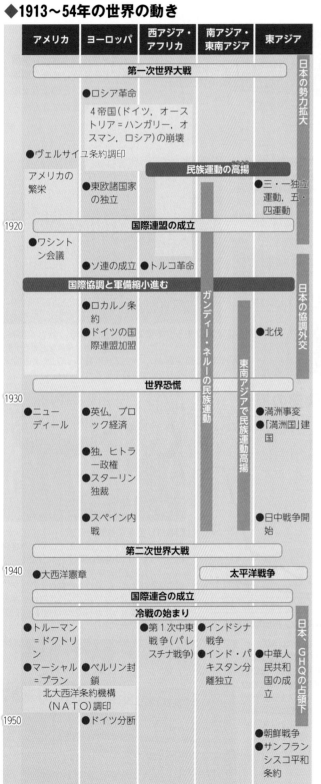

アメリカ	ヨーロッパ	西アジア・アフリカ	南アジア・東南アジア	東アジア	
第一次世界大戦					日本の勢力拡大
	●ロシア革命				
	4帝国（ドイツ，オーストリア＝ハンガリー，オスマン，ロシア）の崩壊				
●ヴェルサイユ条約調印					
		民族運動の高揚			
アメリカの繁栄	●東欧諸国家の独立			●三・一独立運動，五・四運動	
1920 国際連盟の成立					
●ワシントン会議					日本の協調外交
	●ソ連の成立	●トルコ革命			
国際協調と軍備縮小進む					
	●ロカルノ条約		ガンディー・ネルーの民族運動		
	●ドイツの国際連盟加盟			●北伐	
世界恐慌					
1930 ●ニューディール	●英仏，ブロック経済		東南アジアで民族運動高揚	●満洲事変 ●「満洲国」建国	
	●独，ヒトラー政権 ●スターリン独裁				
	●スペイン内戦			●日中戦争開始	
第二次世界大戦					
1940 ●大西洋憲章			太平洋戦争		
国際連合の成立					
冷戦の始まり					
●トルーマン＝ドクトリン		●第1次中東戦争（パレスチナ戦争）	●インドシナ戦争		日本，GHQの占領下
●マーシャル＝プラン 北大西洋条約機構（NATO）調印	●ベルリン封鎖		●インド・パキスタン分離独立	●中華人民共和国の成立	
1950	●ドイツ分断			●朝鮮戦争 ●サンフランシスコ平和条約	

国際関係の緊密化と米ソの台頭

↑①毒ガスにより目を負傷したイギリス兵 第一次世界大戦は，それまでの戦争と様相を異にし，総力戦となって長期化した。長期戦を打開するために，戦車・戦闘機・毒ガス・潜水艦が開発された。 **→P.96**

⇨②19世紀の主な戦争と第一次世界大戦における戦死者数

（写真はイギリス軍の戦車）

ナポレオン戦争（1805～15）	210
クリミア戦争（1853～56）	78.5
南北戦争（1861～65）	62.2
第一次世界大戦（1914～18）	1,000

（万人）200 400 600 800 1,000

生活様式の変化

↑⑥車であふれる街路（1920年代，アメリカ） 1920年代のアメリカに世界初の大衆消費社会が到来した。フォードが世界初の大衆車T型フォードを開発，馬車から自動車への転換はアメリカ人のライフスタイルを一変させた。 **→P.105**

⇨⑦電化製品の普及 都市では多くの家庭に電気が引かれるとともに，大量生産・大量消費による電化製品が普及，家庭生活は豊かで便利なものとなった。

⇦⑧ブロードウェイ・ミュージカル アメリカの経済発展は，様々な大衆文化を誕生・発展させた。

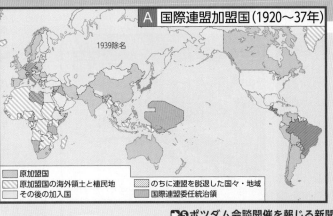

A 国際連盟加盟国（1920〜37年）

1939除名

- □ 原加盟国
- □ 原加盟国の海外領土と植民地
- □ その後の加入国
- ▨ のちに連盟を脱退した国々・地域
- ■ 国際連盟委任統治領

➡❸**国際連盟とアメリカの関係を示す風刺画**（「一人で遊びたかった子ども」，1919年）　ウィルソン米大統領は連盟の設立に尽力したが，議会の反対でアメリカは不参加となった。➡P.101

➡❹**ワシントン会議**（1921年）　ハーディング米大統領の提唱で開催され，アメリカが国際政治で指導的な役割を果たした。➡P.100

➡❺**ポツダム会談開催を報じる新聞記事**（1945年7月）　第二次世界大戦の戦後処理を決定するために，米・英・ソの首脳が集まって行われた。➡P.123

史料❶　広島原爆投下に関するトルーマン米大統領声明（1945年8月）

16時間前，アメリカの戦闘機が日本の重要な陸軍基地の一つ広島に爆弾を投下した。……日本人はパールハーバーへの空からの攻撃で戦争を開始した。彼らは何倍もの仕返しを受けたことになる。それは原子爆弾である。……

『世界史史料10』岩波書店

大衆の政治的・経済的・社会的地位の変化

⬆❾**日本人とT型フォード**　1924年の関東大震災後，東京では，路面電車の代わりにアメリカから輸入したT型フォードを改造した円太郎バスが走行した。T型フォードは，1925年に日本でも生産されるようになった。

●「おいしさ」が登場

この頃，日本ではミルクやバターを使った洋菓子が子どものおやつに加わった。しかし，値段が高く，なかなか口にはできなかった。

➡❿**森永ミルクキャラメル**（1914年発売）

➡⓫**カルピス**（1919年発売）

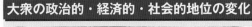

⬆⓬**メーデーへの参加をよびかけるビラ**（1920年5月）　日本の第1回メーデーは1920年5月2日に，東京・上野公園で開催された。➡P.110

➡⓮**総選挙で投票する女性**（1918年，イギリス）　第一次世界大戦を経て，女性の社会進出が進み，女性参政権も欧米各国で認められるようになり，女性の地位が向上した。➡P.102,134

⬅⓯**参政権獲得をめざして署名活動を行う女性たち**（1928年，日本）➡P.110

⬆⓭**ボランティアによって運転されるバス**　イギリスでは，1926年に炭鉱労働者の労働条件改善要求の決裂から，運輸業や製造業などの諸部門も巻き込んだ大規模なストライキが発生した。このような中で，街ではボランティアがバスや鉄道などの運転手として働く光景も見られた。

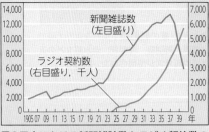

⬆⓰**日本における新聞雑誌数とラジオ契約数の変化**　新聞雑誌数は1920年代から急速に増加，中でも『讀賣新聞』が当時の新風俗，ラジオ放送，将棋，ボクシング等を取り上げた紙面で好評を博し，部数を伸ばした。また，ラジオは1925年の放送開始後，音楽やスポーツ中継など多彩なプログラムを提供した。➡P.111

クローズアップ

↑①出征する**ドイツ兵**（1914年） 列車には「パリへの小旅行」「シャンゼリゼ通りで会いましょう」などと書かれている。

②塹壕

機関銃から身を守るために延々と掘られた塹壕で双方が対峙し，戦争は長期化した。

? 人々は当初，この戦争をどのようなものと考えていただろう。

---

① 第一次世界大戦の経過

1878	ベルリン会議（**P.59**）→セルビア・モンテネグロ・ルーマニア独立
1908	オスマン帝国で青年トルコ革命 **P.86** →オーストリア，ボスニア・ヘルツェゴヴィナ併合
1912	**バルカン同盟**の結成（セルビア・ブルガリア・モンテネグロ・ギリシア）
1912	バルカン戦争（2回，〜13）
1914.6	**サライェヴォ事件**（セルビア人青年がオーストリア帝位継承者夫妻を暗殺）
7	**オーストリア，セルビアに宣戦** → 第一次世界大戦の勃発
8	ドイツ（同盟国側），ロシア・フランス・イギリス・日本（連合国側）参戦
1915.1	**日本，中国に二十一カ条要求**
5	イタリア，連合国側で参戦
1917.2	ドイツ，**無制限潜水艦作戦**を宣言
3	**ロシア革命**始まる **P.98**
4	**アメリカ，連合国側で参戦**
11	日米間で石井・ランシング協定 **P.100**
1918.1	**ウィルソン，十四カ条**を提案 **P.99**
3	ブレスト＝リトフスク条約（ロシア離脱）
11	ドイツ革命→ドイツ，連合国と休戦協定 → 第一次世界大戦の終結

---

② 国際関係の推移

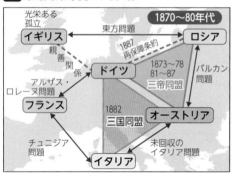

1870〜80年代

光栄ある孤立／イギリス／東方問題／ロシア／親善関係／1887 再保障条約／ドイツ／1873〜78 81〜87 三帝同盟／バルカン問題／アルザス・ロレーヌ問題／フランス／1882 三国同盟／オーストリア／チュニジア問題／未回収のイタリア問題／イタリア

第一次世界大戦直前

日本／1902 日英同盟／1907 日露協約／イギリス／1907 英露協商／ロシア／三国協商／1904 英仏協商／3C・3Bの対立／1891 露仏同盟／バルカン問題／バルカン問題／フランス／ドイツ／モロッコ事件／三国同盟／オーストリア／未回収のイタリア問題／イタリア

列強は植民地と勢力範囲の拡大をめぐって争い，同盟を結んだ。バルカン半島では，ドイツ・オーストリアがパン＝ゲルマン主義を，ロシアがパン＝スラヴ主義を唱えて進出し，2度のバルカン戦争が起こった。

史料① ドイツの社会民主党議員の声明（1914年）

……社会民主党はこの危険な展開を回避すべく全力で闘ってきた。そして最後の瞬間まで，あらゆる国で，特にフランスの兄弟たちと協調して，平和の維持のためにはたらきかけてきた。しかし，こうした奮闘は無駄に終わった。……重要なのは，この危険を阻止し，わが国の文化と独立を確保することである。……危機の時に祖国を見捨ててはならない。

（『ドイツ・フランス共通歴史教科書【近現代史】』明石書店）

---

③ 第一次世界大戦の主力兵器

↑③**ドイツ軍の戦闘機** 第一次世界大戦では，戦車，戦闘機，機関銃，潜水艦などの近代兵器や毒ガスが使用された。**P.94**

↑④**ドイツ軍の潜水艦** ドイツ軍による**無制限潜水艦作戦**がアメリカの参戦を招いた。

歴史のスパイス トレンチコートは，第一次世界大戦中，塹壕で戦う兵士たちのために作られたものが起源である。

資料から読み解く 「総力戦」を読み解く

↑⑤「**国際法の守護者**」（左，ドイツの風刺画）と⑥「**ドイツ式戦争**」（右，フランスのイラスト） 左は，ドクロに囲まれながら「戦争も商売の一つ」と語るイギリス人を描いたもの。右は，死体に囲まれながら勝利のポーズをとるドイツ兵を描いたもの。

読み解き

①風刺画やポスターは，それぞれどのような意図をもって作られたのだろう。
②第一次世界大戦の特徴について，風刺画やポスターから読み取れることをもとに考えてみよう。

↑⑦戦意を高めるためのポスター（アメリカ）

↑⑧**軍需工場で働く女性**（イギリス） 軍需工場だけでなく，市電・バスの運転手などにも女性が採用された。

4 第一次世界大戦の展開

A 第一次世界大戦中のヨーロッパ

ノルウェー王国
オスロ
スウェーデン王国
ストックホルム
1917 二月革命 十月革命
サンクト=ペテルブルク（ペトログラード）
カザン
モスクワ
ロシア帝国

1918.11 ドイツ革命
デンマーク王国
コペンハーゲン
ダブリン
イギリス王国
キール
ダンツィヒ
タンネンベルク

アメリカ船舶の安全航路
ロンドン
オランダ
ベルリン
ワルシャワ
ブレスト=リトフスク
1918.3 ブレスト=リトフスク条約

1918.11.11 休戦条約
ソンム
ベルギー
ドイツ帝国
キエフ
ウクライナ

パリ
ミュンヘン
ウィーン
フランス共和国
スイス
オーストリア=ハンガリー帝国

ポルトガル共和国
リスボン
マドリード
スペイン王国
ジブラルタル
バルセロナ
コルシカ島
マルセイユ
サルデーニャ島
ローマ
イタリア王国
トリエステ
ボスニア
サライェヴォ
セルビア
モンテネグロ
アルバニア
ルーマニア王国
ブルガリア王国
セヴァストーポリ
黒海
カルス

1914.6.28 サライェヴォ事件
シチリア島
アテネ
ギリシア王国
イスタンブル
オスマン帝国

チュニス
ギリシアへの安全航路
クレタ島
キプロス島
ダマスクス
エルサレム
アラビア

トリポリ
アレクサンドリア
カイロ
地中海

□ 三国同盟(1882)	東部戦線
□ 三国協商(1907)	—— 1917年12月
■ 同盟国側	—— 1918年11月
■ 連合国側	西部戦線
■ 中立国	—— 1917年8月
■ ドイツの海上封鎖	—— 1918年11月
海域(1917.2〜11)	× 主な戦場

1000km

●イギリスの秘密外交

イギリス	対アラブ人	**フセイン・マクマホン協定(1915)** オスマン帝国治下のアラブ人独立支持を約束→対オスマン帝国戦への協力を求めるため	相互に矛盾→パレスチナ問題の発端
	対仏・露	**サイクス・ピコ協定(1916)** 英・仏・露によるオスマン帝国領の分割協定→パレスチナの国際管理も約束	
	対ユダヤ人	**バルフォア宣言(1917)** パレスチナにユダヤ人の民族的郷土を建設することを支持→ユダヤ系金融資本の協力を得るため	

B 青島の占領

数字は、上陸または占領年.月.日　←日本軍の進路

中華民国
朝鮮
済南 14.10.7
博山
濰県 14.9.26
英州
龍口 1914.9.2
山東半島
海陽
膠州
青島 14.11.7
膠州湾
14.10.19
イギリス租借 1898〜1930 威海衛
中立地
日本

100km

5 日本の参戦

史料② 井上馨の提言(1914年8月)

一，今回のヨーロッパの大禍乱は，日本の国運の発展に対する大正新時代[2]の天佑[3]であり，日本はすぐに挙国一致の団結をして，この天佑を享受しなければならない。
……大正新政の発展は，この世界的な大禍乱[1]の時局に決するのであり，欧米の強国と並行・提携し，世界的な問題から日本を度外することができないような基礎を確立し，それによって近年ややもすれば日本を孤立させようとする欧米の趨勢を，根底より一掃させなければならない。

① 大騒動　② 1912年に明治から大正に改元　③ 天の助け

二十一カ条要求(1915年1月)

第1号　山東省のドイツ権益の継承
第2号　南満洲・東部内モンゴルにおける権益の強化
第3号　漢冶萍公司*の日中合弁会社化
第4号　中国沿岸の不割譲の確認
第5号　中央政府の政治・財務および軍事顧問に日本人を雇用

＊1908年に設立された中国の製鉄会社

1914年8月，**日英同盟を理由に第一次世界大戦に参戦**した日本は，ドイツ勢力下にある中国山東省の青島や済南，ドイツ領南洋諸島を占領するとともに，1915年には，**中国の袁世凱政権に二十一カ条要求を突きつけた。**

←⑨石橋湛山(1884〜1973)　『東洋経済新報』の記者として，社説で日本の青島領有や二十一カ条要求に反対した。また，1921年には，植民地の放棄を主張して軍事力による膨張主義を批判した。

何もかも棄てて掛るのだ。これが一番の，而して唯一の道である。

史料③ ドイツ外務省記録(1920年7月)

情勢の安定化は侵略的な日本の姿勢とその他の連合国の無関心な態度によって困難となっている。日本は世界政策に参入して以来描いてきた東アジアでの指導的地位をめざすという道を1915年以来頑固に突き進んでいる。この路線の当面の目標は，鉄鋼・石炭などの需要を中国から確保し，補給路を確保することであり，満洲と山東における特権的地位の確保である。（『世界史史料12』岩波書店）

資料 から読み解く 総力戦と植民地

史料④ ガンディーのインド総督宛書簡

将来，帝国内で私たちが完全なパートナーとなることを希望していますが，危機に際して帝国に全面的に助力するのは私たちの義務です。しかし，次のことはいわなければなりません，その義務には，こうした助力により私たちがその目的に早く到達できるとの期待が結びついている，ということです。ですからあなたの演説によれば，すぐに実行が期待される改革のうちに，国民会議とムスリム連盟の主な諸要求が取り入れられている，と信じる権利が人々にはあるのです。それができることでしたら，このようなときに自治のことなど口にすらしなかったでしょう。それどころか，帝国の危機に際して，すべての壮健なインド人たちに，帝国防衛のために黙って犠牲になるように促したことでしょう。それだけをすることで，私たちは帝国の最大の，尊敬されるパートナーとなったことでしょうし，人種差別と国家的差別は根絶されたことでしょう。

（ガンディー著，田中敏雄訳『ガーンディー自叙伝 2』平凡社）

←⑩1915年頃のガンディー

派兵地域	イギリス人	インド人	総計
フランス	21,348	138,608	159,956
東アフリカ	5,609	47,704	53,313
メソポタミア	185,497	675,391	860,888
エジプト	20,259	144,026	164,285
ガリポリ	227	4,950	5,177
サロニカ	937	9,931	10,868
アデン	2,219	26,202	28,421
ペルシア湾	2,010	50,198	52,208
合　計	238,106	1,097,010	1,335,116

←⑪第一次世界大戦におけるインドからの兵員動員数
（秋田茂『イギリス帝国の歴史』中公新書）

＊開戦直後にインドからイギリス本国に呼び戻されたイギリス人将兵42,430名を含めると，総動員数は1,377,546名となる。

読み解き

1 インド帝国は，第一次世界大戦に，どのように関わっただろう。

2 インドの第一次世界大戦への関わりにはどのような背景があったのだろう。ガンディーの書簡をもとに考えよう。

3 第一次世界大戦の特徴は，その後の世界にどのような影響を与えただろう。予想してみよう。

←⑫第一次世界大戦に従軍したグルカ兵（ネパール出身のインド軍精鋭）を閲兵するイギリス軍将校

ことば **無制限潜水艦作戦**　ドイツがとった海上封鎖戦術で，自国の潜水艦が活動する水域内を航行する艦船について，国籍を問わず，無警告・無差別に攻撃を行うという作戦。

クローズアップ

➡①1920年に発表されたボリシェヴィキのポスター「同志レーニンは不純物を掃除して地球を綺麗にします」と書かれている。

➡②「鎌と槌」 ソヴィエトのシンボルとして用いられた。

➡③ソ連の国旗

❓ロシア革命は何をめざしていたと考えられるだろう。

Тов. Ленин ОЧИЩАЕТ землю от нечисти.

➡④「資本主義ピラミッド」 1900年にロシアで作成されたパンフレットの図案を元に，1911年にアメリカの労働組合が作成した英語版ポスター。

皇族：我々が支配する
聖職者：我々がだます
軍人：我々が殺す
貴族：我々が食べる
労働者：我々が食べさせる　我々が働く

皇后アレクサンドラ
ニコライ２世
皇女アナスタシア
皇太子アレクセイ

↑⑤ロシア最後の皇帝ニコライ２世とその家族 十月革命後の1918年７月，ニコライ２世は家族とともにボリシェヴィキに銃殺された。

➡⑥レーニン（1870〜1924）ボリシェヴィキの指導者。1917年４月，亡命先のスイスから帰国して**四月テーゼ**を発表し，「**すべての権力をソヴィエトへ**」とよびかけた。十月革命でソヴィエト政権を樹立した。

1 ロシア革命の経過

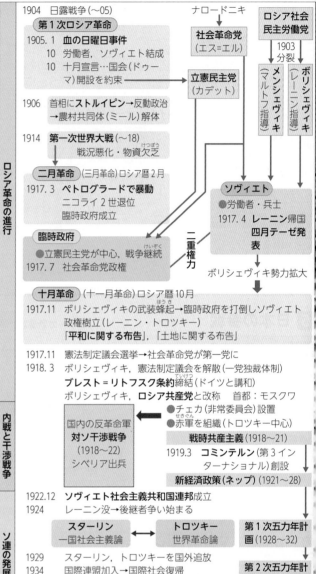

	年	事項
ロシア革命の進行	1904	日露戦争（〜05）
		第１次ロシア革命
	1905.1	**血の日曜日事件**
	10	労働者，ソヴィエト結成
	10	**十月宣言**…国会（ドゥーマ）開設を約束
	1906	首相に**ストルイピン**→反動政治→農村共同体（ミール）解体
	1914	**第一次世界大戦**（〜18）戦況悪化・物資欠乏
		二月革命（三月革命）ロシア暦２月
	1917.3	**ペトログラード**で暴動 ニコライ２世退位 臨時政府成立
		臨時政府
		●立憲民主党が中心，戦争継続
	1917.7	社会革命党政権
		十月革命（十一月革命）ロシア暦10月
	1917.11	ボリシェヴィキの武装蜂起→臨時政府を打倒しソヴィエト政権樹立（レーニン・トロツキー）「**平和に関する布告**」，「**土地に関する布告**」
内戦と干渉戦争	1917.11	憲法制定議会選挙→社会革命党が第一党に
	1918.3	ボリシェヴィキ，憲法制定議会を解散（一党独裁体制）**ブレスト＝リトフスク条約締結**（ドイツと講和）ボリシェヴィキ，**ロシア共産党**と改称　首都：モスクワ
	1919.3	**コミンテルン**（第３インターナショナル）創設
		新経済政策（ネップ）（1921〜28）
ソ連の発展	1922.12	**ソヴィエト社会主義共和国連邦**成立
	1924	レーニン没→後継者争い始まる
	1929	スターリン，トロツキーを国外追放
	1934	国際連盟加入→国際社会復帰 ●**大粛清**始まる **スターリン独裁**（個人崇拝，共産党の一党支配）
	1936	**スターリン憲法**制定

ナロードニキ
社会革命党（エス＝エル）
立憲民主党（カデット）

ロシア社会民主労働党
1903 分裂
メンシェヴィキ（マルトフ指導）
ボリシェヴィキ（レーニン指導）

ソヴィエト
●労働者・兵士
1917.4 **レーニン**帰国 **四月テーゼ**発表
ボリシェヴィキ勢力拡大

二重権力

国内の反革命軍
対ソ干渉戦争（1918〜22）シベリア出兵

●**チェカ**（非常委員会）設置
●**赤軍**を組織（トロツキー中心）
戦時共産主義（1918〜21）

スターリン 一国社会主義論 ←→ **トロツキー** 世界革命論

第１次五カ年計画（1928〜32）
第２次五カ年計画（1933〜37）

2 ロシア革命の影響

1917 ロシア革命

ドイツ革命（1918〜19）
フランス共産党結成（1921）
ハンガリー共産党政権（1919）
エジプトのワフド党の独立運動（1919〜22）
モンゴル人民共和国成立（1924）
中国共産党結成（1921）
インド反英運動（1919〜22）
日本共産党結成（1922）
インドシナ共産党結成（1930）
インドネシア共産党結成（1920）

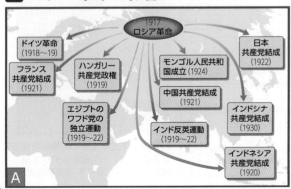

史料① 第３インターナショナルの宣言（1919年３月６日）

もしも第１インターナショナルが将来の発展を予測し，その道を示したとすれば，もしも第２インターナショナルが数百万人のプロレタリアートを結集し，組織したとすれば，第３インターナショナルは公然たる大衆行動のインターナショナルであり，革命実現のインターナショナルであり，事業のインターナショナルである。……国際的共産党の課題はこの秩序を打ち壊して，その場所に社会主義者の殿堂を建てることである。

（『世界史史料10』岩波書店）

↑⑦内戦期に描かれたロシア白軍（反革命側）のポスター ボリシェヴィキがマルクスの祭壇に生贄を捧げている。

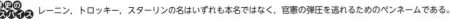

資料 から読み解く 「平和に関する布告」と「十四カ条」を読む

史料② 平和に関する布告（1917年11月8日）

……労農政府は，すべての交戦諸民族とその政府に対して，公正で民主的な講和についての交渉を即時に開始することを提議する。公正な，または民主的な講和は，戦争で疲れはて苦しみぬいているすべての交戦諸国の労働者階級と勤労者階級の圧倒的多数が待ちのぞんでいるものであり，……君主制の打倒後にロシアの労働者と農民が……根気よく要求してきたものであるが，政府がこのような講和とみなしているものは，無併合，無賠償の即時の講和である。……政府が併合または他国の土地の略奪と理解しているのは，……弱小民族が同意または希望を正確に，明白に，自由意志で表明していないのに，強大な国家が弱小民族を統合することである。その際，その強制的統合がいつ行われたか，また，民族がどれだけ発展しているか遅れているかにはかかわりない。さらに，その民族がヨーロッパに住んでいるか，遠い海外諸国に住んでいるかにもかかわりない。……政府は秘密外交を廃止し，自らすべての交渉を全人民の前で，完全に公然と行う確固たる意向を表明し，1917年2月から10月25日までに地主と資本家の政府によって確認または締結された秘密条約の，完全な公開に直ちに着手する。政府はこれらの条約の全内容を……無条件に即時に無効を宣言する。
『世界史史料10』岩波書店

史料③ ウィルソンの十四カ条（1918年1月8日）

1. 平和の盟約が公開のうちに合意された後は，外交はつねに正直に，公衆の見守る中で進められねばならず，いかなる私的な国際的了解事項もあってはならない。
2. 領海外の公海においては，戦時，平時を問わず，完全な航行の自由が認められねばならない。……
5. すべての植民地に関する要求は，自由かつ偏見なしに，そして厳格な公正さをもって調整されねばならない。主権をめぐるあらゆる問題を決定する際には，対象となる人民の利害が，主権の決定をうけることになる政府の公正な要求と平等の重みをもつという原則を厳格に守らねばならない。
10. われわれは，オーストリア＝ハンガリーの人々が民族としての地位を保護されることを望んでいる。彼らには自治的発展のため，最大限の自由な機会を与えられるべきである。
14. 大国と小国とを問わず，政治的独立と領土的保全とを相互に保証することを目的とした明確な規約のもとに，国家の一般的な連合が樹立されねばならない。
『世界史史料10』岩波書店

R8 ウィルソン（1856〜1924）アメリカ大統領。第一次世界大戦に対し，当初，中立を維持したが，1917年に参戦した。

🔍読み解き
1 2つの史料において，同じ内容を述べている個所に下線を引いてみよう。
2 2つの史料の共通点・相違点は何だろうか。

❸ 内戦と干渉戦争

Ｂ 内戦と干渉戦争

凡例：
→ 外国干渉軍
→ ロシア白軍
→ 革命軍の進路
日本軍・反革命軍占領地
赤字 ソ連成立時の4共和国
— ロシア帝国国境（1914年）
ボリシェヴィキが支配した地域（1919年10月）
ソヴィエト国境（1921年3月）
ブレスト＝リトフスク条約（1918年3月）によりロシアが割譲した地域

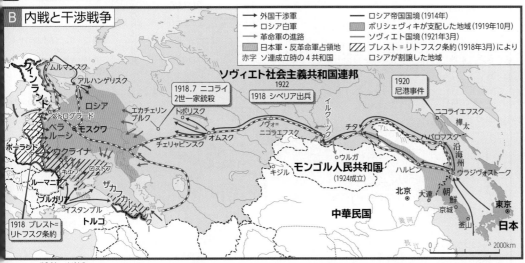

ソヴィエト社会主義共和国連邦 1922

1918.7 ニコライ2世一家銃殺
1918 シベリア出兵
1920 尼港事件

モンゴル人民共和国（1924成立）

中華民国

1918 ブレスト＝リトフスク条約

日本

2000km

⬆️9 シベリア出兵の風刺画 ①白熊（ソヴィエト政権）にてこずっている日本兵の様子を，②すでに撤兵した連合軍が暖炉の前で見ている。③日本は巨額の軍事費を底なし井戸に投げ込んでいる。北沢楽天画，さいたま市立漫画会館提供

1918年，赤軍と衝突したチェコスロヴァキア軍の救出を名目に，日本はイギリス・アメリカなどとともに**シベリアに出兵**した。第一次世界大戦後，アメリカやイギリスは1920年に撤退したが，日本は1922年までシベリア東部に駐留を続けた。

❹ 第一次世界大戦の終結

10 キール軍港での労働者の蜂起（ドイツ，1918年11月）　キール軍港の蜂起をきっかけにドイツ革命が起こり，皇帝ヴィルヘルム2世は亡命した。

史料④ ドイツ新政府のよびかけ（1918年11月9日）

今日，この日をもって国民の解放は完了した。皇帝は退位し，その長男は帝位継承を断念した。……現政権が休戦協定を結び，和平交渉を行い，国民に食料の供給を保証し，戦地にいる国民を秩序あるやり方で早急に家族のもとに返し，彼らが正当な給料の支払われる仕事につけるように努力する。……人命は尊い。財産は横暴な侵害から守られなければならない。……誠実な献身をもって，国民の未来のすべてがかかっている我々の活動をともに成し遂げようとする者は，自分は世界史の偉大な瞬間において国民の幸福の創造者であったと口にすることが許されるのである。我々はとてつもない課題に直面しているのだ。
町の工場や農地で働く男性も女性も，また軍服や作業着の諸君も，ともに助け合おう！
『ドイツ・フランス共通歴史教科書【近現代史】』明石書店

●帝国の崩壊

- ドイツ帝国の崩壊
- オーストリア＝ハンガリー帝国の崩壊
  → チェコスロヴァキア・ハンガリー・ユーゴスラヴィアの独立
- ロシア帝国の崩壊
  → バルト3国・ポーランドの独立

第一次世界大戦とロシア革命による三つの帝国の崩壊は，東ヨーロッパの諸民族の独立をもたらした。また，オスマン帝国もこの大戦をきっかけに崩壊した。➡P.106

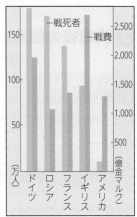

戦死者　戦費

ドイツ　ロシア　フランス　イギリス　アメリカ
（万人）　　　　　　　　　　　　（億金マルク）

⬆️11 第一次世界大戦による被害　莫大な戦費とともに，非戦闘員を含む多くの戦死者をもたらした。⬅P.95

白軍　ソヴィエト政権に反対する地主・貴族・帝政派将校らが諸外国の支援を受けながら各地で結成した。ボリシェヴィキの赤軍に対して白軍とよばれる。

🔭 クローズアップ

ウィルソンの十四カ条 (1918年) ◀ P.99

① 講和の公開，秘密外交の廃止
② 公海の自由　③ 平等な通商関係の樹立
④ 軍備縮小　⑤ 植民地の公正な措置
⑥ ロシアからの撤兵とロシアの自由選択
⑦ ベルギーの主権回復
⑧ アルザス・ロレーヌのフランスへの返還
⑨ イタリア国境の再調整
⑩ オーストリア＝ハンガリー帝国内の民族自決
⑪ バルカン諸国の独立保障
⑫ オスマン帝国支配下の民族の自治保障
⑬ ポーランドの独立
⑭ 国際平和機構の設立

アメリカのウィルソン大統領 (◀ P.99) は，レーニンの「平和に関する布告」に対抗し，大戦後の和平交渉の主導権を握ろうとして十四カ条を発表した。

? 十四カ条の中で実現したものはどれだろう。

↑❶ ヴェルサイユ条約の調印　1919年1月18日に始まったパリ講和会議は，戦勝27カ国が参加したが，実質は米・英・仏がそれぞれの思惑を抱きながらリードした。ドイツの代表は会議に招かれることがないまま，因縁の場所「鏡の間」(◀ P.58) での調印を迎えた。

1 ヴェルサイユ＝ワシントン体制

1918. 1	ウィルソン，十四カ条発表
11	第一次世界大戦終結
1919. 1	パリ講和会議
6	ヴェルサイユ条約調印
8	ドイツでヴァイマル憲法制定
1920. 1	国際連盟成立
1921.11	ワシントン会議 (〜1922.2)
1923. 1	フランス・ベルギー，ルール占領
1924. 8	ドーズ案 (ドイツの賠償金の支払緩和と米の資本投下)
1925. 8	フランスがルール占領解除
12	ロカルノ条約 ▶ P.102 …国境不可侵，ラインラントの非武装化
1928. 8	不戦条約 ▶ P.102 …戦争の違法化
1929. 6	ヤング案 (ドイツの賠償額減額)
10	ニューヨークで株価暴落 →世界恐慌へ
1930. 1	ロンドン会議 …ロンドン海軍軍縮条約調印

＊オーストリアやブルガリアも連合国との講和条約を個別に結んだ。オスマン帝国は1920年にセーヴル条約を結び，多くの領土を失った。

A ヴェルサイユ体制下のヨーロッパ

凡例：
──── 第一次世界大戦前のドイツ・オーストリア＝ハンガリー帝国およびロシア帝国の国境
- - - - 第一次世界大戦後の国境
　　　 新独立国
● 主要条約締結地
数字　独立年
セーヴル条約後のトルコ (1920.10.8)
ローザンヌ条約後のトルコ (1923.7.24)
1936年までの非武装地帯
国際管理地域
連合軍占領地域
カーゾン線
1920年カーゾン提案のソヴィエト・ポーランドの停戦ライン

1919.1〜6 パリ講和会議
1920.1.20 国際連盟成立

2 大戦後の国際協調

```
ウィルソン    戦争の    英・米の警戒  日本も協調
の十四カ条    惨禍                  外交へ
              大戦中の日本の中国大陸進出
   ↓          ↓         ↓           ↓
ヴェルサイユ体制           ワシントン体制
ヨーロッパにおける国際秩序   アジア・太平洋地域における国際秩序
● ヴェルサイユ条約        ● ワシントン会議
                         (四カ国条約・九カ国条約・海軍軍縮条約)
● ロカルノ条約
```

● 国際連盟の設立 (原加盟国42カ国)
● 不戦条約 (戦争放棄と紛争の平和的解決めざす。63カ国が批准)

1920年代半ばには相対的安定期とよばれる協調体制が生まれた。

● ワシントン会議で締結された諸条約

四カ国条約 (1921)	● 米・英・日・仏 ● 太平洋の現状維持 ● 日英同盟廃棄 (1923)
九カ国条約 (1922)	● 米・英・日・仏・伊・中・蘭・ベルギー・ポルトガル ● 中国の主権・領土の尊重，機会均等，門戸開放 ● 石井・ランシング協定廃棄 (1923)
海軍軍縮条約 (1922)	● 米・英・日・仏・伊 ● 主力艦の保有比率決定 ＝米5：英5：日3：仏1.67：伊1.67

＊アメリカは中国における日本の特殊権益を，日本はアメリカが主張する中国の領土保全・門戸開放を互いに認め合った1917年の協定。

史料❶ 九カ国条約 (1922年)

第1条　(1)中国の主権，独立，領土的ならびに行政的保全を尊重すること。
第3条　中国における門戸開放あるいは通商と産業に関する機会均等をすべての国民により効率的に適用するために，……以下のことを求めることを支持しないことを支持する。
(a)中国のいかなる地域においても通商上あるいは経済発展に関して，自己の利益のために，何らかの一般的な優越的諸権利を確立することを主張するような合意。
(『世界史史料10』岩波書店)

➋ ワシントン会議の日本全権 (1921年)　日本からは加藤友三郎・幣原喜重郎・徳川家達が全権として参加した。

幣原喜重郎　加藤友三郎　徳川家達

 歴史のスパイス　1918年から世界的に流行したスペイン風邪にウィルソンも罹患し，パリ講和会議では気力体力が萎えていたという。

1 ヴェルサイユ条約

●ヴェルサイユ条約の主な内容
(15編440条，1919年6月)

(1) 国際連盟の設立（国際連盟規約）
(2) ドイツは全植民地と海外の一切の権利を放棄し，領土を割譲（面積の13%，人口の10%を失う）
　① アルザス・ロレーヌをフランスへ
　② モレネ・オイペン・マルメディをベルギーへ
　③ ポーランド回廊をポーランドへ
　④ 上シュレジエンの一部をチェコスロヴァキアへ
　⑤ メーメルをリトアニアへ
　⑥ 上シュレジエン・東プロイセン南部・北シュレスヴィヒは人民投票で帰属決定
　⑦ ザールは15年間国際連盟の管理下に（炭田の所有・採掘権はフランスに帰属）。その後人民投票で帰属を決定
　⑧ ダンツィヒは自由都市として国際連盟管理
　⑨ オーストリアとの合併禁止。ブレスト＝リトフスク条約の失効
(3) 軍備制限（陸軍10万，海軍1万5千），徴兵制禁止，潜水艦・空軍の保有禁止，ラインラント右岸の非武装化，左岸は連合国が保証占領
(4) 賠償金支払い（総額は1921年5月1日以前に決定）

ドイツと連合国との講和条約で，ドイツにとって厳しい内容が定められた。

史料1 ヴェルサイユ条約第231条

（戦争責任）連合国及びその関連国の政府は以下を宣言し，ドイツはこれを認める。即ち，ドイツとその同盟国は，連合国及びその関連国の政府と国民がドイツ及びその同盟国の攻撃によってやむなくされた戦争のために被ったすべての損失と損害に対する責任を負う。（『ドイツ・フランス共通歴史教科書【近現代史】』明石書店）

A ドイツの失った海外領土

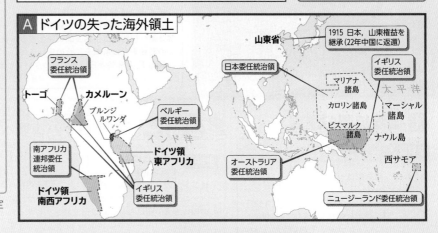

山東省
1915 日本，山東権益を継承（'22年中国に返還）
フランス委任統治領
日本委任統治領
イギリス委任統治領
マリアナ諸島
カロリン諸島
マーシャル諸島
ビスマルク諸島
ナウル島
太平洋
西サモア
トーゴ
カメルーン
ブルンジルワンダ
ベルギー委任統治領
インド洋
南アフリカ連邦委任統治領
ドイツ領東アフリカ
イギリス委任統治領
ドイツ領南西アフリカ
オーストラリア委任統治領
ニュージーランド委任統治領

読み解き
1 ヴェルサイユ条約では何が決められたのだろう。ドイツにとって 史料1 がとりわけ受け入れがたかったのはなぜだろう。
2 ヴェルサイユ条約の戦勝国の意図は何だろう。それは間違いだったのだろうか。

2 ヴェルサイユ条約への批判

史料2 経済学者ケインズの批判 (1920年)

この講和条約には，ヨーロッパの経済的な再建を目的とする決定は何ひとつ含まれていない。この条約には，戦争に敗れた中央同盟諸国をよき隣人とするためには何ひとつ，そして新ヨーロッパの国家体制をゆるぎないものにするためには何ひとつ，さらにロシアを救うためにも何ひとつ含まれていない。条約は，連合国同士間の経済的利益共同体を決して促進するものでもない。……四者は専ら別のことにかかわっていた。敵国の経済生活を全滅させようとするクレマンソー，よい商売をして，少なくとも一週間の間に形のある何がしかを本国に持ち帰ろうとするロイド＝ジョージ。大統領［ウィルソン］は，公正と権利の問題だけにかかずらわっていた。……我々の前には，仕事をする能力のあるのに職の無い者たちが群れる崩壊したヨーロッパがある。
（『ドイツの歴史【現代史】』明石書店）

史料3 パリ講和会議中国代表団からの批判 (1919年)

ヴェルサイユ講和条約の調印について。我が国は山東問題に対し，……［調印の］保留を続けると，5月26日に正式に……通知し，それ以後，各方面に全力で働きかけていることは，すでに……ご報告しているとおりです。……最初は条約の本文に［山東権益の返還を］明記することを主張しましたが認められず，……わずかに声明するだけで文字にとどめるにはおよばないと主張しましたが，それでも認められませんでした。……今回，もしさらにこらえて調印すれば，我が国の前途はさらにいうべきものがなくなってしまうでしょう。
（『世界史史料10』岩波書店）

史料4 ベルリンの工場主の日記 (1919年5月8日)

今日は，戦争最悪の日だ。ヴェルサイユの条件ときたら！生きる喜びをすべて断念し，心臓が止まりそうだ。……人道や正義についての美しい言葉はどこに行ったのか？敵も我々もそれを承認して休戦協定を結んだウィルソンの十四カ条はどこへ行ったのだ。みんな嘘だったのか？……備蓄を使い果たし，不安と苦労を取り込み，全国民が貧しくなり，自信を失うだろう。いや，これが軍事的に戦場で負けなかった国の最後ではありえない。
（『ドイツ・フランス共通歴史教科書【近現代史】』明石書店）

1 「ヴェルサイユの亡霊たち」(風刺画)
ヴェルサイユ条約にサインするヴィルヘルム2世の後ろに，ドイツ統一の立役者のビスマルクとヴィルヘルム1世の亡霊がいる。同じヴェルサイユでの栄光と屈辱を対比している。

読み解き
3 ヴェルサイユ条約批判のそれぞれの違いを比較検討しよう。

3 国際連盟の設立

●国際連盟の組織と加盟国
＊米大統領ウィルソンの提唱で1920年1月20日に発足

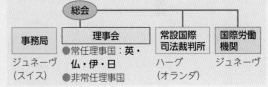

総会
事務局 ジュネーヴ（スイス）
理事会
●常任理事国：英・仏・伊・日
●非常任理事国
常設国際司法裁判所 ハーグ（オランダ）
国際労働機関 ジュネーヴ

2 主な国の動き／3 加盟国数

国	加盟期間
アメリカ	（上院の反対により不参加）
ソ連	（当初除外）34→39（除名）
ドイツ	26→33（脱退）
イタリア	37（脱退）
日本	33（脱退）
イギリス・フランス	

1920年 42カ国 ↓ 1934年 58カ国 ↓ 1938年 52カ国

1920年　1930　1940

国際連盟のポイント
● 初の国際安全保障組織
● 制裁規定が不明確
　→規約違反に対して軍事制裁はとれず，経済的制裁のみ
● 提唱国アメリカの不参加。発足当初は，ドイツ・ソヴィエト政権を除外
● 各国一票で全会一致の表決原則

4 平和の鳩に「国際連盟」というオリーヴの木の枝を渡すウィルソン (風刺画)

読み解き
4 国際連盟の意義と限界について考えよう。

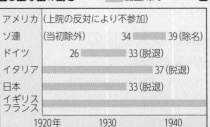

クローズアップ

ブリアン（フランス外相）

ケロッグ（アメリカ国務長官）

◀❶ケロッグとブリアン 二人の提唱で，1928年8月，15カ国が不戦条約に署名した（のち，63カ国参加）。

？ 不戦条約はどのような点が画期的だったのだろう。

史料① **不戦条約**（1928年）

第1条　締約国は，国際紛争解決のために戦争に訴えることを非難し，かつ，その相互の関係において国家政策の手段として戦争を放棄することを，その各々の人民の名において厳粛に宣言する。

第2条　締約国は，相互間に発生する紛争または衝突の処理または解決を，その性質または原因の如何を問わず，平和的手段以外で求めないことを約束する。

〔『世界史史料10』岩波書店〕

1 国際協調の進展

史料② **ロカルノ条約**（1925年）

第1条　締約国は……以後の条約において規定されているように，ドイツ・ベルギー間と，ドイツ・フランス間の国境に由来する領土の現状維持ならびに，1919年6月28日にヴェルサイユで調印された講和条約により画定され，遂行された当該国境の不可侵，および軍備禁止地域に関する前述の条約の第42条および第43条の規定の遵守を保障する。

第2条　ドイツとベルギー，同様にドイツとフランスは，互いにいかなる攻撃もしくは侵略を行わず，互いにいかなる場合であっても戦争に訴えないことを相互に誓約する。

〔『世界史史料10』岩波書店〕

1925年に英・仏・伊・ベルギー・ポーランド・チェコスロヴァキアの7カ国がスイスのロカルノで締結した諸条約。

資料から読み解く **ヨーロッパ復興への模索**

史料③　自信をほぼ失ってしまったヨーロッパは，外からの支援を期待している。一つはロシアからの，今一つはアメリカからの支援である。しかし，その期待はいずれもヨーロッパにとっては致命的となる危険をはらんでいる。西の国にも東の国にもヨーロッパを救おうとする意志はない。……よりよい未来につながる一つの狭い道が存在している。この道こそパン＝ヨーロッパと呼ばれるもので，それが意味するのは一つの政治的・経済的目的を備えた団体としてヨーロッパがまとまり，自助を行っていくことである。

〈『パン・オイローパ〔ヨーロッパ〕』1924年〉　〔『世界史史料10』岩波書店〕

◀❷クーデンホーフ＝カレルギー（1894～1972）　オーストリアの政治家。日本人を母に持ち，東京で生まれた。

🔍 **読み解き**

❶ヨーロッパはなぜ自信を失ってしまったのだろう。

❷現代のヨーロッパに通ずる思想は何だろう。

2 日本の協調外交

● 大戦中に獲得した山東省の旧ドイツ利権の大半を中国に返還（1922）

● ワシントン海軍軍縮条約締結（1922）
→主力艦・航空母艦の保有量制限

● 不戦条約調印（1928）

● 中国の関税自主権承認（1930）

● ロンドン海軍軍縮条約調印（1930）
→補助艦保有比率と上限定める

大戦後，日本は，英米との協調と中国への内政不干渉を基調とした協調外交を進めた。しかし，中国情勢が緊迫してくるとこれを批判する勢力が台頭した。

❸幣原喜重郎（1872～1951）　ワシントン会議に全権委員として参加。外相を四度務め協調外交を進めた。第二次世界大戦後には首相も務め，憲法制定にも尽力した。

COLUMN **ドイツ人捕虜が伝えた文化**

日本は，大戦中の青島攻撃で約4,500人のドイツ兵を捕虜とした。彼らは日本各地につくられた捕虜収容所に送られた。彼らからドイツの科学技術を導入しようとした日本政府の政策もあって，各地の収容所で経済・政治学からソーセージやパンの製法，楽器演奏まで様々な知識・技術が伝えられた。ドイツの焼き菓子バウムクーヘンを日本に伝えたユーハイムも捕虜の一人であった。

➡❹バウムクーヘン

3 第一次世界大戦後のドイツ

●ヴァイマル憲法の主な内容

● 共和政，国民主権，男女平等の普通選挙権

● 基本権として，人身の自由，住居の不可侵，通信の秘密，言論の自由，集会・結社の権利，所有権などの保障を明記

● 本格的な社会権の導入

● 議院内閣制。大統領は直接選挙により選出

● 緊急時には大統領による基本権の停止や武力行使が可能（大統領緊急令〈第48条〉）

当時最も民主的な憲法といわれたが，48条の大統領緊急令は独裁的な体制を認める可能性を秘めており，実際にヒトラーの台頭を許す要因の一つとなった。

協調外交を推進した政治家

人物 **シュトレーゼマン**（1878～1929）

シュトレーゼマン

1923年に首相兼外相に就任。新通貨レンテンマルクを発行してインフレを収束させた。ヤング案の受け入れやロカルノ条約締結など国際協調に努め，相対的安定期とよばれる時代を生みだした。1926年，ノーベル平和賞受賞。

➡❺演説するシュトレーゼマン

●ドイツの賠償問題

1921　ロンドン会議
● 賠償金1,320億金マルクに決定

ドイツ，支払い延期要求
→仏・ベルギー，**ルール占領**（1923）

ドイツで破局的インフレーション
→シュトレーゼマン首相，レンテンマルク発行

1924　ドーズ案
● 支払い緩和とアメリカ資本投下を決定

戦債償還　**アメリカ**　民間投資
イギリス・フランス ← **ドイツ**　賠償金支払い

1929　ヤング案
● 賠償金358億金マルクに軽減

1932　ローザンヌ会議
● 賠償金30億金マルクに軽減

1933　ナチ党政権，賠償金の支払いを一方的に停止

＊賠償金支払いには，第一次世界大戦前の金平価（金マルク，1金マルク＝金0.35g）が使用された。

❻ミュンヘン一揆　ドイツでは，ヴェルサイユ体制を維持する共和国政府への反発も生まれた。ナチ党を率いたヒトラーは1923年にミュンヘン一揆を起こしたが，失敗に終わった。

➡❼ドーズ案反対を訴えた選挙ポスター（1928年）「自由な労働，自由の土地。ドーズ案を取り下げよ！リスト10番に投票せよ」とある。リスト10番はナチ党の番号。

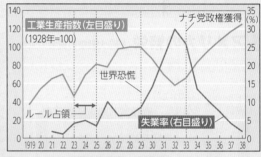

⬅️⑤ルール占領
（1923年）フランスは、**ドイツの賠償金支払い遅延を理由に**、ベルギーとともに工業地帯のルール地方に進駐、直接的取り立てに乗り出した。ドイツは生産を停止し、進駐軍への協力を拒む消極的抵抗策で対抗した。

⬇️⑩札束で遊ぶ子どもたち

ルール占領に対する消極的抵抗からドイツの工業生産力は低下、それを支える巨額な費用を紙幣増刷でまかなったため、**破局的インフレーション**を引き起こした。超高額紙幣もつくられたが、印刷が間にあわず裏が白紙の紙幣も流通した。

⬇️⑨100兆マルク紙幣

❾日本銀行貨幣博物館蔵

読み解き
❶第一次世界大戦後のドイツにはどのような課題があったのだろう。その理由は何だろう。
❷ドイツは危機をどのように克服したのだろう。

●マルクの価値の暴落

ドルの相場		1 kgのライ麦パンの値段	
1914. 7	4.20		
1919. 1	8.90		
1919. 7	14.-		
1920. 1	64.80		
1920. 7	39.50	1920.12	2.37
1921. 1	64.90	1921.12	3.90
1921. 7	76.70	1922.12	163.15
1922. 1	191.80	1923.1	250.-
1922. 7	493.20	1923.4	474.-
1923. 7	17,972.-	1923.7	3,465.-
1923. 1	353,412.-	1923.8	69,000.-
1923. 8	4,620,455.-	1923.9	1,512,000.-
1923. 9	98,860,000.-	1923.10	1,743,000,000.-
1923.10	25,260,208,000.-	1923.11	201,000,000,000.-
1923.11.15	4,200,000,000,000.-	1923.12	399,000,000,000.-

単位：マルク　　『『ドイツの歴史【現代史】』明石書店）

⬆️⑪ドイツの工業生産指数と失業率　ルール占領でドイツ経済は一時的に下落したが、1920年代半ば以降には順調に回復した。しかし、世界恐慌によって工業生産指数が低下し、失業率は増加、反ヴェルサイユ体制・反共和国政府を訴えるナチ党の台頭を許す背景となった。

4 第一次世界大戦後のヨーロッパ

⬅️⑫イギリス各政党の議席数の変遷　第一次世界大戦後のヨーロッパ社会では**労働者階級の不満が社会主義政党の躍進**となって表れた。イギリスでは労働党が議席を拡大し、**初の労働党内閣である第1次マクドナルド内閣が成立**した。一方、ドイツやイタリアでは社会主義を攻撃するファシズムが台頭した。

●東ヨーロッパ

●**オーストリア＝ハンガリー帝国の解体**
→新たな国境線・国民国家の登場＝民族対立残る
●伝統的支配層（地主、軍部）の維持
●産業発展や社会改革の後進性

議会制民主主義が不安定化 → 権威主義的独裁体制の登場

⬇️⑬ピウスツキ（1867〜1935）
1918年に独立したポーランドの初代国家元首。大戦後にソ連との戦争に勝利して人気を獲得。1926年にクーデタで独裁的権力を握り、国家統合を推進した。

A 第一次世界大戦後の東ヨーロッパ

COLUMN 女性の社会進出とファッション

第一次世界大戦中に貴重な労働力として貢献した女性は、新しい意識や自覚をもち、大戦後、社会に進出するようになった。**女性参政権も欧米各国で認められるようになり**（→P.134）、女性の地位が向上した。社会風俗の面では、洋服のデザインが実用的になり、髪型もショートカットが好まれた。

短くカットした髪

⬅️⑭シャネル＝スーツ
フランスのファッション＝デザイナーのシャネル（1883〜1971）は、社会進出の著しい女性のために、機能的・活動的なデザインを多く手がけた。

ひざ丈のスカート

⬇️⑮女性の職場進出

歩きやすい靴

権威主義体制　軍の力を背景に独裁的権限を握るが議会制を完全には否定せず、明確な体制イデオロギーや大衆動員がないことからファシズムとは区別される。

クローズアップ

❶1920年頃のニューヨークの摩天楼

第一次世界大戦後のニューヨークでは，高層ビルの建設が相次ぎ，100階を超えるビルも建設された。アメリカ経済の発展を象徴した。

❷アメリカの国民総生産と全世帯数における自動車所有比率

❸アメリカにおける家電製品の普及率

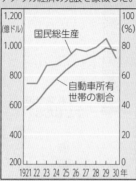

❹通信販売会社の雑誌広告

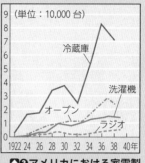

> **?** 大戦後のアメリカはどのように変化したのだろう。

1 アメリカの繁栄 ❺大戦後の資金の流れ

アメリカ合衆国	
大戦前	大戦後
37億ドルの債務国	132億ドルの債権国

→ 投資 → ラテンアメリカ・カナダなど

*当時（1926年）のアメリカの大衆車であったT型フォードの値段は1台350ドルであった。

投資 ／ 債務償還

借款

支払い

ドイツ賠償金

対米債務（1920年まで，単位億ドル）

ヨーロッパ

イギリス	42.8	ベルギー	3.8
フランス	34.0	(ロシア	1.9)
イタリア	16.5	ポーランド	1.6

❻映画「モダン・タイムス」（1936年製作・米）　喜劇王チャップリン（→P.114）の映画。機械化や全自動化がもたらす人間性の喪失，労働者が機械の一部品になりさがる状況を笑いの中で鋭く風刺した。

❼ニューヨークに向かう移民（1906年）
アメリカの経済的繁栄を支えたのは大量に流入した移民だったが，WASP*による移民への差別や迫害も強まった。←P.92

*白人でアングロ＝サクソン系のプロテスタント。

2 社会の保守化

❽禁酒法に反対する人々　禁酒運動や道徳意識の高揚を受け，1919年に酒類の製造・販売・輸入が禁止されたが，酒の密造・密売に関わるギャングが暗躍し，社会は混乱した。左の女性は「国民にビールを」などと記された小旗を掲げている。

❾クー＝クラックス＝クラン（KKK）
南北戦争後に組織された白人至上主義団体で，1915年頃から復活した。アフリカ系だけでなく，ユダヤ系やムスリムなども攻撃の対象となり，暴力行為により多くの人が犠牲となった。←P.61

資料から読み解く 大量生産時代の到来

史料1　T型モデルは我々が自分たちだけで作った最初の車である。組立て方式を使うことで経済化が進み，……今日，当社には熟練機械工が多数いても，彼らは自動車を製造することはしない。彼らは他の労働者が自動車製造をしやすくするための仕事をしているのだ。……一般の工場労働者は非熟練で当社にやってくる。最初の2，3時間あるいは2，3日で仕事を覚えるが，その時間以内に習得できなければ，我々には何の使い道もない。これらの作業員の多く，それは外国移民であるが，……彼らに要求されるのは，自分が占める床面積の間接費を賄う分の仕事をこなす潜在能力をもつということだけだ。〈フォード『我が人生と仕事』『史料で読むアメリカ文化史4』東京大学出版会）

史料2 組立てラインで働く労働者の感想

この仕事は正常な人間を夢中にさせることなどないから，工員は何かを考えなくてはいられない。……ここで工員が自分は人間としての個人であるという素振りを見せようものなら，見当違いだと思い知らされるだけでなく，何かとんでもなく恥知らずだと思わせられる。……一つの作業に何時間もついていると，私個人に要求されているのは自分の身体を機械として動かすだけの意識を保っていればよいことがわかってくる。……私は労働の一つの単位であって，労働の値段は安いのだ。（G・リチャード「組立てラインで働く」**史料1**と同書）

読み解き
❶T型フォードの画期的な点は何だろう。
❷フォードの回想と労働者の感想を比較しよう。
❸アメリカの繁栄を支えていたものは何だろう。

❿フォード（1863～1947）初の大衆車T型フォードを開発した。

⓫T型フォードの生産

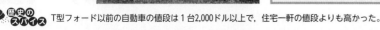

1 大衆消費社会の誕生

↓①ニューヨークのマイカーラッシュ（1927年）　大量生産により自動車は大衆に行きわたった。1920年代後半にはアメリカでは5人に1人が自動車を所有していた。日本がこの水準に達したのは1970年代である。

史料**①** **1920年代のアメリカ**

好況続きでみんなが豊かになったということは，めざましい結果をもたらした。……手っとり早く金持になり，速成の教養を身につけ，社交上心配がないように，概説書とエチケットの本が流行した。……海外旅行熱も大変なものだった。……汽車でメキシコやカナダに出かけた人が1万4千人，1日以上かけてカナダ入りした自動車は300万台をこえた。彼らは，外国に大量の金をばらまいた……〈アレン『オンリー・イエスタデイ』1931年〉（F.L.アレン著，藤久ミネ訳『オンリー・イエスタデイ』ちくま文庫）

←②コカ・コーラのポスター　大衆消費社会が出現したアメリカでは，企業が競って宣伝を行い，購買者に商品をアピールした。

2 大衆文化の隆盛

ラジオ

←③ラジオ放送の開始
1920年にラジオ放送が開始され，即時性をもった新しいメディアが生まれた。野球中継やジャズ演奏の放送は大衆娯楽を普及させる一方，政治家が大衆に訴えるための重要な媒体にもなった。
← P.26

スポーツと大衆

←④来日したベーブ＝ルース（1934年）　メジャーリーグで活躍したプロ野球選手。年間60本のホームランを記録するなど圧倒的な人気を誇り，大衆娯楽としてのプロ野球人気を高めた。1934年には日米野球で来日して熱狂的な歓迎を受けた。

ベーブ＝ルース

ヒーローの誕生

↑⑤リンドバーグを迎える大衆　1927年に世界初の大西洋単独無着陸飛行に成功したリンドバーグは，一躍アメリカのヒーローになった。パリからの凱旋時には第一次世界大戦戦勝祝いのパレードよりも多くの人が集まったという。

史料**②** **ヒーローの誕生**

誇大宣伝がつくり出した今日的英雄に，民衆は頭は下げたが—この英雄たちは映画と組んで利益を得たり，ゴースト・ライターの新聞発表用の記事と関係をもって利益を得ていたりするので，完全に信用されてはいなかった。大衆は私生活，社会生活では安穏に暮らしているとはいえ，彼らの生活に必要な何かが欠落していた。そして，そのすべてを直ちに，リンドバーグは与えたのである。〈アレン『オンリー・イエスタデイ』1931年〉（史料**①**と同書）

①スポーツ選手や冒険家，映画スターなど

映画

↓⑥にぎわう映画館（1926年，ニューヨーク）

1920年代にハリウッドで映画産業が発展し，人々の間で映画が新しい娯楽として普及した。電気照明の普及は夜の時間の活用を可能にし，人々はこぞって映画館で余暇を過ごした。

←⑦映画「国民の創生」（1915年製作・米）　映画は大衆に強い影響力もおよぼした。南北戦争時代を舞台にKKKや，アフリカ系への差別を正当化したこの映画は大ヒットを記録し，1920年代の人種差別的な風潮に拍車をかけた。

ジャズ

→⑧ジャズの流行
蓄音機やレコードの普及により，1920年代にはアフリカ系の人々の音楽をルーツとするジャズが大衆音楽として流行し，ルイ＝アームストロングなどのミュージシャンの人気も高まった。

ルイ＝アームストロング

クローズアップ

トルコ

独立後の国内政策
- ●女性参政権実施 ▶P.134
- ●一夫多妻制の廃止
- ●宗教施設以外の場所で宗教に関する衣装着用禁止
- ●イスラーム暦廃止，太陽暦採用
- ●メートル法採用
- ●**文字改革（ローマ字採用）**

←①ローマ字を教えるムスタファ＝ケマル　1922年にスルタン制を廃止し，1923年にはトルコ共和国を成立させて初代大統領となった。

インド

←②糸車を使うガンディー　国民会議派の指導者として**非暴力・不服従の抵抗運動**を展開，イギリス支配への抵抗を続けた。

史料① （「読者」との対話に応える形で）私たちはイギリス統治を必要とするが，イギリス人は必要としない。……つまり，あなた（「読者」）はインドをイギリスにしたいのですね。……この自治は，私の考える自治ではありません。……機械などやっかいなことに人間たちが巻き込まれると，奴隷になり，自分の道徳を捨てるようになる，と祖先たちは分かっていました。祖先たちは……自分の手足でできることをしなければならない，といったのでした。手足を使うことにこそ真の幸せがあり，そこにこそ健康があるのです。（ガーンディー著，田中敏雄訳『真の独立への道（ヒンド・スワラージ）』岩波文庫）
①編集者（ガンディー）と読者（急進的な若者）との対話形式で記されており，ガンディーが自問自答したもの。

? インドとトルコで大戦後の共通点と相違点を考えてみよう。

1 大戦後の西・南・東南アジア

地域	国	年	事項
西アジア	イラン	1919	イギリス軍駐留，保護国化
		1925	レザー＝ハーン，**パフレヴィー朝**を創始
		1935	国号を「イラン」に改称
	エジプト ▶P.138	1922	ワフド党指導によりイギリスより独立，エジプト王国成立
		1936	完全独立
			＊スエズ運河の管理権は英が保持
	サウジアラビア	1932	**イブン＝サウードがサウジアラビア王国樹立**

セーヴル条約（1920）での英・仏の委任統治領

シリア	：仏の委任統治領（1920～46）
トランスヨルダン	：英の委任統治領（1920～46）
パレスチナ	：英の委任統治領（1920～48）
	※これ以前の**イギリスの秘密多重外交で混乱** ◀P.97
イラク	：英の委任統治領（1920～32）
	1932　イラク王国として独立

地域	国	年	事項
南アジア	インド ◀P.86 ▶P.138		●第一次世界大戦中，イギリスに軍事・経済協力 ◀P.97 →イギリスは戦後の自治を約束
		1919	**ローラット法**（英，弾圧強化）→ガンディー，**非暴力・不服従運動**開始
		1929	国民会議ラホール大会→ネルー指導，「**プールナ＝スワラージ（完全独立）**」宣言
		1930	ガンディー「**塩の行進**」（インド人の製塩を禁じた塩税法に対抗）
		1930	英印円卓会議（～32）
		1935	各州に限定的自治権（従来の植民地枠組みも温存）
東南アジア	インドネシア ▶P.138	1920	インドネシア共産党結成（アジアで最初の共産党）→オランダからの独立運動失敗
		1927	**スカルノ**（▶P.153）らインドネシア国民党結成
	ベトナム ▶P.138	1930	ホー＝チ＝ミン（▶P.138）がインドシナ共産党結成→フランスからの独立運動を展開

A 第一次世界大戦後のアジア

（P）ポルトガル領　（F）フランス領　（B）イギリス領

- 1922～23 トルコ革命
- 1925 レザー＝ハーン，パフレヴィー朝を創始
- 1922 ワフド党の指導でエジプト王国独立
- 1927 インドネシア国民党成立

ソヴィエト連邦　モンゴル人民共和国 1924　日本　朝鮮　中華民国　北京　南京　上海　台湾　香港（B）　マカオ（P）

イスタンブル　アンカラ　1943　レバノン　トルコ共和国 1923　シリア 1946　パレスチナ 1948　イラク 1932　バグダード　テヘラン　イラン王国 1935改称　アフガニスタン 1919　チベット　ネパール　ブータン　ラホール　アムリットサール　デリー

エジプト王国 （1936完全独立）　アングロ＝エジプト＝スーダン　トランスヨルダン 1946　クウェート　オマーン　サウジアラビア王国 1932　イエメン 1919　ハドラマウト　アデン　紅海

アフマダーバード　ガンディーの塩の行進　ボンベイ　ディウ（P）　ダンディー　ゴア（P）　ガンディーの塩の行進　英領インド　ヤナオン（F）　マドラス　ポンディシェリ（F）　セイロン　アラビア海　インド洋　ベンガル湾　1000km

シャンデルナゴル（F）　カルカッタ　ビルマ　ラングーン　ハノイ　フエ　タイ　バンコク　サイゴン　フランス領インドシナ連邦　南シナ海　フィリピン　マニラ　ブルネイ　サラワク　英領マラヤ　シンガポール　ボルネオ　スマトラ　スラウェシ（P）　オランダ領東インド　バタヴィア　スラカルタ

- ■ イギリス委任統治領｜国際連盟決定（1920）
- ■ フランス委任統治領
- ■ セーヴル条約（1920）後のトルコの領土
- ■ ローザンヌ条約（1923）後のトルコの領土
- ■ イギリス領
- ■ フランス領
- ■ オランダ領
- ■ アメリカ領
- ■ イタリア領
- ■ 日本とその領土
- **国名** 第一次世界大戦前の独立国
- **数字** 独立・成立年

③英領インドの製造業の成長　インドでは19世紀後半から綿紡績業を中心に工業化が進み，その中で**民族資本**が成長した。**民族資本の成長は民族運動にも大きな影響を与えた。**現在のタタ財閥の創始者（右）も民族資本家の代表的人物である。

（1900～01年＝100）

④ジャムシェトジー＝タタ（1839～1904）

資料から読み解く　インドにおける民族運動

史料② インド国民会議派大会決議（1920年）

非協力国民が寄せていた信頼はインド政府によって裏切られ，インドの人々は，今や，スワラージを打ち建てんと決意するに至った。……会議派は，政府との自発的な関わりあいを放棄し，カルカッタ特別大会での非暴力・非協力（不服従）運動の決議を追認し，今後，その運動が完全もしくは部分的に達成されるべきと判断する。
（『世界史史料10』岩波書店）
①イギリスによる政府のこと

読み解き
1 下線部の裏切りとは何だろう。
2 国民会議派はどのような方針で独立運動を進めようとしているだろう。

2 大戦後の東アジア ←P.84, 86 →P.116

中国の動き	朝鮮と日本の動き	
1911.10 辛亥革命	1910 **日本, 韓国併合**	武断政治
1912. 2 清滅亡	●朝鮮総督府を設置	
1913.10 袁世凱, 大総統就任	●韓国を朝鮮と改称	
1915 陳独秀『新青年』創刊→新文化運動 ←	1915. 1 **二十一カ条要求**	
1919. 1 パリ講和会議	1919. 3 **三・一独立運動**	
5 五・四運動	●憲兵制廃止	
6 ヴェルサイユ条約調印拒否	●朝鮮人の官吏登用	
	1919.10 **中国国民党**創設	
1921. 7 **中国共産党**結成	1920 産米増殖計画実施 (日本への移出を企図) →朝鮮の食料事情悪化	文化政治
1924. 1 **第 1 次国共合作**(～27)		
「連ソ・容共・扶助工農」	1923 関東大震災後の朝鮮人虐殺事件 →P.110	
1925. 3 孫文死去		
1925. 5 五・三〇運動(反帝国主義運動)	1925 日本, 治安維持法を朝鮮でも施行	
1926. 7 蔣介石, 軍閥打倒・統一のため北伐開始		
1927. 1 武漢政府成立 :国民党左派・共産党	1927. 4 蔣介石, 上海クーデタ(共産党弾圧, 浙江財閥の支援)	1927. 3 日本で金融恐慌 5 日本, 山東出兵(対北伐軍)
合流········→ 南京国民政府樹立		
1927. 7 **国共分離**		

3 朝鮮の三・一独立運動

史料❸ 三・一独立宣言(1919年)

われらはここに我が朝鮮の独立国であることと朝鮮人の自主民であることを宣言する。これをもって世界万邦に告げ, 人類平等の大義を克明にし, これをもって子孫万代におしいし, 民族自存の正統なる権利を永遠に有らしめるものである。……当初から民族的要求として出されたものではない両国併合の結果が, ……姑息な威圧と差別的な不平等と統計数字上の虚飾の下で, 利害相反する両民族の間に, 永遠に和合することのできない怨恨の溝をますます深くさせている今日までの実績を見よ。
(『世界史史料10』岩波書店)

↑❺三・一独立運動のレリーフ(ソウル・タプコル公園)

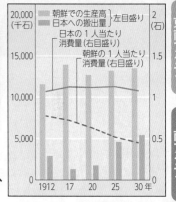

→❻朝鮮の米穀生産と日本への搬出量

4 中国の新文化運動と五・四運動

→❼『青年雑誌』創刊号(1915年)

*刊行当初は『青年雑誌』, のち『新青年』へ改題。

↑❽陳独秀(1879～1942) 雑誌『新青年』を発行して新文化運動を主導。「民主と科学」を掲げて啓蒙活動を行った。しだいに共産主義に傾き, 中国共産党結成に参加。

→❾魯迅(1881～1936) 日本に留学して医師をめざしていたが, 文学へと転じた。胡適が提唱した白話(口語)文学運動を受け, 小説『阿Q正伝』などを発表。

史料❹ ……愚弱な国民は, たとい体格がよく, どんなに頑強であっても, せいぜいくだらぬ見せしめの材料と, その見物人になるだけだ。病気したり死んだりする人間がたとい多かろうと, そんなことは不幸とまではいえぬのだ。むしろわれわれの最初に果すべき任務は, かれらの精神を改造することだ。そして, 精神の改造に役立つものといえば, 当時の私の考えでは, むろん文芸が第一だった。そこで文芸運動をおこす気になった。〈小説『阿Q正伝』の序より〉 (魯迅作, 竹内好訳『阿Q正伝・狂人日記』岩波文庫)

史料❺ 五・四運動における宣言書(1919年)

われらは日本人の密約の危険な条項の下で無実の罪で辱めを受け, 恥辱の痛みをこらえており, 日夜切望している山東問題, 青島返還問題は, 今すでに5カ国の共同管理となり, 中日直接交渉の提議がなされようとしている。……講和会議が開幕したとき, 我らが願い, 慶祝したのは, 世界に正義・人道・公理があるということだったからではなかったか。青島を返還し, 中日の密約や軍事協定およびその他の不平等条約を廃棄することは公理であり, すなわち正義である。
(『世界史史料10』岩波書店)

↑❿五・四運動 パリ講和会議で山東権益の返還と二十一カ条要求の廃棄が拒否されると, 1919年5月4日に北京大学学生が抗議デモを行った。この運動は各地に拡大していった。写真は北京の天安門前に集まる人々。

5 中国革命の進展

中国共産党		中国国民党
1921年, コミンテルンの指導下に上海で結成 初期の指導者:陳独秀	成立	1919年, 孫文が中華革命党(1914年に東京で結成)を改組
マルクス=レーニン主義	主張	**三民主義**(民族・民権・民生)
労働者・農民	支持	浙江財閥
ソ連		アメリカ・イギリス

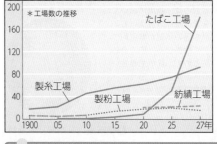

*工場数の推移

→⓫上海における民族資本の発展
中国では, 第一次世界大戦中から軽工業を中心に工業化が進み, 民族資本が成長した。

→⓬蔣介石(1887～1975)

COLUMN 蔣介石と宋家の三姉妹

浙江財閥の一角を占める宋耀如には三人の娘がいた。長女靄齢は, 孫文の秘書を務めた後, 大財閥の御曹司孔祥熙と結婚。靄齢の後をついで秘書となった次女慶齢は, 日本に亡命した孫文に従い東京で彼と結婚した。そして三女美齢が結婚したのは, 宋家の長女・次女の夫とつながりを求めた蔣介石であった。三姉妹の人生は, その後, それぞれの夫の生き方に翻弄されることになった。

宋耀如 ┬ 靄齢(1889～1973)… 第二次世界大戦後はニューヨークに移住
      │ ‖
      │ 孔祥熙(国民政府財政部長)
      ├ 慶齢(1893～1981)… 中華人民共和国建国時に国家副主席に就任
      │ ‖
      │ 孫文
      └ 美齢(1897～2003)… 国共内戦の後に夫とともに台湾に逃れる
        ‖
        蔣介石

⓭宋家の三姉妹 美齢 靄齢 慶齢

ことば 浙江財閥 上海を拠点とした浙江・江蘇両省出身の金融資本家集団の総称。民族資本家(外国資本に対する自国資本家や企業)の一つ。

クローズアップ

？ それぞれの写真で，人々の運動の結果，どのようなことが生じただろう。

◆❶帝国議会を囲む人々（1913年2月）
衆議院の門前に集まった5,000人の人々が議事の行方を見守った。憲政擁護派の議員には「万歳」をさけび，桂太郎首相に与する議員には怒号をあびせた。

◆❷普通選挙運動（1920年2月）
男性普通選挙権の獲得を求めてデモ行進をする人々。

◆❸治安維持法反対集会（1925年2月）

❶ 大正期の日本

1912	明治天皇死去→大正に改元
	第一次護憲運動始まる
1913	桂太郎内閣総辞職（**大正政変**）
1914	海軍収賄疑惑（ジーメンス事件）
	第一次世界大戦に参戦
1915	中国に対する二十一カ条要求
	●**大戦景気**始まる
1916	吉野作造，民本主義を唱える
	工場法施行
1917	金輸出禁止（金本位制事実上停止）
1918	シベリア出兵開始（～22）
	米騒動
	原敬内閣成立
	（初の本格的政党内閣）
1919	朝鮮で三・一独立運動
	選挙法改正（小選挙区制導入）
	ヴェルサイユ条約調印
1920	国際連盟に加入
	●戦後恐慌始まる
1921	ワシントン会議（～22）
1923	関東大震災　●震災恐慌
1924	第二次護憲運動
1925	日ソ基本条約（ソ連との国交樹立）
	治安維持法公布・普通選挙法公布
1928	治安維持法改正（死刑罪など追加）

◆❹原敬（1856～1921）

❷ 大正デモクラシー

史料❶ 民本主義という言葉は，日本語としてはきわめて新しい用語である。従来は，民主主義という言葉が普通に使われていたようだ。……民衆主義とか平民主義とかよばれたこともある。しかし民主主義というと，……「国家の主権は人民にあり」という危険な学説と混同されやすい。……われわれが憲政の土台と考えるものは，政治において一般民衆を重視し，身分や階級の高低にもとづく差別をせず，しかも国の体制が君主制であるか共和制であるかに関係なく，広く全体に通用する考え方であるので，民本主義という比較的新しい用語が一番適当だと思う。
〈「憲政の本義を説いて其有終の美を済すの途を論ず」（『中央公論』1916年）〉

大正期の日本では，のちに**大正デモクラシー**と称される民主主義的な風潮が強まった。

◆❺吉野作造（1878～1933）　**民本主義**を唱えるなど，大正デモクラシーの思想・運動に影響を与えた。

❸ 第一次護憲運動

1912年，藩閥や陸軍に支持される桂太郎内閣が成立したことを機に，**第一次護憲運動**が高まった。

史料❷ 尾崎行雄の議会演説
（1913年2月）

かれらは①口を開けばすぐに忠愛を語り，忠君愛国を自分の一手専売のように唱えているが，その行いを見れば，常に天皇のかげにかくれ政敵を狙撃するような行動をとっている。かれらは天皇の玉座をとりでとし，詔勅を弾丸にかえて政敵を倒そうとする者である。桂太郎は内大臣となったが何も行わないので世情はなかなか静まらない……〈帝国議会衆議院議事速記録〉
①桂太郎らの藩閥政治家

◆❻演説を行う尾崎行雄

尾崎行雄（1858～1954）は文部大臣や東京市長などを歴任した政治家で，護憲運動の先頭に立った。犬養毅（⑯）と並んで「憲政二柱の神」と称えられた。

❹ 大戦景気

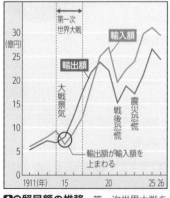

◆❼貿易額の推移　第一次世界大戦を通じて，日本の貿易額が急増し，輸出超過となったことで，**日本は債務国から債権国となった。**

◆❽成金　短期間で大金持ちになる人を，将棋の歩の駒になぞらえて「成金」とよぶ。第一次世界大戦でもたらされた日本の好景気（大戦景気）では，造船業などで成金が続出した。

❺ 米騒動

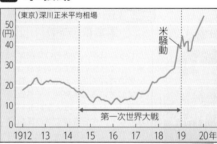

（東京）深川正米平均相場

◆❾小売米価の高騰　大戦景気は物価高を引き起こしたが，シベリア出兵（←P.99）を見込んだ米商人の買い占めによって特に米が高騰した。1918年8月に富山県で始まった**米騒動**は，新聞報道を機に，各地に波及した。

◆❿米騒動　名古屋市における米騒動が描かれている。米騒動で，政府は鎮圧のために軍隊まで投入したが，これにより政府批判が強まり，寺内正毅内閣は総辞職した。桜井清香筆『米騒動絵巻_三巻（米屋征伐）』，徳川美術館蔵

◆⓫大阪府が発令した夜間外出禁止令　米騒動をうけ，大阪市や堺市などでは，夜間に5人以上でむやみに歩くことを禁止した。

歴史のスパイス　米騒動は，1918年7月に富山県で漁民の妻たちが米の移出を止めようと海岸に集合したことが機となり，全国へ拡大した。新聞では「女房連の一揆」とも表現された。

6 ワシントン体制と日本の南洋諸島統治

史料3 四カ国条約 (1921年)

条約締結国は，太平洋海域におけるそれぞれの島嶼たる領土と島嶼たる統治領に関する各国の権利を相互に尊重することに合意する。

『世界史史料10』岩波書店

史料4 日英同盟に関するイギリスの新聞記事 (1921年7月9日)

(日英)同盟は太平洋で起こっている諸問題の解決を不可能にしないまでも，甚だしく複雑にするだろう。太平洋におけるいかなる合意も，イギリスが前もって日本を同盟国としてわずかなりとも支持する約束をしているとすれば，合衆国としてはすべてがうまく運ぶだろうなどとは安心してはいられまい。『外国新聞に見る日本 ④本編・下』毎日コミュニケーションズ

四カ国条約が発効すると日英同盟は廃棄された。

旧ドイツ領南洋諸島は，大戦後，国際連盟の委任統治領として，すでに占領していた日本が統治することになった。日本は1922年に南洋庁を設置した。日本の統治領域は，東西約5,000m，島の数は1,500以上にのぼったが，島々をあわせた陸地の総面積は，沖縄県とほぼ同じであった。

A 南洋諸島

地図：日本、太平洋、グアム島、南洋諸島、南洋庁(1922〜45)(パラオ諸島コロール島)、カロリン諸島、ニューギニア、赤道、0 1000km

⬆️⑬日本語を学ぶ子どもたち　南洋庁は学校を設けて島の子どもたちに日本語教育などを行った。国際連盟の委任統治領は，将来的な独立を名目としていたが，実際には日本の統治に協力的な人材の育成が進められた。

⑫南洋庁 (パラオ諸島コロール島)

⬆️⑭サイパン島の香取神社　日本の統治下にあったサイパン島は，太平洋戦争中にはアメリカに占領され，日本本土空襲の拠点となった。
➡️P.121

東アジア

7 第二次護憲運動

| 政党内閣 | 原敬内閣
(はらたかし)
高橋是清内閣
(たかはしこれきよ) |
| 非政党内閣 | 加藤友三郎内閣
(かとうともさぶろう)
山本権兵衛内閣
(やまもとごんべえ)
清浦奎吾内閣
(きようらけいご) |

立憲政友会・憲政会・革新倶楽部が護憲三派結成，第二次護憲運動

第15回総選挙で護憲三派勝利 (1924.5)

| 政党内閣 | 1924.6
加藤高明内閣
(かとうたかあき) |

1924年，政党を無視して組閣された清浦圭吾内閣に反発し，普通選挙を求める声がさらに強まった。

⑮清浦圭吾内閣に関する風刺画　第二次護憲運動の火の手の勢いが迫っているが，清浦は漫然と煙管をふかしている。1924年1月，清浦内閣打倒をめざして，立憲政友会，憲政会，革新倶楽部の3党が護憲三派を結成した。

さいたま市立漫画会館提供

⑯護憲三派内閣の誕生　1924年5月の総選挙で護憲三派が大勝すると清浦内閣は総辞職した。加藤高明を首相とする連立内閣が成立し，以後8年間，政党内閣が続いた。

写真：幣原喜重郎、高橋是清(立憲政友会)、犬養毅(革新倶楽部)、加藤高明(憲政会)

史料5 治安維持法 (1925年)

第1条　国体を変更させたり，私有財産制度を否定したりすることを目的として結社をつくり，または事情を知っていて加入した者は，10年以下の懲役または禁錮にする。……

史料6 治安維持法改正 (1928年)

第1条　国体を変更することを目的で結社をつくった者，またその結社の役員，指導の任にあった者は死刑または無期，もしくは5年以上の懲役か禁錮に処し……

加藤高明内閣は1925年，普通選挙法と同時に治安維持法を成立させた。政府は，日ソ基本条約締結による共産主義の拡大などを警戒していた。

史料7 治安維持法についての新聞記事

治安維持法の目的とする所は，恐らく国体を変改し，所謂朝憲紊乱①，社会組織を破壊するが如き過激運動を取締まるにあるであろう。……之が取締りの実際は，全く人権蹂躙言論抑圧の結果となり，国民の思想生活は警察取締りの対象となり，集会結社の自由は無きに至るのである。〈「東京朝日新聞」1925年1月17日〉
①国家の秩序を乱すこと

資料から読み解く 普通選挙

直接国税などの制限を廃した普通選挙を求める運動が，大正期にとくに強まった。

➡️⑰全国普選連合会決議 (1920年)

1920年に各地の普選運動団体が統合され，全国普選連合会が結成された。

画像：決議（縦書き）吾人ハ協力一致本議会二於テ普通選挙連成期ス 全国普選連合会 大正九年七月廿日

史料8 婦選獲得同盟宣言 (1925年)

普選案は予定通り，第50議会を通過した。そしてここに，国民半数の婦人は，25歳以下の男子，および「貧困に依り生活のため公私の救助を受け，または扶助を受ける」少数の男子とともに，政治の圏外に取り残された。我ら女性は，もはや我らが一個の人間として，一個の国民として，国家の政治に参与することがいかに当然で，必要であるかの理由については語るまい。〈婦選〉

1925年の普通選挙法は，あくまでも男性の普通選挙法であった。女性の参政権の獲得に向けて，その後も運動が展開された。➡️P.110

● 衆議院議員選挙法改正と有権者の増加

*1950年4月の公職選挙法の公布により廃止。

公布年	内閣	有権者の資格		実施年	上段：有権者数(100万人) 下段：総人口比(%)	選挙区制	議員定数	投票率
		直接国税	性別年齢					
1889	黒田清隆 (くろだきよたか)	15円以上	男25歳以上	1890	45万人(1.1%)	小選挙区	300	94.0
1900	山県有朋 (やまがたありとも)	10円以上	男25歳以上	1902	98万人(2.2) (被選挙人の納税資格停止)	大選挙区	369	88.4
1919	原敬	3円以上	男25歳以上	1920	307万人(5.5) 総人口比	小選挙区	464	86.7
1925	加藤高明	制限なし	男25歳以上	1928	1,241万人(20.8) 有権者数	中選挙区	466	80.3
1945	幣原喜重郎	制限なし	男女20歳以上**	1946	3,688万人(48.7)	大選挙区	466	72.1

** 2015年6月に改正公職選挙法が成立。選挙権年齢が18歳以上に引き下げられた。

🔍読み解き

1 1925年の普通選挙法は，どのような特徴を有していただろう。
2 日本で「国民半数」の女性が選挙権を得たのは，いつのことだろう。

🌱ことば　**国体**　国家の形態やその特質をさす語句であり，とくに近代日本では，天皇を中心とした日本の国家形態の特殊性・優秀性を説く観念として用いられた。

クローズアップ

⬆①第1回メーデー(1920年)　5月1日に開催される世界的な労働者の祭典であるメーデーが，1920年，初めて日本で開かれた。

？ 大正期における社会運動は，どのように広がっただろう。

⬆②労働争議・小作争議の推移

●日本の労働運動

1912
友愛会 …15人の会員で発足し，労資協調と労働者の地位向上を唱えた

1919
大日本労働総同盟友愛会 …3万人の規模を持つ労働組合の全国組織として発足。第1回メーデーを主催

1921
日本労働総同盟 …労資協調主義から階級闘争主義に転じた。のちに右派と左派に分かれた。左派は政府の弾圧で1928年に解散

---

1 社会運動の広がり

▶③日本農民組合の結成(1922年4月)　農村では小作人が組合を結成し，地主に対して小作争議を起こすようになった。1922年に賀川豊彦らが結成した日本農民組合には，多くの小作人組合が参加した。

杉山元治郎（初代組合長）

史料① 水平社宣言(1922年3月)

我々は絶対に自分を卑しめる言葉と臆病な行為によって，祖先をはずかしめ，人間を冒涜してはならない。そうして，人の世がどんなに冷たいか，人間をいたわることが何であるかをよく知っている我々は，心から人生の熱と光を願い求め礼讃するものである。水平社は，こうして生まれた。人の世に熱あれ，人間に光あれ。《『水平』第一号》

▶⑤水平社の「荊冠旗」
黒地は暗黒の差別社会を，赤い荊冠は受難を象徴している。

被差別部落の人々は，1922年，全国水平社を結成した。

⬆④差別とのたたかいを訴える少年(1924年)

---

2 女性解放運動

史料② 「元始，女性は太陽であった」

元始，女性は実に太陽であった。真正の人であった。今，女性は月である。他に依って生き，他の光によって輝く，病人のような青白い月である。……さてここに『青鞜』は初声を上げた。……もはや女性は月ではない。其日，女性はやはり元始の太陽である。真正の人である。（平塚らいてう「『青鞜』発刊に際して」(『青鞜』創刊号，1911年9月)）

⬆⑥『青鞜』創刊号
日本近代文学館蔵

1911年，平塚らいてうら日本女子大学校(現日本女子大学)の同窓生たちによって青鞜社が結成された。同人誌『青鞜』は大きな反響をよび，女性解放運動にも影響を与えた。

▶⑦新婦人協会の設立(1920年)
平塚らいてう，市川房枝らが結成した新婦人協会は，女性の政治参加を禁じた治安警察法第5条の改正運動に取り組み，1922年，その一部改正により女性が政治演説会に参加できるようになった。

市川房枝　奥むめお　平塚らいてう

---

3 関東大震災

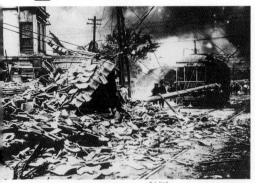

⬆⑧東京日比谷交差点の惨状　1923年9月1日午前11時58分，相模湾を震源とするマグニチュード7.9の大地震が関東地方をおそった。昼食時に発生したため，火災が多発し，東京・横浜両市の6割以上が焼けた。政治・経済・社会は大混乱に陥り，「富士山大爆発」，「朝鮮人暴動」など様々な流言が飛び交った。

A 関東大震災の被害状況

熊谷　古河　下妻　茨城
埼玉　川越　岩槻　鳩ヶ谷　土浦
山梨　所沢　松戸　取手
甲府　東京　市川　松戸
　　品川　千葉　銚子
神奈川　横浜　木更津
大宮　静岡　小田原　鎌倉　久留米　勝浦
沼津　横須賀　館山
清水　熱海
静岡

木造家屋全壊率
1%
10%
50%
～～～ 津波
---- 震源域

0　50km

◆被害状況

死者行方不明者	10万5,385人
全潰建物	10万9,713棟
半潰建物	10万2,773棟
焼失建物	21万2,353棟

甘粕憲兵大尉　大杉栄氏を殺す　その他妻子二名と共に

史料③ 朝鮮人虐殺事件の被告の証言

朝鮮人が爆裂弾を投げたり，綿に油を付けたものを家へ投げ込んで火災を起こしたり，日本人を殺したり悪い事ばかりするので，四ツ木橋方面で大分軍隊の為めに殺されたと云う様な話があり，私はそれを真実と思い，今も鮮人が飛び込んで来るかも判らない，もし来たならば鮮人と格闘してもこれを取り押さえ……手向かったならば殺して仕舞うと固く心に期して居りました。（藤野裕子『民衆暴力』中公新書）

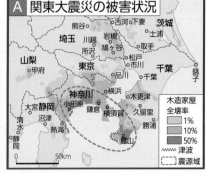

▶⑨自警団　「朝鮮人暴動」のデマが流れる中，軍隊や警察，自警団によって多くの朝鮮人や中国人が虐殺された。社会主義者が朝鮮人を扇動したというデマも流れ，憲兵が無政府主義者の大杉栄と妻の伊藤野枝らを殺害する事件も生じた。

▶⑩大杉栄ら殺害を報じる新聞記事(1923年9月16日)

歴史のスパイス　『青鞜』創刊号には，歌人与謝野晶子(◀P.87)による，「山の動く日来る……すべて眠りし女　今ぞ目覚めて動くなる」という女性賛美の歌も掲載された。

> 大正デモクラシーの風潮も背景として，大衆を担い手とする大衆文化が成立し，女性の社会進出も進んだ。

1 生活の変化

大正期から昭和初期の日本では，大都市郊外の鉄道沿線を中心に文化住宅といわれる和洋折衷の住宅が建てられた。

↑❶池田室町住宅(1910年，大阪・池田市) 箕面有馬電気軌道(現阪急電鉄)により鉄道沿線に開発された室町住宅は，都市郊外の文化住宅のはしりともなった。阪急電鉄提供

↑❷阪急百貨店の食堂 1929年に開業した阪急百貨店は，世界初のターミナル・デパート(駅とデパートとが直結)として，多くの人々でにぎわった。阪急電鉄提供

↑❸ちゃぶ台 ちゃぶ台の普及で一家だんらんの風景が定着した。撮影 石川光晴

↑❹ダンスホール 1920年代から30年代にかけて，欧米文化の影響をうけて社交ダンスが流行した。

2 活字文化

➡❺『キング』創刊号 万人向けの月刊娯楽雑誌として1925年1月に創刊。1928年には150万部を記録するなど，多くの人々に支持された。東京大学法学部附属明治新聞雑誌文庫蔵

↑❻『少年倶楽部』(左，1914年創刊)と❼『主婦之友』(右，1917年創刊) 大正期には，少年・少女や女性向けの雑誌も次々と刊行され，活字の文化が幅広い層に広がった。

3 女性たちの文化

↑❽モダンガール(モガ) 東京の銀座などでは，モダンガール(モガ)といわれる，流行の最先端をいく女性たちも現れた。

➡❾化粧品のポスター 乳液状の白粉を宣伝するポスター。大正から昭和初期にかけて多様な白粉化粧が流行し，洋風の化粧が広がった。

●「職業婦人」

➡❿タイピスト 大戦景気にともない，タイピストやバスガール(車掌)などの新しい「職業婦人」(家とは別の場所に通勤し，給料をもらう女性のこと)が登場した。

●大正期の女学生と2019年の女子高生が就職したい職業順位

大正期	2019年
①音楽家	①看護師
②保母	②教師
③タイピスト	③保育士・幼稚園教諭・幼児保育関連
④画師	④公務員
⑤教師	⑤医師・歯科医師・獣医
⑥医者	⑥放射線技師・臨床検査技師
⑦記者	⑦薬剤師
⑧看護婦	⑧理学療法士・作業療法士・言語聴覚士・リハビリ
⑨裁縫師	⑨美容師・ヘアメイクアーティスト・美容関連／建築士・建築関連(同率9位)
＊表記は原典による	

大正期：大阪のある高等女学校の生徒，『日本労働年鑑』1920年版
2019年：全国高等学校PTA連合会・リクルートマーケティングパートナーズ合同調査「第9回 高校生と保護者の進路に関する意識調査」(2019年)

4 ラジオ放送

↑⓫第13回全国中等学校優勝野球大会のラジオ中継を聴く人々(1925年) 日本では1925年にラジオ放送が開始された。ニュースだけではなく，音楽やスポーツ実況など，ラジオは新たな娯楽を人々に提供した。

➡⓬美容に関するラジオ番組のテキスト 職業婦人の増加にあわせて，ラジオ番組では時間をうまく使った化粧方法が紹介された。図版提供：ポーラ文化研究所

クローズアップ

←①ニューヨークのスープ・キッチン(無料給食所)(1931年)

? 並んでいるのはどのような人々だろう。

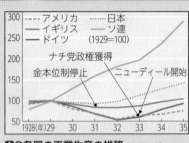
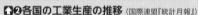

↑②各国の工業生産の推移 (国際連盟『統計月報』)

凡例: アメリカ / 日本 / イギリス / ソ連 / ドイツ (1929=100)

300 250 200 150 100 50
ナチ党政権獲得 / 金本位制停止 / ニューディール開始
1928(年) 29 30 31 32 33 34 35

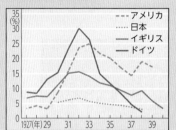

↑③各国の失業率の推移

凡例: アメリカ / 日本 / イギリス / ドイツ
35 30 25 20 15 10 5 (%)
1927(年) 29 31 33 35 37 39

1 世界恐慌

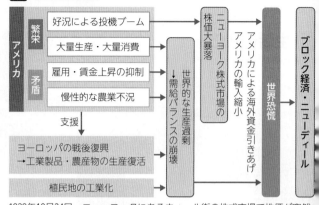

アメリカ

繁栄
- 好況による投機ブーム
- 大量生産・大量消費

矛盾
- 雇用・賃金上昇の抑制
- 慢性的な農業不況

→ 世界的な生産過剰 需給バランスの崩壊

→ 株価大暴落 ニューヨーク株式市場の / アメリカによる海外資金引きあげ / アメリカの輸入縮小

→ 世界恐慌 → ブロック経済・ニューディール

支援
- ヨーロッパの戦後復興 →工業製品・農産物の生産復活
- 植民地の工業化

1929年10月24日，ニューヨークにあるウォール街の株式市場で株価が突然大暴落した。この日は「暗黒の木曜日」とよばれた。

人物 修正資本主義のはじまり

ケインズ (1883〜1946)

イギリスの経済学者。景気後退に際しては，公共政策に支出するなど，政府が意図的に景気を刺激する必要性を主張した。ニューディール政策は，明確にケインズ理論に基づくものではなかったが，結果としてケインズ的な介入政策の実験になったとされる。

2 ニューディール

開始	1933年3月，民主党**フランクリン＝ローズヴェルト**大統領が導入
目的	①銀行・通貨の統制　④企業の統制と競争の公正化および労働者の地位向上 ②企業・個人の救済　⑤社会政策の実施 ③農民の救済　　　　（修正資本主義を実践）
基本方針	3R　Relief(救済)　Recovery(回復)　Reform(改革)

救済復興政策	社会政策	救済政策	外交政策
農業調整法（AAA） 1933.5 過剰農産物を政府が買い上げて**農産物価格の下落を調整** →1936.1 違憲判決 **全国産業復興法（NIRA）** 1933.6 政府による産業統制と労働条件の改善規定 →1935.5 違憲判決	**テネシー川流域開発公社（TVA）** 1933.5 **失業者の救済**と民間企業の電力独占を規制 **ワグナー法**(全国労働関係法) 1935.7 労働者の団結権・団体交渉権を認める 社会保障法(1935.8) 産業別組織会議(1938.11)	**金本位制の停止** 1933.3 緊急銀行救済法 管理通貨制の導入 緊急救済法 1933.5 5億ドルの資金で貧窮者を救済	**善隣外交** ニカラグア・ハイチより撤兵 キューバの独立承認(1934.5) **ソ連の承認**(1933.11) フィリピンの10年後の独立承認(1934.5) 中立法(1935.8)

史料① スタインベック『怒りの葡萄』(1939年)

若い男がいった。「ひとり分の仕事があるとしよう。その仕事をやりたいっていうやつが，ひとりしかいなかったらどうなる。いわれただけの賃銀を出さなきゃならないだろう。だけど……その仕事がほしいやつが100人いたらどうなる。そいつに子供がいて，腹を空かしてたら，どうなる。小汚い10セント玉が一枚あれば，子供のためにコーンミールをひと箱買える。5セント玉が一枚あれば，子供のためになにかしら買える。そこへ，100人がいる。5セント出そうっていう——その5セントのために殺し合いになるかもしれない。おれが前にやった仕事で，やつらがいくら払ったかわかるか？1時間15セント。10時間で1ドル50セント。……」怒りのために息が荒くなり，目には瞋恚の炎が燃えていた。「だからやつらはビラを出したんだ。1時間15セントの畑仕事で浮く分で，ビラをしこたま刷ったのさ」(伏見威蕃訳『怒りの葡萄(下)』新潮文庫)
①1930年代のアメリカ社会の様々な問題を指摘した小説　②憤ること

←④映画「怒りの葡萄」(1940年製作・米)

＊イギリスの旧自治領であるカナダはアメリカ＝ドルとの結び付きが強く，ドル地域に属した。

3 恐慌下の主要国

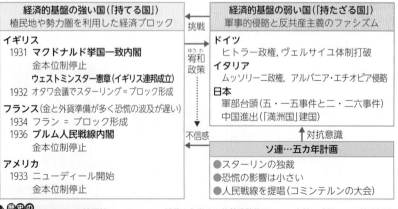

経済的基盤の強い国(「持てる国」)
植民地や勢力圏を利用した経済ブロック

イギリス
1931 **マクドナルド挙国一致内閣**
　　　金本位制停止
　　　ウェストミンスター憲章(イギリス連邦成立)
1932 オタワ会議で**スターリング＝ブロック**形成
フランス(金と外貨準備が多く恐慌の波及が遅い)
1934 フラン＝ブロック形成
1936 **ブルム人民戦線内閣**
　　　金本位制停止
アメリカ
1933 ニューディール開始
　　　金本位制停止

挑戦 / 宥和政策 / 不信感

経済的基盤の弱い国(「持たざる国」)
軍事的侵略と反共産主義のファシズム

ドイツ
ヒトラー政権，ヴェルサイユ体制打破
イタリア
ムッソリーニ政権，アルバニア・エチオピア侵略
日本
軍部台頭(五・一五事件と二・二六事件)
中国進出(「満洲国」建国)

対抗意識

ソ連…五カ年計画
●スターリンの独裁
●恐慌の影響は小さい
●人民戦線を提唱(コミンテルンの大会)

A ブロック経済

凡例: フラン＝ブロック / 円ブロック / ドル地域 / ポンド地域(スターリング・ブロック) / ドイツ経済圏

歴史のスパイス モスクワ地下鉄は，スターリン時代を象徴する公共建築物の一つ。各地に建設された地下鉄駅には装飾や壁画が施され，「地下の宮殿」とよばれた。

④ 日本における恐慌

●日本経済のあゆみ（概観）

1915	**大戦景気**（～18）
1917	金輸出禁止 ◀P.9
1918	米騒動勃発 ◀P.108
1920	**戦後恐慌**
	●第一次世界大戦後の貿易収支悪化で株価や綿糸・生糸の価格暴落
1923	関東大震災 ◀P.110
	震災恐慌
	●関東大震災の被害総額約45億7,000万円（一般会計予算の3倍）
1927	**金融恐慌**
	●取りつけ騒ぎで多くの銀行が倒産・休業
	➡預金が5大銀行（三井・三菱・住友・安田・第一）に集中，5大銀行の覇権
1929	**世界恐慌**
	●アメリカへの生糸輸出減少，物価急落。農村に大きな打撃
1930	金解禁実施
	昭和恐慌
	➡政府への不信感高まる。満洲に資源や土地を求める
1931	金輸出再禁止＝蔵相高橋是清による経済政策で恐慌脱出（高橋財政）

昭和恐慌

原因	1929年の**世界恐慌**と，1930年の**金解禁**（◀P.9）による二重の打撃
恐慌の状況	①輸出の減少 ②正貨（金）の海外大量流出 ③企業の操業短縮・倒産 →賃金引き下げ，人員整理 **農業恐慌**（農産物価格の暴落） ・失業者の増大による帰農 ・1930年の豊作貧乏（豊作により米価格が下落したことによる貧乏）と1931年の大凶作
対策	①低金利政策 ②浜口内閣はカルテル助成を明記した重要産業統制法により産業の合理化をはかる

➡⑤銀行に押しよせた人々 1927年3月，閣僚の失言によって預金者たちが預金の引き出しに殺到し（取りつけ騒ぎ），これが金融恐慌の引き金となった。

➡⑥日本における農産物価格の推移 生糸の対米輸出が後退すると物価は急落し，大量の失業者が出た。農村では，生糸・繭の価格が暴落して，農民は大きな打撃を受けた。

（1929＝100）
米／鋼材／繭／綿糸／生糸
150 100 50
1926 27 28 29 30 31 32 33 34 35

⬆⑧無料宿泊所にあふれる失業者（1931年，東京）

➡⑦農村の惨状 農村の生活は悲惨をきわめ，特に東北の農村では青田売りや女子の身売り，学校に弁当を持って行けない欠食児童が続出した。写真は，人買いから救出された少女ら。
＊稲の収穫前に収穫を見越して先売りすること。

資料から読み解く　ローズヴェルトとフーヴァーの選挙演説を読む

史料2 誰もが自分の財産に対する権利を持っています。自分の貯えが可能な限り安全であると確信する権利です。さもないと人は働く可能性が与えられない人生の期間，すなわち子どもの時，病気の時，老人になった時の負担に耐えることができません。財産について様々に考える中でこの権利は最高のものであり，財産に関する他の権利はその下に位置するものでなければなりません。もし私たちがこの原則に合わせて投機筋や相場師，金融業者の活動を制限しなければならないのなら，私が思うに，私たちはそうした制限を必要なものとして受け入れなければなりません。それは個人主義を侵害するためではなく，守るためなのです。〈フランクリン＝ローズヴェルト（民主党）の大統領選挙戦での演説（1932年）〉
（『ドイツ・フランス共通歴史教科書【近現代史】』明石書店）

史料3 野党は，私たちには変化が必要だと言います。……彼らは様々な変更といわゆるニューディールを提案していますが，それらは私たちのもつアメリカのシステムの根本を破壊してしまうでしょう。……アメリカのシステム全体の基礎となる考え方は，人々を規制するのではなく，自由な人々が力を合わせるということです。集団に対する個人の責任という想定の上に作られているものであります。……自由主義というのは一つの力であり，それは，政治的自由が守られねばならないなら経済的自由も犠牲にしてはならないという深い確信に由来するものです。〈フーヴァー（共和党）の大統領選挙戦での演説（1932年）〉（**史料2**と同書）

➡⑨フランクリン＝ローズヴェルト（1882～1945） 1932年の大統領選挙で，現職のフーヴァーに圧勝した。大統領就任後は，ラジオ放送を通じて国民へ自らの政策を語りかけた。◀P.26

➡⑩フーヴァー（1874～1964） 恐慌発生時に大統領であったが，景気循環論を信じてほとんど有効な策を打たなかった。

➡⑪ニューヨークのセントラルパークにできたバラック（1931年） 無策なフーヴァー大統領を皮肉って「フーヴァー村」とよばれた。

🔍読み解き
1. ローズヴェルトとフーヴァーの演説内容には，どのような違いがあるだろう。
2. ローズヴェルトが当選したのはなぜだろう。

---

⑤ ソ連の動き ➡⑫ソ連経済の成長

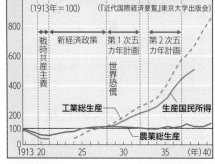

（1913年＝100）
『近代国際経済要覧』東京大学出版会
800 600 400 200 100 0
1913 20 25 30 35 40（年）

戦時共産主義／新経済政策／第1次五カ年計画／第2次五カ年計画
世界恐慌
工業総生産／生産国民所得／農業総生産

⬆⑬マヤコフスカヤ駅（モスクワ・1938年開設）

➡⑭労働収容所で働く囚人（1932年） 計画経済を採用するソ連は，恐慌の影響を受けず，経済発展を遂げたが，その陰では反体制派に対する粛清が進められた。

🌱**ことば** **高橋財政** 1931年12月，犬養毅内閣の下で蔵相に就任した高橋是清による政策。金輸出再禁止や管理通貨制度への移行などにより財政規模を拡大し，日本は恐慌から抜けだした。

クローズアップ

◀❶ベルリン・オリンピック（1936年）

❓ 観客はなぜナチ式の敬礼をしているのだろう。

▶❷ベルリン・オリンピックのポスター

GERMANY BERLIN 1936 1ST AUGUST OLYMPIC GAMES

1 ファシズムの台頭

ドイツ ◀P.6		イタリア		日本 ▶P.116	
1920	ナチ党（国民社会主義ドイツ労働者党）成立	1921	ファシスト党結党		
		1922	ローマ進軍→ムッソリーニ内閣成立	1927	山東出兵（～28）
1923	ヒトラー，ミュンヘン一揆に失敗 ◀P.102	1924	フィウメ併合		
		1926	アルバニアを保護国化	1928	張作霖爆殺事件
1932	ナチ党，総選挙で第1党となる			1932	「満洲国」建国 五・一五事件
1933	ヒトラー内閣成立 国会議事堂放火事件 →全権委任法成立 ◀P.6 国際連盟脱退			1933	国際連盟脱退
1934	ヒトラー，総統に就任				
1935	ザール併合 再軍備宣言	1935	エチオピア侵略（～36）		
1936	ラインラント進駐			1936	二・二六事件
1936	スペイン内戦介入→ベルリン＝ローマ枢軸				
1937	日独伊三国防共協定				
1938	オーストリア併合 ミュンヘン会談 ▶P.118	1937	国際連盟脱退	1937	盧溝橋事件 →日中戦争
1939	チェコスロヴァキア解体 独ソ不可侵条約	1939	アルバニア併合	1938	国家総動員法

史料❶ ムッソリーニによる「ファシズムの原理」（1936年）

すべての政治的概念と同じく，ファシズムは実行であるとともに，また思想である。一個の理論が内在している活動である。ファシズムは宗教的概念であり，歴史的概念である。その理念は反個人主義であるがゆえに，国家に味方する。国家を離れていかなる個人も団体［政党，組合，階級］もない。国家とは一国民の多数を形成する個人の総数ではない。それゆえファシズムは多数者に基づく民主主義に反対する。……すなわち国民の中の少数のもの，むしろ唯一人の［指導的］人間の意識と意志が遂行され，その理想がすべてのものの意識と意志の中に遂行されるようになる観念である。

（木村裕主『ムッソリーニ』清水書院）

▲❸ムッソリーニ（1883～1945） イタリアでは，1922年にローマ進軍を敢行したムッソリーニが政権を獲得し，ファシズム体制を確立していった。

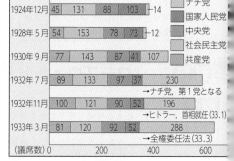

	ナチ党	国家人民党	中央党	社会民主党	共産党	
1924年12月	45	131	88	103	→14	
1928年5月	54	153	78	73	→12	
1930年9月	77	143	87	41	107	
1932年7月	89	133	97	37	230	→ナチ党，第1党となる
1932年11月	100	121	90	52	196	→ヒトラー，首相就任（33.1）
1933年3月	81	120	92	52	288	→全権委任法（33.3）
（議席数）	0	200		400	600	

▲❹ドイツの国会選挙結果（1924～33年） ナチ党は選挙により合法的に政権を獲得した。

2 ファシズムへの抵抗

史料❷ コミンテルン第7回大会の決議（1935年8月）

労働者階級とそのあらゆる獲得物にとって，すべての勤労者とその基本的権利にとって，諸国民の平和と自由にとっての最大の脅威であるファシズムの脅威に直面して，共産主義インターナショナル第7回大会は声明する。労働者階級の統一闘争戦線を実現することは，現在の歴史的段階における国際労働運動の当面の主要任務である，と。

（『世界史史料10』岩波書店）

ファシズム勢力の台頭に対し，コミンテルンは，あらゆる勢力と組織を結集する人民戦線の結成をよびかけ，フランス（1935）とスペイン（1936）で結成された。

人物 「喜劇王」 チャップリン（1889～1977）

イギリス生まれのアメリカの映画俳優・監督で多くの喜劇映画をつくった。1940年，映画『チャップリンの独裁者』（❺）で独裁者ヒンケルと，彼に瓜二つのユダヤ人理髪師を一人二役で演じ，ナチズムを痛烈に批判した。

3 スペイン内戦

```
人民戦線内閣                    反乱軍
（首班アサーニャ）      ✕     （フランコ将軍）
労働者・農民の支持            軍部・地主・教会の支持

ソ連  国際義勇軍            ドイツ  イタリア

       不干渉 イギリス・フランス
```

1936年，人民戦線内閣に対しフランコを中心とした軍部が反乱を起こすと，独・伊はフランコを支持したが，英・仏は不干渉政策をとった。人民戦線はソ連と国際義勇軍の支援で戦ったが，敗北した。

▲❻フランコ（1892～1975）

▲❼「ゲルニカ」（ピカソ筆） スペイン内戦中の1937年4月26日，ドイツ軍がバスク地方の町ゲルニカに無差別爆撃を行い，多くの市民が犠牲となった。この暴挙に衝撃を受けたピカソは記念碑的大作を短期間で製作し，同年パリ万博で公開した。ソフィア王妃芸術センター蔵，1937年，縦349×横776cm

 歴史のスパイス 1936年のベルリンに引き続き，1940年には東京でのオリンピック開催が決定していたが，国際情勢の悪化を理由に中止となった。

❶ヒトラー（1889〜1945）

鉤十字（ハーケンクロイツ）

史料❶ 大衆の受容能力は非常に限られており、理解力は小さいが、そのかわりに忘却力は大きい。この事実からすべて効果的な宣伝は、重点をうんと制限して、そしてこれをスローガンのように利用し、そのことばによって、目的としたものが最後の一人にまで思いうかべることができるように継続的に行われなければならない。〈『我が闘争』1925年〉
（ヒトラー著、平野一郎・将積茂訳『わが闘争（上）』角川文庫）

❷ナチ党の選挙ポスター（1932年）「われらの最後の望み」と書かれている。

❸「国民受信機」のポスター「ドイツ中が国民受信機で総統が語るのを聴く」と書かれている。ヒトラーは、ラジオなどのマスメディアを利用した宣伝活動を積極的に展開した。
▶P.26

読み解き

❶ナチ党が台頭した頃のドイツはどのような状況だっただろう。写真❹や❺のグラフから考えてみよう。

❷ナチ党は、どのような政策を行うことで、大衆の支持を得たのだろう。

❹ヴェルサイユ条約に反対するポスター（1929年）ヒトラーらの主導による「ヤング案に反対する国民請願委員会」が作成したポスター。「3代にわたって苦労を担わされる」とある。

❺ドイツにおける失業者の推移
（石田勇治『ヒトラーとナチ・ドイツ』講談社現代新書）

557万5,000人

11万9,000人

1921 22 23 24 25 26 27 28 29 30 31 32 33 34 35 36 37 38 39年

●ヒトラーの失業対策の特徴

①勤労奉仕制度を導入することで、若年労働者の供給を減らす。
②結婚奨励金制度等を導入し、女性就労者を家庭に戻す。
③失業対策を軍事目的に結びつける。

❻労働者の生活向上と自動車の普及をめざすナチ党の宣伝写真

❼アウトバーン着工式でのヒトラー
ヒトラーは、失業対策の目玉事業として、アウトバーン（自動車専用道路）の建設を推進した。

❽アウトバーン

史料❷ ドイツ少女団時代の回想

1933年1月30日、［わが家の］お針子は今、女中が調理台で食事をしなくてもよい時代がはじまると言いました。母は常に使用人たちを模範的に遇してはいましたが、母にとって、使用人と食事を一緒にするなどということは馬鹿げたことでした。
　民族共同体というスローガンほど私を魅了したものはありませんでした。……私をこの空想的な理想像に結びつけたものは、あらゆる階層の人間がお互いに力をあわせて、兄弟のように生きるような状態になるだろうとの希望でした。〈M.マシュマン『結末』〉
（『世界史史料10』岩波書店）

史料❸ オルテガ『大衆の反逆』（1930年）

大衆とは、善い意味でも悪い意味でも、自分自身に特殊な価値を認めようとはせず、自分は「すべての人」と同じであると感じ、そのことに苦痛を覚えるどころか、他の人々と同一であると感ずることに喜びを見出しているすべての人のことである。……今日の特徴は、凡俗な人間が、おのれが凡俗であることを知りながら、凡俗であることの権利を敢然と主張し、いたるところでそれを貫徹しようとするところにあるのである。
（オルテガ著、神吉敬三訳『大衆の反逆』ちくま学芸文庫）
＊オルテガはスペインの哲学者。

1 日本と中国の動き ◀P.107

◀P.107 ▶P.120 ▶P.120

中国の動き		日本の動き ▶P.120
共産党の動き	国民党の動き	国内の動き
1927.7 国共分離		1928. 4~5 第2次・第3次山東出兵
	1928. 6 北伐の完了	6 張作霖爆殺事件
	12 張学良、国民政府に合流	1930. 4 ロンドン海軍軍縮条約
		統帥権干犯問題(条約の調印が天皇の統帥権をおかすものと批判される)
中華ソヴィエト共和国臨時政府(1931, 瑞金)(主席:毛沢東)	国民政府による共産党掃討作戦	1931. 9 柳条湖事件→満洲事変
		1932. 2~9 リットン調査団
		3 「満洲国」建国宣言
	▶2 張学良 (1901~2001)	5 五・一五事件
		9 日満議定書
1934.10 長征開始		1933. 2 国際連盟脱退を通告
1935. 8 八・一宣言(抗日統一戦線提唱)		1935. 2 天皇機関説問題
1936.10 長征終了	1936.12 西安事件(張学良, 蔣介石を監禁)	1936. 2 二・二六事件
		11 日独防共協定
1937. 9 第2次国共合作		1937. 7 盧溝橋事件→日中戦争へ
	1937.11 国民政府, 重慶に遷都	11 日独伊三国防共協定
		12 日本軍, 南京占領
		1938. 1 近衛文麿首相「国民政府を対手とせず」の声明

クローズアップ

▲1 「満蒙の危機」(『東京日日新聞』1931年10月27日) 見出しには、「守れ満蒙 帝国の生命線」、「日本民族の血と汗の結晶!特殊権益」、「権益蹂躙と排日」などとある。

? この記事は読者に何を訴えたのだろう。

2 昭和の日本

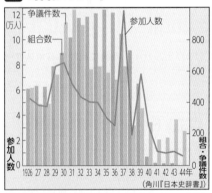

▲3 労働争議の発生件数 不景気の中で、労働組合の組織率が上昇し、労働争議も増加した。

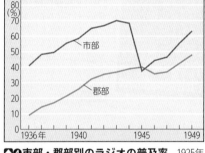

▲4 市部・郡部別のラジオの普及率 1925年のラジオ放送の開始以来、ラジオは急速に普及した。これにより、多くの国民が自分の耳で国内外の政情や戦争に関する情報を入手することが可能となった。これは人々の賛成を得られるかどうかも国の政策にとって重要であることを意味した。

▲5 血盟団事件を報じる新聞記事 軍部の急進派や国家主義者の中に、国家の危機を武力行使による直接行動で打開しようとする動きが活発になった。1932年には血盟団員たちが井上準之助前蔵相と団琢磨三井合名社理事長を暗殺した。

▲6 五・一五事件を報じる新聞記事 1932年5月15日、海軍青年将校らは、「話せばわかる」という大養毅首相を「問答無用」と射殺した。この結果、8年間続いた政党内閣は終わった。

▲7 二・二六事件(1936年2月26日) 陸軍内部では、国家改造をめぐって、天皇親政をめざす皇道派と、合法的に国家総力戦体制をめざす統制派が対立。皇道派の青年将校がクーデタを起こし、斎藤実内大臣・高橋是清蔵相らを殺害。東京の中心部を占拠したが、4日間で鎮圧された。事件後、陸軍は政府への発言力を強めた。

3 中国の動き

A 北伐と長征

1928.6 北伐完了
「満洲国」 柳条湖事件✕奉天(瀋陽)
張作霖
1936.12 西安事件
馮玉祥
1927.4 上海クーデタ
蔣介石
フランス領インドシナ

北方軍閥派
国民革命軍
国民革命軍の北伐路
日本軍侵入路
共産党軍の勢力範囲
共産党軍の長征路
「満洲国」(1932)
500km

▲8 張作霖爆殺事件 満洲の占領をめざした関東軍は、軍閥の張作霖を謀略で爆殺した。息子の張学良は、国民政府への合流を表明、結果として国民政府の力が満洲にまでおよぶことになった。

▲9 日貨排斥のポスター 北伐による統一が進む中国では、これまで列強に奪われていた利権を回収しようという声が大きくなった。その対象には、日本も含まれていた。

歴史のスパイス 五・一五事件の裁判では、新聞を中心に減刑運動が盛り上がり、事件を起こした将校らの判決は比較的軽いものとなった。

史料① リットン報告書 (1932年10月2日)

9月18日午後10時から10時半の間に，鉄道線路上またはその付近で爆発があったのは疑いない。しかし鉄道に対する損傷はもしあったとしても長春より南下してくる列車の定刻到着の障害となるものではないので，それだけで軍事行動を正当化することはできない。同夜における先述の日本軍の行動は，正当な自衛手段と認めることはできない。……
右の理由により，現在の政権は純粋に自発的な独立運動によって出現したと考えることはできない。……
満洲事変解決の条件
4　満洲における日本の利益の承認　満洲における日本の権利および利益は，無視できない事実である。さらに，満洲と日本の歴史的関連を考慮に入れないあらゆる解決も，満足するものではない。
7　満洲の自治　満洲政府は，中国の主権および行政的保全との一致のもとに，東三省の地方的状況および特質に応じるよう工夫された，広い範囲の自治を確保するような方法に改められる必要がある。……〈『日本外交文書』〉
①中国東北地域のこと

◀⑩リットン調査団　国際連盟は，満洲事変調査のため，1932年3月，イギリスのリットン卿を団長とする調査団を中国に派遣した。

🔍 **読み解き**

1 リットン報告書は，日本の軍事行動を正当な自衛手段では無いとしている。その根拠をどのように述べているだろう。説明してみよう。
2 史料①より，リットン報告書が提案する解決方法は，どのようなものだったと言えるだろう。
3 日本政府はリットン報告書のどの部分に反発したのだろう。

史料② 国際連盟脱退通告文 (1933年3月27日)

本年2月24日臨時総会が採用した報告書は，東洋の平和を確保しようとする以外になんら別の意図はないという日本の気持ちを考えないと同時に，事実認定およびそれに基づく理論において大きな誤りをおかした。特に……柳条湖事件当時およびその後の日本軍の軍事行動を自衛権の行使でないと誤って判断し，また事件前の緊張状態や事件後の事態の悪化が中国側の責任であることを見逃し，東洋における新たな紛糾の原因を作った。その一方で，満洲国成立の真相を無視し，かつ同国を承認した日本の立場を認めず，東洋の事態安定の基礎を破壊しようとするものである。……ここに日本は平和を維持するための方法，特に東洋平和確立の根本方針について，国際連盟と全くその所信の違うことを確認した。よって……日本が国際連盟から脱退することを通告するものである。
《『日本外交年表竝主要文書』》
①リットン報告書に基づく対日勧告案

---

4 満洲事変と「満洲国」の成立

⑪満洲事変を報じる新聞　1931年，関東軍は自らが引き起こした鉄道爆破事件を中国軍のしわざとして中国東北地域の全域に軍を集めた。当時の内閣は，事件を拡大しない方針をとったが関東軍はこれを無視した。

⑫「満洲国」執政就任式 (1932年)　清の最後の皇帝溥儀が執政に就任したが，国家建設の主導権は日本の軍部や官僚が握っていた。

（縦書き見出し）
奉軍満鉄線を爆破
日支両軍戦端を開く
我鉄道守備隊応戦す
奉軍北大営の兵営占領

関東軍司令官 本庄繁
国務総理 鄭考胥
「満洲国」執政 溥儀

⑬日満女子学生の交歓会 (1934年)　「満洲国」建国後，日本と「満洲国」の友好関係を強調する報道やイベントが増加した。若い世代や民間の交流も積極的に実施され，「満洲国」成立へのイメージアップが意図された。

B 満洲における日本の利権

《黒羽清隆『日中15年戦争（上）』》

横浜正金銀行・朝鮮銀行　発行・流通権
南満洲土地商租権　居住・往来・営業権
満鉄幹線経営権（長春・旅順間701.4km）
平行線禁止権
吉長線経営権
鉄道付属地行政権・駐兵権（275.8km×62m）
安奉線経営権（1905+99=2004まで）
鉄道付属地行政権・駐兵権（430km×62m）
中立地帯設定権
関東州租借地行政権（1898+99=1997まで）
鴨緑江沿岸森林伐採権

チチハル
昂々渓
ハルビン
洮南
鄭家屯
四平街
吉林
法庫門
敦化
奉天
新民
海龍
会寧
撫順
本渓湖
熱河
山海関
営口
鞍山
石橋
安東
旅順
大連

鉄道分類記号
（先）先議権
（借）借款権
（請）請負権

---

5 日中戦争

⑭盧溝橋事件　1937年7月7日，北京郊外の盧溝橋付近で日中両軍が武力衝突した。

⑮「近衛の決断」(風刺画)　盧溝橋事件後，停戦協定が成立したが，日本政府は中国に増援部隊を派遣し，戦争の拡大を容認した。その際，中国を「膺懲（征伐してこらしめるの意）」するという理屈が使用された。

蔣介石

⑯重慶を爆撃する日本軍 (1940年)　日本軍は広大な中国を支配しきれず，部隊の補給に難渋した。また，国民政府の本拠地重慶には，飛行機による空襲しか攻撃手段がなかった。日本軍の無差別爆撃により，多くの市民が犠牲となった。

C 日中戦争

日本の領土
「満洲国」(1932)
戦線の拡大
1937.7～1938.6
1938.7～1945.8
日本軍の進路
→ 満洲事変
⇒ 日中戦争
数字 侵略年次

ソヴィエト連邦
ネルチンスク
ハバロフスク
満洲里
1939.5～9 ノモンハン事件
「満洲国」
チチハル 31.11
ハルビン 32.2
牡丹江
ウラジヴォストーク
1931.9 柳条湖事件
新京（長春）31.9
吉林
モンゴル人民共和国（外モンゴル）
北京 37.7
奉天 31.9
37.10 包頭
大同
天津 37.7
大連
旅順 関東州（日本租借）
京城
朝鮮
1937.7 盧溝橋事件
太原
済南 37.12
青島 38.1
黄海
木浦
釜山
延安
西安
開封 38.6
徐州 38.5
上海 37.8
東シナ海
中華民国
成都
南京 37.12
杭州 37.12
寧波
漢口 38.10
武昌 38.10
重慶
1936.12 西安事件
長沙 41.9
南昌 39.3
温州 42.7
福州 44.10
台北
台湾
広州 38.10
衡陽 44.8
厦門 38.4
汕頭 39.6
香港 41.12
マカオ
南寧 39.11
仏印進駐
40夏
フランス領インドシナ
ハノイ
海南島 39.2

0　500km
--→ 援蔣ルート

クローズアップ

❶日独伊三国軍事同盟祝賀国民大会の行列(1940年)

➡❷日独伊三国軍事同盟を讃えるマンガ

➡❸日ソ中立条約調印(1941年) 調印後に撮影された写真。

スターリン

松岡洋右外相

? この時期の日本の外交を,日本国民はどのように受けとめていたのだろう。

1 第二次世界大戦時の国際関係

ヒトラー / チェンバレン(英) / ダラディエ(仏) / ムッソリーニ / スターリン / チェコスロヴァキア

↑❹ミュンヘン会談の風刺画 1938年,チェコスロヴァキアがドイツからのズデーテン地方割譲の要求を拒否すると,独英仏伊の首脳によるミュンヘン会談が開かれ,**英仏は戦争回避のため宥和政策をとった。**ソ連はこの会談に招かれなかった。

国際関係図

イギリス ── ポーランド ── ソ連

英仏対ポーランド相互援助条約(1939)

1939.9 侵攻

独ソ不可侵条約(1939)

フランス ── ドイツ ── 日本

日独伊三国防共協定(1937)
日独伊三国軍事同盟(1940)

イタリア

日ソ中立条約(1941)

↑❺第二次世界大戦勃発前後の国際関係 ミュンヘン会談で英仏への不信感を高めたソ連は,1939年にドイツと不可侵条約を締結した。ドイツにとっても,ポーランド侵攻の前にソ連をも敵にする危機を取り除く必要があった。

ABCD包囲陣
アメリカ	America
イギリス	Britain
中 国	China
オランダ	Dutch

2 第二次世界大戦の経過

ヨーロッパ戦線	
1939. 8	独ソ不可侵条約
9	独,ポーランド侵攻
	英・仏が独に宣戦
	第二次世界大戦勃発
	ソ連,ポーランド侵攻
1940. 6	伊,英・仏に宣戦
	独,パリ占領
	ド゠ゴール,自由フランス政府組織
8	ソ連,バルト3国併合
1941. 3	米,武器貸与法成立
6	独ソ戦開始
8	大西洋上会談(米・英)
	→大西洋憲章
12	独・伊,米に宣戦
1942. 8	**スターリングラードの戦い**(〜
	43.2)→独,敗北
1943. 7	伊,ムッソリーニ失脚
9	伊,無条件降伏
11	テヘラン会談(米・英・ソ)
1944. 6	連合軍,ノルマンディー上陸
8	連合軍,パリ解放
1945. 2	ヤルタ会談(米・英・ソ)
	ソ連軍,ベルリン占領
	→独,無条件降伏
7	ポツダム会談(米・英・ソ)

青字:連合国の首脳会談

シャンゼリゼ大通りを行進するドイツ軍

↑❻ドイツ軍のパリ占領 1940年,ドイツ軍はパリに入城した。フランスでは対独協力政府がヴィシーに組織され,国土の3分の1を自由地区として統治した。

3 第二次世界大戦中のヨーロッパ

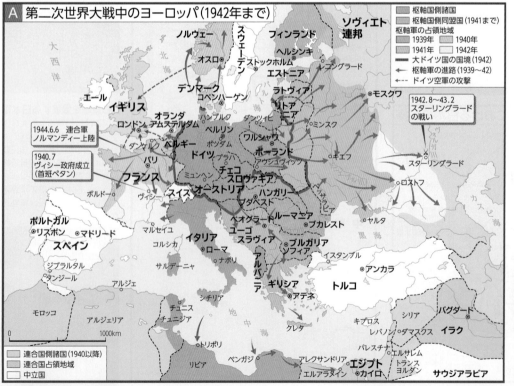

A 第二次世界大戦中のヨーロッパ(1942年まで)

凡例:
- 枢軸国側諸国
- 枢軸国側同盟国(1941まで)
- 枢軸軍の占領地域 1939年 / 1940年 / 1941年 / 1942年
- 大ドイツ国の国境(1942)
- 枢軸軍の進路(1939〜42)
- ドイツ空軍の攻撃

1944.6.6 連合軍ノルマンディー上陸

1940.7 ヴィシー政府成立(首班ペタン)

1942.8〜43.2 スターリングラードの戦い

地名:大西洋,北海,ノルウェー,オスロ,スウェーデン,ストックホルム,フィンランド,ヘルシンキ,ソヴィエト連邦,レニングラード,モスクワ,エストニア,ラトヴィア,リトアニア,ミンスク,デンマーク,コペンハーゲン,ダンツィヒ,ワルシャワ,ポーランド,キエフ,エール,イギリス,ロンドン,オランダ,アムステルダム,ハンブルク,ベルリン,ポツダム,ベルギー,ダンケルク,パリ,フランス,ドイツ,プラハ,ミュンヘン,チェコスロヴァキア,アウシュヴィッツ,オーストリア,スイス,ハンガリー,ブダペスト,ルーマニア,ブカレスト,ロストフ,スターリングラード,ボルドー,ヴィシー,マルセイユ,コルシカ,ユーゴスラヴィア,ベオグラード,ブルガリア,ソフィア,アルバニア,ギリシア,アテネ,トルコ,アンカラ,イスタンブル,ヤルタ,黒海,カスピ海,ポルトガル,リスボン,マドリード,スペイン,ジブラルタル,タンジール,モロッコ,アルジェ,アルジェリア,チュニス,チュニジア,サルデーニャ,ローマ,イタリア,ナポリ,シチリア,地中海,トリポリ,リビア,ベンガジ,クレタ,キプロス,シリア,レバノン,ダマスクス,エルサレム,トランスヨルダン,パレスチナ,バグダード,イラク,サウジアラビア,エジプト,カイロ,アレクサンドリア,エルアラメイン

0 1000km

凡例:
- 連合国側諸国(1940以降)
- 連合国占領地域
- 中立国

↑❼ロンドン空襲 フランスの降伏後,ヒトラーはイギリス本土占領をめざし,空襲を開始した。写真は地下鉄構内に避難したロンドン市民。

④ 太平洋戦争の勃発

＊政府は日中戦争も含めて「大東亜戦争」とよんだが，敗戦後，「太平洋戦争」と改められた。近年，東アジア・東南アジアを含めた戦争という意味から「アジア太平洋戦争」という名称が使われている。

アジア・太平洋戦線

1939. 5	ノモンハン事件(日本軍とソ連軍衝突)
1940. 1	日米通商航海条約失効
3	汪兆銘，南京に中華民国国民政府樹立
9	日，仏領インドシナ北部に進駐 日独伊三国軍事同盟
1941. 4	日ソ中立条約　日米交渉開始
7	日，仏領インドシナ南部に進駐
8	米，対日石油輸出全面禁止
11	米，ハル＝ノート提示
12	日，マレー半島上陸，ハワイ真珠湾攻撃　太平洋戦争勃発
1942. 6	日，ミッドウェー海戦で敗北
1943. 2	日，ガダルカナル島から撤退
5	アッツ島の日本守備隊全滅
11	東京で大東亜会議 カイロ会談(米・英・中)…対日処理方針決定
1944. 7	サイパン島の日本守備隊全滅
1945. 4	米軍，沖縄本島上陸開始
8	広島に原爆投下(6日) ソ連，対日宣戦(8日) 長崎に原爆投下(9日) 日，ポツダム宣言受諾(14日) 昭和天皇，終戦の詔書発表(15日)
9	日，降伏文書調印(2日)

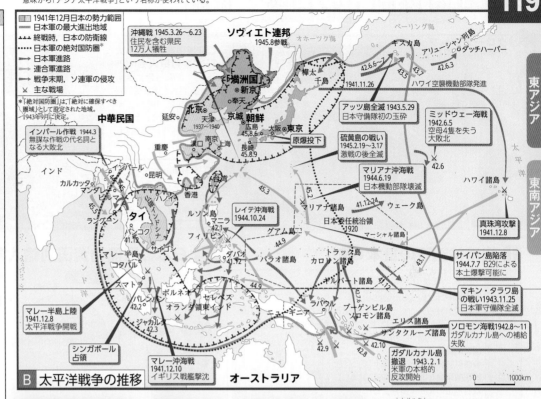

凡例
- 1941年12月日本の勢力範囲
- 日本軍の最大進出地域
- 終戦時，日本の防衛線
- 日本軍の絶対国防圏＊
- 日本軍進路
- 連合軍進路
- 戦争末期，ソ連の侵攻
- ✕ 主な戦場

＊「絶対国防圏」は，「絶対に確保すべき圏域」として設定された地域。1943年9月に決定。

沖縄戦 1945.3.26～6.23　住民を含む県民12万人犠牲

ソヴィエト連邦　1945.8参戦

アッツ島全滅 1943.5.29　日本守備隊初の玉砕

ミッドウェー海戦 1942.6.5　空母4隻を失う大敗北

硫黄島の戦い 1945.2.19～3.17　激戦の後全滅

マリアナ沖海戦 1944.6.19　日本機動部隊壊滅

サイパン島陥落 1944.7.7 B29による本土爆撃可能に

真珠湾攻撃 1941.12.8

マキン・タラワ島の戦い1943.11.25　日本軍守備隊全滅

ソロモン海戦1942.8～11　ガダルカナル島への補給失敗

ガダルカナル島撤退 1943.2.1　米軍の本格的な反攻開始

レイテ沖海戦 1944.10.24

インパール作戦 1944.3　無謀な作戦の代名詞となる大敗北

マレー半島上陸 1941.12.8　太平洋戦争開戦

シンガポール占領

マレー沖海戦 1941.12.10　イギリス戦艦撃沈

B 太平洋戦争の推移

0 1000km

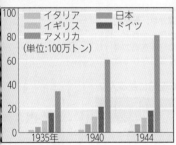

⑧鋼鉄生産能力の比較

(単位:100万トン)　イタリア／日本／イギリス／ドイツ／アメリカ

人物　反軍・反戦の言論人

桐生悠々
(1873～1941) 石川県出身

『信濃毎日新聞』主筆として，1933年8月に関東地方で実施された大規模な防空演習への批判記事を書いた。空襲を受ける都市の惨状を予言した上で，「敵機を関東の空に，帝都の空に迎へ撃つといふことは，わが軍の敗北」であり，「最初からこれを予定するならば滑稽」であると論じた。同紙の不買運動がおこり，彼は退職を余儀なくされたが，検閲に抵抗しながら，個人雑誌に軍部批判の記事を書き続けた。

⑨米国務長官ハルと野村吉三郎・来栖三郎　近衛首相は，フランクリン＝ローズヴェルト米大統領と親交のある野村を駐米大使に任命し，日米交渉を行わせた。野村は米国務長官のハルと半年間にわたり妥協点を探ったが，戦争を回避することはできなかった。

⑪日本軍の戦果を伝える新聞記事(1944年10月)　大本営発表に基づき台湾沖海戦の戦果が伝えられたが，実際に日本軍が撃沈した航空母艦(空母)はなかった。戦局の悪化につれ，大本営からの発表は事実誤認や意図的な誇張，隠蔽が増えていった。

⑩真珠湾攻撃　1941年12月8日，日本軍はマレー半島とハワイを攻撃。ハワイ真珠湾では，米太平洋艦隊に大打撃を与えた。

⑫日本の戦果を見つめるオランダ領東インドの人々　日本はアジアの人々に対して欧米からの独立を説きながら，軍政下においた。

資料から読み解く　軍事郵便を読む

史料① ビルマに派遣された兵士からの手紙

……見渡せば竹の笹薮？を周囲に廻らした之も竹の柱の怪しげな家の，一寸した窓口に机にもたれて異様な眼付をして便箋の上に素早く万年筆を走らせてゐる見すぼらしい家には似てもつかないハンサムボーイ。之が小生の端的な近況です。……愈々大東亜戦争も決戦段階に達しつつあり，戦局益々熾烈度を加ふる時後乙女(餘り似合しからぬかしらん？失礼)たる皆さんの文面に伺はれる通り気概烈々たるものを甘受致しまして非常に意を強くしました。……
＊1944年8月15日に差しだされたもの

史料①は，香川県の高等女学校生徒からの慰問の手紙への返事(⑬)の一節。検閲を受けた手紙であるが，合間合間に軽口をはさむなど，くだけた文章でもある。

⑬

🔍読み解く
1. 兵士は，戦争をどのように考えていたのだろう。手紙から読み取れることをまとめよう。
2. なぜ冗談をはさみながらの手紙となったのだろう。

ことば　ハル＝ノート　1941年11月にアメリカが日本に提示した日米交渉の最終案で，アジアを満洲事変以前の状態に戻すことなどを要求していた。

クローズアップ

←❶軍事教練を行う大日本国防婦人会(1938年) 1932年3月に大阪で結成された大阪国防婦人会が前身。1942年,そのほかの婦人会とともに,大日本婦人会に統合された。

？ 戦争の中で,女性の役割はどう変化したのだろう。またそれは何を意味しただろう。

←❷郵便の集配員となった女子学生(1943年) 「米英の女どもには負けません」という見出しとともに内閣情報局が刊行した雑誌『写真週報』に掲載された。写真は東京日本橋高等女学校の5年生。

1 戦時体制下の日本 ← P.116

1937. 5	文部省,『国体の本義』配布
7	**盧溝橋事件→日中戦争勃発**
12	東京帝大教授矢内原忠雄,思想的理由により辞職させられる
	第1次人民戦線事件(日本無産党代議士ら約450名が検挙)
1938. 2	石川達三の小説『生きてゐる兵隊』発禁
4	**国家総動員法公布**
	◆戦争文学の流行(火野葦平『麦と兵隊』)
1939. 7	**国民徴用令**(国民を強制的に徴集し,政府指定の業務に就かせる)
9	**第二次世界大戦勃発**
10	価格等統制令(物価上昇を阻止)
1940. 7	奢侈品等製造販売制限規則
10	**大政翼賛会**発足
11	**大日本産業報国会**結成
1941. 4	米穀配給通帳制全国実施
12	**太平洋戦争勃発**
1942. 2	大日本婦人会結成
12	大日本言論報国会結成
1943.10	学徒出陣
1944. 8	女子挺身勤労令(勤労動員)
	学童疎開始まる

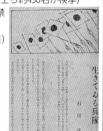

↑❸石川達三『生きてゐる兵隊』 中国戦線を取材した小説。軍の威信を失墜させるとして発禁処分となり,石川は起訴され,有罪判決を受けた。
日本近代文学館蔵

資料から読み解く 大日本産業報国会

史料❶ 大日本産業報国会綱領

一,我々は国体の本義をよくわきまえ,全産業が一体となって国のために実績を積み重ね,それにより日本の隆盛を助け奉ることを期す。

一,我々は産業の使命にのっとり,資本家も労働者も一家となり,職分や奉公を誠実に尽くし,日本の産業の興隆に総力を尽くすことを期す。

《大日本産業報国会要覧》

● 読み解き

❶勤労は,どのような意味をもっていると述べられているだろう。

❷総力戦とはどのようなものなのだろう。この資料から言えることをまとめよう。

2 日本の軍需物資国別輸入割合 (1940年)

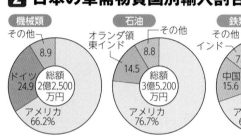

機械類
その他 8.9
ドイツ 24.9
アメリカ 66.2%
総額 2億2,500万円

石油
オランダ領東インド 14.5
その他 8.8
アメリカ 76.7%
総額 3億5,200万円

鉄類
インド / その他 7.0
中国 15.6
7.5
アメリカ 69.9%
総額 3億8,500万円

日中戦争を遂行するにあたり,日本はアメリカから多くの軍需物資を輸入していた。

3 総力戦

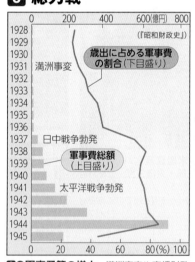

歳出に占める軍事費の割合(下目盛り)

軍事費総額(上目盛り)

満洲事変
日中戦争勃発
太平洋戦争勃発

『昭和財政史』

	0 200 400 600(億円) 800
1928～1945	
	0 20 40 60 80(%) 100

↑❹軍事予算の増大 満洲事変や高橋財政によって軍事費の割合が高くなっており,日中戦争開始以降,軍事費は歳出の半分を大きく超える状況が続いた。

➡❺衣料切符 戦争が長期化する中で,日用必需品は国の統制下に置かれ,配給制が始まった。一方で,買いだめや闇物資の横行もなくならなかった。

➡❻配給に並ぶ人々

➡❾大日本産業報国会創立大会(1940年) 労働組合はすべて解散させられた。

➡❼パーマネントの禁止 「町常会の決議に依りパーマネントのお方は当町通行を御遠慮下さい」とある。

➡❽節約をよびかける立て看板 1940年,東京の繁華街など1,500カ所に設置された。

歴史のスパイス 女性のパーマネントは,国民精神総動員委員会(1939年設置)によりたびたび禁止決議がだされたが,完全に廃止することはできず,パーマネントをかけ続ける女性もいた。

4 戦争と情報

⑩大日本言論報国会 「思想戦」の指導を行うため、情報局のもとで評論家らによって1942年に設立された団体。「聖戦」の完遂や「大東亜秩序」の建設を目的としていた。

⬆⑪映画「ハワイ・マレー沖海戦」（1942年製作）真珠湾攻撃とマレー沖海戦を描いた戦意高揚映画。©TOHO CO.,LTD.

⬆⑫決戦イロハかるた 人々にとって身近な言い回しや、生活に密着した場面を描きながら、戦意高揚を図っている。

▶⑬「アッツ島玉砕」（藤田嗣治筆） 芸術作品や芸術家の戦争への協力も当たり前のこととなった。パリの画壇で高い評価を得ていた藤田嗣治は、陸軍の依頼で戦争画を描いた。

東京国立近代美術館蔵、1943年、縦193.5×横259.5cm

5 子どもと戦争

▶⑮戦争ごっこ（1940年） 時局を反映して、子どもたちの間では戦争ごっこが盛んに行われた。

⬆⑭軍事教練 1941年4月から、小学校は国民学校と改められ、「忠君愛国」の精神が強調されるとともに、軍事教練が課された。

史料②　太平洋戦争開戦の日について戦後に書かれた文章

たとえば、やがてその一周年がくる忘れがたい12月8日の日、周二は他の生徒にもまして、地に足のつかぬような、身ぶるいともつかない一種特有のふしぎな数刻を体験したのであった。登校した生徒たちは校庭に群がって、妙にひっそりと真剣な囁き声を交わしていた。教師たちは教員室に閉じこもって一人も姿を見せない。昼まえ、宣戦の大詔が発表され、同時に生徒たちを正直のところ失望させたことに、午後から平常通り授業が行われるむね告げられた。一部の生徒はこの未曾有の大戦争により、さし迫っていた学期末試験が中止されるのではないかと早合点して喜んでいたのであるが。
（北杜夫著『楡家の人びと』新潮文庫）
＊1962年から発表された小説で、大正から戦中・戦後の混乱期を著者自身の家族をモデルに描いたもの。

6 生活の窮乏

▶⑯日中戦争以降の主食全体供給実績（米換算）戦争の長期化の中で、主食供給量が徐々に低落した。

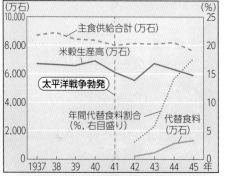

⬆⑰カボチャ栽培を奨励するポスター 所蔵：アドミュージアム東京

▶⑱金属回収 軍需物資不足のため、1940年には町内会による回収運動が全国で実施された。1941年には金属類回収令が出された。

7 本土空襲

1944年7月のサイパン島陥落で本土がB29爆撃機の爆撃圏内となり、工業地帯をもつ地域を中心に全国主要都市が空襲にあった。都市への無差別爆撃は日本の戦意喪失を意図したものだった。

Ａ　日本の主な空襲被害（『日本の空襲』三省堂ほか）

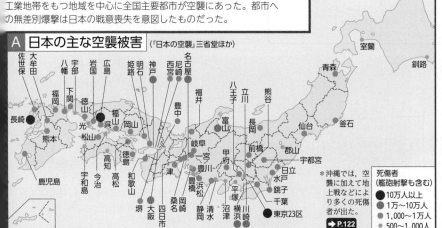

＊沖縄では、空襲に加えて地上戦などにより多くの死傷者が出た。

死傷者（艦砲射撃も含む）
● 10万人以上
● 1万〜10万人
● 1,000〜1万人
・ 500〜1,000人

➡P.122

▶⑲防空壕 戦争の後半になると、空襲の恐怖が現実のものとなった。

▶⑳学童疎開 空襲による被害をさけるため、大都市の児童を地方に移動させる疎開が行われた。写真は温泉で有名な宮城県鳴子にやってきた疎開児童。

ことば　隣組 部落会・町内会のもとに5〜10軒を単位に編成された組織。この組織によって人々は相互監視をし、戦争協力をしない人たちを「非国民」として非難した。

クローズアップ

「満洲国」総理　東条英機　フィリピン大統領

汪兆銘（中国）　タイ首相代理　自由インド仮政府代表

ビルマ（現ミャンマー）首相

↑①大東亜会議　1943年11月，日本は，占領地域の戦争協力を確保するために各地の代表者を東京に集めて大東亜会議を開催し，「大東亜共栄圏」の結束を誇示した。

↑②ヤルタ会談　1945年2月，クリミア半島のヤルタで，米英ソ3国の首脳会談が行われた。

チャーチル　ローズヴェルト　スターリン

❓ 第二次世界大戦中，どのような会議が開かれたのだろう。

1 ドイツの降伏

↑③ノルマンディー上陸作戦（1944年6月）　英米軍がフランスのノルマンディー海岸に上陸した。ソ連との戦いが劣勢になる中，ドイツは東西に敵を迎え，より苦しい状態に置かれた。

↑④ベルリンの陥落　1945年5月，10日間の市街戦の末にベルリンが陥落。ドイツは降伏した。

2 サイパン島の陥落と特攻作戦

↑⑤米軍の砲撃で炎上するサイパン島　1944年7月にサイパン島が米軍に奪取されたことは，絶対国防圏が破られたこと，本州の大部分が空襲の対象となることを意味しており，開戦以来戦争を指導してきた東条英機首相の退陣につながった。

↑⑥米軍の戦艦に体当たり寸前の特攻機　1944年10月にフィリピンでの戦いが始まると，日本軍は組織的に自爆攻撃（特攻）を始めた。絶望的な戦局にもかかわらず，終戦まで続けられた。

A 米軍の侵攻

■4.3の米軍第10軍占領地域
―米軍の第一線

辺戸　4.13
第6海兵師団占領　4.20
安波　4.19
伊江島
水納島　4.11
4.16～21 第77歩兵師団占領
4.13 偵察隊上陸
名護　4.8
渡具知　4.1
米軍第10軍の沖縄本島上陸
4.7 偵察
4.10 第27歩兵師団上陸
慶伊瀬　3.31 偵察隊上陸
那覇　5.29　4.19
首里　6.11
6.20 摩文仁
4.1 第2海兵師団陽動作戦実施
慶良間諸島　3.26 第77歩兵師団
0　40km

3 沖縄戦

＊看護要員として動員された沖縄師範学校女子部・県立第一高等女学校の生徒は，特に「ひめゆり学徒隊」とよばれる。

防衛隊員として徴集された沖縄住民約2万2,200人のほか，男子生徒は「鉄血勤皇隊」「通信隊」，女子生徒は看護要員＊として動員された。また，日本軍によって「集団自決」を強要されたり，残虐行為やスパイ容疑などの理由で殺されたりした人もいる。米軍上陸のなかった八重山列島では，住民が西表島に疎開させられたために，ほぼ全員がマラリアに罹り，多数の死者を出した。

那覇　波平　首里　弁ヶ嶽
日本軍の残存　陣地　史跡
那覇飛行場
小禄半島　豊見城　与那原
武富　友寄
伊覇　知念岬
糸満　佐敷　知念半島
国吉　世名城　当山
八重瀬岳　湊川　百名
真栄里　仲座　具志頭
ひめゆりの塔　真栄平
喜屋武　摩文仁の丘
喜屋武岬　日本軍の組織的抵抗終わる
沖縄守備軍
0　3km

↑⑦渡嘉敷島をロケット砲で攻撃する米軍　米軍のロケット砲・艦砲射撃は「鉄の暴風」とよばれた。

沖縄戦の戦死者数

日本人	18万8,890人
県外出身日本兵	6万5,908人
沖縄出身軍人軍属	2万8,228人
一般住民	9万4,754人
アメリカ人	1万2,520人

＊軍属とは軍隊に勤務する文官や技師など。

資料から読み解く　各地での終戦のとらえ方

史料① 日本人から見た終戦

8月15日
……12時，時報。君が代奏楽。詔書の御朗読。やはり戦争終結であった。君が代奏楽。つづいて内閣告諭。経過の発表。——遂に敗けたのだ。戦いに破れたのだ。夏の太陽がカッカと燃えている。眼に痛い光線。烈日の下に敗戦を知らされた。蝉がしきりと鳴いている。音はそれだけだ。静かだ。……

（高見順『敗戦日記』文春文庫）

①1907年生まれの小説家・詩人。

↑⑮終戦を知らせる号外をもつパリ駐留米兵（1945年8月15日）

↑⑯終戦を喜ぶ朝鮮半島の人々（1945年8月）

歴史のスパイス　日本軍の中には最後まで降伏に反対する声が多く，8月14日夜から15日朝にかけて，玉音放送の音源奪取を計画したクーデタが皇居で起きた。

④ 広島・長崎への原爆投下

●広島（1945年 8 月 6 日）　●長崎（1945年 8 月 9 日）

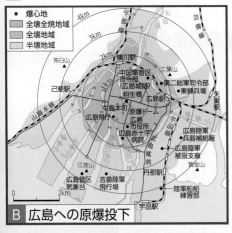

- 爆心地
- 全壊全焼地域
- 全壊地域
- 半壊地域

B 広島への原爆投下

●人員		
	死者	118,661人
	行方不明	3,677人
	重傷	30,524人
	軽傷	48,606人
	当時の人口	320,081人
●建物	全焼	55,000戸
	半焼	2,290戸
	全壊	6,820戸
	半壊	3,750戸

（1946年 8 月10日付被爆調査〈広島市調査課まとめ〉）

1945年 8 月 6 日 午前 8 時15分，広島市の上空約580mで炸裂した原子爆弾は，炸裂の瞬間，摂氏100万度の火の玉となり，強烈な熱線と爆風で人々を殺傷し，街を破壊した。爆心地から 2 km以内の建物が全壊・全焼し， 4 km以内の建物が破壊された。

C 長崎への原爆投下

- 爆心地
- 家屋半壊全壊地帯
- 鉄筋建築破壊地帯
- 灰燼地帯
- 火災地帯

●人員	
死者	73,884人
負傷者	74,909人
罹災者	120,820人
当時の人口	210,000人
●建物	
全焼	11,574戸
全壊	1,326戸
半壊	5,509戸
罹災家屋	18,409戸

（長崎市原爆被爆対策部『原爆被爆者対策事業概要』）

1945年 8 月 9 日午前11時 2 分，広島に続いて長崎にも原爆が投下された。広島の広い三角州と違い，被害は浦上川地域に集中した。学校・教会，そして爆心地から南へのびる街々を破壊した。

↑⑧原爆投下後の広島　林重男撮影，アリ・ビーザー作成，広島平和記念資料館蔵

↑⑨原爆が投下された時刻（ 8 時15分）で止まった時計　二川一夫寄贈，広島平和記念資料館蔵

⑩⑪長崎原爆資料館蔵

⑩原爆投下後の長崎　浦上天主堂

➡⑪原爆投下15分後のキノコ雲（長崎湾口の造船所より撮影されたもの）

⑤ 戦争の終結

⑫ポツダム会談　1945年 7 月17日から 8 月 2 日にかけて，ベルリン郊外のポツダム宮殿で米英ソの首脳が会談し，ドイツの戦後処理と対日方針を協議した。

チャーチル　トルーマン　スターリン

⑭主な国の被害

（万人）	0 100 200 300 400 500 600 700 800 900
連合国 ソ連	2,132
中国	1,132.4
イギリス	36.6
アメリカ	29.2
枢軸国 ドイツ	619.3
日本	310
イタリア	35.5
その他 朝鮮	20
ベトナム	200余
インドネシア	200
フィリピン	105

主要連合国合計 約3,330万人
主要枢軸国合計 約965万人

➡⑬ソ連の対日参戦　ソ連は，ヤルタ会談の秘密協定に基づき1945年 8 月 8 日に日本に宣戦を布告し，翌 9 日，南樺太・満洲に進軍した。満洲の開拓団の人々がソ連軍の侵攻を受け，その中で中国残留日本人の問題も生まれた。また，ソ連軍に捕らえられた軍民のシベリア抑留問題が生じた。

↑⑰英軍少将に刀を渡す日本軍の師団長（1946年，クアラルンプール）

読み解き

1. 人々はどのように戦争終結を知ったのだろう。またその時，人々はそれぞれどのように考えたのか想像してみよう。
2. 朝鮮半島の人々にとって 8 月15日はどのような意味をもっただろう。
3. 海外にいた日本人は，終戦後どうなったのだろう。

資料から読み解く　ポツダム宣言

史料② ポツダム宣言（1945年 7 月26日発表）［抄訳］

6　軍国主義が世界からなくなるまでは平和・安全・正義の新秩序が生まれないため，日本国民を欺き，世界征服を企図した軍国主義者や戦争指導者の権力や勢力は永久に除かれなければならない。

7　前記のような新秩序が建設され，かつ日本の戦争遂行能力が破砕されたと明確に証明できるまで，連合国軍が指定する日本領土内の諸地点は，当初の基本的目的の達成を確保するため，連合国軍により占領される。

9　日本の軍隊は完全に武装解除され，兵士は各家庭に帰り，平和で生産的な生活を営む機会を与えられる。

10　……戦争犯罪人に対しては厳重な処罰を加える。日本政府は民主主義の促進をはかる。言論・宗教・思想の自由並びに基本的人権は尊重される。

11　日本はその経済を支え，かつ賠償を可能にするための産業の維持を許されるものとする。ただし，戦争のための再軍備につながる産業はこれに当てはまらない。……日本は，将来，世界貿易関係への参加を許される。

12　連合国の占領軍は，前記の諸目的が達成され，かつ日本国民の自由な意志に従って，平和的傾向をもった責任ある政府が樹立されるにおいては，直ちに日本より撤収するものとする。《日本外交年表竝主要文書》

ポツダム宣言は，蔣介石の同意を得て，米英中 3 カ国による共同宣言の形で発せられた。

読み解き

1. 連合国は，この戦争をどのような戦争だと考えているだろう。史料から読み取れることをまとめよう。
2. 連合軍は占領の目的をどのように述べているだろう。第 7 ・12項から読み取ろう。

東アジア／東南アジア／ヨーロッパ／アメリカ／オセアニア

クローズアップ

❶第1回国連総会(1946年)

❷国際連合本部ビル前にあるオブジェ(アメリカ・ニューヨーク)

? 国際連合は、どのような組織として発足したのだろう。

➡P.139

◆国際連合の地域別原加盟国数

アジア	9
アフリカ	4
ヨーロッパ	14
アメリカ	22
オセアニア	2

2 国際連盟と国際連合の比較 ◀P.101

国際連合の組織は ➡P.127

国際連盟（本部：ジュネーヴ）		国際連合（本部：ニューヨーク）
1920年発足。原加盟国42カ国 **アメリカ不参加，ソ連の加盟遅延**	加盟国	1945年発足。原加盟国51カ国 五大国は米・英・ソ（現ロシア）・中**・仏
総会，理事会（常任理事国：英・仏・伊・日）， 事務局，常設国際司法裁判所，国際労働機関	主要機関	総会，**安全保障理事会**（五大国が常任理事国で， **拒否権**を持つ），事務局，経済社会理事会，国際司法裁判所，信託統治理事会
全会一致（加盟国の全部の同意が必要）	表決手続	多数決（安全保障理事会は，常任理事国のうち 1国でも拒否権を行使すれば，議決できない）
国際紛争が発生した場合，理事会の報告後， 3カ月間は戦争に訴えることを禁止	戦争の禁止	安全保障理事会による軍事行動（国連平和維持 軍）と加盟国の自衛権行使以外は禁止
経済封鎖（通商上，金融上の関係を断絶し， 違約国の国民との交通を禁止する）	制裁措置	経済，交通，通信および外交関係の断絶 安全保障理事会による国連平和維持軍の派遣

＊武力制裁はとれなかった。　＊＊1971年，中国代表権は中華民国から中華人民共和国に。

3 二つの国際軍事裁判

連合軍は，大戦中から，枢軸国側の侵略行為や残虐行為に対する制裁を行うことで合意していた。大戦後，ニュルンベルク国際軍事裁判と東京裁判の二つの国際軍事裁判が行われ，一般的な戦争犯罪のほか，「平和に対する罪」，「人道に対する罪」が国際法上の犯罪と規定された。

＊「平和に対する罪」により訴追された者をＡ級戦犯とよぶ。

ゲーリング　ヘス　リッベントロップ

❹ニュルンベルク国際軍事裁判(1945～46年) ナチ党指導者22名が裁かれ，12名が死刑を宣告された。

裁判官席　被告席

❺極東国際軍事裁判(東京裁判)(1946～48年)　戦前・戦中の指導者28名をＡ級戦犯として審理し，元首相の東条英機・広田弘毅ら7名が死刑となった。

東条英機

◆東京裁判のおもな問題点
① 連合国側の戦争責任・行為は不問
② 連合国側の利害に絡む細菌戦・化学戦などにふれていない
③ 天皇の戦争責任不問
④ 戦勝国側の裁きの面が強い

歴史のスパイス 島根県安来市出身の画家・加納莞蕾は，戦後，フィリピンで収監された旧日本兵のＢ・Ｃ級戦犯の釈放に尽力した。

1 国際連合の歩み

1941. 8 **大西洋憲章**
●国際連合の基礎確立　●戦後の平和構想 ●ローズヴェルト（米）・チャーチル（英）

↓

1942. 1 **連合国共同宣言**
●大西洋憲章の原則確認

➡❸連合国共同宣言
米・英・ソなど26カ国が集まって，枢軸国との戦争完遂と団結を宣言した。

↓

1943.10 **平和機構設立宣言(モスクワ宣言)**
●国際連合の設立の一般原則定める ●米・英・ソ（宣言には中国も参加）

↓

1944. 7 **ブレトン＝ウッズ会議**
●国際通貨基金(IMF)・国際復興開発銀行(IBRD)の設立決定 ●44カ国が参加

↓

1944. 8～10 **ダンバートン＝オークス会議**
●国際連合憲章草案作成　●米・英・ソ・中 ●未決定の拒否権問題はヤルタ会談で決定

↓

1945. 4～6 **サンフランシスコ会議**
●国際連合憲章採択 ●連合国50カ国（後にポーランドが加盟し，原加盟国51カ国が憲章に署名）

↓

1945.10.24 **国際連合(United Nations*)成立**

＊「連合国」という意味。

●戦後の国際経済体制

IBRD (国際復興開発銀行)	IMF (国際通貨基金)	GATT
・戦後復興 ・開発途上国援助 ・長期貸付	・為替安定 ・短期貸付 ・金ドル本位制	・自由貿易 ・1995年に WTOへ

アメリカの経済力・ドルの信用で支える

COLUMN 「私は貝になりたい」

東京裁判では，Ａ級戦犯のほかに，捕虜虐待や残虐行為などに関わって，約5,700人がＢ・Ｃ級戦犯として起訴された。アメリカなど関係国で裁判が行われ，このうち984人が死刑，475人が終身刑となった。中には証拠不十分にもかかわらず責任が問われたケースもあった。

➡❻テレビドラマ「私は貝になりたい」(1958年放送)　上官にアメリカ兵殺害を命じられ，Ｃ級戦犯として裁判にかけられた男性の物語で，大きな反響をよんだ。
写真提供：TBS

1 ユダヤ人とは

ユダヤ人とは，古代・中世には一般にユダヤ教を信奉する人々（＝ユダヤ教徒）を意味した。古代・中世のヨーロッパ・キリスト教世界の中で，ユダヤ人は神殺しの罪を負わされ，社会の中の被差別者として構造的に定着していった。一方，近現代におけるユダヤ人はある特定の人種や民族には還元できない。例えば，イスラエルのユダヤ人帰還法では，ユダヤ人の母親から生まれた者，もしくはユダヤ教に改宗した者と定義されている。

◀①ポグロム　ポグロムとは，東欧において多発した，ユダヤ人に対しての集団的暴力行為を意味する。1881年にはロシア皇帝暗殺をきっかけに，ロシアから東欧にかけて大規模なポグロムが生じた。多くのユダヤ人が犠牲となり，また西欧やアメリカへ逃れた。

読み解き
1 ユダヤ人とはどのような人々だろう。また，なぜ迫害されてきたのだろう。
2 資料から読み取れるナチ＝ドイツのユダヤ人政策の特徴は何だろう。
3 アーレントはアイヒマンをどのように捉えているだろう。

2 ホロコースト

ホロコーストとは本来，『旧約聖書』にみられる「焼かれた供物」を意味する言葉。現在では，ナチ＝ドイツによるユダヤ人大量虐殺をさすことばとして用いられる。

世界遺産

◀②ビルケナウの「死の門」　ユダヤ人たちは，収容所に家畜用貨物列車で運ばれた。

世界遺産

◀③アウシュヴィッツ＝ビルケナウ強制収容所の門　ナチ＝ドイツがポーランドのオシフィエンツィム（ドイツ名アウシュヴィッツ）と隣接のビルケナウに建設した，最大規模の強制収容所。入口には「働けば自由になる」とあるが，労働力にならないと判断された老人や子どもはすぐにガス室で虐殺された。

A 第二次世界大戦前のユダヤ人人口

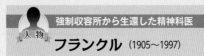

ノルウェー 1,500／スウェーデン 6,500／フィンランド 1,800／エストニア 5,000／デンマーク 6,000／ダンツィヒ 9,200／ラトヴィア 95,000／リトアニア 155,000／ソ連 2,525,000／イギリス 350,000／オランダ 160,000／ドイツ 565,000／ポーランド 3,000,000／ベルギー 100,000／ルクセンブルク 2,200／チェコ＝スロヴァキア 357,000／スイス 25,000／オーストリア＝ハンガリー 250,000 450,000／ルーマニア 850,000／フランス 225,000／ユーゴスラヴィア 70,000／ブルガリア 50,000／イタリア 48,000／スペイン 4,000／ギリシア 100,000／アルバニア 200／トルコ 56,000

南ヨーロッパ	329,200人
北・西ヨーロッパ	856,600人
中央ヨーロッパ	1,656,200人
東ヨーロッパ	6,630,000人

0　500km　●絶滅収容所

◀④解放直後の収容者（ブーヘンヴァルト）

絶滅収容所	死者総数
ヘウムノ	15万2,477人
ベウジェツ ソビブル トレブリンカ	60万人 25万人 70～90万人
マイダネク	12万5,000人
アウシュヴィッツ	110万人

（芝健介『ホロコースト』中公新書）

◀⑤6つの絶滅収容所における被害　6つの絶滅収容所のほか，ドイツ敗戦時には基幹収容所52カ所，支所等が1,202カ所設置されていた。

＊死者総数はユダヤ人殺害数の推定。ただし，アウシュヴィッツは数万名の各国政治犯を含む。ヘウムノについては34万人という説もある。

人物　強制収容所から生還した精神科医

フランクル（1905～1997）

ウィーンの精神科医。ユダヤ人であったことから家族とともにアウシュヴィッツに送り込まれ，両親と妻子を失い，彼だけが奇跡的に生還した。その体験を記した『夜と霧』（1947年）は世界的なベストセラーとなった。極限状態の中で「生きる意味」を考え続けた彼は，戦後，生きることへの力強いメッセージを発し続けた。

ホロコーストで犠牲となったのは，ユダヤ人だけではない。スラヴ系の人々や，移動民であるシンティ＝ロマ，同性愛者，障害者，共産主義者など，多くの人々が同様に命を落とした。北杜夫の小説『夜と霧の隅で』には，ナチ＝ドイツによる精神障害者の安楽死政策に抗いながら，患者を救おうと苦悩する精神科医の姿が描かれている。

◀⑥北杜夫『夜と霧の隅で』（新潮文庫）

史料①　**生き残ったユダヤ人の証言**

ガス室の入り口にはウクライナ兵が二人立っていました（一人はイワン，もう一人はニコライといいました）。最後の犠牲者がガス室に入る瞬間，背後から銃剣で刺されました。この犠牲者はこれから何がなされるか理解し，入ろうとしなかったからです。
400人が狭い部屋に押し込まれ外側からはなかなか閉じられないほどでした。扉が閉じられた後，私たちはドアの向かい側で，「イスラエルの声を聴け！」「パパ，ママ！」という絶叫を聞きました。35分後には犠牲者たちは死んでいました。二人のドイツ兵がなかの様子に聞き耳をたてていましたが，「全部眠ったぞ」といって，われわれに扉を開き遺体を搬出するよう命じました。〈1961年アイヒマン裁判での証言〉

（芝健介『ホロコースト』中公新書）

◀⑦アイヒマン（1906～62）　ナチ＝ドイツの秘密警察（ゲシュタポ）のユダヤ人部門の責任者としてユダヤ人虐殺の実行を担った。1961年，イスラエルでアイヒマンの裁判が開かれ，死刑判決が下され，翌年処刑された。

史料②　**ハンナ＝アーレントによるアイヒマンの評価（『エルサレムのアイヒマン』）**

自分の昇進にはおそろしく熱心だったということのほかに彼（アイヒマン）には何らの動機もなかったのだ。そうしてこの熱心さはそれ自体としては決して犯罪的なものではなかった。……俗な表現をするなら，彼は自分のしていることがどういうことか全然わかっていなかった。……彼は愚かではなかった。まったく思考していないこと——これは愚かさとは決して同じではない——，それが彼があの時代の最大の犯罪者の一人になる素因だったのだ。……

（ハンナ＝アーレント著，大久保和郎訳『エルサレムのアイヒマン　悪の陳腐さについての報告』みすず書房）

①ユダヤ人でドイツ出身の哲学者であるハンナ＝アーレントによるアイヒマン裁判の記録。

ほとんど全ての国は，2つの生活様式の中から1つを選ばなければならない。……
第1の生活様式は，多数者の意思に基づき，自由な諸制度，代議政体，自由な選挙，……そして政治的抑圧からの自由によって特徴づけられている。
第2の生活様式は，多数者を力で強制する少数者の意思に基づいている。それはテロと抑圧，統制された出版と放送，形ばかりの選挙……などによって成り立っている。
私は，武装した少数者や外部からの圧力によって企てられた支配に抵抗している自由な諸国民を援助することこそ，アメリカ合衆国の政策でなければならないと信じる。……

（『世界史史料11』岩波書店）

✎クローズアップ

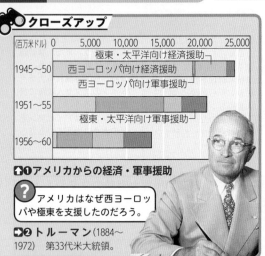

❶❶アメリカからの経済・軍事援助

? アメリカはなぜ西ヨーロッパや極東を支援したのだろう。

➡❷ トルーマン (1884～1972) 第33代米大統領。

資料から読み解く 冷戦への道

史料❶ 戦争の確かなる防止も，世界機構の継続的な発展も，私が，英語を話す国の人々の友愛の連合と呼ぶものなくしては，手に入れることは出来ないだろう。つまりそれは，英連邦および帝国，アメリカの間の特別な関係を意味する。
バルト海のシュテティンからアドリア海のトリエステまで，ヨーロッパ大陸をまたぐ鉄のカーテンが降りてしまった。……〈「鉄のカーテン」演説，1946年〉（『世界史史料11』岩波書店）

◀❸チャーチル (1874～1965) 第二次世界大戦期のイギリス首相 (1945年に退陣)。

🔍読み解き
トルーマンはソ連およびソ連圏に属する国々をどのように評価しているだろう。

1 大戦後のヨーロッパ

西側陣営	東側陣営
●トルーマン＝ドクトリンと封じ込め政策（共産主義勢力の進出阻止）	●ソ連主導
●ギリシア・トルコへの支援	●コミンフォルム（ヨーロッパの共産党の連携）
●マーシャル＝プラン（西ヨーロッパの共産化を防止）→ヨーロッパ経済協力機構（OEEC）が受け皿	●経済相互援助会議（コメコン）（東欧とモンゴル・キューバ・ベトナム）
●北大西洋条約機構（NATO）（軍事同盟）	●ワルシャワ条約機構（軍事同盟）

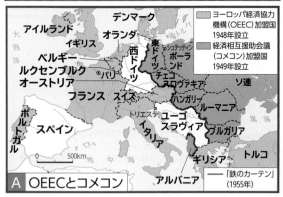

A OEECとコメコン

- ☐ ヨーロッパ経済協力機構（OEEC）加盟国 1948年設立
- ☐ 経済相互援助会議（コメコン）加盟国 1949年設立
- ── 「鉄のカーテン」(1955年)

●ドイツとベルリンの分割占領

B ドイツの分割占領

C ベルリンの分割占領

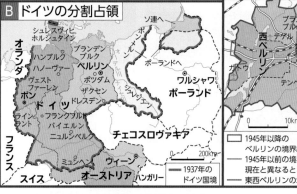

- ☐ 1945年以降の境界線
- ── 1945年以前の境界で現在と異なるところ
- ── 東西ベルリンの境界
- ☐ ソ連占領地区
- ☐ フランス占領地区
- ☐ イギリス占領地区
- ☐ アメリカ占領地区
- ✈ 飛行場

◀❹ベルリン封鎖 ドイツ占領政策をめぐる対立はすぐに表面化する。1948年6月，ドイツの西側占領地区で通貨改革が行われると，ソ連は西ベルリンへの陸上交通路を遮断した。アメリカは物資を西ベルリンに空輸して対抗し，1949年5月にソ連は封鎖を解除した。

2 東西両陣営の集団安全保障体制

米ソ両国は様々な集団安全保障機構を結んで相互に陣営をつくり，北極海をはさんで対峙した。

日米安全保障条約 1951
米台相互防衛条約 1954～79
米韓相互防衛条約 1953
米比相互防衛条約 1951

米州機構（OAS）1948
アメリカと中南米20カ国で結成 現在35カ国

太平洋安全保障条約 (ANZUS) 1951

東南アジア条約機構（SEATO）1954～77
米・仏・英・オーストラリア・ニュージーランド・タイ・フィリピン・パキスタン

中ソ友好同盟相互援助条約 1950～80

中央条約機構（CENTO）1959～79
中東条約機構（METO）からイラクが脱退。イラン・トルコ・パキスタン・イギリス〔イラン革命で解体〕

ワルシャワ条約機構 1955～91
ソ連・ブルガリア・ハンガリー・ポーランド・東ドイツ・チェコスロヴァキア・ルーマニア・アルバニア（68年脱退）

北大西洋条約機構（NATO）1949
イギリス・イタリア・ベルギー・オランダ・ルクセンブルク・アメリカ・カナダ・ノルウェー・デンマーク・アイスランド・ポルトガル・フランス（66年軍事機構脱退）・のちギリシア・トルコ・西ドイツ・スペインが加盟
＊加盟国は冷戦終結前まで。

- ── アメリカの対ソ連包囲網
- ⊢ 米ソの大陸間弾道ミサイル
- ⊶ 米ソのミサイル潜水艦基地
- ✈ 米ソの空軍基地
- ⚓ 米ソの海軍基地／施設（水上艦船）
- ⊿ 米ソのミサイル発射基地
- ☐ アメリカ及び同盟関係国
- ☐ ソ連及び同盟関係国

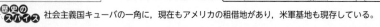

1 第二次世界大戦後の国際社会の時代別推移

1945～54年の概観
◆冷戦の開始
← P.126
← P.128～132

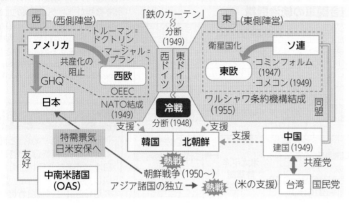

（西側陣営）「鉄のカーテン」（東側陣営）

西（西側陣営）｜東（東側陣営）

- アメリカ
  - トルーマン=ドクトリン／マーシャルプラン
  - 共産化の阻止
  - GHQ → 西欧（OEEC）
  - 日本 → NATO結成（1949）
- 分断（1949）西ドイツ／東ドイツ
- ソ連
  - 衛星国化
  - 東欧
    - ・コミンフォルム（1947）
    - ・コメコン（1949）
  - ワルシャワ条約機構結成（1955）
- 冷戦
- 分断（1948）支援／支援
- 韓国｜北朝鮮
- 中国 建国（1949）共産党
- 特需景気 日米安保へ
- 友好 → 中南米諸国（OAS）
- 熱戦 朝鮮戦争（1950～） アジア諸国の独立 → 熱戦
- （米の支援）台湾 国民党
- 同盟

1955～69年の概観
◆冷戦の展開と多極化
→ P.138～145

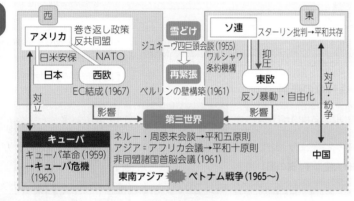

西｜東

- アメリカ
  - 巻き返し政策 反共同盟
  - 日米安保 NATO
  - 日本 西欧（EC結成（1967））
- 雪どけ ジュネーヴ四巨頭会談（1955）→ 再緊張 ベルリンの壁構築（1961）
- ソ連 スターリン批判→平和共存
  - ワルシャワ条約機構
  - 抑圧 → 東欧 反ソ暴動・自由化
- 対立
- 影響 → 第三世界 ← 影響
- 対立・紛争
- キューバ
  - キューバ革命（1959）→キューバ危機（1962）
- ネルー・周恩来会談→平和五原則 アジア=アフリカ会議→平和十原則 非同盟諸国首脳会議（1961）
- 東南アジア ← ベトナム戦争（1965～）
- 中国

1970～89年の概観
◆冷戦の終結
→ P.148～154

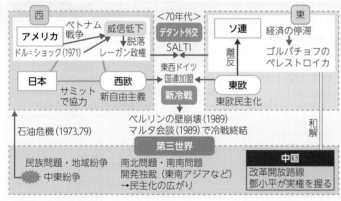

西｜東

- アメリカ
  - ベトナム戦争 → 威信低下 → 脱落 → レーガン政権
  - ドル=ショック（1971）
  - <70年代> デタント外交 SALTI
- ソ連 経済の停滞
  - 離反 ゴルバチョフのペレストロイカ
- 日本
  - サミットで協力 西欧 新自由主義
  - 東西ドイツ国連加盟
  - 新冷戦
- 東欧 東欧民主化
- 石油危機（1973,79）
- ベルリンの壁崩壊（1989） マルタ会談（1989）で冷戦終結
- 和解
- 第三世界
  - 民族問題・地域紛争 → 中東紛争
  - 南北問題・南南問題 開発独裁（東南アジアなど）→民主化の広がり
- 中国 改革開放路線 鄧小平が実権を握る

1990年～現在の概観
◆冷戦後の世界
→ P.155～159

- 日本 バブル経済 → 経済停滞

ヨーロッパ

西欧	ロシア・東欧
●EU発足 ●政治・経済統合の進展 財政問題の噴出 統合の危機	●ソ連崩壊 ●資本主義経済の発展 ・格差の拡大 ・紛争の多発

← 東欧諸国のEU加盟 →

アジア・アフリカ・ラテンアメリカ諸国

- ●新興国の台頭
- ●地域紛争・民族紛争の表面化

【東アジア】中国・韓国の経済発展，中国の軍事的台頭
【東南アジア】ASEANによる経済統合の進展
【南アジア】インドの経済発展
【西アジア】イスラーム原理主義の台頭
【ラテンアメリカ】ブラジルなどの経済発展，左派政権台頭
【アフリカ】貧困・飢餓の蔓延，紛争の多発

アメリカ
圧倒的な軍事力・経済力による一極支配（「パクス=アメリカーナ」）
アフガニスタン攻撃 イラク戦争
威信の失墜・信用の低下

2 国際連合 ← P.101,124

●国際連合の組織
本部はニューヨーク

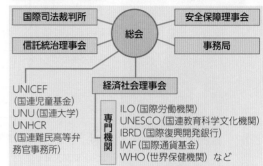

- 国際司法裁判所
- 信託統治理事会
- 総会
- 安全保障理事会
- 事務局
- 経済社会理事会
- UNICEF（国連児童基金）
- UNU（国連大学）
- UNHCR（国連難民高等弁務官事務所）
- 専門機関
  - ILO（国際労働機関）
  - UNESCO（国連教育科学文化機関）
  - IBRD（国際復興開発銀行）
  - IMF（国際通貨基金）
  - WHO（世界保健機関） など

IBRD・IMFと，1947年に調印されたGATT（関税と貿易に関する一般協定）*は，アメリカの経済力によって世界経済を支えるシステムであり，ブレトン=ウッズ体制と称された。← P.124

*GATT…自由貿易をめざす組織で，1995年にWTO（世界貿易機関）となった。

●拒否権 ← P.124

安保理の常任理事国に拒否権が与えられた意義は，大国の足並みをそろえることで，安保理の決定に実効を持たせる点にある。しかし，冷戦期にはソ連やアメリカによる拒否権発動が足かせとなって，国連の機能麻痺を生みだすこともあった。拒否権への対抗手段として，国連加盟国の3分の2の賛成による「平和のための結集決議」採択や，緊急特別総会の招集などが行われてきた。

▶❶拒否権の発動回数

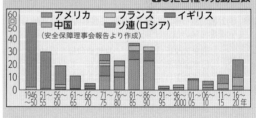

（凡例）アメリカ／フランス／イギリス／中国／ソ連（ロシア）（安全保障理事会報告より作成）

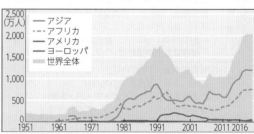

▲❷出身地域別の難民数の推移　20世紀後半に多発した民族・宗教紛争は，特にアジア・アフリカで多くの難民を生みだした。1990年代以降は，社会主義体制崩壊に伴う紛争によってヨーロッパでも難民が増加した。

（凡例）アジア／アフリカ／アメリカ／ヨーロッパ／世界全体

人物　日本人女性初の国連公使
緒方貞子（おがたさだこ）（1927～2019）　東京都出身

1991年，日本人として，また女性として初の国連難民高等弁務官に就任（任～2000）。湾岸戦争やユーゴスラヴィア内戦，ルワンダ内戦など紛争が頻発するなか，難民・紛争被災者支援に取り組んだ。

クローズアップ

①マッカーサーと昭和天皇

左はアメリカ大使館に昭和天皇がマッカーサーを訪問した際に撮影された写真（1945年9月27日）。正装で直立不動の昭和天皇の横で、マッカーサーは開襟の軍服姿で腰に手をあてて立っている。

？ マッカーサーと昭和天皇の並んだ写真を見て、日本人は何を思っただろう。

---

1 連合国による日本占領

●連合国軍の統治機構

極東委員会 FEC	
米・英・中・ソ・仏・加・蘭・オーストラリア・インド・フィリピン・ニュージーランド	
議長 アメリカ	本部 ワシントン

伝達↓ ↑基本方針諮問

アメリカ政府

指令↓

総司令部 連合国軍最高司令官（SCAP）マッカーサー 連合国軍最高司令官総司令部（GHQ）	←諮問→ 助言	米太平洋陸軍総司令部	対日理事会 ACJ
			米・英・中・ソ
			本部 東京
			議長 アメリカ

指令・勧告↓

日本政府	—	議会

↓ポツダム勅令 ↓法律

国　　　民

＊沖縄・小笠原諸島はアメリカの直接統治下に置かれた。

極東委員会は、**連合国軍最高司令官総司令部（GHQ）** の上部機関であり、対日占領政策決定の最高機関だったが、実質的にはアメリカの意向が占領政策を左右した。GHQが直接統治するのではなく、GHQの指令・勧告に基づいて日本政府が政策を実施する間接統治という形態をとった。

＊General Headquarters of the Supreme Commander for the Allied Powersのこと。連合国軍最高司令官はSCAPと略す。

COLUMN 「終戦の日」はいつ？

「終戦の日」はいつか、と問われたとき、多くの人は「8月15日」と答えるかもしれない。日本は1945年8月14日にポツダム宣言を受諾し、翌15日に玉音放送（←P.26）が流された。8月15日は全国戦没者追悼式が行われる日でもある。しかし、世界的には日本が降伏文書に調印した「9月2日」と認識されている。ただ、国によっては「9月3日」としているところもあり、終戦の日の位置づけはさまざまである。

↓②降伏文書調印式（1945年9月2日） 東京湾の米戦艦ミズーリ号上で調印した。

重光葵（外相）／梅津美治郎（大本営代表）

---

2 占領政策

非軍事化政策	①日本軍の武装解除（1945.9）…陸海軍解体、兵士の復員 ②特高警察の解体（1945.10） ③治安維持法の廃止、政治犯の釈放（1945.10） ④戦犯容疑者の逮捕…極東国際軍事裁判（東京裁判）（1946.5） ⑤公職追放…軍国主義者・国家主義者に断行（1946.1） ⑥軍需産業の禁止（1945.9）	
民主化政策	政治	①選挙法改正（1945.12）…**女性参政権**を盛り込む ②日本国憲法の制定（1946.11公布、1947.5施行） ③民法改正（1947.12）…封建的家族制度の廃止 ④地方自治法の制定（1947.4）
	経済	①農地改革の実施（第一次不認可、第二次1946.10） ②労働組合の育成…**労働組合法**（1945.12）、労働関係調整法（1946.9）、労働基準法（1947.12）の制定 ③経済活動の機会拡大・公平な競争…**財閥解体**（1945.11）、**独占禁止法**（1947.4）、過度経済力集中排除法（1947.12）の制定
	教育	①教育基本法の制定（1947.3）…新しい教育理念の提示、9年の義務教育の制度化 ②学校教育法（1947.3）…**六・三・三・四制** ③教育委員会法制定（1948.7）…教育の分権化

GHQは、幣原喜重郎首相に対して民主化に関する**五大改革**の指令を発した。表中の青字はそれに基づく。

↓⑥政治犯の釈放（1945年10月） 全国で政治犯約2,500名が釈放された。写真は、東京府中刑務所を出る共産党指導者ら。

徳田球一／志賀義雄／黒木重徳

◆**公職追放**…ポツダム宣言第6項（←P.123）を根拠にして、戦争を支持・推進した指導者が、議員・公務員、政界・財界・言論界などの指導的地位から排除された。

●GHQの統制

戦後、思想統制は解かれたが、GHQによる検閲が行われ、主にGHQ批判や原爆に対する記事などを発禁処分とした。

↓③大田洋子『屍の街』 広島の被爆体験をまとめたものだったが、占領軍の事前検閲により公表できなかった（1948年に一部削除で公刊）。

広島市立中央図書館蔵

●経済の民主化

	財閥	農地
戦前	財閥が経済を支配（または独占）：持株会社・財閥家族・銀行による支配	寄生地主制による農民支配と農民層の困窮
改革	持株会社の解散。財閥家族の企業支配力を排除。**独占禁止法**の制定	地主の土地保有制限。政府が寄生地主の土地を買収し、小作人に安く売り渡す
結果	自由競争により産業の民主化。経済の活性化	自作農の増加。農民の生活水準向上

↑④財閥解体と農地改革

●教育の民主化

↓⑦青空教室 空襲などにより校舎も机も失った都市部の学校では、焼け跡の中で授業が再開された。雨の日は自宅で自習するしかなかった。

●自作地と小作地 （単位：%）

1938年	自作地 53.2	小作地 46.8
1950年	91.3	8.7

●自小作別の農家の割合

1938年	自作 30.0	自小作 44.0	小作 26.0
1950年	62.3	32.6	5.1

●経営耕地別農家比率

				2町以上
1938年	5反以下 33.6	5反～1町 32.8	1～2町 24.3	9.3
1950年	40.9	32.0	21.7	5.4

↑⑤農地改革による変化（『解説 日本経済統計』ほか）

●⑧男女共学

1947年の**学校教育法**に基づき1948年に新制高等学校が発足した。その際、旧制の中学校と高等女学校が教職員・生徒を交換交流し、男女共学になった学校が多かった。

大阪府立北野高等学校提供

---

3 日本国憲法の制定

```
GHQ                              日本政府
┌─────────┐    憲法の自由主義      ┌─────────┐
│マッカーサー│    化要求 45.10.11    │幣原喜重郎内閣│
└─────────┘                      └─────────┘
  作成│    提出 46.2.8        ↓
  指示│   ┌─────────────────────────┐
   ↓    │憲法問題調査委員会 45.10.25│
┌─────────┐│改正要綱(松本試案) 46.1.4│
│GHQ草案  │└─────────────────────────┘
│2.10 完成│  拒否
└─────────┘  46.2.13
   │    手交    ┌─────────────────────────┐
   │   46.2.13  │憲法改正草案要綱 46.3.6  │
┌─────────┐    │憲法改正草案 46.4.17     │
│マッカーサー│    └─────────────────────────┘
└─────────┘  支持表明
┌─────────────┐   ┌─────────────┐
│新選挙法による │ → │第1次吉田茂内閣│
│衆議院総選挙   │   └─────────────┘
│46.4.10       │        ↓
└─────────────┘   ┌─────────────────────┐
┌─────────────┐   │第90臨時帝国議会修正可決│
│日本国憲法の公布│   └─────────────────────┘
│1946.11.3     │
└─────────────┘
```

*高野岩三郎らが結成した民間知識人グループ(憲法研究会)は,1945年12月に「憲法草案要綱」を発表した。この案は国民主権と立憲君主制を明記しており,GHQ草案に影響を与えた。

マッカーサーが示した憲法の自由主義化の勧告に従って,憲法問題調査委員会が「改正要綱(松本試案)」を作成したが,天皇主権を認める内容であったため,GHQは拒否。政府は,改めて**GHQ案を基礎とする政府案(憲法改正草案)**を作成し,帝国議会に提出した。帝国議会では,生存権の規定などが追加された上で,1946年10月に可決された。

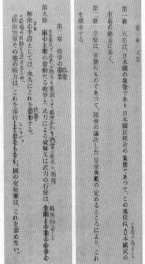

⭢❾政府原案の修正 戦力不保持を定めた第9条には,芦田均の発案により,第2項に「前項の目的を達するため」の字句が追加された。それにより,自衛のための戦力保持の可能性が残された。

⭠❿『あたらしい憲法のはなし』のさし絵 1947年,文部省が中学1年生用の教科書として発行したもの。

東アジア

象徴天皇制について
| 支持 85% | 反対 13 | 不明 2 |

戦争放棄の条項について
| 必要 70% | 必要なし 28 | その他 2 |
| 草案修正の必要性 なし 56 | 必要—14(自衛権留保など) | |

国民の権利・自由・義務について
| 草案支持 65% | 修正必要 33 | その他 2 |

⭡⓫憲法改正草案についての世論調査 (『毎日新聞』1946年5月27日)

⭡⓬新憲法公布の祝賀会 (1946年11月3日)

●主な法律の制定・改正

法律	公布	内容
改正民法(新民法)	1947	戸主制度・家督相続制度廃止,男女同権・夫婦平等の家族制度
刑法改正	1947	不敬罪・大逆罪・姦通罪など廃止
地方自治法	1947	都道府県知事・市町村長の**公選制**(直接選挙)
警察法	1947	国家地方警察と自治体警察の2本立て

---

4 占領下の日本

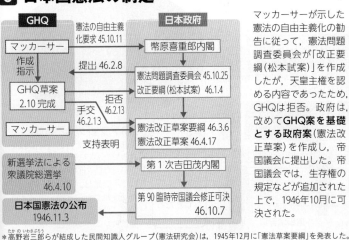

⭡⓭隣を歩く昭和天皇に気づかず,天皇を探す女性 (1949年)

⓮闇市 各都市の焼け跡や駅前広場に青空市場とよばれた闇市ができた。

⭠⓯買い出し列車 都市の人々は食料を求めて,産地である農村まで買い出しに行った。

史料❶ 天皇の人間宣言 (1946年1月1日)

朕と国民との結びつきは,相互の信頼と敬愛にあるのであって,神話と伝説とによって生じたものではない。また天皇を現御神とし,日本国民が他の民族よりすぐれた民族であって世界を支配する運命があるなどとは根拠のない考えに基づくものである。

1946年,昭和天皇はそれまでの天皇の神格化を自ら否定する宣言を行った。その翌月から,各地への巡幸を始めた。

COLUMN 深刻な国民生活

終戦直後の東京・上野駅は,住居を失った人や戦災孤児であふれ,地下道には新聞紙を被せた餓死者の遺体が並んでいた。占領下の国民生活は困難を極め,大都市では,空襲で家を失い,防空壕やバラックで雨をしのぐ人が少なくなかった。また,戦後,海外から民間人の引揚げと軍人・軍属の復員が進められたが,なかでも中国東北地域や樺太からの引揚げは困難を極めた。

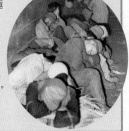

⭢⓰上野駅で寝る人々
*「復員」とは軍人が勤務を解かれて帰宅すること。

---

5 女性参政権の実現 ⭢P.134

史料❷ 戦後対策婦人委員会による要求 (1945年9月)

一,選挙法の改正に際し,20歳以上の婦人に選挙権と,25歳以上の婦人に対して被選挙権を与えること
……
一,都道府県および市町村制を改正して婦人にも公民権を与えること
一,治安警察法を改正し,婦人の政事結社への参加を認めること
一,文官任用令を改正して各行政機関への婦人の参加を認めること

1945年8月25日に市川房枝らが結成した戦後対策婦人委員会は,「婦人参政権は与えられるものではなくて婦人の手で獲得すべき」として,同年9月24日,政府・両院,各政党に対して5項目の要求を申し合わせた。

人物 日本国憲法に「男女同権」を書き入れた女性
ベアテ=シロタ=ゴードン (1923~2013)

ロシア系ユダヤ人の両親をもち,父の仕事の関係で5歳から10年間日本で過ごした。戦後来日し,GHQ民政局の職員となる。日本の女性の地位の低さを実感しており,男女同権の規定を憲法に盛り込むことに情熱を燃やした。憲法第24条の「両性の平等」はその成果である。

ベアテ=シロタ
市川房枝
横浜開港資料館蔵

⭢⓱最初の女性代議士 戦後初の総選挙で,女性78名が立候補し,39名が当選した。女性の投票率は,66%(男性は78%)だった。

クローズアップ

❶朝鮮戦争（北進する国連軍）

❷朝鮮戦争の休戦ライン（板門店）　2018年には韓国・北朝鮮の南北首脳会談がここで行われ、金正恩朝鮮労働党委員長が初めて軍事境界線を越えて韓国入りした。

韓国側
北朝鮮側　軍事境界線

❸ドラマ「愛の不時着」　現在の北朝鮮を舞台とした韓国ドラマ。パラグライダーに乗っていた韓国の財閥令嬢が、北朝鮮に不時着し、北朝鮮の軍人に救助されたところから物語は始まる。北朝鮮の生活がリアルに描かれたことも話題になった。

？冷戦は東アジアにどのような影響をもたらしただろう。

1 第二次世界大戦後の東アジア

世界の動き ➡P.142		中国 ➡P.150	朝鮮半島	日本 ➡P.144
【西側陣営】	【東側陣営】	46　国共内戦始まる	45　米ソによる南北分割占領	46　金融緊急措置令
1947 トルーマン＝ドクトリン				食糧メーデー開催
マーシャル＝プラン	コミンフォルム結成		1948	**日本国憲法公布**
1948	ベルリン封鎖（〜49）		朝鮮民主主義人民共和国成立　大韓民国成立	48　極東国際軍事裁判終わる ⬅P.124
				GHQ、経済安定九原則発表
1949 NATO結成	コメコン創設	49　中華人民共和国建国	首相：金日成（任〜72、主席1972〜94）　大統領：李承晩（任〜60）	49　ドッジ＝ライン発表
ドイツ連邦共和国成立	ドイツ民主共和国成立	主席：毛沢東		**1ドル＝360円の単一為替レート設定**
	ソ連、原爆保有	首相：周恩来		シャウプ勧告
1950 米でマッカーシズム（反共運動）始まる	中ソ友好同盟相互援助条約		1950〜53　朝鮮戦争	50　警察予備隊創設
				レッドパージが本格化　●特需景気
1951				マッカーサー解任/サンフランシスコ
1953		53　第1次五カ年計画（〜57）	53　米韓相互防衛条約	平和条約・日米安全保障条約 ➡P.132

2 中華人民共和国の建国

毛沢東

❹中華人民共和国の建国を宣言する毛沢東（1949年）　国共内戦に勝利をおさめた毛沢東は、1949年10月、中華人民共和国を建国し、主席に就任した。1950年には中ソ友好同盟相互援助条約を結び、東側陣営に加わった。

台湾の動き

1945	中華民国に編入
1949	国民政府が台湾に移転
1971	国連代表権を失う
1975	蔣介石死去
1996	初の直接選挙で国民党の李登輝総統再選

→民進党の陳水扁総統（2000）
→国民党の馬英九総統（2008）
→民進党の蔡英文総統（2016）
→民進党の頼清徳総統（2024）

史料❶ **蔣介石の演説**（1950年）

……毛沢東が公然とロシアの懐に一辺倒[1]になることを公表した後、10月になり、いわゆる「人民政府」の傀儡[2]が出現した。……同胞達よ、ロシア帝国が朱徳や毛沢東ら傀儡を監督し、中国大陸を統治した後は、すなわちアジア全体を統制しようとするものであることを、全ての人が知らなければならない。……
（『世界史史料11』岩波書店）
①他人の言いなりになっている者や組織

今日、日本は中華人民共和国政府を中国の唯一の合法政府としている。

❺蔡英文
（1956〜）
2016年の総統選で馬英九政権の対中接近を批判し当選。2期務めた。

3 対日占領政策の転換

終戦直後の占領政策　①非軍事化　②民主化

冷戦の本格化・東アジアの共産化

占領政策の転換

（米陸軍長官ロイヤルの演説が始まり）
①政治の安定化…反共の防壁に
➡レッドパージ
②経済の復興…日本経済の自立化
➡経済安定九原則（1948.12）：予算の均衡、徴税強化、資金貸出制限、賃金安定化、物価統制、貿易改善、物価割当改善、増産、食料集荷改善
➡ドッジ＝ライン（1949.3）：超均衡予算の実施（財政支出の削減）、単一為替レートの設定
➡シャウプ勧告（1949.9）：税制改革実施（直接税中心主義、累進所得税制）
③再軍備　➡警察予備隊の設置

❻ドッジの来日　デトロイト銀行頭取だったドッジは、日本経済は、アメリカの援助と政府の補助金という足に乗った「竹馬経済」と評し、財政の健全化を求めた。

池田勇人（蔵相）　ドッジ

史料❷ **ロイヤル陸軍長官演説**（1948年）

……われわれは、自立すると同時に、今後極東に生ずべき他の全体主義的戦争の脅威に対する制止役として役立つほど充分に強くかつ充分に安定した自足的民主政治を日本に建設するという、同様に確固たる目的を固守するものである。……（『昭和財政史』）

日銀券発行高　小売物価指数（東京）

金融緊急措置令　経済安定九原則　ドッジ＝ラインの開始

1946　1947　1948　1949　1950

❼インフレの進行と収束　戦後、極端な物資不足と敗戦処理などで銀行券が増発されたため、爆発的なインフレが起きた。政府は1946年に金融緊急措置令を出したが、一時的な効果しかなく、1948年の経済安定九原則と1949年のドッジ＝ラインによっておさまった一方で不況が深刻化し、企業の倒産や失業率の増大などの社会不安を招いた。

4 朝鮮戦争

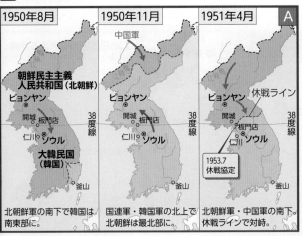

1950年8月	1950年11月	1951年4月	A

1950年8月
朝鮮民主主義
人民共和国(北朝鮮)
ピョンヤン
開城・板門店
38度線
仁川・ソウル
大韓民国
(韓国)
釜山
北朝鮮軍の南下で韓国は南東部に。

1950年11月
中国軍
ピョンヤン
開城・板門店
38度線
仁川・ソウル
釜山
国連軍・韓国軍の北上で北朝鮮は最北部に。

1951年4月
ピョンヤン 休戦ライン
開城・板門店
38度線
仁川・ソウル
1953.7
休戦協定
釜山
北朝鮮軍・中国軍の南下。休戦ラインで対峙。

北朝鮮軍の南下を契機に朝鮮戦争が始まると、国連安全保障理事会はソ連代表が欠席する中、**アメリカ軍を主体とする国連軍派遣を決定した**。一方、中華人民共和国は軍隊を派遣し、ソ連は参戦こそしなかったが、北朝鮮を援助した。戦いは一進一退を繰り返し、1953年に休戦協定が結ばれた。

5 戦後の東アジア

B 戦後の東アジア

1951 サンフランシスコ平和条約
1956 国連加盟

ウランバートル
モンゴル国
1924

ウルムチ
新疆ウイグル自治区
甘粛省

1924 モンゴル人民共和国
1946 完全独立
1992 モンゴル国に改称

朝鮮民主主義
人民共和国
1948

北京
ピョンヤン
ソウル
日本
東京

青海省
チベット自治区
ラサ

中華人民共和国
1949
南京
四川省

大韓民国
1950～53
朝鮮戦争

1971
国連脱退

インド
1947

雲南省
香港(英)
マカオ(ポ)
台湾

1997 香港、中国に返還
1999 マカオ、中国に返還

ウイグル人居住地域
チベット人居住地域
数字 独立・成立年

資料から読み解く 朝鮮戦争と日本経済

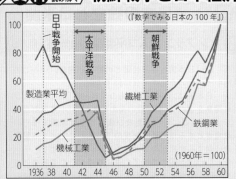

日中戦争開始
太平洋戦争
朝鮮戦争
製造業平均
繊維工業
鉄鋼業
機械工業
(1960年=100)
1936 38 40 42 44 46 48 50 52 54 56 58 60
(『数字でみる日本の100年』)

⬆8 製造工業生産指数

読み解き
朝鮮戦争は日本経済にどのような影響をもたらしたのだろう。

⬆⑩特需によるトラックの生産 朝鮮戦争を機に米軍から大量の軍需品などの特需が発生し、1951年には鉱工業生産・実質国民総生産が戦前の水準(1934～36年平均)を超えた。

⬇⑨特需契約の内容
(1950.6～55.6)

	物資		サービス	
1	兵　器	14,849	建物の建設	10,764
2	石　炭	10,438	自動車修理	8,304
3	麻　袋	3,370	荷役・倉庫	7,592
4	自動車部品	3,111	電信・電話	7,121
5	綿　布	2,957	機械修理	4,822

(単位:万ドル) (『近代日本経済史要覧』)

COLUMN 朝鮮戦争と佐世保

長崎県の佐世保は朝鮮戦争において、アメリカ軍(国連軍)の集結・出撃・兵站の基地となった。そのため、佐世保の街には外国人兵士が行き交い、ジープが激しく往来した。佐世保市民は街角に立てられた戦況速報版を食い入るように見たという。朝鮮戦争時、佐世保は「国際都市」の様相を呈した。

⬇⑪英語の看板が目立つ佐世保の繁華街
(1954年) 街は外国人兵士でにぎわった。

●警察予備隊の創設 ( )の数字は定員

1950. 7	警察予備隊 (7万5,000)
1952. 4	海上警備隊 (6,000)
8	保安庁設置 → 警備隊 (7,590)
10	保安隊 (11万)
1954. 3	MSA協定*
7	防衛庁発足
	自衛隊
	陸上 13万 海上 1万5,000 航空 6,000

*日米相互防衛援助協定など4協定

COLUMN 警察予備隊は「警察」とよびたい?

警察予備隊は、あくまで警察組織とされたため、隊員の階級にも「警察」の名称が入り、予備隊のトップは警察監だった。また、戦車は特車(特別な車)と言い換えられ、歩兵は普通科とよんだ。このよび方はその後の自衛隊にも引き継がれている。

⬆⑫警察予備隊隊員募集のポスター

平和日本は
あなたを求めている
警察予備隊員募集

⬆⑬警察予備隊の創設(1950年)
朝鮮戦争勃発直後の1950年7月、GHQは朝鮮に投入した在日米軍の空白を埋めるため、警察予備隊の創設と海上保安庁要員8,000人の増員を指令した。これが再軍備への第一歩となった。

●公職追放解除とレッドパージ

⬆⑭公職追放解除
占領政策の転換により、1949年以降、公職追放者の追放解除が進み、1950年10月には約1万人が追放解除された。解除者の中には警察予備隊に加わる者や、のち総理大臣となる者もいた。写真は1950年10月、追放解除者の発表の場面。

⬇⑮レッドパージに反対する学生デモ
レッドパージは、GHQの指令で行われた共産党関係者の追放のことである(Red=共産主義者、Purge=追放)。1950年6月の共産党幹部、党機関紙関係者の追放から始まり、その動きは官公庁・一般企業にも波及した。

ことば 新円切り替え インフレの進行を阻止するため、1946年、幣原喜重郎内閣は金融緊急措置令を発して、旧円の預金封鎖を実施し、新円への切り替えを進めた。

クローズアップ

□①全面講和を求めるメーデー（1951年5月1日）ソ連・中国を含む全交戦国との講和を求める全面講和論と，西側諸国のみとの講和を求める単独（多数）講和論が対立した。

? 平和条約には，日本の独立が約束された一方でどのような問題があったのだろう。

□②日本復帰を訴える沖縄の人々 サンフランシスコ平和条約では，沖縄と奄美，小笠原諸島をアメリカの施政権下に置くことが定められた。条約発効の1952年4月28日は沖縄にとって「屈辱の日」でもあった。
那覇市歴史博物館提供

□③日本に復帰した奄美群島 奄美群島は1953年に日本に返還された。

1 サンフランシスコ平和条約

池田勇人（蔵相）
吉田茂

□④サンフランシスコ平和条約に調印する吉田茂首相（1951年9月8日，アメリカ）吉田は「この平和条約は復讐の条約でなく，和解と信頼の文書である」と述べ，署名した。同日，日本は日米安全保障条約にも調印した。

（招請された国は55カ国）

調印国	アメリカ・イギリスなど48カ国
調印拒否	ソ連（→1956 日ソ共同宣言） ポーランド（→1957 国交回復） チェコスロヴァキア（→1957 国交回復） 【理由】中国が不参加であったことや，講和の内容に不満があったため
会議に招請されながらも不参加	インド（→1952 平和条約締結） ビルマ（現ミャンマー）（→1954 平和条約締結） ユーゴスラヴィア（→1952 国交回復） 【理由】米軍の日本駐留継続などの講和の内容に不満があったため
会議に招請されなかった国	中華人民共和国（→1972 日中共同声明） 中華民国（→1952 日華平和条約） 【理由】中国の代表権をめぐって米英間で見解が分かれたため

2 平和条約の規定による日本の領土

A 平和条約規定による日本領

- 平和条約規定による日本領
- 敗戦前の日本領

ソ連（現ロシア）
樺太（サハリン）
千島列島
国後島
択捉島
色丹島
歯舞群島
中華人民共和国
朝鮮民主主義人民共和国
竹島問題
北方領土問題
大韓民国
黄海
対馬
日本
東京
太平洋
八丈島
伊豆諸島
種子島
尖閣諸島問題
東シナ海
西表島
尖閣諸島
沖縄
奄美群島（1953復帰）
北大東島
ラサ島（沖大東島）
琉球諸島（1972復帰）
父島
母島
硫黄島（硫黄諸島）
火山諸島（硫黄諸島）（1968復帰）
小笠原諸島（1968復帰）
南鳥島（1968復帰）
澎湖諸島
台湾（1972復帰）

0 1000km

日本は朝鮮の独立を認め，台湾・南樺太・千島列島を放棄した。なお現在，ロシアとの北方領土問題，韓国との竹島問題，また中国が領有を主張している尖閣諸島をめぐる問題もある。

吉田茂の懐刀

人物 **白洲次郎**
（1902〜85）
兵庫県出身

神戸の裕福な貿易商の家に生まれ，イギリスに留学し，ケンブリッジ大学で学ぶ。終戦後は吉田茂の側近としてGHQとの折衝に活躍，マッカーサーをして「従順ならざる唯一の日本人」と言わせた。サンフランシスコ講和会議に際し，吉田茂首相は当初英語で演説を行う予定であったが，独立国のメンツとして日本語にすべきと進言したとされる。

資料から読み解く 日本の独立と日米関係

史料① **サンフランシスコ平和条約**（1951年9月8日）

第1条 (a)日本国と各連合国との戦争状態は，……この条約が……効力を生ずる日に終了する。
第3条 日本国は，北緯29度以南の南西諸島[琉球諸島及び大東諸島を含む]，孀婦岩の南の南方諸島[小笠原群島……を含む]並びに沖の鳥島及び南鳥島を合衆国を唯一の施政権者とする信託統治制度の下におくこととする国際連合に対する合衆国のいかなる提案にも同意する。……
第6条 (a)連合国のすべての占領軍は，この条約の効力発生の後なるべくすみやかに，且つ，いかなる場合にもその後90日以内に，日本国から撤退しなければならない。但し，この規定は……（日本と他国との間に結ばれた協定に基づく）外国軍隊の日本国の領域における駐とん又は駐留を妨げるものではない。〈『法令全書』〉

史料② **日米安全保障条約**（1951年9月8日）

第1条 平和条約及びこの条約の効力発生と同時に，アメリカ合衆国の陸軍，空軍及び海軍を日本国内及びその附近に配備する権利を，日本国は，許与し，アメリカ合衆国は，これを受諾する。この軍隊は，極東における国際の平和と安全の維持に寄与し，並びに，一又は二以上の外部の国による教唆又は干渉によって引き起された日本国における大規模の内乱及び騒じょうを鎮圧するため日本国政府の明示の要請に応じて与えられる援助を含めて，外部からの武力攻撃に対する日本国の安全に寄与するために使用することができる。
第3条 アメリカ合衆国の軍隊の日本国内及びその附近における配備を規律する条件は，両政府の間の行政協定で決定する。〈『日本外交主要文書・年表』〉

日米行政協定（1952年2月調印）

・駐留する米軍は日本国内のどこにでも基地を設置でき，必要な便宜は日本が提供する。
・米兵とその家族は治外法権をもつ

読み解き 日本の主権回復後も，アメリカは日本においてどのような権利をもっていただろう。

□⑤ダレス（1888〜1959）平和条約の交渉にあたったアメリカ側の中心人物。

⬆①民家のそばを飛ぶ米軍機(宜野湾市普天間)

⬆②普天間基地移設に伴う辺野古埋め立て工事に抗議する人々(2019年)

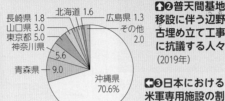

長崎県 1.8	北海道 1.6	広島県 1.3
山口県 3.0		その他 2.0
東京都 5.0		
神奈川県 5.6		
青森県 9.0		
	沖縄県 70.6%	

⬅③日本における米軍専用施設の割合(2016年)

⬆④観光客でにぎわう那覇市の国際通り

沖縄は、戦後、どのような歴史を歩んできたのだろう。

1 沖縄現代史

1945	**沖縄戦** ⬅P.122 米軍が沖縄を占領、直接支配を開始 ポツダム宣言受諾後も米軍が単独で占領
1948	通貨が円から軍票B円になる
1949	本土から沖縄へのパスポート発行始まる
1952	**サンフランシスコ平和条約発効** ⬅P.132 米民政府の下に琉球政府を設置
1953	奄美群島、日本に復帰
1956	米軍の軍用地政策を認めるプライス勧告発表。大規模な島ぐるみ闘争(沖縄土地闘争)開始(〜57)
1960	沖縄県祖国復帰協議会(復帰協)結成
1965	**アメリカ、北爆開始。**沖縄の米軍がベトナムへ出動 ➡P.148 佐藤栄作首相、沖縄訪問
1968	琉球政府主席公選制導入
1969	佐藤・ニクソン会談。沖縄返還に合意
1971	ワシントンで**沖縄返還協定**調印
1972	沖縄開発庁設置、**日本に復帰**(5月15日)
1995	米兵による少女暴行事件を糾弾する県民総決起大会→日米地位協定が問題化
1996	普天間基地返還で日米合意(移設問題が発生)
2009	普天間基地移設問題が政治問題化
2012	米軍輸送機オスプレイ、普天間基地に配備
2019	辺野古沿岸部の埋め立ての是非を問う県民投票→投票者の7割が「反対」に投票

2 米軍統治下の沖縄

⬆⑤軍票B円　沖縄を統治する米軍によって発行された公式通貨(1948〜58年)。当初は日本円1円＝1B円であったが、1950年から、日本円3円＝1B円のレートとなった。

COLUMN　首里高校の友愛の碑

1958年、戦後初めて沖縄県立首里高等学校が全国高等学校野球選手権大会(甲子園)に出場した。その際に持ち帰った「甲子園の土」は、検疫により那覇港で処分された。それを聞いた日本航空社員が甲子園周辺の海岸の石を拾い集めて寄贈。現在首里高校内にモニュメントが立ち、贈られた石が埋め込まれている(⑨)。

⑨

➡⑦米軍による軍用地接収に反対する住民(1955年、宜野湾市伊佐浜)　1950年代、米軍は県内各地で強制的に基地用地を接収した。多くの住民がこれに対抗したが、アメリカ軍は「銃剣とブルドーザー」で強行した(「銃剣」とは武装兵のことをさす)。

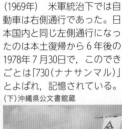

⬅⑥右側通行の軍用道路(1969年)　米軍統治下では自動車は右側通行であった。日本国内と同じ左側通行になったのは本土復帰から6年後の1978年7月30日で、このできごとは「730(ナナサンマル)」とよばれ、記憶されている。(下)沖縄県公文書館蔵

➡⑧宮森小学校米軍機墜落事故(1959年)　アメリカ空軍の戦闘機が石川市(現うるま市)に墜落して小学校の校舎を直撃。小学生を含む死者18名、重軽傷者200名を超える大惨事となった。

3 復帰後の沖縄と今日

A 復帰直後の沖縄の米軍基地

米軍基地(1972年)

八重岳通信所
伊江島補助飛行場
金武レッド・ビーチ訓練所
名護
読谷補助飛行場
安波訓練所
北部訓練所
辺野古弾薬庫
金武ブルー・ビーチ訓練所
嘉手納飛行場
浮原島訓練場
沖縄
普天間飛行場
津堅島訓練場
浦添
那覇
ホワイト・ビーチ地区
糸満
牧港補給地区・補助施設
那覇空港
海軍補助施設
牧港住宅地区

0　20km

サンフランシスコ平和条約で米軍の施政権下に置かれた沖縄は、1972年にようやく日本に返還された。しかし、現在も沖縄県にある米軍専用施設の割合は、沖縄本島の面積の約15%を占めている。

⬆⑩埋め立て工事中の辺野古沖(2020年)　1996年、基地負担軽減の一環として「世界で一番危険な基地」といわれた普天間基地の移転が決定した。移設先をめぐって反対運動が起こる中、政府は辺野古への移設工事を続けている。

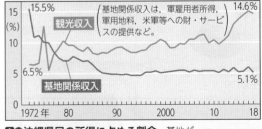

基地関係収入は、軍雇用者所得、軍用地料、米軍等への財・サービスの提供など。

観光収入　15.5% ... 14.6%

基地関係収入　6.5% ... 5.1%

1972年　80　90　2000　10　18

⬆⑪沖縄県民の所得に占める割合　基地が沖縄に経済効果をもたらしているという指摘もあるが、割合を見ると、基地よりも観光が沖縄の経済の柱になっている。

➡⑫沖縄美ら海水族館　1975年の沖縄国際海洋博覧会をきっかけにできた水族館が前身。

女性の権利獲得運動

➡①フィンランドの内閣(2019〜23年) 19人の閣僚(写真は15人)のうち，12人が女性で，マリーン首相は内閣発足当時34歳の女性であった。

➡②マララ＝ユスフザイ(1997〜) 11歳の時から，女性が教育を受ける権利を主張してイスラーム過激派の反感を買い，銃撃を受けたが奇跡的に回復。現在も女性が教育を受ける権利を訴え続けている。2014年にノーベル平和賞を受賞。

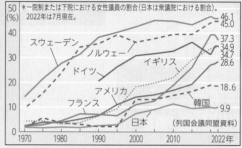

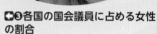

➡③各国の国会議員に占める女性の割合

女性の権利獲得に向けた運動はどのように展開されてきただろう。また現在，男女同権に向けてどのような課題が残されているだろう。

1 世界の女性参政権獲得の歩み

1893	ニュージーランド
1902	オーストラリア
1906	フィンランド
1913	ノルウェー
1915	デンマーク，アイスランド
1918	カナダ，ドイツ，イギリス〈3カ国とも女性は制限選挙〉①②ソ連，ポーランド
1919	オーストリア，オランダ
1920	アメリカ③
1921	スウェーデン
1927	ウルグアイ
1929	エクアドル
1930	南アフリカ共和国〈白人のみ〉
1931	ポルトガル，スペイン
1932	タイ，ブラジル
1934	トルコ，キューバ
1942	ドミニカ共和国
1944	フランス
1945	イタリア，**日本**

➡④各国の女性参政権獲得年(1945年以前)
①完全平等となった年はカナダは1920年，ドイツは1919年，イギリスは1928年。
②すぐに停止され，1936年のスターリン憲法で認められた。
③それ以前から認められていた州もある。

➡⑤日本の投票風景(1946年) 1945年に女性参政権が認められ，初めての選挙が1946年に実施された。

2 アメリカにおける運動

史料① **セネカ＝フォールズの意見宣言**(1848年)

私たちは次のことを自明の真理と考える。すなわち，男性も女性もすべて平等に創られ，創造主から譲ることのできない権利を与えられている。その権利には生命，自由，幸福を追求する権利が含まれる。……

人類の歴史は，男性から女性への虐待と強奪の繰り返しの歴史であり，女性に対する絶対専制政治を確立することが，露骨な目的であった。これを証明するために，事実を公明正大な世界にさらしてみよう。

男性は女性に，譲り渡すことのできない権利であるはずの選挙権を行使することを許したことがない。

男性は女性を，その制定においては女性がまったく発言権を持たなかった法律に服従させてきた。……〈伊藤淑子訳「セネカ・フォールズの意見宣言」より〉『史料で読む　アメリカ文化史2』東京大学出版会）

➡⑥エリザベス＝スタントン(1815〜1902)

➡⑦ルクレシア＝モット(1793〜1880)

1848年7月，アメリカ・ニューヨーク州のセネカ＝フォールズで，女性の権利擁護のための大会がエリザベス＝スタントンルクレシア＝モットたちによって開催された。

➡⑧参政権を求めて行進する女性たち(1913年，アメリカ) 19世紀後半から20世紀初頭にかけて，世界各地で女性参政権を求める運動が高まった。日本でも大正期に女性の普通選挙権を求める運動が高まった。◀ P.109

3 中国の革命運動と女性

➡⑨秋瑾(1875〜1907) 日本に留学し，東京では孫文の率いる中国同盟会に参加。帰国後，革命運動と女性解放運動を推し進めるため『中国女報』を創刊。そのなかで，学問や技芸を身につけることによって自立すべき，と女性たちに訴えた。

➡⑩上海の女子軍(1911年頃) 辛亥革命では，各地で自ら志願した女性たちによる女子軍が結成された。しかし，纏足の女性が多く，軍事活動には不向きであった。

＊中国の風習で，少女の足の指を布でしばり，発育を止めて小足にしたもの。

4 トルコにおける女性の権利拡大

➡⑪国政選挙で投票する女性(1935年，トルコ) オスマン帝国滅亡後，1923年に成立したトルコ共和国では，近代化をめざした改革が次々と実施された ◀ P.106 。女性の地位向上もその一環で，一夫多妻を禁止し，1934年には，国政選挙の選挙権・被選挙権を女性に付与した。

5 現代における格差

順位	国名	スコア
1	アイスランド(1)	0.935
2	フィンランド(3)	0.875
3	ノルウェー(2)	0.875
4	ニュージーランド(4)	0.835
5	スウェーデン(5)	0.816
6	ニカラグア(7)	0.811
7	ドイツ(6)	0.810
8	ナミビア(8)	0.805
9	アイルランド(11)	0.802
10	スペイン(18)	0.797
14	イギリス(15)	0.789
22	フランス(40)	0.781
25	フィリピン(16)	0.779
36	カナダ(30)	0.761
43	アメリカ(43)	0.747
87	イタリア(79)	0.703
94	韓　国(105)	0.696
106	中　国(107)	0.684
118	日　本(125)	0.663

➡⑫ジェンダーギャップ指数(2024年) 世界経済フォーラムが毎年発表する指数で政治・経済・教育・健康という4つの分野のデータから算出したもの。0に近いほど不平等，1に近いほど平等を示す。日本は，特に政治・経済分野における数値が低く，女性の国会議員数や企業における管理職の割合の少なさが影響している。

＊国名の後の( )は前年順位

A 核弾頭の保有数と世界の主な核実験場

- **イギリス** 225
- ノヴァヤゼムリャ(旧ソ連)
- **ロシア** 1万2000
- 西カザフ(旧ソ連)
- セミパラチンスク(旧ソ連)
- **アメリカ** 9600
- ネバダ
- アラモゴード
- ロプノール
- **中国** 240
- **北朝鮮** 不明
- **フランス** 300
- サハラ(フランス)
- チャガイ
- ポカラン
- エニウェトク環礁(アメリカ)
- **イスラエル** 80
- ビキニ環礁(アメリカ)
- クリスマス島(イギリス・アメリカ)
- **インド** 60〜80
- **パキスタン** 70〜90
- モンテベロ諸島(イギリス)
- マラリンガ(イギリス)
- ムルロア環礁(フランス)

核保有国／核弾頭保有数
➡核実験が実施された主な地点

⬆❶核兵器禁止条約の採択 2017年7月に国連総会で採択され、2021年1月に発効した。しかし核保有国や日本は署名・批准していない。

❷核兵器禁止条約交渉会議を欠席した日本の席に置かれた折り鶴(2017年6月)

人類は、核の脅威とどのように向き合ってきたのだろう。

---

1 核をめぐる動き ➡P.137

は核開発、青字は核軍縮の条約・交渉

1945	米, 最初の原爆実験
	広島・長崎に原子爆弾投下 ⬅P.123
1949	ソ連, 最初の原爆実験
1952	米, 最初の水爆実験／英,最初の原爆実験
1953	ソ連, 最初の水爆実験
1954	米, ビキニ水爆実験(第五福竜丸被曝)
1955	ラッセル=アインシュタイン宣言
	第1回原水爆禁止世界大会(広島)
1957	パグウォッシュ会議(核軍縮問題に関する科学者らによる会議)
1960	仏, 最初の原爆実験
1962	キューバ危機 ➡P.142 → 核戦争の危機
1963	米英ソ, 部分的核実験禁止条約に調印
1964	中国, 最初の原爆実験
1968	核拡散防止条約(NPT)調印(56カ国)
1972	米ソ, 第1次戦略兵器制限交渉(SALTI)調印
1974	インド, 最初の原爆実験
1979	米ソ, SALTⅡ調印
1987	米ソ, 中距離核戦力(INF)全廃条約調印
1989	マルタ会談 ➡P.155 → 冷戦の終結
1991	米ソ, 第1次戦略兵器削減条約(STARTI)調印
1993	米ロ, STARTⅡ調印
1996	国連, 包括的核実験禁止条約(CTBT)採択
1997	米, 初の未臨界核実験
1998	インド・パキスタンが核実験強行 ➡P.90
2002	米ロ,戦略核兵器削減条約調印
2006	北朝鮮, 最初の核実験(その後数回実施)
2010	米ロ, 新START調印
2017	国連,核兵器禁止条約採択(2021年発効)
2019	中距離核戦力(INF)全廃条約失効
2023	「核軍縮に関するG7首脳広島ビジョン」発出

❸大陸間弾道ミサイル(ICBM)の開発 冷戦下で、米ソ両国は、いかに早く確実に核弾頭を相手国に到達させるかを競った。ICBM(大陸間弾道ミサイル)の開発は、人類の戦場を宇宙空間にまで広げた。

---

2 核の時代の幕開けと冷戦下の開発

❹アインシュタインとオッペンハイマー ドイツ生まれのユダヤ人物理学者のアインシュタインは、ナチ=ドイツの核兵器開発を懸念してアメリカの核兵器開発をうながした。しかし、広島・長崎の惨禍を知り、戦後は反核運動に取り組んだ。オッペンハイマーは物理学者でアメリカの原爆開発を指揮した人物。

オッペンハイマー
アインシュタイン

⬆❺被曝した第五福竜丸(左, 第五福竜丸資料館〈東京都〉)**と❻移住を強いられるビキニ環礁の住民**(右, 1946年3月) 核兵器の開発には核実験が欠かせない。アメリカは、1946年から58年にかけて、マーシャル諸島のビキニ環礁とエニウェトク環礁において原水爆実験を67回も実施し、54年の核実験では日本の漁船第五福竜丸も「死の灰」を浴びた(➡P.145)。核実験による放射性物質は、現在でもマーシャル諸島の人々の日常生活に影響を与えている。

---

3 核軍縮をめぐる動き
●NPT体制のしくみ

核兵器国	非核兵器国
米・ロ・英・仏・中	核保有国以外の加盟国
●核保有が認められる ◆核軍縮の義務を負う	◆核兵器の保有禁止 ◆IAEAによる査察

未加盟核保有国	北朝鮮
インド・パキスタン・イスラエル(事実上の保有国)	NPTからの脱退宣言

*国際原子力機関

NPTには、191の国と地域が加盟している。

史料❶ アインシュタインからローズヴェルト米大統領への手紙(1939年)

……この事情にかんがみて、閣下は、アメリカにおいて行政と、連鎖反応の研究をおこなっている物理学者とのあいだになんらかの恒久的接触を計ることが望ましいとお考えと思います。……わたくしは、ドイツが、その占領下にあるチェッコスロバキアの鉱山からウラニウムを販売することを実際に停止したことを知りました。……(C.ゼーリッヒ著, 広重徹訳『アインシュタインの生涯』東京図書)

①新型爆弾の製造が可能になったこと

➡❼第1回原水爆禁止世界大会(1955年8月6日) 第五福竜丸事件をきっかけに、日本国内では核兵器廃絶を求める署名運動が盛り上がり、翌年の8月, 広島で第1回原水爆世界禁止大会が開かれた。

➡❽広島を訪れたオバマ米大統領 2016年5月, 現職のアメリカ大統領として初めて広島を訪問した。被爆者とも対面し、「核のない世界」実現に向けての決意を訴えた。

1968年に**核拡散防止条約(NPT)**が調印されたが、核兵器国による核軍縮は、「核の抑止力」を理由に一部を除いて進んでいない。また5カ国のみ核兵器保有を認めている点で不平等との批判もある。一方、新たに発効した核兵器禁止条約は、全ての締約国に核兵器の開発や備蓄、使用を禁じている。

グローバル化と私たち

第3章では，20世紀後半から，21世紀の現在に至る時代を取り扱う。この時代は，「グローバル化」が急速に進んだ時代といえる。ここでは，この時代の特徴を概観し，現代世界の課題についても考えてみたい。

◆1955年以降の世界の動き

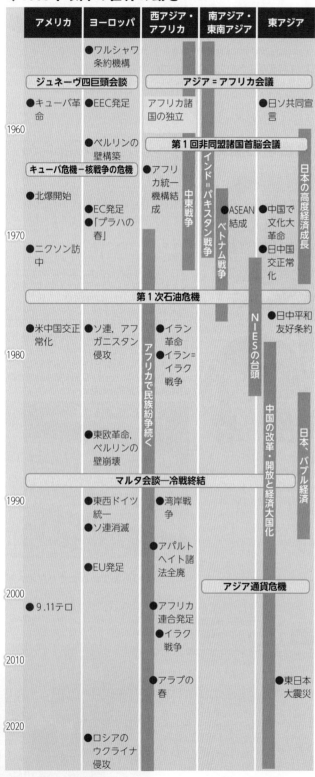

	アメリカ	ヨーロッパ	西アジア・アフリカ	南アジア・東南アジア	東アジア
		●ワルシャワ条約機構			
	ジュネーヴ四巨頭会談		アジア＝アフリカ会議		
	●キューバ革命	●EEC発足	アフリカ諸国の独立		●日ソ共同宣言
1960					
		●ベルリンの壁構築	第1回非同盟諸国首脳会議		
	キューバ危機－核戦争の危機		●アフリカ統一機構結成	インド＝パキスタン戦争	日本の高度経済成長
	●北爆開始	●EC発足	中東戦争		●中国で文化大革命
		●「プラハの春」		ASEAN結成	
1970				ベトナム戦争	●日中国交正常化
	●ニクソン訪中				
	第1次石油危機				
				NIESの台頭	●日中平和友好条約
	●米中国交正常化	●ソ連，アフガニスタン侵攻	●イラン革命		
1980			アフリカで民族紛争続く	●イラン＝イラク戦争	
		●東欧革命，ベルリンの壁崩壊		中国の改革・開放と経済大国化	日本、バブル経済
	マルタ会談－冷戦終結				
1990		●東西ドイツ統一	●湾岸戦争		
		●ソ連消滅			
			●アパルトヘイト諸法全廃		
		●EU発足			
			アジア通貨危機		
2000	●9.11テロ		●アフリカ連合発足		
			●イラク戦争		
2010					
			●アラブの春		●東日本大震災
2020					
		●ロシアのウクライナ侵攻			

核の脅威と国際紛争

1945年8月，広島と長崎に原子爆弾が投下された（← P.123）。核兵器は，現在もなお，人類の生存を脅かす重大な脅威である。

➡️❶アメリカの原爆実験
1946年7月，アメリカは戦後初の原爆実験を行った。

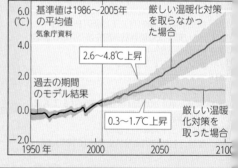

➡️❷フランスの核実験（1995年）
世界的な反対運動の中，フランスは仏領ポリネシアのムルロア環礁などで核実験を強行した。

環境問題と感染症

環境問題は人類が一丸となって解決すべき問題である。また，環境の破壊は新しい感染症を来招するともいわれている。環境破壊と感染症は，ともに人類の生存の脅威となり得る。➡️P.160

➡️❾2100年までの地球の温暖化の予測

基準値は1986〜2005年の平均値　気象庁資料

厳しい温暖化対策を取らなかった場合　2.6〜4.8℃上昇

過去の期間のモデル結果

厳しい温暖化対策を取った場合　0.3〜1.7℃上昇

（℃）6.0 / 4.0 / 2.0 / 0.0 / -2.0　1950年　2000　2050　2100

A SARSの拡大

累計感染者数	
	〜5人
	〜10人
	〜63人
	〜346人
	〜5,327人
合計	8,098人

カナダ 251人
中国 5,327人
台湾 346人
香港 1,755人
シンガポール 238人

*2002年11月〜2003年7月
*SARS（重症急性呼吸器症候群）はSARSコロナウイルスによる感染症で，世界規模で感染が拡大した。

➡️❿新型コロナウイルス感染症の拡大でマスクをつけて通勤する人々（2021年7月）

→④2023年の世界終末時計 これまでで最短の「残り90秒」となった。

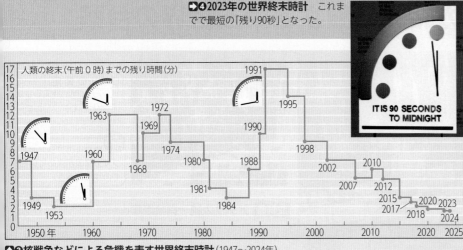

人類の終末（午前0時）までの残り時間（分）

↑③核戦争などによる危機を表す世界終末時計（1947〜2024年）

↑⑦破壊された街並み（1994年，ボスニア） 冷戦後，多民族・多宗教の人々を抱えたユーゴスラヴィアでは激しい内戦が起こった。→P.155

→⑥東日本大震災の後にドイツで行われた反原発デモ（2011年） 原子力発電をめぐっては，核の平和利用という問題とあわせて，現代でも世界の各地で議論が続いている。

←⑤「鉄腕アトム」（1963年放送開始） 手塚治虫の人気作品『鉄腕アトム』は，1963年にアニメ化された。アトムを通じて，手塚は科学と人間との共存という問題を描きだした。©手塚プロダクション

⑧9.11テロ（逃げる人々）（2001年）→P.155

共存する世界

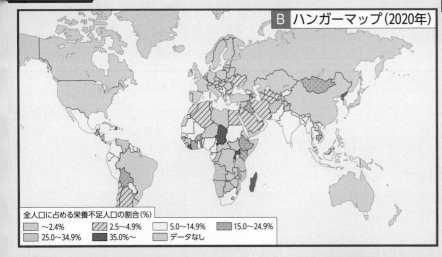

B ハンガーマップ（2020年）

全人口に占める栄養不足人口の割合（%）
- ～2.4%
- 2.5～4.9%
- 5.0～14.9%
- 15.0～24.9%
- 25.0～34.9%
- 35.0～
- データなし

COLUMN 広がり続ける格差

現代世界は，ごく少数の富裕層に富が集中する一方で，貧困層が増加し続け，経済の固定化・両極化が進む「超格差社会」である。2019年，ある国際NGOは，前年における世界の富裕層上位26名の資産合計と，世界総人口の貧困層下位半分の資産合計とがほぼ同じだとする報告書を発表した（1兆3,700億ドル＝約150兆円）。格差の問題は，教育・医療など多方面におよんでおり，世界全体で取り組むべき深刻な問題となっている。

⑪飢餓に苦しむ子ども（南スーダン）

史料① アメリカ副大統領候補に選ばれたカマラ＝ハリスの演説（2020年11月）

今，母のことを考えています。何世代もの女性たちのことを，この国の歴史における多くの黒人の，アジア系の，白人，ラテン系，ネイティブアメリカンの女性たちのことを私は思うのです。彼女たちによって今夜のこの瞬間への道が切り開かれました。女性たちは闘い，多くのことを犠牲にしました。すべての人々に平等，自由，正義をもたらそうとしたためにです。黒人女性たちはあまりにも見過ごされてきました。しかし，民主主義の根底にある大切な存在だと証明してきたのです。……私が最初の女性の副大統領になるかもしれませんが，最後ではありません。すべての幼い女の子たち，今夜この場面を見て，わかったはずです。この国は可能性に満ちた国であると。（「東京新聞」2020年11月11日）

→⑫カマラ＝ハリス（1964〜）アフリカ系・アジア系アメリカ人のハリスは，2021年，アメリカで女性初の副大統領に就任した。

←⑬セクシュアルマイノリティの人々を象徴するレインボーフラッグ

クローズアップ

❶アジア＝アフリカ会議(1955年, バンドン) 史上初のアジア・アフリカ29カ国の首脳会議で、平和十原則を発表し、反植民地主義を宣言した。

➡❷アフリカ統一機構（OAU）の発足 1963年、アフリカ諸国の統一や連帯を目的としてアフリカ統一機構が発足した。

？ 独立後のアジア・アフリカ諸国が求めていたものは何だろう。

史料❶ アフリカ統一機構憲章(1963年)

私たちアフリカ諸国の国家元首・政府首脳は、……諸国の主権と領土保全そして独立を擁護し強化し、あらゆる形態の新植民地主義に反対して戦うことを決意し、アフリカの全般的進歩に貢献し、……この憲章に同意する。
（『世界史史料11』岩波書店）

❶ 第二次世界大戦後のアジア・アフリカ ➡P.151,152

アフリカ諸国の動き	西アジア・エジプト	南アジア	東南アジア
	45 アラブ連盟結成	47 インド連邦, パキスタン, 分離独立	46～54 インドシナ戦争
	48～49 第1次中東戦争		49 インドネシア独立
1951 リビア独立	52 エジプト革命		53 ラオス, カンボジア独立
	53 エジプト共和国宣言	54 ネルー・周恩来会談	54 ジュネーヴ休戦協定
1955 第1回アジア・アフリカ会議（バンドン）			
1956 スーダン, モロッコ, チュニジア独立	56 エジプト, スエズ運河国有化宣言→第2次中東戦争	56 パキスタン＝イスラーム共和国成立	57 マラヤ連邦独立
1957 ガーナ独立			
1958 ギニア独立			
1960 「アフリカの年」(17カ国独立)	60 石油輸出国機構（OPEC）発足		
1961 第1回非同盟諸国首脳会議			
1963 アフリカ統一機構設置			63 マレーシア連邦結成

「アラブの英雄」
人物 ナセル (1918～70)

エジプトの軍人・政治家。1952年、クーデタにより王政を打倒した（**エジプト革命**）。1956年に大統領に就任すると、アスワン＝ハイダム建設のため**スエズ運河の国有化**を断行し、第2次中東戦争を誘発したが、英・仏軍を撤退させることに成功した。

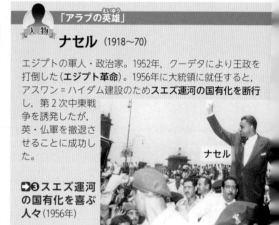

➡❸スエズ運河の国有化を喜ぶ人々(1956年)

●アフリカ

アフリカでは1950年代後半から次々と植民地が独立し、1960年には17カ国が独立した（「アフリカの年」）。

➡❹エンクルマ(1909～72) ガーナの初代首相(1960年より大統領)。

➡❺捕らえられたルムンバ コンゴ(現コンゴ民主共和国)では、独立後、銅・コバルトを狙うベルギーなどの支援を受けてカタンガ州が分離独立した。国連軍派遣を要請したルムンバ首相は、反対派に捕らえられ、殺害された。

A 第二次世界大戦後のアジア・アフリカ

数字は独立年
- ■ 1945～49年の独立国
- □ 1950～59年の独立国
- □ 1960年の独立国
- ■ 1961年以降の独立国

➡❻ホー＝チ＝ミン (1890～1969) ベトナム民主共和国の初代国家主席となり、インドシナ戦争、ベトナム戦争を指導した。

歴史のスパイス ガンディーは、ヒンドゥー教徒とムスリムの融和を主張し続けたが、1948年、急進的ヒンドゥー教徒によって暗殺された。

●インドとパキスタン

1947年，ヒンドゥー教徒主体のインドと，ムスリム主体のパキスタンがイギリス連邦内の自治領として分離独立した。

❼インド・パキスタン分離独立

ネルー／マウントバッテン（インド総督）／ジンナー

カシミール問題

インド・パキスタンの分離独立の際，カシミール地方のインドへの帰属を決定したヒンドゥー教徒の藩王と，それに反対するムスリム住民が対立した。この対立にインド・パキスタン両国が介入して戦争に発展した。この問題は現在も未解決である。

◀ P.90

Ｂ 南アジアの宗教分布

カシミール紛争（1947～）／中華人民共和国／ネパール／ブータン／パキスタン／デリー／インド／バングラデシュ／ムンバイ（ボンベイ）／ゴア／チェンナイ（マドラス）／スリランカ

600km

未画定の国境
■ イスラーム（70～90％）
■ イスラーム（90％以上）
□ ヒンドゥー教（70～90％）
■ ヒンドゥー教（90％以上）
■ 仏教（70～90％）

●ベトナム問題

1930	インドシナ共産党 結成
1941	ホーチ＝ミン創設 → ベトナム独立同盟 結成
1945	ベトナム民主共和国 独立宣言

インドシナ戦争（1946～54）

北部：ベトナム民主共和国（ホー＝チ＝ミン国家主席）

南部：ベトナム国（元首バオ＝ダイ）／フランス

→ ジュネーヴ休戦協定（1954）
北緯17度線が南北ベトナムの境界

Ｃ インドシナ戦争

1954.3～5 ディエンビエンフーの戦い／中華人民共和国／ベトナム民主共和国／ハノイ／ハイフォン／ナムディン／ビルマ連邦／ナムパック／ラオス／チェンマイ／ドンホイ／ビエンチャン／タイ王国／フエ／ダナン／バンコク／アンコール／プレーク／カンボジア王国／プノンペン／サイゴン／ニャチャン／ビエンホア／カント

― 1954年7月のジュネーヴ協定による休戦ライン

250km

史料❷ **ベトナム民主共和国独立宣言**（1945年9月2日）

全ての人はみな，平等な権利を持って生まれています。創造主は誰も侵すことのできない権利を与えました。その権利には，生存権，自由権，幸福追求権があります。……フランス革命における人間と市民の権利の宣言[1]も，「人は生まれながら自由であり，平等な権利を有し，常に自由であり，権利について平等でなければならない」と言っています。これは，誰も否定することはできません。それにもかかわらず，この80年間，フランス帝国主義者たちは，自由・平等・博愛の旗を悪用し，私たちの国を強奪し，私たち同胞を抑圧してきました。彼らの行動は，人道と正義に反するものです。(Viet Economic Research and Advisory Corporation)
①フランス人権宣言のこと

1941年にベトナム独立同盟を組織して反仏・反日闘争を指導したホー＝チ＝ミンは，1945年，ハノイでベトナム民主共和国の独立を宣言した。

2 第三世界の台頭

ネルー／周恩来

❽ネルー・周恩来会談　1954年，中国の周恩来首相は，インドのネルー首相とニューデリーで会談し，**平和五原則**を発表した。これは，インドシナ休戦，アジア＝アフリカ会議に大きな影響をおよぼした。

平和五原則（1954年，ネルー・周恩来会談）
①領土・主権の相互尊重
②相互不可侵　③内政不干渉
④平等互恵　⑤平和共存

史料❸　これらの五原則は中国との問題のみならず，他の隣国あるいは他のいかなる国との問題に関連して，私たちが追求する政策を示すものである。さらに云えば，それは健全な諸原則についての声明であり，かりにこれらの諸原則が様々な国々の相互関係に適用されるならば，現代世界の大半の紛争はおそらく解消すると私は想像する。〈インド下院におけるネルーの演説（1954年）〉『世界史史料11』岩波書店〉

平和十原則（1955年，アジア＝アフリカ会議）
①基本的人権・国連憲章の尊重
②全ての国の主権と領土保全の尊重
③全ての人種・諸国家・諸国民の平等の承認
④内政不干渉
⑤国連憲章に基づく個別的・集団的自衛権の保障
⑥いかなる国も他国に圧力をかけないこと
⑦侵略行為・侵略の脅威によって他国の政治的独立を侵さないこと
⑧国際紛争の平和的解決
⑨相互の利益と協力の推進
⑩正義と国際義務の尊重

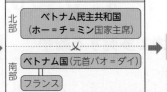

❾第1回非同盟諸国首脳会議

1961年，「東西緊張の緩和」を目標に東西両陣営に属さない25カ国の首脳が，ユーゴスラヴィアのベオグラードに結集した。

カンボジア／ソマリア／ユーゴスラヴィア（ティトー）／イエメン／レバノン／スーダン／サウジアラビア／キプロス／モロッコ／スリランカ／チュニジア／インドネシア（スカルノ）／キューバ／ガーナ（エンクルマ）／エジプト（ナセル）／エチオピア

史料❹ **第1回非同盟諸国会議宣言**（1961年）

会議に参加した諸政府は……戦争が，冷戦も含めて，避けられないものであるとの見解を断固として拒否する。……しかし，現存の軍事ブロックはますます強力な軍事的経済的政治的集団となって成長しており，……必然的に国際関係の定期的な悪化をもたらしており，冷戦と，またそれが現実の戦争へと転化する危険が，常にそして深刻に存在し，国際関係の一つの局面として広まっている。……非同盟諸国の政府首脳は，こうした方法をもって，現在の状態と，またすべての人民が安定的な平和に向けて確実な道を発見する努力をする必要について世界の同胞に注意を喚起しようとするものである。『世界史史料11』岩波書店〉

南北問題・南南問題

第三世界に属する国の多くは独立後も旧宗主国に経済的に従属する関係が続き，1950年代後半から，開発途上国と先進工業国との経済格差を原因とする問題が生じた（**南北問題**）。一方，1970年代後半になると，開発途上国の間でも資源ナショナリズムにより地位を高めた中東の産油国や，低コストを生かして製品輸出を盛んにした東アジア・東南アジアの新興工業経済地域（NIES）と，貧困の深刻な後発開発途上国（LDC）との格差が顕著になった（**南南問題**）。現在，後発開発途上国の大部分は，サハラ以南のアフリカ諸国で占められている。

北：日本，アメリカ，イギリス，ドイツなど

南北問題

南：中・低所得の開発途上国
新興工業国 ↔ 南南問題 ↔ 最貧国・非産油国
資源保有国

❿**国際連合加盟国数の推移**　アジア・アフリカ諸国の独立により，国連加盟国におけるアジア・アフリカ諸国の占める割合が増加した。これにともなって，国際社会におけるアジア・アフリカ諸国の存在感が強まることとなった。

	アジア	アフリカ	ヨーロッパ	アメリカ	オセアニア
1945年 51カ国	9	4	14	22	2
1960年 99カ国	22	26	27	22	2
2020年 193カ国	46	54	44	35	14

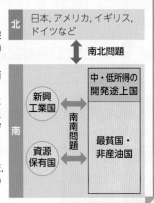

東アジア／東南アジア／南アジア／西アジア／アフリカ

1 アフリカで多発する紛争

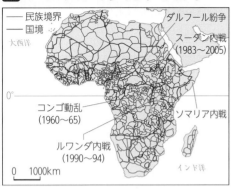

— 民族境界
— 国境

大西洋

ダルフール紛争
スーダン内戦（1983〜2005）
ソマリア内戦
ルワンダ内戦（1990〜94）
コンゴ動乱（1960〜65）

0°

0 1000km
インド洋

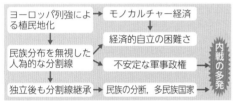

ヨーロッパ列強による植民地化 → モノカルチャー経済 → 経済的自立の困難さ

民族分布を無視した人為的な分割線 → 不安定な軍事政権

独立後も分割線継承 → 民族の分断、多民族国家

内戦の多発

2 アフリカの課題

（世界銀行資料）

乳児死亡率の高い国			合計特殊出生率の高い国		
順位	国名（赤字はアフリカ諸国）	1歳未満の乳児、1,000人当たりの死亡数	順位	国名（赤字はアフリカ諸国）	女性1人当たりの子どもの数の平均
1	シエラレオネ	76	1	ニジェール	6.7
2	中央アフリカ	73.5	2	チャド	6.2
3	ナイジェリア	68.5	3	ソマリア	6.2
4	ソマリア	68	4	コンゴ民主共和国	6.1
5	チャド	64.1	5	中央アフリカ	5.9
6	南スーダン	63.8	6	マリ	5.9
7	ギニア	62.2	7	アンゴラ	5.2
8	ニジェール	60.3	8	ナイジェリア	5.1
9	コンゴ民主共和国	60.1	9	ブルンジ	5.0
10	マリ	60.1	10	ベナン	4.9
242	日本	1.7	247	日本	1.3
	世界平均	27.9		世界平均	2.3

↑①乳児死亡率と合計特殊出生率の国別順位（2022年）　アフリカには乳児死亡率と合計特殊出生率がともに高い国が多い。背景には、早婚・皆婚の普及や家族計画の未普及、劣悪な栄養・衛生状態などがある。特にサハラ以南では紛争による影響も大きい。

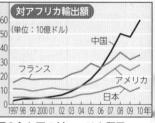

対アフリカ輸入額（単位：10億ドル）
アメリカ
中国
フランス
日本
1997 98 99 2000 01 02 03 04 05 06 07 08 09 10年

対アフリカ輸出額（単位：10億ドル）
中国
フランス
アメリカ
日本
1997 98 99 2000 01 02 03 04 05 06 07 08 09 10年

↑②主な国の対アフリカ貿易　2000年代以降、アフリカ諸国に対する輸出入が大幅に増加した。背景には中国の急激な経済成長にともなう資源需要の増加がある。

3 南アフリカ共和国 ―アパルトヘイトの撤廃―

→③人種別人口構成　イギリスは、南アフリカ戦争で破ったアフリカーナーを懐柔するため、アフリカ人の土地取得を制限した先住民土地法などの人種隔離政策（**アパルトヘイト政策**）を導入した。これはアフリカーナーの民族主義者が支持する国民党のもとで、強化された。

白人 約375万人 17.5%
うち54〜58%がアフリカーナー（ブール人の子孫）
2.9% 9.4%
インド人 約62万人
カラード 約202万人
アフリカ人 約1,506万人 70.2%
（1970年）

非白人用　白人用

↑④白人用と非白人用に分かれた公衆トイレ（1985年）

人物 **マンデラ**（1918〜2013）

反アパルトヘイト運動の指導者で、27年間獄中生活を送った。1990年にデクラーク大統領により釈放され、両者の協調により**1991年にアパルトヘイト諸法は撤廃された**。マンデラは、1993年にデクラークとともにノーベル平和賞を受賞した。

マンデラ
デクラーク

資料から読み解く　ルワンダ内戦を読む

●ルワンダ内戦

植民地時代…ベルギーによるツチ人優遇
↓
1959 独立をめぐるフツ人とツチ人の対立
1962 **ベルギーから独立**（フツ人政権）→ツチ人の多くが独立戦後の混乱で隣国ウガンダやブルンジなどに流出。フツ人政権の弾圧によりさらに難民が増加
1973 ハビャリマナ大統領就任（フツ人）
1990 ツチ人が結成したルワンダ愛国戦線（RPF）がウガンダから侵攻 **➡内戦勃発**
1993 和平合意。国連ルワンダ支援団派遣
1994 ハビャリマナ大統領が乗った飛行機墜落 ➡フツ人による大虐殺始まる：ツチ人とフツ人穏健派80〜100万人が犠牲に ➡ツチ人による攻勢（RPFが全土制圧）
2003 選挙でツチ人出身の大統領が当選 ➡民族融和が進む

＊停戦監視や治安維持などを目的として展開された国連平和維持活動（PKO）

ツチ人 14%　トゥワ人 1%
フツ人 85%

↑⑤ルワンダの人口比（1991年）

１フツ人による大虐殺はなぜ起こったのだろう。
２ルワンダでの国連平和維持活動が失敗に終わったのはなぜだろう。**史料①**から読み取れることをもとに考えてみよう。

→⑥映画「ホテル・ルワンダ」（2004年製作・南アフリカ＝英＝伊）　虐殺から多くの人の命を助けたホテル支配人の実話に基づいた映画。

史料① 国連ルワンダ支援団元司令官へのインタビュー

――ルワンダの大量虐殺をいま、どう振り返りますか。

「私が見たものは敵国の兵士同士が戦う古典的な戦争ではない。隣人が隣人を手おのや鎌で襲い、少年が少年を殺す。人道も国際法もない、おぞましい狂気と蛮行が支配する世界だ。叫び声や吐き気をもよおす臭気は、年々鮮鋭に思い出され、……繰り返し私をさいなむ。あの状況を止める手立てはなかったのかと」

――なぜ、ルワンダでの平和維持活動は失敗したのでしょうか。

「……停戦監視は複雑な任務であり、戦闘倫理をわきまえた有能な兵士であるだけでも十分ではない。武力に訴える前に、紛争の本質を根本から理解することが重要であり、人間学、社会学、哲学を学ぶべきだろう」

――国際社会がルワンダを見殺しにした、とは言えないのですか。

「……今もベルギーでは、ルワンダで80万人が虐殺されたことよりも、停戦監視にあたった自国兵10人の犠牲に関心が払われている」「自国の国益や安全保障のためではなく、純粋に人道目的のための介入で、なぜ自国の兵士が血を流さなければならないのか。それは重苦しい問いだ。……」

（「朝日新聞」2006年8月17日）

①1994年に再発した内戦で、隊員のベルギー人兵士10人が殺害されると、国連は規模を縮小させ、派遣していた隊員の多くを撤退させた。

1 パレスチナ問題 →後見返し

第一次世界大戦期	イギリスの秘密外交 ← P.97
1920年代	ユダヤ人の入植者増加
第二次世界大戦期	ナチ党によるユダヤ人迫害 ← P.125

1947	国連総会，パレスチナ分割案採択 →アラブ連盟は拒否
1948	**イスラエル建国宣言** ←アメリカの支援
	第1次中東戦争（パレスチナ戦争，〜49） ●イスラエルの勝利，領土拡大 ●パレスチナ難民発生
1956	ナセル，スエズ運河国有化宣言 ← P.138
	第2次中東戦争（スエズ戦争，1956.10） ●イスラエル・英・仏軍，シナイ半島に侵入
1964	パレスチナ解放機構（PLO）結成
1967	**第3次中東戦争（1967.6）** ●イスラエル，領土拡大→新たな難民発生
1968	アラブ石油輸出国機構（OAPEC）結成
1973	**第4次中東戦争（1973.10）** ●アラブ産油国，石油戦略発動 → P.151
1979	**エジプト＝イスラエル平和条約調印**
1981	サダト・エジプト大統領暗殺 → P.151
1982	イスラエル，エジプトにシナイ半島返還
1987	インティファーダ（民衆蜂起）開始
1988	パレスチナ国家樹立宣言
1991	湾岸戦争
1993	**パレスチナ暫定自治協定調印**
1995	ラビン・イスラエル首相暗殺
2004	**アラファトPLO議長死去**
2005	パレスチナ自治政府議長にアッバス就任
2006	**ハマス（対イスラエル強硬派）単独のパレスチナ自治政府内閣発足→2007 挙国一致内閣へ**
2007	ハマス，ガザ地区を制圧
2012	**パレスチナ自治政府，国際連合の「オブザーバー国家」に格上げ**
2018	トランプ米大統領，米大使館をテルアビブからエルサレムへ移転
2023	ハマスによるイスラエル攻撃。イスラエルによるガザ侵攻開始 → 後見返し

A パレスチナ分割案（1947）

レバノン／シリア
ハイファ／エルサレム／トランスヨルダン
テルアヴィヴ
地中海／ガザ
スエズ運河／スエズ
シナイ半島
エジプト
0 100km

■ 国際管理地域
■ アラブ人国家
■ ユダヤ人国家
--- イギリスの委任統治下のパレスチナ境界線

B 第1次中東戦争（1948〜49）

レバノン／シリア／アンマン
ティベリヤ／ハイファ／エルサレム
テルアヴィヴ
ガザ地区（エジプト管理地区）
地中海／ガザ
ヨルダン川西岸地区（ヨルダン併合）
イスラエル
ヨルダン
スエズ運河／スエズ
シナイ半島
エジプト／サウジアラビア
0 100km

C 第3次中東戦争（1967）

□ イスラエル占領地
■ イスラエルによるレバノン南部の「安全保障地帯」（1982年以降）

レバノン／シリア
ゴラン高原
エルサレム／アンマン
ヨルダン川西岸地区
ガザ地区／イスラエル
ヨルダン
シナイ半島（1982年返還）
エジプト／サウジアラビア
0 100km

＊エルサレムは，1947年の国連パレスチナ分割案において国際管理地とされたが，イスラエルは，第1次中東戦争でエルサレムの西半分を，第3次中東戦争でエルサレムの東側部分を占領し，全エルサレムを首都と規定している。

パレスチナ（パレスチナ人）	イスラエル（ユダヤ人）
●イスラームを信奉	●ユダヤ教を信奉
●アラビア語を話す	●現代ヘブライ語を話す
●ユダヤ人離散後定住	●主としてヨーロッパから来住
●イスラエルの否定からパレスチナ人国家建設をめざす	●ユダヤ人国家建設をかかげ，イスラエル建国

D 1995年時点のパレスチナ

レバノン／シリア
ゴラン高原（イスラエルが占領）
ヨルダン川西岸地区
エルサレム
ガザ地区／イスラエル
地中海
ヨルダン
シナイ半島
エジプト／サウジアラビア
0 100km

■ パレスチナ自治政府が管理
■ パレスチナ自治政府・イスラエルが管理
□ イスラエルが管理

クリントン米大統領
ラビン・イスラエル首相／アラファトPLO議長

●**1 パレスチナ暫定自治協定調印** 1993年9月，イスラエルとPLOは相互承認し，94年にガザ地区とイェリコに暫定自治政府が樹立された。

2 パレスチナの現状

●なぜ対立が続いているのか

●**エルサレムの管理問題**
イスラエル…全エルサレムを首都と規定
パレスチナ…東エルサレムを将来の独立国家の首都と想定

●**難民問題**
460万人以上ともされるパレスチナ難民の補償・帰還にはかなりの困難が予想される

●**双方に強硬派が存在**
イスラエルでは極右政党がパレスチナ人の排除などを主張し，パレスチナではハマスなどが自爆テロを行っている

◆パレスチナをめぐる国際情勢

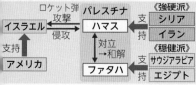

ロケット弾攻撃
イスラエル ←→ パレスチナ ←→ 《強硬派》シリア／イラン（支持）
侵攻 ハマス
支持 対立→和解
アメリカ ファタハ ←→ 《穏健派》サウジアラビア／エジプト（支持）

＊ファタハは対イスラエル穏健派でヨルダン川西岸地区を統治している。2007年以降，パレスチナは，ハマスが実効支配するガザ地区とヨルダン川西岸で分裂状態となっている。

●**2 分離壁** イスラエルは，ユダヤ人入植地をテロから守るという名目で，ヨルダン川西岸地区に分離壁を構築した。これに対し，国際司法裁判所は違法との判断を示した。

●**3 米大使館移設に抗議する人々**（エルサレム）

2017年12月，トランプ米大統領はエルサレムをイスラエルの首都と認定し，翌年5月に米大使館をエルサレムに移設した。これに対し，パレスチナでは武力衝突も起こった。

COLUMN 三つの宗教の聖地 エルサレム

ユダヤ教の中心であったエルサレムは，ローマによる支配を経て，7世紀末にイスラームに征服された。ユダヤ教の神殿の跡地であり，イエスの処刑地であり，また預言者ムハンマドが昇天した場所でもあり，狭い市域にユダヤ教，キリスト教，イスラームの聖地がひしめいている。← P.13

E エルサレム旧市街

0 500m
ムスリム地区
キリスト教徒地区／ヴィア・ドロローサ
神殿の丘
岩のドーム
聖墳墓記念堂／嘆きの壁
アルメニア人地区／アル＝アクサー・モスク
ユダヤ教徒地区

●**4 エルサレム旧市街** 世界遺産

岩のドーム／嘆きの壁
聖墳墓記念聖堂

クローズアップ

◀❶ベルリンの壁の構築 西ベルリン（米・英・仏の占領地区）は、東側にあって唯一、西側に向かって開いた窓口であった（◀P.126）。1961年、東ドイツ政府は、ソ連支持のもと、突如として壁を構築した。◀P.28

？ ベルリンの壁は、なぜ築かれたのだろう。

1 東西両陣営の動き ➡P.148,154

		アメリカと西側陣営の動き	ソ連と東側陣営の動き	
		アメリカ	ソ連	
雪どけ	アイゼンハワー（共）	1955 ジュネーヴ四巨頭会談		フルシチョフ
		1955 西ドイツ，NATOに加盟	55 ワルシャワ条約機構設立	
			56 ソ連，フルシチョフのスターリン批判	
			56 ポーランド，ハンガリーで反ソ暴動	
			57 ソ連，人工衛星スプートニク1号打ち上げ成功	
		1958 ヨーロッパ経済共同体（EEC）発足 ➡P.156	59 キューバ革命	
		1959 キャンプ＝デーヴィッド会談（フルシチョフ訪米）		
			60 中ソ論争が公然化	
再緊張	ケネディ（民）	**◀❷ケネディ** ➡P.149	61 東ドイツ，ベルリンの壁構築	
		キューバ危機（1962）		
		1963 部分的核実験禁止条約		
多極化と緊張緩和	ジョンソン（民）	1964 仏，中国を承認		
		1965 米，ベトナム北爆開始		
		1966 仏，NATOの軍事機構脱退	66 中国で文化大革命開始（～77）	
		1967 ヨーロッパ共同体（EC）発足	68 チェコスロヴァキアで自由化・民主化進行（「プラハの春」）	ブレジネフ
		1968 仏で五月革命 ➡P.156		
	ニクソン（共）		69 中ソ国境紛争	
		1971 米，金・ドル交換停止	71 中華人民共和国，国連加盟（代表権獲得）	
		1972 ニクソン訪中 ➡P.149		
		1972 米中共同声明・東西ドイツ基本条約		
		1973 ベトナム（パリ）和平協定		
		1973 拡大EC発足	1973 東西ドイツ国連加盟	
		1975 第1回先進国首脳会議（サミット）	79 ソ連，アフガニスタン侵攻	

COLUMN ソ連が先行した宇宙開発

冷戦期には、国威発揚や軍事技術への応用といった目的から、米ソ間で宇宙開発競争が繰り広げられた。先手を取ったのはソ連で、1957年の人工衛星スプートニク1号打ち上げ、61年の有人宇宙飛行（ガガーリン飛行士）を成功させた。ソ連の動きに衝撃を受けたアメリカは、69年のアポロ11号によって人類初の月面着陸に成功した。

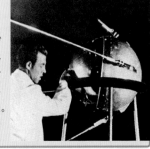

➡❸世界初の人工衛星スプートニク1号 重さは84kgだった。

2 雪どけから再緊張へ

◀❹ジュネーヴ四巨頭会談 1955年7月，米・英・仏・ソ4国の首脳が会談し，「対決から話し合い」への道を開いた。以後の東西間の緊張緩和を「雪どけ」とよぶ。

ブルガーニン（ソ連）　アイゼンハワー（米）　フォール（仏）　イーデン（英）

史料1 スターリンは集団的な指導や集団的な活動にはまったく我慢がならず、気まぐれと専横な性格ゆえに、自分に反対する人々だけでなく自分の方針に反していると思われた人々に対しても、無作法な暴力を行使した。彼は、説得や説明、人々とともにおこなう面倒な活動を通じてではなく、自分の方針を無理強いし自分の意見に無条件に服従することを求めるやり方で活動した。これに抵抗したり、自らの見解やその正しさを示そうとしたりした人々は、指導的集団から排除されて、精神的および肉体的に抹殺される運命に陥った。……〈スターリン批判，1956年〉　（『世界史史料11』岩波書店）

雪どけ

レーニン像

フルシチョフ

⬆❺スターリン批判 1956年2月、ソ連共産党第20回大会でフルシチョフ第一書記（1894～1971）がスターリンを批判する秘密報告を行い、のちに世界に衝撃を与えた。

➡❻ハンガリー反ソ暴動（1956年） スターリン批判をきっかけに東欧諸国ではソ連からの自立を求める動きが強まった。ハンガリーでは学生や知識人らによるデモが発生し、ナジ＝イムレ首相も政治的自由化を進めた。しかし、ソ連軍の侵攻によって改革は失敗に終わった。

破壊されたスターリン像

●キューバ危機

キューバでは1959年のキューバ革命で親米政権が倒され、1961年社会主義宣言を行った。キューバはアメリカの干渉を防ぐために、東側陣営との連携を重視し、ソ連製ミサイルの導入を図った。

LAUNCH POSITION　ミサイル打ち上げ位置
MISSILE-READY TENTS　ミサイル用テント
再緊張
MISSILE ERECTORS　ミサイル起立機

A キューバ封鎖

大西洋
マクディル基地　パトリック空軍基地
フロリダ　ホームステッド空軍基地
アメリカ機動部隊
メキシコ湾
バハマ
封鎖船
ハバナ
キューバ
ハイチ　ドミニカ
ジャマイカ

◇ 米軍基地　× ソ連のミサイル基地　▲ ソ連船
0　400km

⬆❼キューバ危機 1962年、ソ連のミサイル基地建設を確認したケネディ米大統領は、キューバを海上封鎖して対抗した。全面核戦争の危機が生じ、世界に緊張が走ったが、米ソの直接交渉の結果、ソ連はミサイルを撤去した。

1 「プラハの春」

1950年代後半から，東欧諸国ではソ連からの自立を求める動きが相次いだ。

➡①ドプチェク
（1921～92）
チェコスロヴァキア共産党第一書記。「人間の顔をした社会主義」を掲げ，「プラハの春」とよばれた改革を指導した。

史料① **チェコスロヴァキア共産党行動綱領**（1968年4月5日）

当然のごとく，社会主義に対する不安や，社会主義の人道的使命，その人間的な顔が失われているのではないか，という恐れが生まれてきた。人々の中には，墜落に身を任せようとする者もいれば，展望を失いつつある人もいる。……私たちは，新しい，深く民主的で，チェコスロヴァキアの条件にあった社会主義のモデルの建設に進みたいと考えるのである。

（『世界史史料11』岩波書店）

➡②チェコ事件（1968年）「プラハの春」に対し，ソ連はワルシャワ条約機構軍を率いて侵攻し，ドプチェクら改革指導者をソ連に連行した。写真はワルシャワ条約機構軍に抵抗するプラハ市民。

第二次世界大戦終結から20年を経た1960年代後半には，総人口に占める若者の比率が増加し，特に先進諸国では大学進学率の増加による教育期間の長期化が進んだ。このような「戦争を知らない」「高等教育を受けた」世代の増加と，国境を越えたベトナム反戦運動の刺激が，各国の若者を既存の体制に対する異議申し立てへと向かわせた。

2 フランスの五月革命

➡③ド＝ゴール（1890～1970）　フランス第五共和政下の大統領（任1959～69）。中国承認，NATOの軍事機構脱退など，米ソと距離を置く独自の外交を展開した。

➡④五月革命（1968年）　パリ大学ナンテール分校に始まる学生の反乱は，フランス全土に波及し，やがて100万人を超える労働者のストライキに発展した。ド＝ゴールは，6月の総選挙では勝利を収めたものの，翌年の国民投票に敗れて辞職した。

史料③ **パリ大学ナンテール分校の学生組織の宣言文**（1968年3月22日）

「アメリカ帝国主義反対，ベトナム人民勝利全国委員会」によって組織されたデモの後に，同委員会の活動家たちが街頭や自宅で警察によって逮捕された。……ナンテールやナントの大学への私服警官の侵入やブラックリストの作成，カーンでの30名の労働者と学生の投獄……あらゆる形の政治活動への弾圧の問題が改めて持ち上がっている。……政府は新たな一歩を踏み出した。活動家たちが逮捕されたのはデモのなかではなく，彼らの自宅なのだ。……それは，近代化と合理化の遅れに苦しんでいる資本主義による攻撃のあらわれである。その目的を達成するために，支配階級はすべてのレベルで弾圧を加えざるをえないのだ。……われわれは，29日の金曜日を次のようなテーマについて広範に議論する日にすることを呼びかける。──68年の資本主義と労働者の闘争，現行の大学と批判的な大学，反帝国主義闘争，東欧諸国とそこでの労働者と学生の闘争について。……

（『世界史史料11』岩波書店）

🔍 読み解き

1 「プラハの春」は，何をめざしていたのだろう。
2 史料③ では何に対して異議申し立てをしているのだろう。
3 「プラハの春」と五月革命はそれぞれどのような結果となっただろう。

史料② **小説に描かれた「プラハの春」の終わり**

「ドゥプチェック（ドプチェク）が帰国してからというもの，何もかも変わったわ」と，テレザはいった。それは真実であった。あの一般にひろまっていた幸福感は占領の最初の七日間だけしかもたなかった。国の代表者たちはロシアの軍隊によってまるで罪人のように連れ去られ，……人びとはその人たちの生命を案じてふるえた。……ロシア人は……逮捕した国の代表者たちに，モスクワで妥協の協定のようなものにサインすることを強制した。ドゥプチェックはその協定を持ってプラハに帰り，ラジオで声明を読み上げた。彼は六日間の投獄で疲労しきっており，話すことができないで，声をつまらせ，肩で息をしたので，センテンスとセンテンスの間に三十秒も続くかという切れ目が数限りなく繰り返された。妥協により，処刑と多くの人のシベリア送りという誰もが恐れていた最悪の事態は避けることができた。ただ一つのことだけは明白であった。チェコは占領者の前で頭を下げなければならず，永遠に……ドゥプチェックがしたように，声をつまらせ，……肩で息をしなければならなくなったのである。祭りは終わり，屈辱の日が来た。

（ミラン＝クンデラ著，千野栄一訳『存在の耐えられない軽さ』集英社文庫）

*チェコ出身でフランスに亡命したクンデラが1984年に発表した小説より。

3 学生運動の世界的広まり

1968年から69年にかけて，世界各地で同時多発的に若者たちによる異議申し立てが起こった。

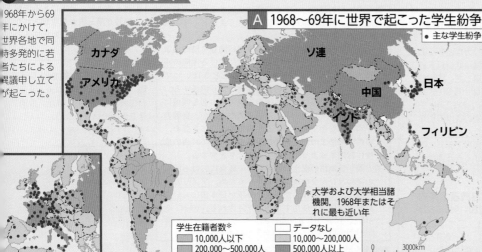

A　1968～69年に世界で起こった学生紛争

● 主な学生紛争

カナダ　アメリカ　ソ連　中国　日本　インド　フィリピン

＊大学および大学相当諸機関，1968年またはそれに最も近い年

学生在籍者数＊
10,000人以下
10,000～200,000人
200,000～500,000人
500,000人以上
データなし

0　3000km

➡⑤東大紛争　1968～69年には，日本でも全国の大学で学園紛争（闘争）が頂点に達した。東京大学でも全共闘（全学共闘会議）を名のる学生が安田講堂などを封鎖した。1969年1月，8,000人の機動隊が，火炎瓶・投石で抵抗する占拠学生を排除した。

クローズアップ

❶東京オリンピックの開会式（1964年10月10日）

❷東海道新幹線の開業（1964年10月1日） 当時「ひかり」号は東京－新大阪間を約4時間で走った。

❓ 日本は戦後、どのような経済発展を遂げたのだろう。

1 1950年以降の日本の動き ◀P.130 ▶P.152

1951.9	サンフランシスコ平和条約 ＊青字は国際情勢
	日米安全保障条約 ◀P.132
1952.2	日米行政協定 ◀P.132
4	海上警備隊設置（のち警備隊と改称）◀P.131
7	破壊活動防止法
10	警察予備隊を保安隊に改称 ◀P.131
1953.7	朝鮮戦争休戦協定
12	奄美群島、日本に復帰
1954.3	第五福竜丸被曝 ◀P.135
	米とMSA協定（日米相互防衛援助協定など）
	防衛庁設置・自衛隊発足
1955.5	砂川闘争始まる（米軍基地反対闘争）
8	第1回原水爆禁止世界大会 ◀P.135
10	社会党再統一
11	自由民主党（自民党）結成、保守合同なる（55年体制始まる）
1956.7	『経済白書』、「もはや戦後ではない」と記す
10	日ソ共同宣言・ソ連と国交回復
12	国連加盟
1960.1	日米相互協力および安全保障条約（新安保条約）・日米地位協定
12	国民所得倍増計画決定
1964.1	IMF8条国に移行・OECDに加盟
10	東海道新幹線開業・東京オリンピック開催
1965.2	米、ベトナムで北爆開始 ▶P.148
6	日韓基本条約
1967.8	公害対策基本法
12	佐藤栄作首相、非核三原則を言明
1968.6	小笠原諸島、日本復帰
1970.3	日本万国博覧会、大阪で開催 ◀P.57
1971.7	環境庁設置
8	米、金・ドル交換停止（ドル＝ショック）
1972.9	ニクソン訪中 ▶P.149
	沖縄、日本に復帰 ▶P.148
9	日中国交正常化
1973.2	円、変動相場制移行
1978.8	日中平和友好条約 ▶P.150

＊＊国際収支の悪化を理由として為替の制限ができない国。

2 国際社会への復帰

❸日ソ共同宣言の調印（1956年10月）
日本とソ連との戦争状態の終結と、11年ぶりの国交回復に関する宣言が、鳩山・ブルガーニンの両首相の間で調印された。

鳩山一郎　　　ブルガーニン

日ソ共同宣言の主な内容
- 日ソは戦争状態を終了させる
- 日ソは外交関係および領事関係を回復する
- ソ連は日本の国際連合加盟を支持する
- 日ソ漁業条約を発効する
- ソ連は抑留日本人を送還する
- ソ連は日本への賠償請求権を放棄する
- 平和条約の締結後、ソ連は歯舞群島・色丹島を日本に返還する

◆55年体制…自由民主党（保守）と日本社会党（革新）が国会議席数の比率2対1で第一党と第二党を占める政治体制。自民党が憲法改正や再軍備を、社会党が改憲阻止や軍備反対を主張した。

❹日本の国際連合加盟（1956年12月） 日ソ国交回復を受けて、国連総会は日本の加盟を全会一致で可決した。写真は国連本部前での国旗の掲揚の様子。

重光葵外相

3 アジア諸国との関係回復

●戦後賠償
（外務省資料）

支払いの区分	国	金額（円）
サンフランシスコ平和条約に基づく賠償	フィリピン	1,980億
	南ベトナム	140億
個別の平和条約に基づく賠償	ビルマ＊	720億
	インドネシア	803億
経済協力協定などに基づく賠償	ラオス	10億
	カンボジア	15億
	マレーシア	29億
	シンガポール	29億
	韓国	1,080億
	ミクロネシア	18億
	タイ	96億
	ビルマ＊	504億
	モンゴル	50億

＊現在のミャンマー

サンフランシスコ平和条約は「日本の存立可能な経済の維持」という範囲内での賠償が定められ、4カ国（表中の青字）が賠償を請求した。アメリカなど多くの交戦国は賠償請求権を放棄した。賠償支払いは、役務（ダムなどの建設工事）や生産物の提供の形をとったため、日本企業が東南アジアに再進出するきっかけとなった。

❺日韓基本条約の調印（1965年6月22日） 日本はこの条約により韓国と国交を正常化した。

資料から読み解く 新安保条約と安保闘争

史料1 日米相互協力および安全保障条約（日米新安保条約）（1960年）

第3条 締約国は……武力攻撃に抵抗するそれぞれの能力を、憲法上の規定に従うことを条件として、維持し発展させる。

第4条 締約国は、この条約の実施に関して随時協議し、また、日本国の安全又は極東における国際の平和および安全に対する脅威が生じたときはいつでも、いずれか一方の締約国の要請により協議する。

第5条 各締約国は、日本国の施政の下にある領域における、いずれか一方に対する武力攻撃が、自国の平和及び安全を危うくするものであることを認め、自国の憲法上の規定および手続きに従つて共通の危険に対処するように行動することを宣言する。

第6条 日本国の安全に寄与し……極東における国際の平和及び安全の維持に寄与するため、アメリカ合衆国は、その陸軍、空軍及び海軍が日本国において施設及び区域を使用することを許される。……

①当時、日本政府は「極東」の範囲を「フィリピン以北並びに日本及びその周辺地域」とし、韓国と台湾も含まれる、とした。

1960年5月、政府は衆議院で条約承認を強行採決した。

読み解き
1. 下線部はどのような危険性をはらんでいるのだろう。「極東」に注目して考えよう。
2. 第5条より、日本にある米軍施設が第三国から攻撃された場合、日本はどう対応すると考えられるか。

❻新安保条約反対を叫ぶデモ隊 条約の強行採決以後、デモ隊が国会を取り巻いたほか、全国でストやデモが行われた。

歴史のスパイス 高度経済成長期には「巨人の星」や「アタックNo.1」などのスポ根アニメが人気を博した。

東アジア

4 第五福竜丸事件

邦人漁夫、ビキニ原爆実験に遭遇

➡️7 第五福竜丸事件を報じる新聞（『読売新聞』1954年3月） 1954年3月，アメリカがマーシャル諸島ビキニ環礁で水爆実験を行い，米軍が設定した危険区域外で操業していた日本の漁船第五福竜丸が「死の灰」を浴びた（23名が被曝し，うち1名が死亡した）。これをきっかけに**1955年には第1回原水爆禁止世界大会が広島で開かれた。** ◀️P.135

COLUMN ゴジラを生んだ時代

1954年11月に公開された映画『ゴジラ』は，例を見ない観客動員数を記録して空前の大ヒットとなった。この作品の着想には，同年3月の第五福竜丸事件がある。水爆実験で目を覚ました怪獣ゴジラは，放射能光線で東京を火の海にする。作品中の台詞からは，水爆実験への強い怒りも読みとれるが，海外版（『Godzilla, King of the Monsters!』〈1956年〉）では，反核にかかわるメッセージとなる台詞の表現が変えられたり，カットされている箇所もある。

➡️8 映画「ゴジラ」（1954年製作）**のポスター**

---

5 高度経済成長

➡️9 各国の国民総生産（GNP）比較 1968年には，日本のGNPは資本主義国の中でアメリカに次ぎ，第2位となった。しかし，国民一人当たりの所得水準はまだ20位前後だった。

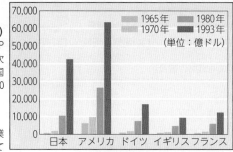

凡例：1965年，1970年，1980年，1993年（単位：億ドル）

日本　アメリカ　ドイツ　イギリス　フランス

➡️10 産業別就業者割合の推移 高度経済成長期には，第1次産業就業者の比率が下がり，代わって第2・3次産業就業者の比率が増加した。

年	第1次産業	第2次産業	第3次産業
1950年	50.2%	21.3	28.5
1960年	30.2%	28.0	41.8
1970年	17.4%	35.2	47.4
1980年	10.4%	34.8	54.8
1990年	7.2%	33.6	59.2

➡️11 集団就職 1955年頃から，地方の中学・高校の卒業生が集団で東京などの大都市の企業に就職するようになった。彼らは「金の卵」とよばれ，高度経済成長を下支えした。

人物 「私はウソは申しません」 池田勇人（1899〜1965）広島県出身

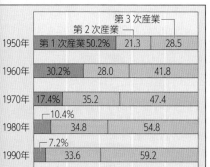

吉田茂内閣の外交や経済政策に深く携わり，1960年に首相に就任。テレビを本格的に活用した最初の首相でもある。テレビコマーシャルに登場し，「皆さんの所得を10年で2倍にします。私はウソは申しません」と大見得を切った。社会が「政治の季節」から「経済の季節」へと大きく転換していき，1960年代から70年代初めの日本経済は空前の高度成長を実現した。

---

6 公害問題

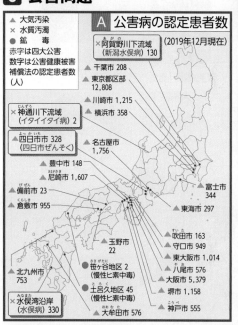

A 公害病の認定患者数

凡例：
▲ 大気汚染
× 水質汚濁
● 鉱毒
赤字は四大公害
数字は公害健康被害補償法の認定患者（人）

（2019年12月現在）

- × 阿賀野川下流域（新潟水俣病）130
- ▲ 千葉市 208
- ▲ 東京都区部 12,808
- ▲ 川崎市 1,215
- ▲ 横浜市 358
- × 神通川下流域（イタイイタイ病）2
- ▲ 四日市市 328（四日市ぜんそく）
- ▲ 豊中市 148
- ▲ 尼崎市 1,607
- ▲ 備前市 23
- ▲ 倉敷市 955
- ▲ 玉野市 22
- ▲ 富士市 344
- ▲ 名古屋市 1,756
- ▲ 東海市 297
- ▲ 吹田市 163
- ▲ 守口市 949
- ▲ 東大阪市 1,014
- ▲ 八尾市 576
- ▲ 大阪市 5,379
- ▲ 堺市 1,158
- ▲ 神戸市 555
- ▲ 北九州市 753
- ● 笹ヶ谷地区 2（慢性ヒ素中毒）
- ● 土呂久地区 45（慢性ヒ素中毒）
- × 水俣湾沿岸（水俣病）330
- ▲ 大牟田市 576

＊患者数は死亡等により年々減少している。

➡️12 海に流される工場廃液（ユージン＝スミス撮影）

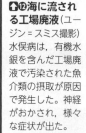

水俣病は，有機水銀を含んだ工場廃液で汚染された魚介類の摂取が原因で発生した。神経がおかされ，様々な症状が出た。

➡️13 磯津に隣接する第一コンビナート（三重県四日市市） コンビナートが住宅地目前に迫り，排ガスや轟音に加え，夜でも新聞が読めるほどの明るさが住民を苦しめた。

➡️14 実質経済成長率の推移

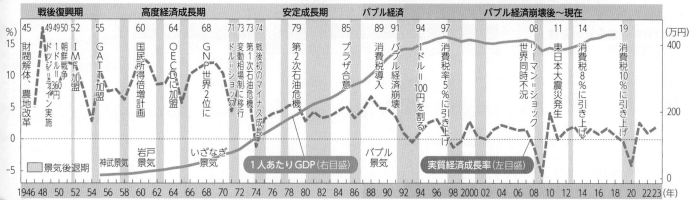

戦後復興期　高度経済成長期　安定成長期　バブル経済　バブル経済崩壊後〜現在

（％）45　49 50　52　55　60　64　68　71 73 73 74　79　85　89 91　94　97　08　11　14　19
15　（右目盛 万円）400
10　　　　　　　　　　　　　　　　　　　　　　　　　　　　　　　　　200
5
0
−5　　　　　　　　　　　　　　　　　　　　　　　　　　　　　　　　0

財閥解体，農地改革実施／ドッジ=ライン実施／朝鮮戦争／IMF加盟／GATT加盟／国民所得倍増計画／OECDに加盟／GNP世界2位に／変動相場制に移行／第1次石油危機／戦後初のマイナス成長／第2次石油危機／プラザ合意／消費税導入／バブル経済崩壊／1ドル＝100円を割る／消費税率5％に引き上げ／世界同時不況／リーマン=ショック／東日本大震災発生／消費税8％に引き上げ／消費税10％に引き上げ

景気後退期

神武景気　岩戸景気　いざなぎ景気　1人あたりGDP（右目盛）　バブル景気　実質経済成長率（左目盛）

1946 48 50 52 54 56 58 60 62 64 66 68 70 72 74 76 78 80 82 84 86 88 90 92 94 96 98 2000 02 04 06 08 10 12 14 16 18 20 22 23（年）

ことば 非核三原則 佐藤栄作首相が1967年12月の衆議院予算委員会で言明し，1971年に衆議院本会議で採択された政策で，核兵器を「もたず，つくらず，もちこませず」という三原則をいう。

【高度経済成長期の文化の特色】
大量生産・大量消費が日常化し、耐久消費財が普及
⇒国民の生活様式は大きく変化

占領期

【占領期の文化の特色】
①思想や言論に対する国家の抑圧が取り除かれる
⇒従来の価値観・権威の否定
②アメリカ的生活様式や大衆文化の流入

↪❶黒澤明(1910〜98)

©KADOKAWA 1950
↪❷映画「羅生門」(1950年製作)

「羅生門」が、1951年のヴェネツィア国際映画祭で、グランプリを受賞した。黒澤映画は、以後、世界的に高く評価され、多くの外国映画に影響を与えた。

➡❸湯川秀樹
(1907〜81) 素粒子の中間子論の研究で、1949年、日本人として初めてノーベル賞を受賞し、占領下にあった国民に明るい希望を与えた。

↑❻並木路子(1921〜2001)
松竹少女歌劇の並木路子の「リンゴの歌」や、12歳でデビューし「天才少女歌手」といわれた美空ひばりの歌は、終戦後の暗い世相をふきとばす希望を与えた。

↪❹米兵にキャンディーをねだる子どもたち
街には進駐軍があふれ、子どもたちは、進駐軍兵士にチョコレートやキャンディーなどをねだった。

↑❼美空ひばり(1937〜89)

↑❺英語の標識(東京・銀座) 菊池俊吉撮影

高度経済成長期

◆1950年代後半に人気を集めた「三種の神器」

↑❽白黒テレビ

↑❾電気洗濯機

↑❿電気冷蔵庫

◆1960年代後半に人気を集めた「新三種の神器(3C)」

Color TV カラーテレビ
Cooler クーラー
Car 自動車
↪⓫クーラー

↪⓬耐久消費財の普及

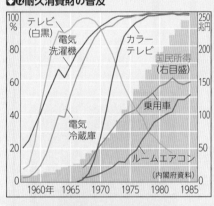
テレビ(白黒)／電気洗濯機／カラーテレビ／国民所得(右目盛)／電気冷蔵庫／乗用車／ルームエアコン
(内閣府資料)
1960年 1965 1970 1975 1980 1985

↑⓭マイカー 1955年、通産省(現経済産業省)が「国民車構想」を打ちだした。富士重工のスバル360はそれにこたえたもので人気をよんだ。

➡⓮海外旅行の自由化 海外旅行が制限つきながら自由化されたのは、1964年4月。海外旅行は客層が限られた超高額商品だった。旅費はハワイ9日間で36万4,000円。当時の国家公務員大卒初任給(1万9,100円)の19倍だった。

COLUMN 自動車社会の到来と交通戦争

1960年代は「交通革命」の時代であり、乗用車の保有台数は、60年の44万台から、70年には678万台と、驚異的に増えた。マイカーの所有は、便利な移動手段の獲得とともに中流的生活を誇示するという側面もあった。一方で、50年代後半から交通事故者が急増し、1970年には1年間の交通事故死者数が日清戦争での日本側の戦死者数(2年間で1万7,282人)に迫るものであったことから「交通戦争」とよばれた。

↑⓯交通渋滞

時代の変遷比べてみたら…

●プロ野球運営会社の変遷

1950年代		2021年	
鉄道	7社	鉄道	2社
新聞	4社	新聞	2社
映画	2社	食品	3社
漁業	1社	IT	3社
文房具	1社	金融	1社
「市民球団」	1社	「市民球団」	1社

1950年代は鉄道や映画などインフラや大衆娯楽を担う企業経営の球団が多かったが、近年ではIT企業が球団経営をするケースが増えている。

●小学生のなりたい職業ランキング

*表記は原典による。

男子		女子	
1970年	2020年	1970年	2020年
①エンジニア	①サッカー選手・監督など	①スチュワーデス	①薬剤師
②プロ野球選手	②野球選手・監督など	②デザイナー	②看護師
③サラリーマン	③医師	③先生	③保育士
④パイロット	④会社員・事務員	④看護婦	④医師
⑤電気技師	⑤ゲーム制作関連	⑤タレント	⑤獣医
⑥医者	⑥ユーチューバー	⑥ジャーナリスト	⑥パティシエール
⑦自営業	⑦教師	⑦漫画家	⑦教師
⑧科学者	⑦料理人・シェフなど	⑧小説家	⑧イラストレーター
⑨建築設計士	⑨建築士	⑨婦人警官	⑨美容師
⑩漫画家	⑨獣医	⑩美容師	⑩ファッションデザイナー

1970年では高度経済成長期ということもあり、エンジニアが人気となっている。スチュワーデスや婦人警官という呼称も時代を反映している。現在では男女ともに専門職への憧れが目立つ。2020年にはユーチューバーも初めてトップ10入りした。

1970年：『朝日新聞』(1970年11月2日)「現代っ子のなりたい職業」
2020年：日本FP協会、小学生の「将来なりたい職業」ランキング2020年度

1970・80年代 →P.152

【1970・80年代の文化の特色】
・高度経済成長が終焉を迎え，低成長の時代に
・個人主義の浸透
・プラザ合意により円高が進行し，景気が拡大（**バブル経済**）
・日本企業の間で海外に拠点を移す動きが活発化
・テレビゲームやマンガ，アニメの流行

↑⑯ファストフード店の誕生
（1971年）前年のファミリー・レストランの出現に続き，東京の銀座にマクドナルドが開店した。

←⑰カップ麺
（1971年発売）熱湯をかけるだけで食べられるカップ麺が販売。インスタント食品や冷凍食品は家庭生活に普及していった。

←⑱コンビニの登場（1974年）セブンイレブン1号店が東京都江東区に開店。以後コンビニエンス（便利さ）・ストアは急速に普及し，庶民生活に定着した。

←⑲最初のヘッドフォンステレオ（1979年）歩きながらステレオ音楽が聴けるスタイルが多くの若者に支持された。

COLUMN 国際語になったkaroshi
1960年代は家庭を顧みずがむしゃらに働く人々が「企業戦士」「モーレツ社員」ともてはやされ，彼らは高度経済成長期の象徴とされた。しかし，80年代初めから，働きすぎによる急激な体調悪化で死に至る事件が「過労死」として語られ始めた。80年代末には過労死と推定される人が1年間で1万人にのぼるとされ，海外でも「karoshi」の言葉が使われ，注目された。

↓㉑労災の集団申請を行う過労死遺族ら（1988年）

↑⑳テレビゲームの流行 1978年秋に発売されたテレビゲーム「インベーダーゲーム」が大流行した。1983年には「ファミリーコンピュータ」が発売され，「スーパーマリオブラザーズ」などの大人気ソフトも誕生した。 →P.28

1990年代 →P.157

【1990年代の文化の特色】
・バブル経済が崩壊し，地価が下落。デフレが進行（「失われた10年」，経済の停滞）
・ポケベル，携帯電話が爆発的に普及
・スーパーファミコン，プレイステーション，たまごっち，ハイパーヨーヨーなど様々な玩具が大ヒット

↑㉒ポケットベル（ポケベル）
1990年代以降は，コンピュータや情報通信などが急速に進歩した。ポケベルは，当初，番号だけしか送ることができず，語呂合わせで様々なメッセージが誕生した。（114106→愛してる）

↑㉓1999年発売の携帯電話
携帯電話は小型化が進み，1990年代末にはメールサービスも始まった。

COLUMN 世界に広がる日本の文化
日本で生みだされたキャラクターやアニメ作品は海外でも人気・評価が高い。1990年代に発売されたゲームソフトの「ポケットモンスター」は，アニメ，キャラクター，カードゲームと様々なメディア展開がなされ，日本だけでなく海外でも人気である。また，1990年代以降，日本のマンガの翻訳出版も盛んになり，海外でも多く読まれている。

↑㉔フランスで人気の日本のマンガ

●企業の時価総額ランキング（世界）
（単位：億ドル）

1989年（平成元年）		順位	2018年（平成30年）	
企業名 ＊（ ）は国名	時価総額		企業名	時価総額
ＮＴＴ（日）	1,638.6	1	アップル（米）	9,409.5
日本興業銀行（日）	715.9	2	アマゾン・ドット・コム（米）	8,800.6
住友銀行（日）	695.9	3	アルファベット（米）	8,336.6
富士銀行（日）	670.8	4	マイクロソフト（米）	8,158.4
第一勧業銀行（日）	660.9	5	フェイスブック（米）	6,092.5
ＩＢＭ（米）	664.5	6	バークシャー・ハサウェイ（米）	4,925.0
三菱銀行（日）	592.7	7	アリババ・グループ・ホールディング（中）	4,795.8
エクソン（米）	549.2	8	テンセント・ホールディングス（中）	4,557.3
東京電力（日）	544.6	9	ＪＰモルガン・チェース（米）	3,740.0
ロイヤル・ダッチ・シェル（蘭・英）	543.6	10	エクソン・モービル（米）	3,446.5

（「週刊ダイヤモンド」2018年8月25日号）

1989年には日本企業が上位を占めていたが，2018年にはトヨタの43位が最高である。バブル経済崩壊後，「失われた10年」とよばれた1990年代を経ても日本経済の低迷は続いた。

●物価の変遷
（単位：円）

	1955～59年	1960～64年	1965～69年	1970～75年	2022年
国家公務員初任給	9,200（1957年）	1万5,700（1962年）	2万5,200（1967年）	4万7,200（1972年）	23万2,840
はがき	5（1955年）	5（1960年）	7（1966年）	10（1972年）	63
東京都バス乗車賃＊＊	15（1955年）	15（1960年）	20（1965年）	40（1970年）	210
ラーメン（並1杯）	40（1956年）	50（1961年）	75（1965年）	200（1972年）	619
アンパン	12（1956年）	12（1960年）	15（1968年）	40（1972年）	96
国立大学授業料（年額）	6,000（1955年）	9,000（1960年）	1万2,000（1965年）	3万6,000（1972年）	53万5,800

＊大学卒上級職（2022年は総合職大卒程度代表例）　＊＊大人初乗り

●新宿の変貌

㉕1974年の西新宿（東京都）
京王プラザホテル

㉖2012年の西新宿
京王プラザホテル　東京都庁

1971年6月に日本一の高さを誇る京王プラザホテルが開業して以降，新宿では高層ビルの建設が進んだ。1974年の段階で既に他の高層ビルに囲まれている。2012年の西新宿で一番高いビルは東京都庁である。

クローズアップ

❶フラワーチルドレン(1967年, アメリカ)

❷「安全への逃避」(1965年, 沢田教一撮影, ピューリッツァー賞受賞)

❸枯葉剤を散布するアメリカ軍機
戦場となったベトナムの民衆は, 村を焼かれ, 親兄弟を失い, 大きな犠牲を強いられた。また, ゲリラ戦に苦しんだアメリカ軍は, ダイオキシンを含む枯葉剤を空から大量に散布し, 戦後もベトナムの人々に直接の影響を与えている。

❓ 写真❶はどのような場面を表しているのだろうか。

1 ベトナム戦争

```
ジュネーヴ休戦協定(1954)
(北緯17度線が南北ベトナムの境界)
    ↓
1955 南に ベトナム共和国 成立
1960 南ベトナム解放民族戦線 結成
    ↓
        ベトナム戦争
北部  ソ連   中国
    ベトナム民主共和国
-北緯17度線-✗-
南部  ベトナム共和国 ✗   南ベトナ
    アメリカ              ム解放民
    (1965年 北爆開始)      族戦線
    ↓
ベトナム(パリ)和平協定(1973)
    ↓
1973 米軍撤退完了
1975 サイゴン陥落
1976 ベトナム社会主義共和国 成立
     首都:ハノイ
1978 カンボジアに侵攻(1989年撤退)
1986 ドイモイ(刷新)政策始まる
1995 ASEAN加盟, 米と国交正常化
```

A ベトナム戦争

（地図）
中華人民共和国
ハノイ / ディエンビエンフー / ハイフォン / トンキン湾
ビルマ(ミャンマー) / ナム=バック / チャムディン
ラオス / ビエンチャン / ドンホイ / フエ / 17° / ダナン
チェンマイ
タイ王国
0 250km
勢力範囲
■ 南ベトナム解放民族戦線
→ ホー=チ=ミンルート
→ 共産勢力の主な発展方向
→ アメリカ軍の主な反撃
▲ アメリカ軍の主要基地
カンボジア王国 / アンコール / プノンペン / ベトナム共和国 / ニャチャン / ビエンホア / サイゴン / カント / 南シナ海
1975.4 ベトナム戦争終結

ベトナム戦争を扱った主な映画
● 「地獄の黙示録」(1979)
● 「ランボー」(1982)
● 「プラトーン」(1986)(アカデミー作品賞受賞)
● 「7月4日に生まれて」(1989)

❹ベトナム戦争の被害

（グラフ, 万人）
北ベトナム・南ベトナム解放民族戦線: 死者 97.7 / 負傷者 130
アメリカ側: 南ベトナム政府軍 死者5.6 負傷者43.6 / 米軍 死者16.3 負傷者30.4

● アメリカ軍がベトナムに投下した爆弾総量 …1,150万トン
● アメリカの戦費総額 …1,500億ドル

*アメリカ軍が第二次世界大戦で使用した爆弾総量…350万トン

❺ベトナム反戦運動(1968年, アメリカ) アメリカをはじめ世界各地でベトナム戦争に対する反戦運動が展開された。 ◀ P.28,143

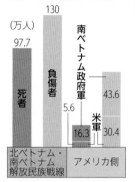

史料1 ホー=チ=ミンのラジオ演説 (1966年7月17日)

戦争は5年, 10年, 20年, あるいはそれ以上長引くかもしれない……だが, ベトナム人民は決して恐れはしない。独立と自由より尊いものはないのだ……ジョンソン大統領, あなたは今, アメリカと世界の人民の前に, 次のことに対する回答を公開すべきである……ベトナムの軍隊が海を越えてアメリカを侵略し, アメリカ人を殺害しているのか, それともアメリカ政府がアメリカの軍隊を送ってベトナムを侵略しベトナム人を殺害しているのかということをである。
(大阪大学歴史教育研究会編『市民のための世界史』大阪大学出版会)

2 ベトナム戦争と日本

❻嘉手納基地のB52 ベトナム戦争は沖縄の軍事的役割を増大させ, 北爆の際, 沖縄の基地から世界最大の長距離戦略爆撃機B52が出動した。

❼「ベトナムに平和を!市民連合(ベ平連)」のデモ (1970年) ベ平連は, それまで日本にはなかった, 個人が自発的に結びつく新しい市民運動の在り方を示した。

小田実

史料2 ベ平連の呼びかけ文 (1965年)

言いたいことは, ただ一つです―「ベトナムに平和を!」
この声は, 私たちのみではなく, 世界のほとんどすべての人間, いや人類の声でしょう。アジアの地のこの一角, 東京で, 私たちは今この声をあげる。この声は小さいかも知れない。しかし, こだまはこだまをよんで, 世界に, すみやかに, 着実にひろがって行く。たとえばアメリカに, 中国に, もちろんベトナムに。そしてその声は, 私たちの政府を, 動かすだろう。……私たちは集まり, 集会をひらき, 歩く。私たちは, ベトナムについて, おのおの言いたいことをもっている。それを声にだして言おう。……「私たち」というのは, つまり, この文章を読むあなたのことです。来て下さい。一人一人。ベトナムに心をはせる日本人の一人として, 人類の一人として, 声をあげて下さい。

❽沖縄の日本復帰(1972年5月15日) 沖縄の基地から北爆のための爆撃機が飛び立つ中, 沖縄復帰運動はベトナム反戦運動とも結びついて高まりをみせた。1968年には小笠原諸島の返還が, 1972年には沖縄の日本復帰が実現した。なお, 日本政府はアメリカとの交渉において「核抜き, 本土並み」を掲げたが, 広大な米軍基地の存続に対する沖縄県民の不満は大きかった。 ◀ P.133

歴史のスパイス 北爆を開始した民主党のジョンソン米大統領は, ベトナム反戦運動の高まりを受け, 2期目の大統領選挙への出馬を断念した。

③ アメリカの動揺

＊(民)…民主党　(共)…共和党

COLUMN 大人への抵抗 －カウンターカルチャー

1960～70年代にかけて，アメリカの若者は，画一的で伝統的な価値観に反発し，カウンターカルチャー（対抗文化）とよばれる若者文化を生みだした。それは，ファッションや映画，音楽，演劇から女性解放運動，政治運動にまでおよび，大量消費を中心とした物質主義に疑問をもち，ヒッピーとよばれる生活スタイルを実践する者も現れた。

❾**ウッドストック音楽祭**(1969年)　約50万人が集まり，「愛と平和」への気持ちをわかちあった。

➡❿**映画「イージー・ライダー」**(1969年製作・米)　若者の自由気ままな旅を描いた，カウンターカルチャーの象徴的作品。

➡⓫**ベトナム反戦運動のポスター**

I WANT OUT "私はやめたい"

⓬ケネディ大統領の暗殺を告げる新聞
(1963年)　史上最年少の43歳で大統領に選出されたジョン＝F＝ケネディは，在任中の1963年，テキサス州ダラスで凶弾に倒れた。後継者として期待された弟ロバートも，68年に暗殺された。

Daily Mirror
KENNEDY ASSASSINATED
Jackie spattered with blood

⓭アメリカ合衆国の貿易収支の推移　ベトナム戦争への本格的介入を開始した1965年頃から貿易収支は悪化し始めた。**71年，ニクソン大統領は金・ドルの交換を停止**し，73年には変動相場制に移行した。

（億ドル）
54.02　27.62
−21.33　−186.31
−539.01
−1337.11

『データ世界経済』東京大学出版会

1960～64　1965～69　1970～74　1975～79　1980～84　1985～89（年）

⓮ニクソン訪中
1972年2月，ニクソンはアメリカ大統領として初めて中国を訪問し，79年には米中間で国交が樹立された。背景には，ベトナム戦争からの撤退を望むアメリカと，中ソ対立激化による孤立を恐れる中国の事情があった。

毛沢東　ニクソン

⬅⓯**ニクソン**(1913～94)　米中和解やベトナム撤退などを成し遂げたが，1973年に大統領選における不正とそのもみ消し工作が発覚し（ウォーターゲート事件），二期目の途中で辞任した。

資料から読み解く　公民権運動と現在のアメリカ

⓰**ワシントン大行進**(1963年)

⓱キング牧師
(1929～68)　1964年にノーベル平和賞を受賞したが，68年に暗殺された。

アメリカでは，1950年代半ばから人種差別撤廃をめざす**公民権運動**が盛んになり，1963年のワシントン大行進で運動は最高潮に達した。この日，約20万人が自由と仕事を求めてワシントンに行進し，公民権運動の指導者キング牧師は「私には夢がある」の演説を行った。**1964年，教育や公共施設における差別を禁じる公民権法が制定された**。⬅P.61

史料 ③　しかし（奴隷解放宣言から）100年を経た今日，黒人は依然として自由ではない。100年を経た今日，黒人の生活は，悲しいことに依然として人種隔離の手かせと人種差別の鎖によって縛られている。……私には夢がある。それは，いつの日か，ジョージア州の赤土の丘で，かつての奴隷の息子たちとかつての奴隷所有者の息子たちが，兄弟として同じテーブルにつくという夢である。……〈演説「私には夢がある」，1963年〉
（アメリカンセンター JAPAN資料）

⓲「Black Lives Matter (BLM)」のスローガンを掲げてデモを行う人々(2020年，アメリカ・シアトル)　BLM運動とは，アメリカから世界に広がった人種差別への抗議運動。2020年，アメリカでアフリカ系住民が白人警察官に窒息死させられた事件をきっかけに，広がりを見せた。

🔍 読み解き
❶キング牧師が訴えようとしていたことは何だろう。
❷「Black Lives Matter」とはどのような意味だろう。
❸現在のアメリカにおけるアフリカ系住民を取り巻く状況は，どのようなものだろう。

クローズアップ

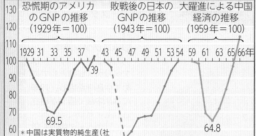

↑1 大躍進の際に建設された土法炉 毛沢東の政策に呼応して急増された粗末な製鉄炉は使い物にならなかった。農業生産と行政を一体化する**人民公社**の活動もうまくいかなかった。

? 史料1 に基づいて行われた急速な改革は、中国経済にどのような影響を与えるだろう。**1** **2** も参考に考えよう。

史料1 中国共産党大会に対する活動報告（1958年）

技術革命と文化革命を逐次実現していくこと、重工業を優先的に発展させるという条件の下、工業と農業を同時に前進させること、……これらの方針を通じ、できる限り早く、……偉大な社会主義国家に造りあげること……
（『世界史史料11』岩波書店）

↓2 GNP（国民総生産）低下の国際比較

恐慌期のアメリカのGNPの推移（1929年=100）	敗戦後の日本のGNPの推移（1943年=100）	大躍進による中国経済の推移（1959年=100）
69.5（39）	54.2	64.8

* 中国は実質物的純生産（社会主義国のGNPに相当）。日本の1945年は不明。
（小島麗逸『現代中国の経済』岩波新書）

1 1950年以降の中国の動き ←P.130 →P.153

←P.130 →P.153

		中国の動き		世界の動き
中ソ連携	1950	中ソ友好同盟相互援助条約	1950	朝鮮戦争（〜53）
	1953	第1次五カ年計画開始（〜57）	1956	スターリン批判→平和共存路線 ←P.142
	1958	大躍進政策、人民公社成立		
自力更生	1959	劉少奇、国家主席就任		
	1960	中ソ論争		
	1964	原爆実験に成功	1965	米、北爆開始
	1966	プロレタリア文化大革命開始（〜77）		●ベトナム反戦運動
	1967	水爆実験に成功	1967	ヨーロッパ共同体（EC）発足
	1968	劉少奇除名（1969.11 獄死）		●ヨーロッパの経済発展 ●日本の高度経済成長→アメリカの貿易赤字
外交拡大・混乱収束	1969	中ソ国境紛争		
	1971	台湾から国連代表権移行	1971	金・ドル交換停止（ドル＝ショック）
	1972	ニクソン訪中 →P.149 田中角栄首相訪中、日中共同声明調印、日中国交回復	1973	ベトナム和平協定 第1次石油危機
	1976	周恩来・毛沢東死去	1975	第1回先進国首脳会議
	1977	鄧小平復権		
工業大国へ	1978	新憲法公布（「四つの現代化」を目標に）→P.152	1978	日中平和友好条約
	1979	米中国交樹立 経済特区指定	1979	ソ連、アフガニスタン侵攻
	1980	農業で生産責任制		

右欄縦書き：アメリカの権威と経済力の低下

2 中国の動揺

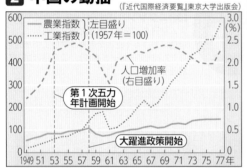

（『近代国際経済要覧』東京大学出版会）

凡例：農業指数、工業指数（左目盛り）（1957年=100）、人口増加率（右目盛り）、第1次五カ年計画開始、大躍進政策開始

↑3 中国経済の動向 1958年に毛沢東主導で**大躍進政策**が開始されたが、急激で無理な工業化は、かえって農業の停滞をもたらし、少なくとも1,500万人の餓死者が出た。

史料2 中国共産党中央委員会「通知」（1966年）

当面の闘争は毛沢東同志の文化革命の路線を実行するのか、それとも拒むのか、という問題である。全党は必ず……**プロレタリアート文化革命の旗を高く掲げ**……なければならない。それを遂行するためには、……各界の内部に潜り込んでいるブルジョワジーの代弁者を批判し、……場合によっては……更迭しなくてはならない……
（『世界史史料11』岩波書店）

大躍進政策の失敗から経済を立て直した劉少奇や鄧小平 →P.153 らは、「資本主義への道を進む者」として毛沢東から非難され失脚した。さらに党幹部や知識人が迫害され社会は大混乱に陥った。文化大革命には、より純粋な社会主義の追求と、**毛沢東による権力闘争**という両面があった。

↑4 プロレタリア文化大革命 「毛沢東語録」を読む子どもたち

3 対外政策の変化

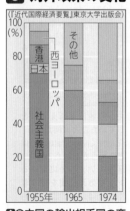

（『近代国際経済要覧』東京大学出版会）

↑5 中国の輸出相手国の変化

ベトナム戦争の泥沼化と世界経済の多極化は「パクス＝アメリカーナ」を動揺させた。同時期の中国も文化大革命やソ連との紛争を抱えており、**ニクソン訪中**が実現した。このような国際環境のもとで米ソ間でもデタント外交が進み、**1972年**には日中国交回復が実現した。

↓6 日中国交回復を記念して上野動物園にやって来たカンカンとランラン（写真は1975年）

チベット問題

17世紀	チベット仏教の指導者**ダライ＝ラマ**がチベットの最高権威者となる
1720	清、チベットを藩部とする
1951	中華人民共和国に編入
1959	チベット反乱→ダライ＝ラマ14世がインドに亡命
1965	中国の自治区となる
1989	ダライ＝ラマ14世がノーベル平和賞受賞

7 破壊されたチベット仏教寺院

↓8 ダライ＝ラマ14世（1935〜）外交・防衛を除くすべてをチベット人が決める高度な自治を中国政府に要求している。

文化大革命の時代には、紅衛兵による暴力的・破壊的活動も多発した。特に**ダライ＝ラマ14世亡命**後のチベットでは、チベット仏教の僧侶が迫害され、寺院や仏像も破壊された。

歴史のスパイス 「ヒトが1人生まれたら、口は1つ増え、手は2本増える」は口を消費に、手を労働力に例えたもので、毛沢東の思想を端的に示している。

●クローズアップ

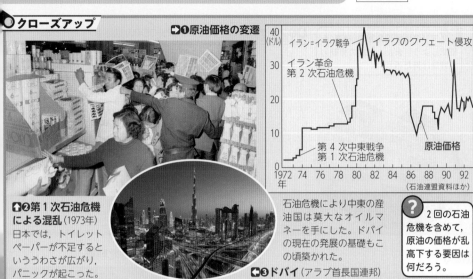

⬆②第1次石油危機による混乱(1973年)
日本では、トイレットペーパーが不足するといううわさが広がり、パニックが起こった。

➡①原油価格の変遷

40（ドル）
30
20
10
0
1972年 74 76 78 80 82 84 86 88 90 92
（石油連盟資料ほか）

イラン＝イラク戦争
イラク革命 第2次石油危機
イラクのクウェート侵攻
第4次中東戦争 第1次石油危機
原油価格

石油危機により中東の産油国は莫大なオイルマネーを手にした。ドバイの現在の発展の基礎もこの頃築かれた。

➡③ドバイ（アラブ首長国連邦）

? 2回の石油危機を含めて、原油の価格が乱高下する要因は何だろう。

COLUMN サミットの始まり

1973年の第1次石油危機とこれに続く不況の中で、1975年、日・米など6カ国による**初の先進国首脳会議**が開催された。冷戦構造は続いていたが、日本や西欧の経済成長に伴う西側陣営の多極化も明確になっていた時代といえる。翌年にはカナダが加わり（G7）、一時はロシアも加わったが（G8）、ロシアのクリミア半島「編入」を受け、2014年からは再びG7となった。

➡④第1回先進国首脳会議（サミット）
（1975年、フランス・ランブイエ）

フォード（米）　ジスカール デスタン（仏）　三木武夫（日）

1 西アジアと欧米諸国

西アジア	欧米諸国
19世紀	
●西欧化・近代化で対抗 ●イスラーム復興運動やイスラームの連帯による抵抗	米英資本が中東の油田開発→政治・経済への影響力拡大
20世紀	
●資源ナショナリズムの勃興 ●反欧米感情の拡大→イスラーム原理主義の台頭と過激化	親イスラエル的な政策中東での影響力を維持

中東の石油利権を確保し、同地域への影響力を維持したいアメリカは、様々な形で「介入」を繰り返し、反米感情の高まりを招いた。

西アジアの動き ◀P.138

欧米に対抗する動き	親欧米的な動き	その他の動き	欧米諸国と日本の動き
1945 **アラブ連盟結成**		1948～49　第1次中東戦争	●アメリカが中東諸国を安全保障体制に取り込む
●イラン、石油会社国有化 ┄┄┄→	1953　イラン、親米派のクーデタ		●アラブ側の盟主のエジプトと対立
	1955　**バグダード条約機構（METO）成立**…トルコ・イラク・イラン・パキスタン・英		
1956 **エジプト、スエズ運河国有化**→第2次中東戦争…英・仏・イスラエル軍撤兵 ◀P.138			
1958 イラク革命、METO崩壊 →1959	中央条約機構（CENTO）成立	1964　**パレスチナ解放機構（PLO）結成**	●イラクの反米政策と対峙
1960 **石油輸出国機構（OPEC）発足**		1967　第3次中東戦争	
1968 **アラブ石油輸出国機構（OAPEC）結成**			
1973 **第4次中東戦争**→OAPEC、石油戦略発動 ┄┄┄┄┄→			●第1次石油危機
1979 **イラン革命**（ホメイニ実権掌握）、CENTO解体 イラクでサダム＝フセイン大統領就任（～2003）	1979　エジプト＝イスラエル平和条約	1979　ソ連、アフガニスタン侵攻 ➡P.154	●第2次石油危機
		1980　**イラン＝イラク戦争**（～88）	●アメリカが中東情勢に直接介入
1981 エジプトでサダト大統領暗殺			

2 1970年代末～80年代初頭の西アジア

➡⑤イラン革命の指導者ホメイニ
イランでは親米派の国王パフレヴィー2世の急激な近代化政策により貧富の差が拡大し、1979年、**シーア派の指導者ホメイニ**の主導で王政が倒された。

1980年9月、イラクのフセイン大統領は、領土問題などを背景に、革命直後で混乱するイランにイラク軍を侵攻させた。

⬆⑥フセイン（1937～2006）

イラン革命以降、**イランとアメリカ**の対立が先鋭化した。同時期に、**ソ連軍の侵攻により内戦**が激化したアフガニスタンでは、テロ行為も辞さないイスラーム過激派が活動するようになった（➡P.154）。一方、アメリカは、**イラン＝イラク戦争**に突入したイラクを支援した。

カーター米大統領
サダト・エジプト大統領　ベギン・イスラエル首相

⬆⑦エジプト＝イスラエル平和条約調印
エジプトは1979年、アメリカの仲介でイスラエルと単独で平和条約を結んだ。PLOやアラブ諸国はいっせいに反発し、1981年、**サダト大統領**が暗殺された。

➡⑧モスクワ＝オリンピック開会式でアメリカ国旗を振る人（1980年）　モスクワ＝オリンピックはソ連のアフガニスタン侵攻に抗議してアメリカ・日本を含む西側の多くの国がボイコットした。

◆**イスラーム原理主義**…イスラームを現代に復興させようとする社会運動をさす。本来は、ボランティア活動など穏健な活動を行う大衆運動であるが、反米感情の高まりなども背景に、テロや破壊行動に走る過激派も生まれた。

ことば 石油輸出国機構（OPEC） 欧米諸国による油田支配に対抗して、資源ナショナリズムの象徴として結成された。

クローズアップ

❓アジアの経済発展の「順序」を確認しよう。また、発展の原動力や背景は何だろう。

↑①シンガポールのジュロン工業団地 アジアの経済発展の歴史は輸出加工区の設置と密接に関わっていた。

↑②インドネシア・ジャカルタの街角 他のアジア諸国の企業が進出している。

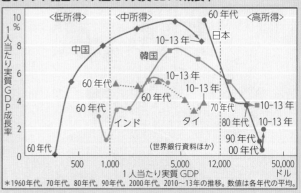

↓③アジア諸国の1人当たり実質GDPの成長率

（縦軸：1人当たり実質GDP成長率 %）（横軸：1人当たり実質GDP ドル）
〈低所得〉〈中所得〉〈高所得〉
中国、韓国、日本、インド、タイ、60年代、70年代、80年代、90年代、00年代、10-13年
（世界銀行資料ほか）
＊1960年代、70年代、80年代、90年代、2000年代、2010〜13年の推移。数値は各年代の平均。

1 東・東南アジアの動き ←P.138,144,150

	東南アジア	韓 国	中 国	日 本
1960年代	●インドネシアやシンガポールなどで**開発独裁** ●**東南アジア諸国連合(ASEAN)**結成(1967)	朴正熙政権下で経済発展進む	文化大革命による混乱	●**高度経済成長** ●アジアと関係改善
1970年代	米中接近・ベトナム戦争終結→緊張緩和			石油危機後、経済の安定成長 **輸出(貿易黒字)**に支えられる
	新興工業経済地域(NIES)…韓国・台湾・香港・シンガポールなど			
1980年〜	●民主化の進展 フィリピン政変(1986) カンボジア内戦終結(1991) →国連主導で総選挙実施 ●工業化進む タイ、マレーシアの発展 ベトナムの**ドイモイ**(刷新)政策(1986) …市場経済導入 ●**ASEANの拡大**	●初の大統領直接選挙(1988) ●ソ連(1990)、中国(1992)と国交樹立 ●**南北朝鮮の国連加盟**(1991) ●**南北首脳会談**実現(2000)	●**鄧小平**復活 →開放政策 「**四つの現代化**」(農業・工業・国防・科学技術) ●**天安門事件**(1989) ●**香港返還**(1997)	プラザ合意(1985) …ドル安・円高誘導 円高不況(輸出不振) 日銀の金融緩和 ↓ 土地・株への投資 ↓ 実体経済と乖離した**バブル経済**

日米貿易摩擦

海外進出(現地生産)

●韓国と北朝鮮

↑⑦サムスン電子の旗艦店(韓国・ソウル) 朝鮮戦争休戦後、韓国は「漢江の奇跡」と称される経済発展を遂げた。2000年代に入り、**南北首脳会談の実現**に伴って南北協力の場としてケソン工業団地が建設されたが、2016年、韓国政府はこれを閉鎖した。

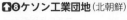

↑⑧ケソン工業団地(北朝鮮)

●台湾

↑⑨台湾の高速鉄道 台湾は国連代表権を失った後も、経済発展が続いた。現在では、電子部品の供給などで中国の工業を支える存在となっている。

資料から読み解く バブルに向かう日本

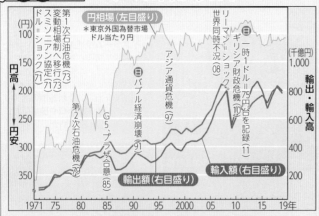

↑④円相場と日本の輸出入総額の推移(財務省資料ほか)

円相場（左目盛り）
＊東京外国為替市場 ドル当たり円
（円）100、150、200、250、300、350
円高↑ 円安↓
第1次石油危機(73)、変動相場制へ移行(73)、スミソニアン協定(71)、ドル・ショック(71)、第2次石油危機(79)、G5・プラザ合意(85)、バブル経済崩壊(91)、アジア通貨危機(97)、世界同時不況(08)、リーマン・ショック、ギリシャ財政危機(10)、一時1ドル=75円台を記録(11)

輸出・輸入高（千億円）1,000、800、600、400、200
輸出額（右目盛り）、輸入額（右目盛り）
1971 75 80 85 90 95 2000 05 10 15 19年

↑⑤日本車を壊すアメリカの男性(1987年)

↑⑥日本企業によるゴッホの「ひまわり」落札(1987年)日本企業が53億円で落札し、話題となった。

🔍**読み解き**
1 1980〜90年代の日本経済を支えた要因は何だろう。
2 円高が進んだ結果、日本企業はどのような対策をとっただろう。
3 写真⑤では、なぜ日本車を壊しているのだろう。

2 東南アジアの発展と変化

A ASEANの拡大

ASEAN加盟年
- ■1967年 ■1995年 ■1999年
- ■1984年 ■1997年

ミャンマー／ラオス／タイ／ベトナム／カンボジア／シンガポール／ブルネイ／フィリピン／マレーシア／インドネシア／東ティモール

0　1000km

ベトナム戦争の中で共産主義の拡大を抑制する動きが強まり、**東南アジア諸国連合(ASEAN)**が発足した。ブルネイが加わったあと、1990年代以降にさらに4カ国が追加加盟して「アセアン10」となった。

⑩アジア各国・地域の1人当たりGNI(国民総所得)
(2018年)(『世界国勢図会』)

0　10,000　20,000　30,000　40,000　50,000　60,000

シンガポール／香港／日本／韓国／ブルネイ／台湾／マレーシア／中国／タイ／インドネシア／フィリピン／ベトナム／ラオス／カンボジア／ミャンマー

(単位：ドル)

⑪かつての留学先の京都大学を訪れたアウンサンスーチー(2016年)
ミャンマー民主化運動の指導者で、民政移管後、2016年に国家最高顧問に就任した。しかし、2021年の軍事クーデタにより拘束された。➡P.158

アウンサンスーチー

●開発独裁

一部のアジア諸国では、共産主義勢力に対抗するため、**軍と結びついた独裁体制**が長期化した。多くの場合、国民の支持をとりつけるために、**資本主義国からの資本投下を促進**することで「豊かさ」を演出した。

シンガポール	リー＝クアンユー(在任1965〜90)
インドネシア	スハルト(在任1968〜98)
フィリピン	マルコス(在任1965〜86)
マレーシア	マハティール(在任1981〜2003)

マハティールは在任中、日本や韓国をモデルとした工業化を推し進める「ルックイースト」を展開した。2018年には首相に返り咲いた(在任〜2020)。

⑫スカルノ
(在任1945〜67)
インドネシア初代大統領。第三世界のリーダーとして活躍したが、1965年にクーデタが起こり失脚。68年に大統領に就任した**スハルト**は、開発独裁をしいて工業化を進めた。

デヴィ＝スカルノ

⑬スハルト

東アジア
東南アジア

COLUMN 日本と東南アジア

太平洋戦争時、「大東亜共栄圏」を唱える日本の進出によって、東南アジアは戦場となった。戦後、日本は戦後賠償事業を引き継ぐ形で積極的な**政府開発援助(ODA)**を行い、同地域の経済開発を支援した。

⑭メコン川にかかる「つばさ橋」(カンボジア)

⑮明石康(1931〜)
国連カンボジア暫定統治機構で事務総長特別代表をつとめた。

⑯2016年の自動車販売状況

	販売台数 (千台)	日系企業シェア (%)
中国	27,939	14.3
インド	3,706	46.8
タイ・インドネシア・マレーシア・ベトナム・フィリピン	3,039	82.1
日本・アメリカ・ヨーロッパ	41,795	35.6

(「MIZUHO Research & Analysis no.12」)

ベトナムではドイモイ政策により市場経済への移行が進んだ。カンボジアでは1991年に内戦が終結し、軍政が続いていたミャンマーでは、一時民主化が進んだ。これらの新興国とタイを結ぶ「経済回廊」プロジェクトには、日本や中国が深く関わっている。

⑰ベトナムの交通渋滞　東南アジアでも大気汚染や都市の過密化など、先進国的な問題が山積しつつある。

3 「世界の工場」となった中国

堅持党的基本路線一百年不動揺

⑱深圳にある鄧小平の肖像　鄧小平は改革・開放路線を採用し、憲法にも**社会主義市場経済**をめざすことが明記された。5つの経済特区の設置は工業化の足がかりとなり、特に、香港に隣接する深圳の変貌と発展は驚くべきものであった。

⑲天安門事件
(1989年)　改革・開放政策の一方で、**共産党中心の政治体制は堅持されており、新疆やチベットなどに対する弾圧は続いている**(➡P.159)。1989年の天安門事件では、さらなる改革を求める若者に対して、人民解放軍が武力を行使し、多数の死傷者がでた。

⑳香港　香港は中国への返還前から**中継貿易**で繁栄し、アジアの金融や投資活動の中心としても重要な役割を果たした。しかし、近年、中国政府は香港への締めつけを強めている。➡P.159

COLUMN 経済成長を続けるインド

インドは社会主義的な経済政策を採用していたが、1990年代以降、**外資の導入**を本格化した。近年、自動車産業などの伸びが著しい。人口も14億を超え、中国とは異なる形で存在感を増している。特に、英語力を生かしたICT産業は世界トップクラスで、アメリカとの時差を生かして、シリコンバレーと連携してソフトウェア開発が行われている。

㉑インドのICT産業(2019年)

🌱 **ことば** **ドイモイ**　ベトナムが採用した社会主義市場経済をめざす政策で、外資流入の契機となった。

❶ベルリンの壁崩壊(1989年)

? なぜベルリンの壁が崩壊し、写真❷ではレーニン像が撤去されたのだろう。

❷撤去されるレーニン像(1991年、エストニア)

史料❶ ソ連共産党中央委員会政治綱領案(1990年)

わが国の社会の民主化は、市民の新しい社会的・政治的団体の発生をともなう。社会の発展は政党の創設をも排除しない。その形成の手続は法律に定められ、またソ連憲法に反映される。そのさい立法手続きにおいて、強制や国際的反目を説き過激で反憲法的な目的を追求するような組織や運動の創設や活動は禁止されなければならない。

(『世界史史料12』岩波書店)

1 新冷戦と新保守主義

↑❸ソ連のアフガニスタン侵攻(1979年) アフガニスタンでは1978年に親ソ政権が成立すると、各地で反政府組織が蜂起し、内戦となった。1979年、親ソ政権が劣勢になると、ソ連はこれを援助するため同国に侵攻し、米ソ関係は「新冷戦」とよばれる緊張状態に入った。

□❹ソ連軍の戦車を奪った反政府組織 ソ連の侵攻はアフガニスタン国内に混乱をもたらした。アメリカやパキスタンは反政府組織を支援し、後のテロリストを育てる結果を招いた。

●新保守主義

アメリカのレーガン大統領(在任1981〜89)は、政治面では反共産主義・反ソ連の対決姿勢を示し、経済面では市場経済の拡大と民間の経済活力を重視した。

□❺サッチャー(在任1979〜90)イギリス初の女性首相。国営企業の民営化や減税などを強行し、経済の活性化を図った。

レーガン　中曽根康弘

□❻レーガンと中曽根康弘 中曽根康弘(1918〜2019)は、1982年に首相に就任すると、国鉄、電電公社、専売公社の民営化を進めた。レーガンとは親交が深く、「ロン」「ヤス」と愛称でよびあう信頼関係を築いた。

2 ソ連の動揺と東欧革命

アメリカ(レーガン政権)		ソ　連
「強いアメリカ」 「小さな政府」		自由競争の欠如 →技術革新=ハイテク化の遅れ
反ソ・反共路線 →軍拡 ＋ 民間の経済活力を利用、減税	× 新冷戦	← 西側との関係悪化 →軍事的負担増大 ← 改革の必要性が切迫
双子の赤字 財政赤字 ＋ 貿易赤字		ゴルバチョフの改革
日本やEUの台頭		ペレストロイカ(改革)、グラスノスチ(情報公開)、新思考外交

軍縮交渉、冷戦終結

□❼チョルノービリ(チェルノブイリ)原子力発電所事故 1986年、ソ連のチョルノービリ原子力発電所で炉心が溶融して火災と爆発が起こった。周辺には放射性物質が拡散したが、ソ連政府が事故を公表しなかったため、周辺に住む人々は避難できず被曝した。この事件を機に、グラスノスチ(情報公開)が進展した。

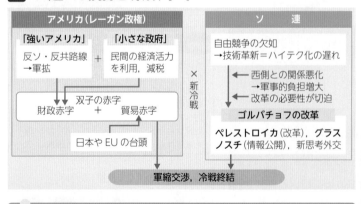

□❽東西ドイツの統一 ソ連の改革を受けて、1989年に東欧諸国で民主化が進展し、同年11月にはベルリンの壁が崩壊した。東西ドイツは1990年10月に正式に統一を果たし、ドイツ連邦共和国が成立した。

COLUMN アネクドートに見るソ連の指導者

アネクドートとは、ロシア語で「滑稽な小話」を意味する。政治家に関するアネクドートはそれぞれの性格を強調して風刺し、描きだすものが多い。右は1980年代に広まったアネクドート。

社会主義という列車が走っていると、急に止まった。レーニンが見にやらせると、レールがなかった。レーニンは同乗者に「土曜労働」を布告しレールを敷かせた。……スターリンは(レールがないことがわかると)鉄道関係者を粛清し、囚人たちの手でレールを建設させた。……ブレジネフは……車両をゆすらせて、列車が動いているように見せかけた。ゴルバチョフは……そとに向かって、「レールがない、レールがない」と大声で叫ばせた。

(川崎浹『ロシアのユーモア』講談社)

「鉄の男」とよばれた「連帯」指導者

人物 ワレサ (1943〜)

ポーランド・グダンスク造船所の一電気工であったが、1980年に結成された自主管理労働組合「連帯」の議長となり、民主化運動を指導した。1983年にノーベル平和賞を受賞。1990年にはポーランドの大統領に就任した。

③ 1989年以降の動き

世界の動き		日本の動き →P.157	
1989	天安門事件 ◀P.153	89	昭和天皇死去。平成と改元
	東欧諸国の民主化進展…ベルリンの壁崩壊，チェコスロヴァキアで無血革命		
	マルタ会談（冷戦終結）		
1990	バルト3国独立宣言		
	東西ドイツの統一		
1991	湾岸戦争　ユーゴスラヴィア内戦勃発	91	ペルシア湾に海上自衛隊の掃海艇派遣
	南アフリカ，アパルトヘイト諸法撤廃		
	コメコン解散，ワルシャワ条約機構解体		
	独立国家共同体（CIS）結成，ソ連消滅	92	PKO協力法
1992	中国と韓国，国交正常化		カンボジアに自衛隊派遣
1993	パレスチナ暫定自治協定調印 ◀P.141	93	細川護熙内閣成立（「55年体制の崩壊」 →P.157）
	ヨーロッパ連合（EU）発足 →P.156		
1994	南アフリカでマンデラ大統領就任	95	阪神・淡路大震災 →P.157
			地下鉄サリン事件 →P.157
1997	香港，中国に返還／アジア通貨危機	97	地球温暖化防止京都会議
1999	EU，単一通貨「ユーロ」の導入	99	ガイドライン関連法成立
2000	南北朝鮮，初の首脳会談	2000	九州・沖縄サミット
2001	9.11テロ→米，アフガニスタン攻撃	01	テロ対策特別措置法
		02	初の日朝首脳会談 →P.157
2003	イラク戦争	03	イラク復興支援特別措置法
2004	スマトラ島沖大地震・インド洋津波	04	イラクに自衛隊派遣
2008	世界金融危機（リーマン＝ショック）	11	東日本大震災 →P.161
2020	イギリス，EU離脱 →P.156	19	令和と改元
2022	ロシア，ウクライナに侵攻		

④ 冷戦の終結とソ連の消滅

→⑨マルタ会談　1989年12月，地中海のマルタで行われた米ソ首脳会談。世界の情勢に両国が協調してあたることを確認し，**冷戦に終止符を打った。**

ブッシュ米大統領　ゴルバチョフソ連書記長

冷戦終結後，ソ連では，共産党一党制の廃止や大統領制導入などの改革が進められた。しかし，こうした動きは連邦の結びつきを弱め，危機感を覚えた保守派によるクーデタが失敗した後，**連邦内の全共和国が独立を宣言したことでソ連は消滅した。**

A ソ連の消滅

1990 東西ドイツ統一
1990 バルト3国独立宣言
エストニア
ラトヴィア
リトアニア
ロシア連邦
◎モスクワ
1986　チョルノービリ（チェルノブイリ）原子力発電所事故
西ドイツ
東ドイツ
ポーランド
ベラルーシ
ウクライナ
カザフスタン
チェコスロヴァキア
ハンガリー
ルーマニア
モルドヴァ
ジョージア
ウズベキスタン
トルクメニスタン
キルギス
タジキスタン
ユーゴスラヴィア
ブルガリア
アルメニア
アゼルバイジャン
アフガニスタン
アルバニア
1979　ソ連，アフガニスタン侵攻
1988〜89　ソ連撤退
□ 旧ソ連構成国
□ 旧社会主義国
国名 CIS加盟国
0　500km

⑤ 冷戦後の世界　●地域紛争・民族問題の噴出

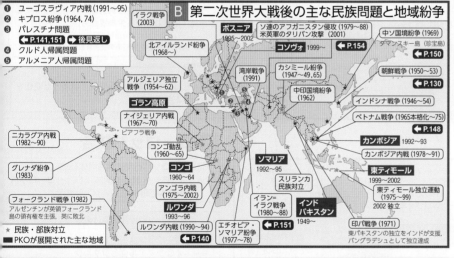

B 第二次世界大戦後の主な民族問題と地域紛争

● ユーゴスラヴィア内戦（1991〜95）
❷ キプロス紛争（1964, 74）
❸ パレスチナ問題
　◀P.141,151　→後見返し
❹ クルド人帰属問題
❺ アルメニア人帰属問題

イラク戦争（2003）
ボスニア 1995〜2002
ソ連のアフガニスタン侵攻（1979〜88）
米英軍のタリバン攻撃（2001） →P.154
中ソ国境紛争（1969）
ダマンスキー島（珍宝島）
→P.150
北アイルランド紛争（1968〜）
コソヴォ 1999〜
朝鮮戦争（1950〜53）◀P.130
アルジェリア独立戦争（1954〜62）
湾岸戦争（1991）
カシミール紛争（1947〜49, 65）
ゴラン高原
中印国境紛争（1962）
インドシナ戦争（1946〜54）
ナイジェリア内戦（1967〜70）
ビアフラ戦争
ベトナム戦争（1965本格化〜75）→P.148
ニカラグア内戦（1982〜90）
コンゴ動乱（1960〜65）
カンボジア 1992〜93
カンボジア内戦（1978〜91）
グレナダ紛争（1983）
コンゴ 1960〜64
ソマリア 1992〜95
東ティモール 1999〜2002
東ティモール独立運動（1975〜99）
2002 独立
フォークランド戦争（1982）
アルゼンチンが英領フォークランド島の領有権を主張し，米に敗北
アンゴラ内戦（1975〜2002）
スリランカ民族対立
イラン＝イラク戦争（1980〜88）
インドパキスタン
ルワンダ
ルワンダ内戦（1990〜94） →P.140
エチオピア・ソマリア紛争（1977〜78）
1949〜
印パ戦争（1971）
東パキスタンの独立をインドが支援，バングラデシュとして独立達成

□ 民族・部族対立
■ PKOが展開された主な地域

冷戦終結後の世界では，ソ連の後押しを受けていた社会主義政権やアメリカが支援していた軍事政権が動揺または崩壊し，民主化が進んだ。一方で，東西対立により押さえつけられていた**地域紛争や民族紛争が表面化した。**民主化の支援や紛争解決を目的として，**国連の平和維持活動（PKO）**が行われた。

→⑩カンボジアに派遣された自衛隊　1992年，日本でPKO協力法が成立した。同年，自衛隊がカンボジアに派遣され，道路や橋の修理などのインフラ整備を行った。

●ユーゴスラヴィア問題

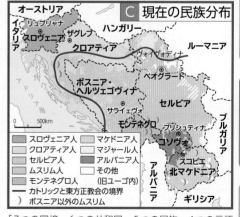

C 現在の民族分布

オーストリア
イタリア
リュブリャナ
スロヴェニア
ザグレブ
ハンガリー
クロアティア
ヴォイヴォディナ
ルーマニア
ボスニア・ヘルツェゴヴィナ
ベオグラード
セルビア
サライェヴォ
モンテネグロ
ブルガリア
コソヴォ
プリシュティナ
スコピエ
北マケドニア
アルバニア
ギリシア
0　500km

□ スロヴェニア人
□ クロアティア人
□ セルビア人
□ ムスリム人
□ モンテネグロ人
□ マケドニア人
□ マジャール人
□ アルバニア人
□ その他（旧ユーゴ内）
━ カトリックと東方正教会の境界
） ボスニア以外のムスリム

「7つの国境，6つの共和国，5つの民族，4つの言語，3つの宗教，2つの文字，1つの国家」といわれたユーゴスラヴィアは，ティトー大統領のもとで多民族間の平和共存を維持していたが，彼の死後（1980），各共和国間の対立が表面化し，激しい内戦に突入した。

〈資料から読み解く〉 9.11テロと「テロとの戦い」

炎上する世界貿易センタービル

→⑪ 9.11テロ　2001年9月11日，テロリストにハイジャックされた旅客機2機が，ニューヨークの世界貿易センターの2つのビルに相次いで突入し，ビルは炎上・倒壊した（犠牲者は約3,000人）。

◎読み解き
「先制的行動」の考え方は，後にアメリカのどのような行動を正当化する理論となったのだろう。

史料② ブッシュ米大統領の演説（2002年6月）

前世紀の多くの期間，アメリカの防衛は，抑止と封じ込めという冷戦ドクトリンに依存していました。これらの戦略は，いくつかの場合にはなお適合していますが，新しい脅威には，また新しい発想を必要としています。国家に対する大量報復の見込みによる抑止は，守るべき国家または市民をもたない，闇におおわれたテロリストのネットワークには意味をなしません。……われわれの安全は，われわれの自由を守り，われわれの生命を防衛するために必要なら，すべてのアメリカ人が前向きかつ決然と先制的行動の準備をすることを求めています。

『世界史史料12』岩波書店

クローズアップ

❶ドバイのファストフード店(アラブ首長国連邦)

❓グローバル化がもたらした影響を2つの写真から考えてみよう。

➡❷ラナ・プラザビルの崩落　2013年，バングラデシュの商業ビルが崩壊し，1,000人以上の死者が出た。ビル内には世界展開する欧米や日本のファストファッションブランドの縫製工場が多く入っており，事故の調査が進むにつれ，労働者を低賃金・劣悪な環境で働かせ利益を上げている状況が浮き彫りとなった。

資料から読み解く グローバル化の影響

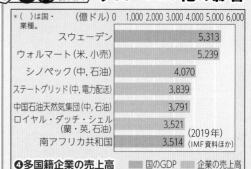

＊（ ）は国・業種。	（億ドル）0　1,000　2,000　3,000　4,000　5,000　6,000
スウェーデン	5,313
ウォルマート(米, 小売)	5,239
シノペック(中, 石油)	4,070
ステートグリッド(中, 電力配送)	3,839
中国石油天然気集団(中, 石油)	3,791
ロイヤル・ダッチ・シェル(蘭・英, 石油)	3,521
南アフリカ共和国	3,514

(2019年)(IMF資料ほか)

❹多国籍企業の売上高　■国のGDP　■企業の売上高

史料① アメリカ巨大スーパーの労働現場についてのルポ(2000年)

ある晩，休憩室でリンといっしょになって話を聞いたら，ウォルマートで働く一日6時間はほんのパートタイムにすぎず，あと8時間は，時給9ドルの工場で働いているのだという。……少しは不満を漏らすとか……そこここに心の不安定さを示す兆候がなにかありそうなものだが，私には何一つ見つけられなかった。もしかしたら，これこそが，薬物検査と性格「調査」で反抗的な人間を排除した成果なのかもしれない。あとに残るのは，一様に従順で，本性を抜き取られたような，いつの日か会社の利益分配計画に入れてもらえることを夢見て満足している労働者たち，というわけだ。
(バーバラ=エーレンライク著，曾田和子訳『ニッケル・アンド・ダイムドーアメリカ下流社会の現実』東洋経済新報社)

🔍 読み解き
グローバル化は，大企業や労働者にどのような変化をもたらしたのだろう。

1 グローバル化の進展

グローバル化とは，ヒトやモノ，カネ，情報が国境を越えて地球規模で活発に駆けめぐる動きのことで，冷戦終結後にいっそう加速した。グローバル化は世界経済を活性化させ，新興国の経済成長を促した。一方で経済格差の拡大や感染症・環境問題の国際化などの課題も浮き彫りになっている。

➡❸富の偏在(GDPで国の大きさを比べてみたら)

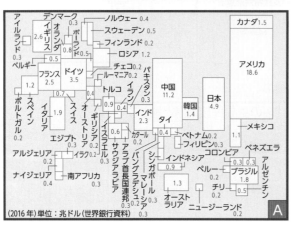

(2016年) 単位：兆ドル(世界銀行資料)　Ａ

2 地域的経済統合

ヨーロッパ連合(EU)(27)	フランス，ドイツ，イタリア，ベルギー，オランダ，ルクセンブルク，アイルランド，デンマーク，ギリシア，スペイン，ポルトガル，オーストリア，フィンランド，スウェーデン，エストニア，ラトヴィア，リトアニア，ポーランド，チェコ，スロヴァキア，ハンガリー，スロヴェニア，マルタ，キプロス，ブルガリア，ルーマニア，クロアティア

北米自由貿易協定(NAFTA)＊(3)	アメリカ，カナダ，メキシコ

南米共同市場MERCOSUR(6)	アルゼンチン，ウルグアイ，パラグアイ，ブラジル，ベネズエラ，ボリビア

アジア太平洋経済協力(APEC)(21)	日本，韓国，中国，(台湾)(香港)，シンガポール，インドネシア，タイ，マレーシア，フィリピン，ブルネイ，アメリカ，カナダ，メキシコ，チリ，オーストラリア，ニュージーランド，パプアニューギニア，ロシア，ベトナム，ペルー

東南アジア諸国連合(ASEAN)(10)ASEAN自由貿易地域(AFTA)	マレーシア，インドネシア，フィリピン，シンガポール，タイ，ブルネイ，ベトナム，ラオス，ミャンマー，カンボジア

Ｂ 地域的経済統合　＊2020年には，NAFTAにかわって，アメリカ・メキシコ・カナダ協定(USMCA)が発効した。

今日，グローバル化が進む一方で，加盟国間で貿易の自由化などをめざす地域的経済統合の動きが加速している。アジアでは，ASEANやAPECに加えて，2018年にはTPP11協定(環太平洋パートナーシップに関する包括的および先進的な協定)が発効した。

➡❺ユーロ　2002年から加盟国中12カ国でユーロの流通が始まった。2023年現在，20カ国で流通している。

3 ヨーロッパ統合

＊青字は加盟国・年代

1952	ヨーロッパ石炭鉄鋼共同体(ECSC)発足
1958	ヨーロッパ経済共同体(EEC)・ヨーロッパ原子力共同体(EURATOM)発足

1967　ヨーロッパ共同体(EC)発足

原加盟国：フランス・西ドイツ・イタリア・ベルギー・オランダ・ルクセンブルク

1968	関税同盟完成(域内関税の撤廃)
◆	イギリス・デンマーク・アイルランド(1973)
◆	ギリシア(1981)，スペイン・ポルトガル(1986)
1992	マーストリヒト条約調印
1993	EC統合市場発足

1993.11　ヨーロッパ連合(EU)発足

◆	オーストリア・フィンランド・スウェーデン(1995)
1999	単一通貨「ユーロ」導入(2002年より流通)
◆	旧東欧など10カ国(2004)
◆	ブルガリア・ルーマニア(2007)
2009	政治統合を推進するリスボン条約発効
◆	クロアティア(2013)
2020	イギリスが離脱

EUは，経済統合だけでなく，政治的統合も進めているが，加盟国間の経済格差や移民に対する足並みの乱れなど，様々な問題を抱えている。

歴史のスパイス　2011年に「ウォール街を占拠せよ」「1％の金持ち，99％は貧乏」などの合言葉でニューヨークで始まった貧富の差の拡大への抗議運動は，国境を越えて広がり，日本でも行われた。

4 新興国の台頭

●BRICSの台頭

ブラジル (Brazil)	豊かな鉄鉱石・農畜産物生産，バイオエタノールの開発，アルミ・航空機産業
ロシア (Russia)	世界有数の生産量を誇る原油や天然ガスの輸出
インド (India)	豊富な生産年齢人口，ICT産業を中心に優れた理系の人材が活躍 ◀P.153
中国 (China)	豊かな地下資源(石炭やレアメタル)，鉄鋼や家電製品の生産，安価な労働力，巨大な市場
南アフリカ共和国(South Africa)	豊かな鉱物生産(レアメタルや金，ダイヤモンド)

BRICS*とは，新興国の中でも特に高い経済成長を遂げた表の5カ国の総称。いずれも広大な国土や豊富な天然資源をもち，膨大な人口を抱える一方で，政治上の問題や経済格差の拡大，環境・人権の保護などの課題も抱えている。

↑7上海(中国) 上海は鄧小平の主導で1990年代に開発が進められ，外資を積極的に導入して急速な経済発展を遂げた。

➡6 BRICS5カ国・日本・アメリカのGDP予測
2010年，中国の名目GDPは日本を抜いて世界第2位となった。現在世界第5位のインドは2025年に日本を抜くと予想されている。

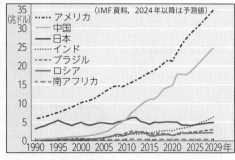

(IMF資料，2024年以降は予測値)
アメリカ
中国
日本
インド
ブラジル
ロシア
南アフリカ

＊BRICSには2024年よりサウジアラビアやイランなどが加わった。

➡8インドのスラム
急激な経済成長により都市の中心部が整備される一方，貧しい人々との経済的な格差が大きいことも新興国における課題である。

COLUMN 本当の豊かさとは？

一般的に国の豊かさは国内の生産規模をはかる指標であるGDPで表されるが，これは豊かさの一つの側面に過ぎない。例えば，資源の豊富さや空気・水のきれいさなど，様々な要因が豊かさに影響する。近年では，環境を考慮した豊かさの指標としてグリーンGDPもあり，多くの国で検討されている。また，ブータンでは，伝統的な社会・文化や環境に配慮した「国民総幸福量(GNH，Gross National Happiness)」という尺度を国家運営の柱に据えている。

➡9ブータンの子どもたち

5 1990年代以降の日本

●55年体制の崩壊

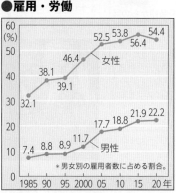

➡10細川内閣の成立 1993年8月，日本新党の細川護熙を首相とする非自民非共産8党派連立内閣が成立した。これにより55年体制が崩壊した。

●安全神話の崩壊

➡11阪神・淡路大震災(1995年1月17日) 淡路島を震源とするマグニチュード7.3の強い地震が阪神・淡路地方を襲った。犠牲者は震災関連死を含め，6,434人にものぼった。

➡12地下鉄サリン事件(1995年3月20日) 宗教教団オウム真理教により，東京の地下鉄に毒ガスのサリンがまかれ，12人が死亡し，5,500人が重軽傷を負った。

●雇用・労働

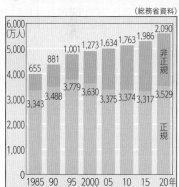

(総務省資料)

↑13男女別の非正規就業者の割合推移(左)と14非正規雇用者数の推移(右)
1990年以降，雇用人口全体に占めるパート，派遣労働者，契約社員・嘱託などの非正規の比率が急激に増加した。1986年に労働者派遣法が施行されたことが，非正規雇用が激増する一つのきっかけになった。

●2000年以降の日本の動き ◀P.155

2001	テロ対策特別措置法
2002	初の日朝首脳会談 サッカーW杯(日韓共催)
2003	**イラク復興支援特別措置法**成立
2004	イラクに自衛隊派遣
2005	郵政民営化法成立
2009	総選挙で民主党圧勝，政権交代
2011	**東日本大震災** ◀P.161
2012	尖閣諸島を国有化 総選挙で自民党大勝，政権復帰
2015	安全保障関連法成立
2018	TPP11協定発効
2020	新型コロナウイルス感染拡大
2021	東京オリンピック・パラリンピック開催

↑15日朝首脳会談 2002年，ピョンヤンで初開催された。金正日総書記は日本人拉致を公式に認め，一部の拉致被害者が帰国したが，いまだ全面的な解決には至っていない。

小泉純一郎　金正日

「失われた10年」 バブル経済崩壊後，日本経済は長期の不況に突入した(平成不況)。日本においては，この1990年代初頭からの10年間をさすことばとして使われる。

東アジア / 東南アジア / 南アジア / 西アジア / アフリカ / ヨーロッパ / アメリカ / オセアニア

クローズアップ

❶海に流れついたプラスチックごみ (バリ島)

❷インドネシアで「バイバイプラスチックバッグ」運動を立ち上げたワイゼン姉妹

SDGsとは「Sustainable Development Goals（持続可能な開発目標）」の略称。紛争や環境破壊，貧困などの課題に対して，2030年までに達成すべき17の目標と169のターゲットを示したもので，2015年に「国連持続可能な開発サミット」にて採択された。先進国も途上国も等しくSDGs達成のために努力することが求められてい

？ 持続可能な世界の実現のために，私たちができることは何だろう。

↑❸SDGsの17の目標

1 貧困をなくそう
2 飢餓をゼロに
3 すべての人に健康と福祉を
4 質の高い教育をみんなに
5 ジェンダー平等を実現しよう
6 安全な水とトイレを世界中に
7 エネルギーをみんなにそしてクリーンに
8 働きがいも経済成長も
9 産業と技術革新の基盤をつくろう
10 人や国の不平等をなくそう
11 住み続けられるまちづくりを
12 つくる責任つかう責任
13 気候変動に具体的な対策を
14 海の豊かさを守ろう
15 陸の豊かさも守ろう
16 平和と公正をすべての人に
17 パートナーシップで目標を達成しよう

1 アメリカの抱える問題

オバマ (任2009〜17)	2009	オバマ，プラハで核兵器廃絶の演説
	2011	イラクから撤退 ◀P.135
	2015	キューバと国交回復
トランプ (任2017〜21)	2017	ＴＰＰ協定（◀P.156）からの離脱表明
		パリ協定（◀P.93）からの離脱表明
		エルサレムをイスラエルの首都と認定
	2018	対中関税導入
		イランとの核合意からの離脱表明
		在イスラエル大使館をエルサレムに移転
		初の米朝首脳会談 ◀P.141
	2019	中距離核戦力（ＩＮＦ）全廃条約からの離脱表明→条約失効
	2020	ＢＬＭ運動の拡大 ◀P.149
		パリ協定から正式に離脱
バイデン (任2021〜)	2021	パリ協定に復帰 アフガニスタンから撤退
	2022	ロシアがウクライナに侵攻開始
	2023	ハマスによるイスラエル攻撃。イスラエルによるガザ侵攻開始

◀❹トランプ 自国の利益を優先する「アメリカ第一主義」を掲げ，経済格差や移民の増加に不満を持つ中間層の白人からの支持を獲得した。

A 2020年の米大統領選挙結果

ジョー＝バイデン（民主党）306人
ドナルド＝トランプ（共和党）232人
＊数字は各州の大統領選挙人の数

◀❺大統領就任式で宣誓するバイデン (2021年) 2020年の大統領選挙では，アメリカ社会を二分する激戦の結果，民主党のバイデンが共和党の現職トランプを破って当選した。バイデンは，パリ協定に復帰するなど国際協調路線への転換を進めている。一方で，2021年8月末には長年米軍が駐留していたアフガニスタンから完全撤退したものの，現地ではタリバン政権が復活し，混迷を深めることにもなった

COLUMN 分断が深まるアメリカ

2022年6月，アメリカ連邦最高裁判所は，妊娠中絶を女性の憲法上の権利と認めた1973年の判決を覆した。背景の一つには，トランプ大統領時代に任命された3人の保守派判事によって，最高裁判事の多数派が保守派に移ったことがあげられる。

❼中絶の権利を訴える人々(左)と中絶反対派の人々（右） 中絶をめぐる問題はアメリカ国内を分断する争点の一つである。

◀❻選挙の不正を訴えて連邦議会議事堂前に集結したトランプの支持者 (2021年1月) デモ参加者の一部が議事堂内に侵入し，死傷者を出す事態となった。

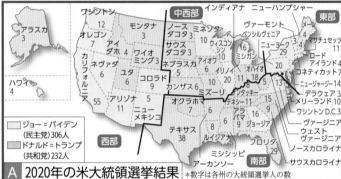

2 混乱するミャンマー

1948	ビルマ連邦共和国独立
1962	ネ＝ウィン政権（社会主義化）
1988	軍事クーデタ
1989	ミャンマーと改称
1991	アウンサンスーチー（◀P.153），ノーベル平和賞受賞
2011	民政へ移管
2017	ロヒンギャ難民問題が深刻化
2020	総選挙で国民民主連盟（NLD）が圧勝
2021	軍事クーデタ

❽ロヒンギャ難民 ロヒンギャとは，主にラカイン州北部に居住するムスリムの呼称。仏教徒が大半のミャンマーでは，長く無国籍状態に置かれていた。2017年には国軍の弾圧を受け，バングラデシュに大量に流出した。

＊紛争や迫害などにより故郷から逃れた人々のうち，他国に逃げた場合は難民，国内にいる場合は国内避難民という。

❾軍事クーデタに抗議する人々 2020年の総選挙で国民民主連盟（NLD）が圧勝すると，2021年2月，国軍は総選挙の不正を主張してクーデタを起こし，NLD党首のアウンサンスーチーらを拘束した。これに対し各地で抗議デモが起きたが，国軍はデモを弾圧し，多数の死傷者が出た。

歴史のスパイス アメリカ大統領就任式では，聖書に手を置いて宣誓することが慣例となっており，オバマやトランプはリンカンの聖書を用いた。

3 存在感を増す中国

➡⑩習近平（1953〜）　2013年より国家主席。要職を兼任し，集権化を進める一方，香港の民主化運動を弾圧。ユーラシアをつなぐ経済圏構想「一帯一路」を提唱。

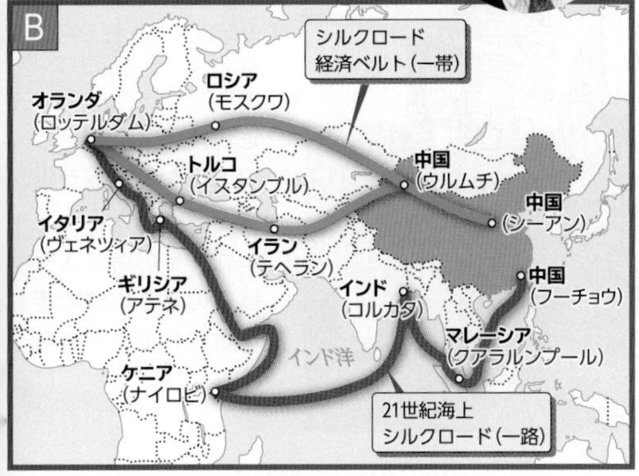
B
シルクロード
経済ベルト（一帯）
オランダ
（ロッテルダム）
ロシア
（モスクワ）
トルコ
（イスタンブル）
中国
（ウルムチ）
中国
（シーアン）
イタリア
（ヴェネツィア）
イラン
（テヘラン）
ギリシア
（アテネ）
インド
（コルカタ）
中国
（フーチョウ）
インド洋
マレーシア
（クアラルンプール）
ケニア
（ナイロビ）
21世紀海上
シルクロード（一路）

中国では，巨大な国内市場と国による産業政策を背景に，1990年代以降，ＩＣＴ産業が急速に発展した。2018年にはインターネット利用者数は８億人を超え，スマートフォンなどを利用したモバイル決済も急速に普及している。

24:00:00
2684亿
2019年天猫双11成交额

➡⑪ネットセールでの売り上げを誇るＩＴ企業　中国のＩＴ企業のアリババは，2019年の「独身の日」(11月11日)に，2,684億元（約4.2兆円）を売り上げた。

●南シナ海問題

C
中国
中国の主張する
管轄海域
パラセル諸島
（西沙諸島）
南シナ海
フィリピン
ベトナムの主張
する管轄海域
ベトナム
スプラトリー
諸島
（南沙諸島）
フィリピン
の主張する
管轄海域
マレーシアの主張
する管轄海域
マレーシア
ブルネイ
マレーシア
ブルネイの主張
する管轄海域
インドネシアが主張
する排他的経済水域
インドネシア

⬇⑫中国が滑走路などを建設したスプラトリー諸島のファイアリークロス礁（2016年）

南シナ海では，実効支配を強める中国と領有権を主張する国々との争いが活発化している。

⬆⑬治安当局に抗議するウイグル人女性
2009年，新疆ウイグル自治区のウルムチで大規模な反政府暴動が起こり，多くの犠牲者を出した。以後，政府はウイグル人への弾圧を強めている。

⬇⑭香港の民主化運動の指導者　2019年，香港政府が中国本土への容疑者引き渡しを可能にしようと「逃亡犯条例」改正への動きを見せると，中央政府の強権的な措置に抗議する大規模なデモに発展した。しかし，2020年には中央政府による香港への統制を強化する香港国家安全維持法が施行された。

4 「アラブの春」

2010年末にチュニジアで始まった民衆蜂起は，北アフリカ・西アジアのアラブ諸国に広がり，2011年には，チュニジア，エジプト，リビア，イエメンで長期独裁政権が打倒された。一方，シリアでは内戦状態となった。一連の運動では，SNS（ソーシャルネットワーキングサービス）が活用された。

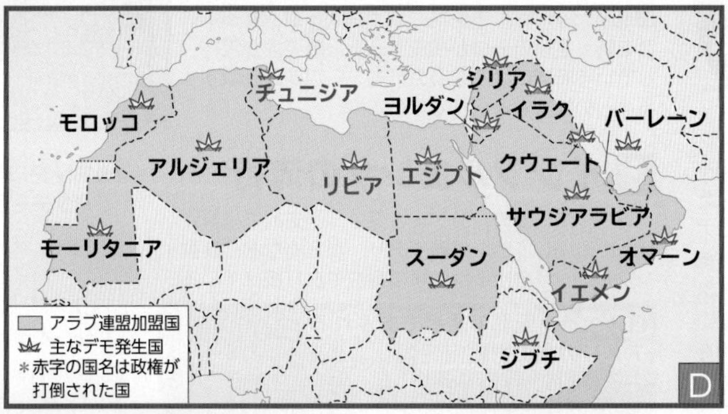
チュニジア
シリア
ヨルダン
イラク
モロッコ
バーレーン
クウェート
アルジェリア
リビア
エジプト
サウジアラビア
モーリタニア
オマーン
スーダン
イエメン
ジブチ
アラブ連盟加盟国
主なデモ発生国
＊赤字の国名は政権が打倒された国
D

⬅P.31

⬆⑮政権打倒を叫ぶ参加者（チュニジア）　露天商の若者が役人に抗議して焼身自殺したことをきっかけに，政府の経済・雇用政策への批判が高まり，大規模な民主化運動が起こって，独裁政権が打倒された。その後民主化は進んだが，混乱は続き，経済も停滞している。

⬇⑯ムバラク大統領辞任を喜ぶエジプトの人々　エジプトのムバラク大統領は，30年にわたって強権支配を続けていたが，失業率の高まりや，経済発展による物価上昇・格差拡大に不満を持つ人々による大規模な反政府デモを受け，2011年に辞任した。

5 過激派組織ＩＳとテロの頻発

イラク戦争後にイラクで活動していた過激派組織がシリアにも支配を拡大し，2014年６月には「イスラーム国（ＩＳ）」*の樹立を宣言。人権侵害や公開処刑などを繰り返した。また，関与が疑われているテロ事件も多い。国際社会の武力制裁により，その支配地域は急速に縮小した。

⑰シリア人難民（トルコ）

＊彼らが自称する「イスラーム国」の呼称はイスラーム世界から容認されているわけではなく，本書も彼らの主張を認めるものではない

⬆⑱モスク銃乱射テロでの犠牲者を悼む人々（2019年，ニュージーランド）　近年，特定の宗教や人種をターゲットとしたテロが各地で頻発している。

ことば　「一帯一路」構想　中国の習近平国家主席が2013年に提唱した経済圏構想で，アジア，ヨーロッパ，アフリカを陸路と海路で結んで経済の活性化をめざしたもの。各国に参加をよびかけている。

東アジア
東南アジア
南アジア
西アジア
アフリカ
ヨーロッパ
アメリカ
オセアニア

今を考える　近現代世界と感染症

豚インフル死者68人に
WHO 危険度見極め
水際対策強化

←❶新型インフルエンザに関する新聞記事（『朝日新聞』2009年4月26日）

2020年3月のタイムズスクエア

→❷新型コロナウイルス感染症の拡大によりロックダウン（都市封鎖）されたニューヨーク　2020年には，中国で初めて感染が確認された新型コロナウイルス感染症が一気に世界中に広まり，パンデミック（世界的流行）となった。

←❸2018年のタイムズスクエア

これまで，感染症が世界的に拡大し，多くの人命が失われることは繰り返されてきた。21世紀においても，感染症は人々の日常，そして命に重大な影響を与えている。

近現代において，どのような感染症が世界を襲っただろう。また，その時に人々はどのように感染症を克服してきただろうか。

1　19世紀に猛威をふるったコレラ

● 19世紀におけるコレラの流行

流行年	備　　考
第1次 （1817〜24）	インド，中国，東南アジア，および日本で主に流行
第2次 （1829〜37）	西ヨーロッパやアフリカにも拡大し，世界規模の流行
第3次 （1840〜60）	1858年に長崎で感染が始まり，日本でも大流行
第4次 （1863〜75）	地理的に世界最大規模の流行となる
第5次 （1881〜96）	1884年，コッホによりコレラ菌が発見される

（見市雅俊『コレラの世界史』晶文社）

コレラはインドの感染症であったが，インドを支配したイギリスによる交通網の整備などによって，世界的に拡大をしていった。19世紀は「コレラの世紀」でもあった。

↑❹コッホ（1843〜1910）　コレラ菌が原因のコレラに感染し発症すると，下痢が続き，脱水症状に陥る。ドイツの細菌学者コッホが，1884年にこのコレラ菌を発見した。コッホは結核菌も発見するなど，細菌学の基礎を築いた。

2　公衆衛生

↑❼スタテン島（ニューヨーク）の検疫所前の船舶（1833年頃）　感染症が他地域から流入することを防ぐ手段の一つが検疫である。感染症が流行している時期には，船員の行動を一定期間制限するなどの措置もとられてきた。

COLUMN　検疫の起源

検疫の起源は14世紀のヴェネツィアとされる。この時期，ヨーロッパではペスト（黒死病）の大流行で多くの人命が失われていた。そのため，ヴェネツィアではペストの流入を防ぐために船を強制的に40日間停泊させた。なお，英語の「quarantine（検疫）」は，イタリア語のヴェネツィア方言で40を意味する単語「quarantena」に由来する。

❽ペストの流行（イタリア）

←❺マンガ『JIN—仁—』に描かれたコレラ　このマンガは，現代の医師が幕末の日本にタイムスリップをする物語。1858年以降，長崎を起点にして日本でも流行したコレラは，当時，すぐに死ぬという意味で，「ころり」という名で恐れられた。

みなさん静粛に！

コレラが発生したのなら伝染予防の為患者を隔離せねばなりません！

©村上もとか／集英社

→❻ロンドンの水道管工事（1834年）　濾過したきれいな水がコレラの防止になることが経験的に知られるようになり，ロンドンでは水道整備事業が進められた。コレラは，西洋諸国の都市計画に大きな影響を与えた。

3　インフルエンザの流行

インフルエンザのパンデミックは，歴史的に人類がたびたび直面してきた問題であり，現在もなお，新型インフルエンザの出現は人類の脅威であり続けている。

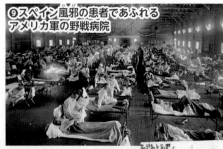

❾スペイン風邪の患者であふれるアメリカ軍の野戦病院

1918年から1920年にかけて猛威をふるったスペインインフルエンザは，世界中で数千万人の命を奪ったとされる。第一次世界大戦中に流行が始まり，多くの国が情報を秘匿したが，スペインは情報を統制しておらず，そのためスペイン発の流行のように論じられた（実際の発生場所については諸説ある）。

◆20世紀以降のインフルエンザ・パンデミック

1918	スペインインフルエンザ（スペイン風邪）
1957	アジアインフルエンザ
1968	香港インフルエンザ
1977	ソ連インフルエンザ*
2009	新型インフルエンザ（豚インフルエンザ）

＊パンデミックに含まない説もある。

この恐ろしき死亡率を見よ
流感の恐怖時代襲来す
咳一つ出ても外出するな

↑❿❿マスクをつけて登校する女学生（上）と⓫スペインインフルエンザを伝える新聞記事（左　1920年1月1日）　スペインインフルエンザは日本でも流行した。当時の報告書によれば，約38万5,000人が死去した。

❶明治三陸地震の被害(1896年)
津波に襲われた三陸海岸。

↑❷大津浪記念碑(岩手県宮古市重茂姉吉地区)

〈上段〉高き住居は児孫の和楽 想へ惨禍の大津浪 此処より下に家を建てるな

〈下段〉明治二九年にも、昭和八年にも津浪は此処まで来て部落は全滅し、生存者僅かに前は二人後に四人のみ 幾歳経るとも要心あれ

大津浪記念碑は、1933年の昭和三陸地震の津波の後に建てられた。碑文は、明治三陸地震と昭和三陸地震の大津波で村民の多くが悲惨な状況になったことを伝え、「津波は、ここまで来る。ここから下には、家を作ってはならない」と警告する。東日本大震災の津波では大津浪記念碑の約50m手前まで津波が迫ったが、碑文の警告どおりに上にあった集落までは至らなかった。

> どのような災害の記録が残されているのだろう。私たちはそこから何を学び、どのように活かすことができるだろうか。

❶ 近現代における世界と日本の主な歴史災害

世界	日本
1666 ロンドン大火(イギリス)	
	1707 宝永地震
1755 リスボン地震・津波(ポルトガル)	
	1782 天明の飢饉(〜87)
1783 ラキ火山の噴火(アイスランド)	1783 浅間山の噴火
1815 タンボラ山の噴火(インドネシア) …近代史上最大規模の噴火	
	1854 安政東海・南海地震
1883 クラカタウの噴火(インドネシア)	1896 明治三陸地震・津波
1906 サンフランシスコ地震(アメリカ)	1923 関東大震災 ◀P.110
	1933 昭和三陸地震・津波
1960 チリ地震・津波	1946 南海地震
1976 唐山地震(中国)	
1991 ピナトゥボ火山の噴火(フィリピン)	1995 阪神・淡路大震災 ◀P.155
2004 スマトラ島沖大地震・インド洋津波	
2010 ハイチ地震	2011 東日本大震災
	2016 熊本地震
	2018 北海道胆振東部地震
	2024 能登半島地震

＊( )は現在の国名。

❷ 世界の歴史災害

↑❸現在のラキ火山 1783年、アイスランドのラキ火山で大規模な噴火が発生、噴煙は高度15kmにまで達した。この粒子の影響で、北半球全体の気温が下がり、世界的な寒波が続いた。ヨーロッパでは農業生産が落ち込み、これはフランス革命(◀P.48)の遠因になったともいわれる。

史料❶ フランクリン(◀P.46)**による気象の観察**

1783年の夏の数カ月間、太陽が北半球を暖めるはずの時期に、ヨーロッパ全体と北アメリカの大部分は霧に覆われていた。この霧はなかなか晴れず、さらに霧は乾燥していて、日光が当たって雨に変わるということもほとんどないようだった。この霧を通ると、日光は非常に弱くなった。……そのため、夏に地球が暖められず……1783年から84年の冬は過去にないほどの厳しい寒さになった。

〈フランクリン『気象学的な想像力と推測』1784年〉

タイで活動する日本の災害救援隊

↑❹インド洋津波の被害 2004年のスマトラ島沖大地震とインド洋津波により、環インド洋諸国は30万人を超える犠牲者を出した。

❸ 日本の歴史災害

●安政南海地震(1854年)

↑❺安政南海地震後につくられた広村堤防と❻濱口儀兵衛(右上、1820〜85) 1854年の安政南海地震は、直後の津波で紀伊半島から四国・九州の太平洋沿岸に大きな被害をもたらした。このとき、和歌山県有田郡広村(現、広川町)のヤマサ醤油7代目当主の濱口儀兵衛(梧陵)は、津波から逃げ遅れた人々のために、暗闇の中で目印となるよう稲むら(稲束を積み重ねたもの)に火を放った。この逸話は戦前の国語の教科書に「稲むらの火」として掲載された。梧陵は、津波から村を守る堤防建設にも私財を投じ、その堤防が92年後の昭和南海地震津波の被害を食い止めた。

●東日本大震災(2011年)

2011年3月11日、三陸沖を震源とするマグニチュード9.0の超巨大地震が発生し、大津波が東日本沿岸部を襲った。この地震と大津波による死者・行方不明者は約2万人にのぼる。

↑❼津波の被害を受けた宮城県南三陸町

❽福島第一原子力発電所事故

東日本大震災による津波で東京電力福島第一原子力発電所が大きな被害を受け、広範囲に放射性物質が飛散した。この事故は、周辺住民に長期間の避難生活や移転を強いるなど様々な影響をおよぼしている。

COLUMN 地名が語る特徴

日本では、明治初期には約7万の市町村があったが、合併を経て、平成の大合併直後の2006年には1,821市町村にまで減少した。また、地名も、新しい地名が誕生し古い地名がなくなることもある。例えば、東京都の「自由が丘」は、1928年開校の自由が丘学園をきっかけとした地名だが、駅の周辺はかつて「袰村」という地名だった。袰はハザマ、つまり谷に狭まれた狭間の地のことをさすという説があり、低湿地のため、川から水が流れ込みやすい場所であった。明るい意味の単語を使った地名は数多いが、昔の地名を知ることも、地域の特徴を知り防災に生かす一歩となる。

↑❾自由が丘駅(東京都目黒区)

年代	アメリカ	ヨーロッパ	西アジア・アフリカ
700万年前			人類の出現(猿人)
20万年前		○ネアンデルタール人　○埋葬の風習 　　　　　　　　　　　○現生人類の出現(後期旧石器時代) ○クロマニョン人　○洞穴絵画	
1万年前		○農耕・牧畜の開始，土器の発明	
		3000頃　エーゲ文明おこる	3000頃　シュメール人都市国家建設 3000頃　エジプト第1王朝成立 ○シュメールの楔形文字　○エジプトの神聖文字
		2000頃　ギリシア人の第1次移動 2000～1400頃　クレタ文明の最盛期 1600～1200頃　ミケーネ文明の最盛期 1500頃　ギリシア人のエーゲ海進出始まる	○エジプト，ピラミッド建設 1894頃　バビロン第1王朝成立(～1595頃) ○ハンムラビ法典 1680頃　ヒッタイト王国成立(～1200頃)
	○メソアメリカ文明おこる	1450頃～1200頃　線文字Bの使用 ○西ヨーロッパ鉄器時代 1200頃　ギリシア人の第2次移動	1450頃　アッシリア自立 ○ゾロアスター教の成立
1000	○アンデス文明おこる ○マヤ文明	900　エトルリア人，イタリアに入る／ケルト人，移動開始 8世紀　ギリシアでポリス(都市国家)成立 753頃　都市国家ローマ建設(伝説) ○ギリシア人の植民活動 509頃　ローマで共和政始まる(伝承)	○初めて金属貨幣が使用される 671　アッシリア，西アジア統一(～612) 625　新バビロニア成立(～538) ○ユダヤ教の成立 525　アケメネス朝，オリエント統一(～330)
500		500　ペルシア戦争(～449) 443　アテネ，ペリクレス時代(～429) ○パルテノン神殿完成　○ヘロドトス『歴史』 ○ソクラテス，プラトン，アリストテレスの活躍 338　カイロネイアの戦い 334　アレクサンドロス大王の東方遠征(～324) 312　アッピア街道着工 272　ローマ，イタリア半島統一 264　ポエニ戦争(～146) …ローマ，カルタゴを破る 91　同盟市戦争(～88) …ローマ市民権，全イタリアに普及 73　スパルタクスの反乱(～71) 60　ローマで第1回三頭政治(～53) 45　カエサル，ユリウス暦を制定 43　ローマで第2回三頭政治(～36) 27　ローマで元首政始まる(ローマ帝国) ○「パクス=ロマーナ(ローマの平和)」(～後2世紀末)	○ヘレニズム文化広まる 323　アレクサンドロス大王没，後継者戦争始まる 255頃　バクトリア王国成立(～139) 248頃　パルティア成立(～後224) ○ローマと抗争 63　セレウコス朝滅亡 53　パルティア，ローマを破る 30　プトレマイオス朝(エジプト)滅亡 4頃　イエス誕生(～後30頃)
紀元前1 紀元後			
100		○大土木工事　○ラテン文学黄金時代 64　ローマでネロ帝のキリスト教徒迫害 96　ローマで五賢帝時代(～180)	30頃　イエス処刑 ○キリスト教の成立
200		2世紀初め　ローマ帝国領土最大となる ○ゲルマン人のローマ領内移住始まる	ローマ帝国のメソポタミア遠征(帝国の領土最大) ○この頃『新約聖書』の27書がまとまる 135　ユダヤ人の流浪生活始まる
300		212　ローマ市民権，帝国全土に普及 235　ローマで軍人皇帝時代(～284) 284　ローマで専制君主政始まる 293　四帝分治制	224　パルティア滅亡，ササン朝成立(～651) ○ササン朝，ゾロアスター教を国教化 260　ササン朝，ローマ帝国と戦い，皇帝を捕虜とする
400		313　ミラノ勅令(ローマ，キリスト教公認) 330　ローマ，コンスタンティノープル遷都 375　ゲルマン人の大移動始まる 392　ローマ，キリスト教を国教とする 395　ローマ帝国の東西分裂	○ササン朝，ローマと抗争
500		○ゲルマン諸国の建国 451　カタラウヌムの戦い 476　西ローマ帝国滅亡 481　フランク王国成立(メロヴィング朝)	○エフタル，ササン朝に侵入 441　フン人，シリア侵入
600		527　ビザンツ帝国でユスティニアヌス帝即位 529　『ローマ法大全』 585　スラヴ人の移動始まる	563　エフタル滅亡 570頃　ムハンマド生まれる 581　ササン朝，ビザンツ帝国と戦う(～591)

南・東南アジア	北アジア	東アジア		日本		年代
○ジャワ原人		○北京原人				700万年前
						20万年前
						1万年前
				○旧石器時代　○日本列島の形成		
		5000頃　仰韶文化				
2300頃　インダス文明（～1800頃）		3000頃　竜山文化				
1500　アーリヤ人侵入 ○『リグ゠ヴェーダ』の成立 1000頃　アーリヤ人，ガンジス川流域に進出		16世紀　殷成立 ○殷の甲骨文字 11世紀　周，殷を倒す	殷　周		縄文	1000
○バラモン教の成立 ○ヴァルナ制成立 ○ガウタマ゠シッダールタ（563頃～483頃）…仏教の成立 ○ジャイナ教の成立	○スキタイ文化	770　春秋時代（～403） ○鉄製農具の使用 ○孔子（551頃～479）…儒家思想の成立	春秋・戦国	○縄文文化（縄文土器・竪穴住居）		500
477　第1回仏典結集 377　第2回仏典結集 327　アレクサンドロス大王，西北インド征服（～325）	○スキト゠シベリア文化の成立 ○オルドス青銅器文化	403　戦国時代（～221）　○諸子百家活躍 ○諸産業盛んとなる		○弥生文化 4世紀頃　稲作・金属器伝わる		
317頃　マウリヤ朝成立 250頃　セイロンに仏教伝播 244　第3回仏典結集 ○仏教，南インドに広まる	○匈奴の活動始まる ○匈奴，遊牧帝国建設	256　東周，秦により滅ぼされる 221　秦王政，中国統一　○万里の長城 209　陳勝・呉広の乱（～208） 202　劉邦，前漢建国（～後8） 139頃　張騫，西域に派遣される（～126） 108　朝鮮半島に楽浪郡など4郡設置 ○司馬遷『史記』	秦　前漢		弥生	
1世紀　南インドにサータヴァーハナ朝成立（～後230頃） ○バラモン教復興	54　匈奴，東西に分裂	1世紀頃　高句麗成立				紀元前1 紀元後
○ローマとの季節風交易盛ん ○クシャーナ朝成立（～3世紀） ○ガンダーラ美術	48　匈奴，南北に分裂	8　王莽，新建国 25　劉秀，後漢建国（～220）　○班固『漢書』 97　班超，甘英を大秦に派遣	新　後漢	○一部の国が前漢の楽浪郡に朝貢 57　倭の奴国の王，後漢に朝貢 ○弥生文化，東北地方に波及		100
150　第4回仏典結集	156　鮮卑，モンゴル高原統一	166　大秦王安敦の使者来訪 ○蔡倫，製紙法改良 184　黄巾の乱		107　倭の国王帥升ら後漢に朝貢		200
○大乗仏教の理論確立	○鮮卑の盛時	220　後漢滅亡，魏成立（～265） 　→三国時代（～280） 280　西晋，中国を統一		239　邪馬台国の女王卑弥呼，魏に朝貢 ○前方後円墳出現	古墳	300
320頃　グプタ朝成立（～550頃） ○ヒンドゥー教発展	○柔然，モンゴル高原を支配 ○高車おこる	304　五胡十六国時代（～439） 317　東晋成立（～420） ○朝鮮半島に高句麗・百済・新羅が鼎立 391　倭軍，高句麗と戦う（広開土王碑） 399　法顕のインド旅行『仏国記』（～412）	魏晋南北朝	4世紀　ヤマト政権，全国を統一		400
○サンスクリット文学黄金時代 ○エフタル，インドに侵入	○柔然，北魏に敗れて衰退	439　北魏，華北統一→南北朝時代（～589） 485　北魏，均田制実施 494　北魏，洛陽に遷都		5世紀　倭の五王，南朝に朝貢	飛鳥	500
550頃　グプタ朝滅亡 ○インド分裂時代 ○カンボジアに真臘成立	552　突厥建国（～744）	513頃　百済，五経博士を日本に送る 538　仏教の日本伝来（552説あり） 589　隋，陳を滅ぼし，中国統一				600

600〜1500

赤文字：重要事項　青文字：文化

年代	アメリカ	ヨーロッパ	西アジア・アフリカ
600		○イングランド，アングロ＝サクソン人の七王国時代 ○教皇領(聖ペテロの遺産)の起源 687　カロリング家の宮宰，フランク王国の実権を握る	603　ササン朝，ビザンツ帝国と戦う(〜610) ○イスラームの成立 622　ヒジュラ(ムハンマド，メディナに移住) ○『クルアーン(コーラン)』成立 651　ササン朝滅亡 661　ウマイヤ朝成立(〜750) ○イスラーム帝国の拡大
700		711　西ゴート王国滅亡 726　ビザンツ帝国で聖像禁止令 732　トゥール・ポワティエ間の戦い 751　ピピン，カロリング朝を開く 754/6　ピピン，教皇領寄進 756　後ウマイヤ朝成立(〜1031)	○イスラーム，中央アジアに広まる　○ダマスクスに大モスク 712　イスラーム軍，インドに侵入 750　アッバース朝成立(〜1258) 751　タラス河畔の戦い 786　ハールーン＝アッラシード即位(〜809)，イスラーム帝国全盛
800		800　フランク王国，カール大帝戴冠 ○フランク王国の繁栄 829　エグバート，七王国統一 843　ヴェルダン条約 ⎫ 870　メルセン条約 ⎬ フランク王国の分裂 9〜10世紀　ノルマン人の侵入	○イスラーム文化の全盛 853　アナトリアでイスラーム・ビザンツ両軍戦う ○『千夜一夜物語』の原型成立 875　サーマーン朝成立(〜999)
900		911　ノルマンディー公国成立 962　オットー1世戴冠 　→神聖ローマ帝国成立(〜1806) 987　フランスでカペー朝成立(〜1328)	○東トルキスタンのイスラーム化進行 909　ファーティマ朝成立(〜1171) 932　ブワイフ朝成立(〜1062) 962　ガズナ朝成立(〜1186)
1000		1054　キリスト教会，ローマ＝カトリック教会とギリシア正教会に分裂 1066　イギリスでノルマン朝成立 ○叙任権闘争 1077　カノッサの屈辱 1095　クレルモン宗教会議 1096　第1回十字軍(〜99)	1038　セルジューク朝成立(〜1194) 1055　セルジューク朝，スルタン位獲得 1071　セルジューク朝，アナトリア進出 1099　十字軍，エルサレム王国建設
1100		○スコラ学の隆盛　○騎士道物語の流行 1122　ヴォルムス協約(叙任権闘争決着) 1130　ノルマン人，シチリア王国建設 1167　ロンバルディア同盟結成 1154　イギリスでプランタジネット朝成立 1189　第3回十字軍(〜92)	1148頃　ゴール朝成立(〜1215) ○ホラズム＝シャー朝が勢力拡大 1169　サラディン，アイユーブ朝建国(〜1250) 1187　サラディン，エルサレム王国を征服
1200		1202　第4回十字軍(〜04)　○教皇権の絶頂 1215　イギリスで大憲章(マグナ＝カルタ)制定 1236　モンゴル軍の東ヨーロッパ遠征(〜42) 1241　ハンザ同盟成立 1243　ジョチ＝ウルス成立(〜1502) 1256　大空位時代(〜73) 1295　イギリスで模範議会招集	13世紀　マリ王国(〜15世紀) 1250　マムルーク朝成立(〜1517) 1258　フレグ＝ウルス成立(〜1353) 1258　アッバース朝滅亡 1299頃　オスマン帝国成立(〜1922)
1300	○アステカ王国繁栄	1302　フランスで三部会招集 1309　教皇のバビロン捕囚(〜77) 1339　英仏百年戦争(〜1453)　○黒死病の流行 1356　金印勅書発布 1378　教会大分裂(〜1417)　○教皇権の衰退 ○イタリア＝ルネサンス始まる 1397　カルマル同盟(北欧三国の合同)	1324　マリ王国のマンサ＝ムーサのメッカ巡礼 1354　オスマン帝国のバルカン進出始まる 1370　ティムール，ティムール帝国建国(〜1507) 1389　オスマン帝国，コソヴォの戦いでセルビアなどの連合軍を破る 1393　ティムール，バグダードを攻略 1396　ニコポリスの戦い(オスマン軍，バルカン半島を制圧)
1400	○インカ帝国繁栄 1492　コロンブス，サンサルバドル島に到達	1414　コンスタンツ公会議(〜18) 1453　ビザンツ帝国滅亡 1455　バラ戦争(〜85) 1479　スペイン王国成立 1480　モスクワ大公国，ジョチ＝ウルスより独立 1485　イギリスでテューダー朝成立 ○イギリスで第1次囲い込み運動始まる ○スペイン・ポルトガルの海洋進出始まる 1492　スペイン，グラナダを占領(スペイン王国による統一完成) 1494　イタリア戦争(〜1559)	1402　アンカラの戦いでオスマン帝国，ティムール帝国に敗北 1453　オスマン帝国，ビザンツ帝国を滅ぼす ○コンスタンティノープルをイスタンブルと改称 ○オスマン帝国，バルカン半島の大部分を征服 1488　バルトロメウ＝ディアス，喜望峰到達 1499　オスマン帝国，ヴェネツィアと戦う(〜1503)
1500			

南・東南アジア	北アジア		東アジア		日本	年代
606　ハルシャ＝ヴァルダナの王国(〜647) ○玄奘，ナーランダー僧院で修学 ○スマトラ島にシュリーヴィジャヤ王国成立	○チベット文字の創始 698　渤海成立(〜926)	隋	612　隋，高句麗へ遠征(〜614) 618　李淵，唐建国(〜907) 626　太宗即位，「貞観の治」 629　玄奘のインド旅行『大唐西域記』 676　新羅，朝鮮半島を統一 ○イスラーム・マニ教の流入	飛鳥	604　憲法十七条 607　小野妹子を隋に派遣 630　遣唐使始まる ○大化の改新 663　白村江の戦い 672　壬申の乱	600
○インド再分裂時代 ○ジャワにシャイレンドラ朝成立	742　モンゴル高原の支配権，ウイグルに移る	唐	712　玄宗即位，「開元の治」 ○西域文化の流入　○道教盛ん　○宮廷工芸の流行 751　タラス河畔の戦い ○製紙法，唐より西アジアに伝播 755　安史の乱(〜763) 780　両税法施行	奈良	701　大宝律令 710　平城京に遷都 753　唐僧鑑真来日 794　平安京に遷都	700
○ジャワにボロブドゥール建設	○ウイグルの全盛時代 841　ウイグル，キルギスの侵入を受け崩壊		○節度使の勢力盛んとなる 821　唐，チベットと会盟(唐蕃会盟碑の建立) 845　会昌の廃仏 875　黄巣の乱(〜884) ○国内に節度使割拠	平安	805　最澄，天台宗を開く 806　空海，真言宗を開く ○摂関政治始まる 894　遣唐使派遣を停止	800
○南インドでチョーラ朝台頭 980　ベトナムに前黎朝おこる(〜1009)	916　契丹(遼)建国(〜1125) ○契丹文字	五代十国	907　唐滅亡，五代十国(〜979) 918　高麗建国(〜1392) 936　後晋の石敬瑭，契丹に燕雲十六州を割譲 960　趙匡胤，北宋建国(〜1127)		○武士の台頭 935　承平・天慶の乱(〜941)	900
○イスラーム王朝の北インド進出 1009　ベトナムに李朝成立(〜1225) 1044　ビルマにパガン朝成立(〜1299)	1038　タングート，西夏建国(〜1227) ○西夏文字	北宋	1004　契丹と北宋，澶淵の盟 ○宋，羅針盤・火薬を発明，木版印刷盛行 ○宋学 1044　西夏と北宋，慶暦の和約 1069　王安石，新法始める ○司馬光『資治通鑑』		1019　刀伊(女真人)，北九州に来寇 ○紫式部『源氏物語』 ○浄土教の発展と末法思想 ○源氏の台頭 ○院政の展開と平氏の台頭	1000
○カンボジアにアンコール＝ワット建設 ○ゴール朝，デリー占領	1115　女真人，金建国(〜1234) 1124　西夏，契丹に服属 1125　金，契丹を滅ぼす	南宋	1126　高麗，金に服属 1127　北宋滅び，南宋おこる(〜1276) 1138　臨安(杭州)に遷都 1142　宋，金と和し大散関・淮河を国境とする(紹興の和議) ○朱熹，宋学を大成(朱子学) 1167　王重陽，全真教を始める		1167　平清盛，太政大臣となる 1185　平氏滅亡 1192　源頼朝，征夷大将軍となる	1100
1206　奴隷王朝成立(〜90) 　→デリー＝スルタン朝(〜1526) 1257　タイにスコータイ朝成立(〜1438) 1293　ジャワにマジャパヒト王国成立(〜1520頃)	1206　チンギス＝ハン，モンゴル高原統一 1234　モンゴル軍，金を滅ぼす	元	1219　チンギス＝ハンの西征(〜25) 1264　フビライ，大都に遷都 1271　フビライ，大元ウルス(元)建国(〜1368) 1276　臨安陥落 ○マルコ＝ポーロ『世界の記述』	鎌倉	1203　北条時政，執権となる 1221　承久の乱 1232　御成敗式目(貞永式目)を制定 1274　文永の役 ┐モンゴル襲来 1281　弘安の役 ┘	1200
1336　南インドにヴィジャヤナガル王国成立(〜1649) 1351　タイにアユタヤ王国成立(〜1767) ○マラッカ王国成立	1371　北元成立(〜88)		1301　ハイドゥ，カラコルムを攻め敗死 1346　イブン＝バットゥータ，大都に至る 1351　紅巾の乱(〜66) 1368　朱元璋，明建国(〜1644) 1381　里甲制施行，賦役黄冊制定 1392　李成桂，朝鮮建国(〜1910) 1399　靖難の役(〜1402)		1333　鎌倉幕府滅亡 1334　建武の新政(〜36) ○南北朝の動乱 1338　足利尊氏，征夷大将軍となる 1392　南北朝の合一	1300
1428　ベトナムに黎朝成立(〜1789) 1438　アユタヤ王国，スコータイ朝を併合 1498　ヴァスコ＝ダ＝ガマ，インドのカリカットに到達	1410　永楽帝のタタール遠征(〜24)	明	1405　鄭和の南海遠征(〜33) ○『四書大全』の編纂　○『永楽大典』 1421　北京遷都 ○朝鮮で訓民正音(ハングル)公布 1448　福建で鄧茂七が反乱 1449　土木の変，オイラトのエセン＝ハン，正統帝を捕虜とする	室町	1401　第1回遣明船 1404　勘合貿易開始 1429　尚巴志，沖縄全島を統一(琉球王国) 1443　対馬の宗貞盛，朝鮮と交易の約を定める(嘉吉約条・癸亥約条) 1457　コシャマインの戦い 1467　応仁の乱(〜77)	1400
						1500

1500～1750

年代	国際関係	アメリカ	西・中央ヨーロッパ	北・東ヨーロッパ
1500		00　カブラル，ブラジルに漂着 01　アメリゴ＝ヴェスプッチ，中南米海岸探検	09　(独)エラスムス『愚神礼讃』 13頃　(伊)マキァヴェリ『君主論』 16　(英)トマス＝モア『ユートピア』	01　ポーランド・リトアニア同君同盟
	13　バルボア，太平洋岸に到達 19　マゼラン隊，世界周航（～22）	14　ラス＝カサス，エンコミエンダ制撤廃運動開始	17　(独)ルター，九十五カ条の論題発表 ○宗教改革始まる ○ルター，新約聖書のドイツ語訳	23　カルマル同盟を解消し，スウェーデン王国独立(ルター派に帰依)
		21　コルテス，アステカ王国征服	21　ヴォルムス帝国議会(ルターに帝国追放令) 23　ツヴィングリ，チューリヒで宗教改革を開始 24　(独)ドイツ農民戦争（～25）	43　コペルニクス，地動説提唱
		33　ピサロ，インカ帝国征服	34　(英)ヘンリ8世，国王至上法発布／イエズス会設立	47　(露)イヴァン4世，ツァーリと称す
1550	45　トリエント公会議（～63）	45　ポトシ銀山の採掘開始	41　カルヴァン，ジュネーヴで宗教改革（～64）	
			55　(独)アウクスブルクの和議 59　(英)エリザベス1世，統一法発布	52　(露)カザン＝ハン国併合
	68　オランダ独立戦争（～1609）		62　(仏)ユグノー戦争（～98） 72　(仏)サンバルテルミの虐殺 79　ユトレヒト同盟結成	56　(露)アストラハン＝ハン国併合
			80　スペイン・ポルトガルの同君統治（～1640） 81　オランダ独立宣言	72　ポーランド，ヤゲウォ朝断絶し選挙王制となる
	88　スペイン無敵艦隊，イギリス軍に敗れる	○イギリス，植民開始	82　グレゴリウス13世の暦法改正 83　ガリレイ，振り子の等時性を発見 89　フランスでブルボン朝成立（～1792） 98　(仏)ナントの王令	82　(露)イェルマーク，シベリア遠征開始
1600		○フランス，ケベックに植民 ○オランダ，植民開始	00　(英)東インド会社設立（～1858） 01　(英)救貧法制定 02　(蘭)東インド会社設立（～1799） 09　グロティウス『海洋自由論』	13　(露)ロマノフ朝成立（～1917）
	18　三十年戦争（～48）	19　ヴァージニア植民地議会設置 20　ピルグリム＝ファーザーズ，プリマス建設	21　(蘭)西インド会社設立 28　(英)権利の請願 37　(仏)デカルト『方法序説』	32　(露)ヤクーツク建設
	42　タスマン，タスマニア島・ニュージーランド南島に到達 48　ウェストファリア条約	25　オランダ，ニューアムステルダムを建設 ○ハーヴァード大学創立	40　スペインからポルトガル独立 42　(英)ピューリタン革命（～49） 43　(仏)ルイ14世即位（～1715） 48　(仏)フロンドの乱（～53） 49　(英)チャールズ1世処刑	
1650	52　イギリス＝オランダ(英蘭)戦争（～74）		51　(英)航海法発布／ホッブズ『リヴァイアサン』 53　(英)クロムウェル，護国卿に就任 60　(英)王政復古 61　(仏)ルイ14世親政（～1715）	
	67　南ネーデルラント継承戦争（～68） 68　アーヘンの和約	64　ニューアムステルダム，イギリスに奪われる(ニューヨークと改称)	64　(仏)東インド会社再建 67　(英)ミルトン『失楽園』 73　(英)審査法制定 79　(英)人身保護法制定 ○(独)ユグノーを招く→プロイセンの産業発達	70　(露)ステンカ＝ラージンの乱（～71）
	88　ファルツ継承戦争（～97） 89　第2次英仏百年戦争（～1815）	82　フランス，ルイジアナ建設	85　(仏)ナントの王令廃止 87　ニュートン，万有引力の法則 88　(英)名誉革命（～89） 89　(英)権利の章典 90　ロック『市民政府二論』	89　(露)清とネルチンスク条約 96　(露)アゾフ占領 97　(露)西欧へ大使節団を派遣
1700	01　スペイン継承戦争（～13） 13　ユトレヒト条約	02　アン女王戦争（～13）	01　(独)プロイセン王国成立 07　(英)大ブリテン王国成立(スコットランドと合同) 12　(露)サンクト＝ペテルブルクに遷都	00　(露)スウェーデンとの北方戦争（～21） 03　(露)サンクト＝ペテルブルクの建設開始
		18　フランス，ニューオーリンズ建設	14　ラシュタット条約 19　デフォー『ロビンソン＝クルーソー』 21　(英)ウォルポール内閣(責任内閣制の初め)（～42）	09　スウェーデン，ポルタヴァの戦いでロシアに敗れる 12　(露)サンクト＝ペテルブルクに遷都
	33　ポーランド継承戦争（～35） 40　オーストリア継承戦争（～48） 41　ロシア＝スウェーデン戦争（～43）	28　デンマーク人ベーリング，ベーリング海峡到達 32　13植民地成立 44　ジョージ王戦争（～48）	26　スウィフト『ガリヴァー旅行記』 33　ジョン＝ケイ，飛び杼発明 ○フランス啓蒙思想 45　(独)サンスーシ宮殿造営 48　(仏)モンテスキュー『法の精神』	21　(露)スウェーデンとニスタット条約 27　(露)清とキャフタ条約 41　(露)アラスカ領有
1750				

西アジア・アフリカ	南・東南アジア	北・東アジア		日本		年代
01 サファヴィー朝成立（～1736） 15 ポルトガル，ホルムズ島占領 17 オスマン帝国，エジプトを占領 26 オスマン軍のオーストリア侵入（～32） 29 オスマン帝国，第1次ウィーン包囲 38 プレヴェザの海戦	10 ポルトガル，ゴア占領 11 ポルトガル，マラッカ占領 26 バーブル，ムガル帝国建国（～1858） 31 ビルマにタウングー朝建国 38 シク教の教祖ナーナク没（1469～）	○タタールのダヤン＝ハン，オルドスに侵入 02 『大明会典』完成 10 三浦の乱（朝鮮在留の日本人の反乱） 17 ポルトガル人，広州に来航 23 寧波の乱 ○モンゴル人と倭寇の中国への侵入（北虜南倭）	室町	16 琉球の使船，薩摩に来着 21 琉球王，種子島忠時に貿易許す 26 石見銀山の採掘開始 ○御伽草子流行 36 天文・法華の乱（延暦寺僧兵，法華一揆を破る） ○ポルトガル人，種子島に漂着（鉄砲伝来） 47 大内義隆，最後の遣明船派遣 49 フランシスコ＝ザビエル，鹿児島に上陸（キリスト教伝来）	1500
69 オスマン帝国，フランスにカピチュレーションを付与 71 レパントの海戦 80 オスマン帝国，イギリスにカピチュレーションを付与 98 サファヴィー朝，イスファハーンに遷都	64 ムガル帝国，アクバルのもとでジズヤ廃止 71 スペイン，マニラ建設 96 オランダ，ジャワに到達	50 タタールのアルタン＝ハン，北京包囲 ○チベット仏教，モンゴルに広まる 57 ポルトガル，マカオに居住権を得る 81 明，一条鞭法が全国的に施行 82 マテオ＝リッチ，マカオに来る ○イエズス会宣教師の活動 88 ヌルハチ，女真の建州部統一 92 豊臣秀吉の朝鮮侵略（～93，97～98）	明	○ポルトガル船，初めて平戸に来航 60 桶狭間の戦い 73 室町幕府滅亡 75 長篠合戦 82 本能寺の変／大友・大村・有馬3氏，ローマ教皇に遣使（天正遣欧使節） 90 豊臣秀吉の統一／ヴァリニャーニ来日，活字印刷機を伝える 96 朝鮮より活字印刷・製陶法伝来	1550
○イスファハーンの繁栄 03 サファヴィー朝，オスマン帝国からタブリーズ・アゼルバイジャンを奪還 12 オスマン帝国，オランダにカピチュレーションを付与 22 サファヴィー朝，ホルムズ島からポルトガル人を追放 38 オスマン帝国，サファヴィー朝からバグダード奪還 45 オスマン帝国，ヴェネツィアと開戦（～69）	19 オランダ，ジャワにバタヴィア建設 23 アンボイナ事件 ○ムガル帝国でタージ＝マハル廟建設 33 イギリス，ベンガルに植民開始 40 イギリス，マドラスに要塞建設 41 オランダ，ポルトガルよりマラッカを奪う 48 ムガル帝国，デリーに遷都	○マテオ＝リッチ『坤輿万国全図』 09 朝鮮，対馬の宗氏と己酉条約を締結 11 東林派・非東林派の党争激化 16 ヌルハチ，後金建国 24 オランダ，台湾占領 27 朝鮮に後金軍侵攻 31 李自成の乱（～44） 36 後金，清と改称（～1912） 37 朝鮮，清に服属 44 李自成，北京包囲。明滅亡／清の中国支配始まる ○北京に遷都・辮髪令発布	安土桃山	00 関ヶ原の戦い 03 江戸幕府成立 09 オランダ，平戸に商館設置／薩摩藩，琉球を支配 14 大坂の役（～15）／高山右近らマニラ・マカオに追放 30 キリスト教関係書籍輸入禁止 35 日本人の海外渡航・帰国禁止 37 島原・天草一揆（～38） 39 ポルトガル人の来航禁止 41 平戸のオランダ商館を出島に移す／寛永の飢饉（～42）	1600
52 オランダ，ケープ植民地建設 69 オスマン帝国，ヴェネツィアよりクレタ島獲得 72 イギリス，王立アフリカ会社を創設。西アフリカの奴隷貿易を独占 83 オスマン帝国，第2次ウィーン包囲 84 オーストリア・ヴェネツィア・ポーランドがオスマン帝国に宣戦 99 カルロヴィッツ条約	61 イギリス，ボンベイを獲得 64 フランス東インド会社再興 72 フランス，ポンディシェリを獲得（～74） 74 シヴァージー，マラーター王国樹立 79 ムガル帝国，ジズヤの復活 90 イギリス，カルカッタに商館建設	61 康熙帝即位（～1722）／鄭成功，台湾を占領。康熙帝，遷界令を発布 ○考証学の発達 73 三藩の乱（～81） ○典礼問題→イエズス会の布教禁止 83 鄭氏降伏。清，台湾を領有 84 展界令を発布。厦門・広州にも海関設置（のちに上海・寧波にも設置） 89 ネルチンスク条約（清，ロシアと国境画定） 96 康熙帝，ジュンガル親征，ガルダン＝ハン敗走 99 イギリスの広州貿易を許可	江戸	54 琉球王尚質，清の冊封を受ける 69 シャクシャインの戦い（～71） 71 日本沿岸の東廻り・西廻り海運開設 ○都市と商業の発達 85 貞享暦を採用，天文方に渋川春海を起用 88 清船の長崎来航船数を70に制限 89 長崎唐人屋敷完成 90 ドイツ人ケンペル来日	1650
18 オスマン帝国，オーストリア・ヴェネツィアとパッサロヴィッツ条約 36 イランにアフシャール朝成立（～96） 39 オスマン帝国，ロシア・オーストリアとベオグラード条約 44頃 第1次ワッハーブ王国成立（～1818） 47 アフガニスタンにドゥッラーニー朝成立（～1842）	02 イギリス，カルカッタにウィリアム要塞建設 08 マラーター同盟成立（～1818） ○ムガル帝国衰退 24 デカンのハイデラバード，ムガル帝国から独立 28 ベトナム，清との国境定める 44 カーナティック戦争（～61）	06 康熙帝，イエズス会以外の宣教師の布教を禁止 13 地丁銀制始まる ○『康熙字典』完成 ○『皇輿全覧図』完成 20 広州に公行を創設／チベットを制圧 22 雍正帝即位（～35） 24 雍正帝，キリスト教の布教を禁止 『古今図書集成』完成 27 キャフタ条約 32 軍機処設置 35 乾隆帝即位（～95）		02 赤穂事件 ○伊勢御蔭参り盛ん 08 宣教師シドッチ，屋久島に潜入 09 新井白石を登用 15 海舶互市新例（正徳新令）を発布 16 徳川吉宗，享保の改革（～45） 20 漢訳洋書輸入の禁を緩和 32 西国に大凶作，享保の飢饉 39 幕府，青木昆陽を登用／ロシア艦隊，陸奥・安房沿岸に来航 46 長崎貿易制限強化（中国船10隻）	1700 1750

1750～1920

年代	国際関係	アメリカ	西・中央ヨーロッパ	北・東ヨーロッパ
1750 **1800**	56　七年戦争（～63） ○イギリス，オーストラリアを流刑植民地とする 80　武装中立同盟 93　第1回対仏大同盟（～97） 99　第2回対仏大同盟（～1802）	50　フランクリン，避雷針を発明 55　フレンチ＝インディアン戦争（～63） 63　パリ条約 64　砂糖法 65　印紙法（翌年撤回） 73　茶法，ボストン茶会事件 74　第1回大陸会議 75　アメリカ独立戦争（～83） 76　アメリカ独立宣言 83　パリ条約 87　アメリカ合衆国憲法 89　ワシントン，大統領就任（～97）	○イギリス産業革命始まる 50　ヴォルテール，サンスーシに滞在 62　(仏)ルソー『社会契約論』，『エミール』 63　プロイセンのシュレジエン領有が確定 76　(英)アダム＝スミス『諸国民の富(国富論)』 81　(独)カント『純粋理性批判』 89　フランス革命（～99） 92　(仏)革命戦争始まる 　　(仏)王政廃止，第一共和政成立（～1804） 93　(仏)恐怖政治（～94） 94　(仏)テルミドールのクーデタ。ロベスピエール処刑 95　(仏)総裁政府成立（～99） 97　(仏)ナポレオン，ヴェネツィア占領。カンポフォルミオ条約 99　ロゼッタ＝ストーン発見／(仏)ブリュメール18日のクーデタ	53　(スウェーデン)リンネ『植物の種』 72　(露)第1回ポーランド分割 73　(露)プガチョフの乱（～75） 74　(露)キュチュク＝カイナルジャ条約 80　(露)エカチェリーナ2世，武装中立同盟を提唱 83　(露)クリム＝ハン国併合 92　オスマン帝国，ロシアにクリミア半島割譲 93　(露)第2回ポーランド分割 95　(露)第3回ポーランド分割(ポーランド王国滅亡)
        1850	13　ライプツィヒの戦い 14　ウィーン会議（～15） 21　ギリシア独立戦争（～29）	04　ハイチ独立 08　奴隷貿易禁止 12　アメリカ＝イギリス(米英)戦争（～14） ○ラテンアメリカ諸国の独立 20　ミズーリ協定 23　モンロー教書 44　モールスの電信機実用化 45　テキサス併合 46　アメリカ＝メキシコ戦争 48　ゴールドラッシュ始まる	04　(仏)ナポレオン，皇帝となる／ナポレオン法典 06　(独)神聖ローマ帝国消滅／(仏)大陸封鎖令 07　(英)奴隷貿易禁止 12　(仏)ナポレオンのロシア遠征 14　(仏)ナポレオン退位，ブルボン朝復活（～30） 25　(英)ストックトン・ダーリントン間の鉄道開通 30　(仏)七月革命／ベルギー独立 31　(伊)マッツィーニ，青年イタリア結成 32　(英)第1次選挙法改正 33　(英)工場法制定 34　ドイツ関税同盟発足 37　(英)チャーティスト運動（～48） 48　マルクス・エンゲルス『共産党宣言』／(仏)二月革命／(独)三月革命	01　(露)東ジョージアを併合 12　ナポレオンのロシア遠征 21　(露)アラスカ領有 25　(露)デカブリストの乱 28　(露)トルコマンチャーイ条約 29　(露)アドリアノープル条約 30　ポーランド独立運動（～31） 47　(露)ムラヴィヨフ，東シベリア総督となる
              1900	53　クリミア戦争（～56） 64　第1インターナショナル(国際労働者協会)（～76） 66　プロイセン＝オーストリア(普墺)戦争／大西洋横断海底ケーブル敷設 70　プロイセン＝フランス(普仏)戦争（～71） 77　ロシア＝トルコ(露土)戦争（～78） 78　ベルリン会議 82　三国同盟 84　アフリカ分割に関するベルリン会議（～85） 89　第2インターナショナル（～1914） 91　露仏同盟 98　ファショダ事件	54　カンザス＝ネブラスカ法。共和党結成 61　南北戦争（～65） 62　ホームステッド法 63　奴隷解放宣言 67　アラスカ買収 69　大陸横断鉄道完成 76　ベル，電話機発明 79　エディソン，電灯発明 81　レセップス，パナマ運河起工 89　第1回パン＝アメリカ会議 90　フロンティアの消滅 93　ハワイで政変，リリウオカラニが強制退位 98　アメリカ＝スペイン(米西)戦争 99　対中国門戸開放通牒	51　ロンドンで第1回万国博覧会 52　(仏)第二帝政（～70） ○ダーウィン『種の起源』 61　(伊)イタリア王国成立 67　(墺)オーストリア＝ハンガリー帝国成立 70　(仏)第三共和政（～1940） 71　(独)ドイツ帝国成立／(仏)パリ＝コミューン 75　(英)スエズ運河会社株買収 78　(独)社会主義者鎮圧法（～90） 84　(英)第3回選挙法改正(自由党内閣) 87　(仏)ブーランジェ事件（～89） 90　(独)ビスマルク宰相辞任，ヴィルヘルム2世の親政開始 94　(仏)ドレフュス事件（～95） 95　(独)レントゲン，X線発見／(伊)マルコーニ，無線電信発明 ○キュリー夫妻，ラジウム発見	51　(露)モスクワ・ペテルブルク間に鉄道開通 60　(露)北京条約(沿海州を獲得) 61　(露)農奴解放令 68　(露)ブハラ＝ハン国を保護国とする 73　(露)ヒヴァ＝ハン国を保護国とする 75　(露)樺太・千島交換条約 76　(露)コーカンド＝ハン国併合 81　ルーマニア王国成立 85　(露)アフガニスタンに進出しイギリスと対抗 91　(露)シベリア鉄道着工 96　近代第1回オリンピック(アテネ) 98　(露)ロシア社会民主労働党結成
            1920	02　日英同盟 04　日露戦争（～05）／英仏協商 05　第1次モロッコ事件 07　英露協商 11　第2次モロッコ事件 14　第一次世界大戦（～18） 19　パリ講和会議。ヴェルサイユ条約	02　キューバ独立 08　日米紳士協定 10　メキシコ革命（～17） 13　カリフォルニア排日土地法成立 14　パナマ運河開通 17　アメリカ，第一次世界大戦参戦 18　ウィルソンの十四カ条 19　禁酒法成立	06　(英)労働党成立 08　オーストリア，ボスニア・ヘルツェゴヴィナを併合 17　ドイツの無制限潜水艦作戦 18　(英)第4回選挙法改正 19　(独)ヴァイマル憲法制定	05　(露)血の日曜日事件(第1次ロシア革命) 08　ブルガリア独立 12　第1次バルカン戦争 13　第2次バルカン戦争 14　サライェヴォ事件 17　ロシア革命(二月革命，十月革命) 19　コミンテルン(第3インターナショナル)結成

1750〜1800

西アジア・アフリカ	南・東南アジア	東アジア	日本	年代
61 パーニーパットの戦い（ドゥッラーニー朝がマラーター同盟軍を破る） 65 イランにザンド朝成立（～94） 96 カージャール朝，イラン統一（～1925） 98 ナポレオン軍のエジプト占領（～1801）	52 ビルマにコンバウン朝成立（～85） 57 プラッシーの戦い 65 イギリス東インド会社，ベンガル・ビハール・オリッサの徴税権を獲得 67 マイソール戦争（～99） 71 ベトナムでタイソンの反乱（～1802） 75 マラーター戦争（～1818） 82 タイにラタナコーシン朝成立 96 イギリスのセイロン島支配始まる 99 オランダ東インド会社解散	**清** 57 ヨーロッパ貿易を広州1港に制限 58 ジュンガル平定 59 東トルキスタンを制圧，新疆成立 82 『四庫全書』完成 86 (朝)西洋の学問を禁止 87 フランス艦隊，済州島を測量し，鬱陵島に接近 88 グルカ，チベットに侵攻。清軍，グルカ撃退 93 マカートニー，北京に来る 96 白蓮教徒の乱（～1804）	**江戸** 67 田沼意次，側用人となる（田沼時代，～86） 74 前野良沢・杉田玄白『解体新書』 76 朝鮮通商途絶のため，対馬藩に朝鮮貿易の手当金を与える 78 長崎貿易輸出不振につき俵物の生産を奨励／ロシア船，蝦夷地に来航，松前藩に通商求める（79拒否） 82 天明の飢饉（～87） 85 蝦夷地調査（山口鉄五郎・最上徳内ら） 87 江戸・大坂など各地で打ちこわし／松平定信，寛政の改革（～93） 89 クナシリ・メナシの戦い 90 寛政異学の禁 92 ロシア使節ラクスマン，根室に来航	1750

1800〜1850

西アジア・アフリカ	南・東南アジア	東アジア	日本	年代
30 フランス，アルジェリア占領 39 オスマン帝国でタンジマート始まる（～76） 43頃 リヴィングストンのアフリカ探検始まる 47 リベリア独立	02 ベトナムに阮朝成立（～1945） 19 マラーター同盟衰退／イギリス，シンガポール領有 24 ビルマ戦争（～85） ○オランダ，ジャワで強制栽培制度実施 31 マイソール，イギリスの直轄領となる 45 シク戦争（～46，48～49） 49 イギリス，パンジャーブ併合	**清** 11 清，ヨーロッパ人の内地居住・布教を禁じる／(朝)洪景来の乱（～12） 15 アヘンの輸入厳禁 16 イギリス使節アマースト来訪 33 イギリス，東インド会社の中国貿易独占権廃止 38 林則徐（欽差大臣）を広州に派遣 40 アヘン戦争（～42） 42 南京条約 43 洪秀全，拝上帝会の布教を始める／イギリスと虎門寨追加条約 44 アメリカと望厦条約。フランスと黄埔条約	**江戸** 02 幕府，蝦夷奉行（のちの函館奉行）設置 04 ロシア使節レザノフ，長崎に来航 06 文化の薪水給与令 08 フェートン号事件 11 朝鮮通信使を対馬で応対（最後の通信使） 25 異国船打払令発布 28 シーボルト事件 34 水野忠邦，老中となる 37 大塩の乱／アメリカ船モリソン号事件 41 天保の改革（～43）	1800

1850〜1900

西アジア・アフリカ	南・東南アジア	東アジア	日本	年代
52 ロシア，アフガニスタンのヘラート占領 69 スエズ運河開通 76 オスマン帝国，ミドハト憲法公布 78 第2次アフガン戦争（～80） 81 ウラービー運動（～82） ○列強によるアフリカ分割進む 91 イランでタバコ＝ボイコット運動 99 ドイツ，バグダード鉄道の敷設権獲得（3B政策）／南アフリカ（ブール）戦争（～1902）	57 インド大反乱（～59） 58 イギリス東インド会社解散，ムガル帝国滅亡／フランス，インドシナ出兵 62 サイゴン条約（フランス，コーチシナの一部を獲得） 67 海峡植民地，イギリスの直轄となる 77 インド帝国成立 84 清仏戦争（～85） 85 第1回インド国民会議開催 86 イギリス，ビルマを併合 87 フランス領インドシナ連邦成立 連合マレー諸国成立 98 アメリカ＝スペイン戦争（フィリピン，アメリカ領となる）	**清** 51 太平天国（～64） 56 アロー戦争（～60） 58 アイグン条約／天津条約 60 北京条約／洋務運動おこる　英仏連合軍，北京占領。円明園を焼く 71 日清修好条規 75 (朝)江華島事件 76 日朝修好条規 81 イリ条約 82 (朝)壬午軍乱 84 (朝)甲申政変 94 (朝)甲午農民戦争 95 変法運動開始（～98） 97 (朝)国号を「大韓帝国」と改称 ○列強による中国分割 98 康有為の変法運動／戊戌の政変 99 アメリカの門戸開放通牒／山東に義和団おこる	**明治** 53 ペリー，浦賀に来航／ロシア使節プチャーチン，長崎に来航 54 日米和親条約 58 日米修好通商条約／安政の大獄（～59） 60 桜田門外の変 63 薩英戦争 67 大政奉還。王政復古の大号令 68 戊辰戦争（～69） 74 台湾出兵 75 樺太・千島交換条約／福沢諭吉『文明論之概略』 77 西南戦争 79 琉球藩を廃し，沖縄県を置く 89 大日本帝国憲法発布 90 第1回帝国議会 94 日清戦争（～95） 95 下関条約／三国干渉	1850

1900〜1920

西アジア・アフリカ	南・東南アジア	東アジア	日本	年代
08 青年トルコ革命 10 南アフリカ連邦成立 15 フセイン・マクマホン協定 17 バルフォア宣言 19 エジプトで反英独立運動	05 (印)ベンガル分割令 06 (印)全インド＝ムスリム連盟結成 09 (印)インド国民会議派と全インド＝ムスリム連盟の連携 19 (印)ローラット法／第1次非暴力・不服従運動（～22）	**清** 00 義和団戦争（～01） 01 北京議定書 05 孫文，中国同盟会結成 07 ハーグ密使事件 08 憲法大綱発表 10 韓国併合 11 辛亥革命 **中華民国** 12 中華民国成立，清滅亡，袁世凱，臨時大総統となる 19 (朝)三・一独立運動／五・四運動	**明治** 02 日英同盟 04 日露戦争（～05）／与謝野晶子『君死にたまふこと勿れ』 05 桂・タフト協定／ポーツマス条約 10 大逆事件／韓国併合 11 工場法公布／平塚らいてう『青鞜』創刊 **大正** 12 第一次護憲運動　○大正デモクラシー 13 大正政変 15 二十一カ条要求 18 シベリア出兵（～22）／原敬内閣成立	1900 1920

年代	国際関係	アメリカ	西・中央ヨーロッパ	東ヨーロッパ
1920	20 国際連盟成立 21 ワシントン会議（〜22） 25 ロカルノ条約 28 不戦条約 29 世界恐慌始まる 36 スペイン内戦（〜39） 37 日中戦争（〜45） 39 第二次世界大戦（〜45） 40 日独伊三国軍事同盟 41 独ソ戦／大西洋憲章／太平洋戦争（〜45） 43 カイロ会談／テヘラン会談 45 ヤルタ会談／ポツダム会談／国際連合成立 47 マーシャル＝プラン／コミンフォルム結成	20 女性参政権獲得／最初のラジオ放送 24 移民法（排日移民法） 27 サッコ・ヴァンゼッティ事件 29 ウォール街株式相場大暴落 31 フーヴァー＝モラトリアム 33 ニューディール開始 35 ワグナー法制定 39 テレビ放送開始 41 武器貸与法成立／日本軍、真珠湾攻撃。対日宣戦、対独伊宣戦 42 マンハッタン計画開始 45 米、原子爆弾完成 47 トルーマン＝ドクトリン 49 北大西洋条約機構（NATO）	22 （伊）ムッソリーニ、ローマ進軍／アイルランド自由国成立 23 フランス・ベルギー、ルール占領 24 （英）マクドナルド労働党内閣成立 25 （独）ヒトラー『我が闘争』刊行 28 （英）第5回選挙法改正／（英）フレミング、ペニシリンを発見 32 （英）オタワ会議 33 （独）ヒトラー内閣成立 35 （独）ヒトラー、再軍備宣言 　 ベルリン＝ローマ枢軸の結成 38 （独）オーストリアを併合 39 （独）チェコスロヴァキア解体／独ソ不可侵条約／（独）ポーランド侵攻 40 （仏）ドイツに降伏 43 （伊）無条件降伏 45 （独）無条件降伏 48 西ヨーロッパ連合条約／（独）ベルリン封鎖 49 （独）東西ドイツ成立	21 新経済政策（ネップ） 22 ソヴィエト社会主義共和国連邦成立 28 （ソ）第1次五カ年計画 34 （ソ）国際連盟に加入 36 （ソ）スターリン憲法制定 39 独ソ不可侵条約 40 （ソ）バルト3国併合 41 ユーゴスラヴィアでティトー、レジスタンス開始 43 スターリングラード攻防戦でドイツ軍が敗退 49 （ソ）原爆保有宣言
1950	50 朝鮮戦争（〜53） 54 ビキニ水爆実験で第五福竜丸被曝 55 アジア＝アフリカ会議（バンドン会議） 57 第1回パグウォッシュ会議 61 第1回非同盟諸国首脳会議 63 部分的核実験禁止条約 65 ベトナム戦争激化（〜75） 68 核拡散防止条約 73 第1次石油危機 75 欧州安全保障協力会議（CSCE）首脳会議／第1回先進国首脳会議 79 第2次石油危機 85 5カ国蔵相・中央銀行総裁会議、ドル高是正協調介入合意（プラザ合意） 89 アジア・太平洋経済協力（APEC）発足／マルタ会談 91 湾岸戦争 95 世界貿易機関（WTO）発足 96 国連総会、包括的核実験禁止条約採択 97 地球温暖化防止京都会議（COP3）	51 サンフランシスコ平和条約／日米安全保障条約／太平洋安全保障条約（ANZUS） 52 米、水素爆弾実験 59 キューバ革命／キャンプ＝デーヴィッド会談 61 キューバ、社会主義共和国宣言 62 キューバ危機 64 公民権法成立 65 北爆開始 69 アポロ11号、人類初の月面着陸 70 チリ、アジェンデ社会主義政権成立 71 ニクソン、新経済（ドル防衛）政策を発表 73 チリで軍事クーデタ、ピノチェト軍事政権樹立 79 米中国交正常化 83 レーガン、戦略防衛構想（SDI）発表	50 （仏）シューマン＝プラン発表 51 ヨーロッパ石炭鉄鋼共同体機構（ECSC）発足 54 ロンドン9カ国協定。パリ諸協定。西ヨーロッパ連合（WEU）結成 58 ヨーロッパ経済共同体（EEC）発足／（仏）第五共和政発足 59 欧州自由貿易連合（EFTA）調印 60 （仏）サハラ砂漠で初めての原爆実験 61 ベルリンの壁構築 66 （仏）NATO軍事機構から離脱。ムルロア環礁での核実験開始 67 ヨーロッパ共同体（EC）発足 68 （仏）パリで反ド＝ゴールデモ（五月革命） 72 東西ドイツ基本条約 73 東西ドイツ国連加盟／拡大EC発足 82 （英）フォークランド戦争（対アルゼンチン） 84 （英）サッチャー訪中、香港返還に関する中英共同声明 89 ベルリンの壁崩壊 90 東西ドイツ統一 93 ヨーロッパ連合（EU）発足／英・アイルランド両政府、和平共同宣言 94 英仏海峡トンネル開通 99 EU11カ国、通貨統合。ユーロ導入開始	50 ストックホルム＝アピール採択 53 （ソ）水爆保有発表／東欧諸国の反ソ暴動 55 ワルシャワ条約機構成立／ベオグラード宣言、ソ連がユーゴの路線承認 56 （ソ）スターリン批判／コミンフォルム解散／ポーランド・ハンガリーで反ソ暴動 57 （ソ）人工衛星スプートニク1号打ち上げ 68 チェコスロヴァキアで「プラハの春」 69 中ソ国境紛争 79 （ソ）アフガニスタン侵攻 86 （ソ）チョルノービリ（チェルノブイリ）原子力発電所事故 89 東欧民主化運動 90 東西ドイツ統一 91 ユーゴスラヴィア内戦（〜95）／ソ連崩壊 94 ロシア軍のチェチェン侵攻（〜99）
2000	03 イラク戦争 05 京都議定書発効 15 パリ協定採択 20 新型コロナウイルス感染症の世界的拡大 21 核兵器禁止条約発効	01 9.11テロ／アフガニスタンへの軍事行動開始 09 （仏）NATO軍事機構に復帰 15 米・キューバ国交回復 17 トランプ、パリ協定離脱を表明 20 アメリカ・メキシコ・カナダ協定（USMCA） 21 バイデンが大統領に就任。パリ協定に復帰	02 ユーロ紙幣・硬貨の流通開始 05 ロンドン同時テロ 15 （仏）パリ同時テロ 16 （英）国民投票でEU離脱決定 20 （英）EU離脱	03 ジョージアで政変 04 旧東欧など10カ国EU加盟 08 コソヴォが独立／ジョージアとロシアが武力衝突 14 （ロ）クリミア半島を「編入」 22 （ロ）ウクライナ侵攻

西アジア・アフリカ	南・東南アジア	東アジア	日本	年代
20 (土)セーヴル条約 23 (土)ローザンヌ条約／トルコ共和国成立 25 イランにパフレヴィー朝成立(～79) 28 (土)文字改革(ローマ字採用) 32 サウジアラビア王国成立 32 イラク王国成立 43 レバノン共和国成立 45 アラブ連盟結成 47 国連，パレスチナ分割・ユダヤ人独立案可決 48 イスラエル建国宣言。第1次中東戦争(～49)	23 ネパール独立 27 スカルノ，インドネシア国民党結成 29 (印)国民会議派，完全独立を宣言 30 (印)第2次非暴力・不服従運動(～34)／英印円卓会議(～32) 37 ビルマ，インドより分離 ○日本軍の侵入 41 ベトナム独立同盟結成／日本軍，マレー半島上陸 46 インドシナ戦争(～54) 47 インド連邦・パキスタン独立	【中華民国】 21 中国共産党成立 24 第1次国共合作(～27) 25 孫文死去／五・三〇事件 26 北伐(～28) 27 上海クーデタ／国民政府成立 31 柳条湖事件／満洲事変 34 中国共産党の長征(～36) 36 西安事件 37 盧溝橋事件／日中戦争(～45)／第2次国共合作 41 中国，対日宣戦 43 カイロ宣言 46 国共内戦始まる 48 大韓民国・朝鮮民主主義人民共和国成立 49 中華人民共和国成立	【大正】 20 第1回メーデー 21 四カ国条約／日英同盟廃棄 22 九カ国条約／全国水平社創立大会 23 関東大震災 25 治安維持法・普通選挙法／日ソ基本条約 【昭和】 28 張作霖爆殺事件／不戦条約調印 32 「満洲国」建国／五・一五事件 33 国際連盟脱退 36 二・二六事件 37 日中戦争／日独伊三国防共協定 40 日独伊三国軍事同盟／大政翼賛会発足 41 日ソ中立条約／日本軍，真珠湾攻撃。米・英に宣戦，太平洋戦争(～45) 45 広島・長崎に原爆投下。ポツダム宣言受諾 46 日本国憲法公布	1920
52 エジプト革命 56 スエズ戦争(第2次中東戦争)(～57) 60 「アフリカの年」／コンゴ動乱 63 アフリカ統一機構(OAU) 64 パレスチナ解放機構(PLO) 67 第3次中東戦争 68 アラブ石油輸出国機構(OAPEC) 73 第4次中東戦争 79 イラン革命／エジプト＝イスラエル平和条約／ソ連がアフガニスタンに侵攻 80 イラン＝イラク戦争(～88) 91 南ア，アパルトヘイト諸法廃止 93 パレスチナ暫定自治協定	51 米比相互防衛条約 54 ジュネーヴ休戦協定／東南アジア条約機構成立 55 ベトナム共和国成立 65 米軍の北爆開始 66 インドネシアでクーデタ(九・三〇事件) 67 東南アジア諸国連合(ASEAN)結成 73 パリ和平協定 75 ベトナム戦争終結 76 ベトナム社会主義共和国成立 79 カンボジア，ポル＝ポト政権崩壊 88 ビルマで軍事政権成立 89 ビルマ，国名をミャンマーと改称 98 インド・パキスタン核実験強行	【中華人民共和国(台湾)】 50 中ソ友好同盟相互援助条約／朝鮮戦争(～53) 53 米韓相互防衛条約 54 平和五原則発表 58 人民公社成立 60 中ソ論争公然化 64 中国，原爆実験 66 プロレタリア文化大革命(～76) 69 中ソ両軍，ダマンスキー(珍宝)島で衝突 71 中国，国連代表権を承認される(台湾，国連脱退) 72 ニクソン訪中 76 第1次天安門事件 78 日中平和友好条約 79 米中国交正常化／中越戦争 85 人民公社解体 89 第2次天安門事件 91 韓国・北朝鮮国連同時加盟 92 中国と韓国，国交正常化 93 中国，憲法改正。社会主義市場経済を規定 96 台湾初の総統直接選挙で李登輝が当選 97 香港返還 99 マカオ返還	○朝鮮戦争による特需景気 51 サンフランシスコ平和条約／日米安全保障条約 53 奄美群島返還 55 第1回原水爆禁止世界大会(広島) 56 日ソ共同宣言。日本の国連加盟 60 日米新安保条約 64 東京オリンピック／観光目的の海外旅行自由化 65 日韓基本条約 67 公害対策基本法公布 68 小笠原諸島返還 70 日本万国博覧会(大阪) 72 沖縄返還／日中共同声明／札幌冬季オリンピック 73 第1次石油危機 ○GNP，戦後初のマイナス 79 第2次石油危機 【平成】 86 男女雇用機会均等法公布 92 国連平和維持活動(PKO)協力法成立 93 非自民8党派連立の細川内閣成立(55年体制崩壊) 95 阪神・淡路大震災／地下鉄サリン事件 98 長野冬季オリンピック 97 アイヌ文化振興法成立	1950
02 OAU，アフリカ連合(AU)に発展改組 11 アラブ諸国で政変(「アラブの春」)。シリア内戦開始／南スーダン独立 14 過激派組織が「イスラーム国(IS)」の樹立を宣言 23 ハマスによるイスラエル攻撃。イスラエルによるガザ侵攻開始	02 東ティモール独立 14 タイで軍事クーデタ 16 ミャンマーで新政権にアウンサンスーチーが入閣 21 ミャンマーで軍事クーデタ発生	00 韓国・北朝鮮，南北首脳会談 09 北朝鮮が核実験実施／(中)新疆ウイグル自治区で反政府暴動 14 香港で大規模反政府デモ(雨傘運動) 18 南北首脳会談／米朝首脳会談 19 香港で民主化デモ(～20)	02 日朝首脳会談 11 東日本大震災，福島第一原子力発電所事故 13 改正公職選挙法成立(選挙権年齢を18歳以上に引き下げ) 14 集団的自衛権の行使を容認する閣議決定／富岡製糸場，世界遺産に登録 15 明治の産業革命遺産，世界遺産に登録 18 改正民法成立(成年年齢を18歳に引き下げ) 19 アイヌ施策推進法成立 【令和】 21 東京オリンピック・パラリンピック	2000

*赤文字は人名を示す　＊複数のページで扱った用語は，関連度の高いページを青文字で示した。

写真・資料提供者一覧(敬称略・五十音順)

アイノア, 明石書店, 安芸市立歴史民俗資料館, あきる野市教育委員会, 朝井明日香, 朝日新聞社, アサヒホールディングス株式会社, 飛鳥園, アドミュージアム東京, アフロ, アマナイメージズ, アメリカ議会図書館, アメリカンセンターJAPAN, 石川伶子, 石橋湛山記念財団, 茨城県つくばみらい市間宮林蔵記念館, 茨城県立図書館, 岩波書店, AFP/WAA, AP, NTTドコモ, 大阪城天守閣, 大阪府立北野高等学校, 大阪歴史博物館, 沖縄県公文書館, 沖縄県立芸術大学附属図書・芸術資料館/鎌倉芳太郎撮影, 沖縄県立首里高等学校, 沖縄県立博物館・美術館, 加賀市北前船の里資料館, KADOKAWA, 神奈川県立歴史博物館, 顧寿金, 韓国国立中央博物館, 九州国立博物館, 亀まん美術館, 共同通信社, 京都市学校歴史博物館, 宮内庁宮内公文書館, 宮内庁三の丸尚蔵館, 宮内庁正倉院事務所, 久米美術館, クラブコスメチックス, 呉市, 黒澤プロダクション, 黒船館, 慶應義塾大学三田メディアセンター, 慶應義塾福澤研究センター, ゲッティイメージズ, KDDI, 講談社, 豪徳寺, 国宝 旧開智学校校舎, 国立教育政策研究所教育図書館, 国立公文書館, 国立国会図書館, 小松博幸, 西郷南洲顕彰会, さいたま市立漫画会館, 彩荘社, 札幌市中央図書館, 三省堂, シーピーシー・フォト, 時事通信フォト, 島根県立古代出雲歴史博物館, 清水建設, 下田了仙寺, 集英社, 主婦の友社, 尚古集成館, 書籍工房早山, 市立函館博物館, 新潮社, 水平社博物館, 鈴鹿市教育委員会, 聖徳記念絵画館, 諏訪酒造, セブン&アイ・ホールディングス, 素材辞典, ソニーグループ, 大隈関光太夫記念館, 田子はるみ, 田原市博物館, 玉川大学出版部, 筑摩書房, 中央公論新社, 中日新聞社東京本社, 津田塾大学津田梅子資料室, DNPアートコミュニケーションズ, TBS, 手塚プロダクション, 鉄道博物館, 20th Century Fox/Photofest, 東京ガス, ガスミュージアム, 東京大学史料編纂所, 東京大学大学院法学政治学研究科附属近代日本法政史料センター明治新聞雑誌文庫, 東京都立中央図書館特別文庫室, 東宝, 東北大学附属図書館, 東洋経済新報社, (公財)東洋文庫, 東洋紡, トヨタ自動車, 長崎大学附属図書館, 長崎原爆資料館, 名古屋大学人文学研究科・文学部, NASA, 那覇市歴史博物館, (公財)鍋島報效会, にしみやデジタルアーカイブ, 日刊スポーツ, 日清食品, 日本カメラ博物館, 日本銀行金融研究所貨幣博物館, 日本銀行金融研究所アーカイブ, 日本近代文学館, 日本聖書協会, 日本製鉄株式会社九州製鉄所, 日本マクドナルド, 日本郵船歴史博物館, 任天堂株式会社, 野田市立図書館, 白泉社, 博物館明治村, 函館市中央図書館, パナソニック株式会社, Paris Musées, 阪急電鉄, PIXTA, 美術同人社, PPS通信社, 広島市中央図書館, 広島平和記念資料館, 深澤勝彦, 藤沢市文書館, 部落解放同盟中央本部, 文藝春秋, 平凡社, 報徳博物館, 法隆寺, ポーラ文化研究所, 北海道出版企画センター, 北海道大学附属図書館, 北海道博物館, マイナビ, 毎日新聞社, 町田市立自由民権資料館, みすず書房, 港区立郷土歴史館, 三宅立雄, 未来社, メトロポリタン美術館, 森永製菓, 文祥社, (公財)野球殿堂博物館, 山口県光市伊藤公資料館, 山口県文書館, 大和ミュージアム, 雄松堂書店, 郵政博物館, 有斐閣, ユニフォトプレスインターナショナル, 横須賀市自然・人文博物館, 横浜開港資料館, 読売新聞社, 立教女学院, 流通経済大学三宅雪嶺記念資料館, 麗澤大学出版会, ロイター, ワールドフォトサービス

神戸市立博物館所蔵 Photo: Kobe City Museum / DNPartcom (p.17 フランシスコ=ザビエル, p.19❻, p.20❶, p.38❷), ColBase https://colbase.nich.go.jp/ (p.17⑫❼), 東京国立近代美術館所蔵 ©Fondation Foujita / ADAGP, Paris & JASPAR,Tokyo,2021 E4357 (無期限貸与作品)Photo: MOMAT/DNPartcom (p.121⑬), 東京国立博物館所蔵 Image: TNM Image Archives(p.36❷, p.73❽), 東京都江戸東京博物館所蔵 画像提供: 東京都江戸東京博物館 / DNPartcom (p.69❺, p.146❷・⑩), ©徳川美術館イメージアーカイブ/DNPartcom (p.108⑩), ©2022-Succession Pablo Picasso-BCF (JAPAN) (p.7❽, p.114❼), 福岡市博物館所蔵 画像提供: 福岡市博物館 / DNPartcom (p.11⑮), Project Gutenberg (p.66❶), Museum of Fine Arts, Boston Leonard A. Lauder Collection of Japanese Postcards 2002.3764 Photograph © 2021 Museum of Fine Arts, Boston. All rights reserved.(p.84❺), Susan Meiselas/Magnum Photos (p.137❽)

❶明治初期（1871年）

ロシア
樺太
（日露両国
人雑居）
千島
ロシア
清
朝鮮
樺太，琉球，小笠原はまだ領有国が決まらず
小笠原諸島
琉球
（日清両国の属国）

0　　　1000km

❷日清戦争後（1895年）

ロシア
樺太
（ロシア）
千島
（日本）
清
韓国
樺太をロシアに譲り，千島をロシアから譲られた 1875
小笠原
（領有宣言）
1876
澎湖諸島
沖縄
1879併合
台湾
（清が割譲）
1895

0　　　1000km

❸日露戦争後（1910年）

ロシア
満洲
南樺太
千島
清
朝鮮
1910併合
関東州
青島
樺太南部をロシアが割譲
1905

■ 日本の領土
□ 租借地および利権を保有していた地域

台湾

0　　　1000km

❹第一次世界大戦後（1922年）

ソ連
シベリア出兵
1918〜22
南樺太
千島
中華民国
朝鮮
青島
山東省

■ 日本の領土
□ 租借地および利権を保有していた地域

0　　　1000km

台湾
グアム島
（アメリカ領）
マリアナ諸島
アメリカ領
南洋諸島
（日本が委任統治）
マーシャル諸島
パラオ諸島
カロリン諸島

❺太平洋戦争中（1942〜1944年）

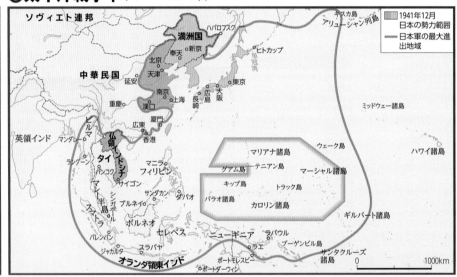

ソヴィエト連邦
満洲国
ハバロフスク
新京
奉天
キスカ島
アリューシャン列島
中華民国
北京
天津
延安
南京
上海
漢口
重慶
広島
長崎
大阪
東京
厦門
広東
香港
ビルマ
英領インド
マンダレー
ラングーン
仏領インドシナ
タイ
バンコク
マレー半島
シンガポール
サイゴン
マニラ
フィリピン
サンダカン
ダバオ
ブルネイ
スマトラ
ボルネオ
パレンバン
セレベス
スラバヤ
ジャカルタ
オランダ領東インド
ニューギニア
ポートモレスビー
ポートダーウィン
ヒトカップ
マリアナ諸島
グアム島
テニアン島
キップ島
トラック島
パラオ諸島
カロリン諸島
ウェーク島
マーシャル諸島
ギルバート諸島
ラバウル
ブーゲンビル島
ラエ
サンタクルーズ諸島
ミッドウェー諸島
ハワイ諸島

■ 1941年12月 日本の勢力範囲
― 日本軍の最大進出地域

0　　　1000km

❻終戦時（1945年）

ソ連
南樺太
千島列島
中国

― 終戦時の領域
□ ソ連軍の占領地域
■ アメリカ軍の占領地域

南西諸島
台湾
小笠原諸島

0　　　1000km

❼現在（1972年〜）

ロシア
樺太
（サハリン）
千島列島
択捉島
国後島
色丹島
歯舞群島
中華人民共和国
朝鮮民主主義
人民共和国
大韓民国
竹島
対馬
日本海
日本
太平洋
東シナ海
尖閣諸島
沖縄
琉球諸島
台湾
与那国島
（日本の西端）
硫黄島
沖ノ鳥島
（日本の南端）
小笠原諸島
南鳥島
（日本の東端）

0　　　1000km

❶1854年の日露和親条約で，千島列島の得撫島以北はロシア領，樺太は日露両国雑居地となった。琉球は江戸時代以来，日本と清に両属していた。

❷1875年の樺太・千島交換条約で，樺太はロシア，千島列島は日本領となった。琉球は1879年に沖縄県設置が強行され（琉球処分），小笠原諸島は1876年に領有を宣言，さらに，日清戦争の結果，台湾を統治下においた。

❸日露戦争後のポーツマス条約により，旅順・大連の租借権，北緯50度以南の樺太と付属の諸島を領有。1910年には，韓国を併合し植民地とした。

❹ヴェルサイユ条約で，赤道以北のドイツ領南洋諸島の委任統治権を得た。

❺1932年に満洲国を建国させ，日中戦争開始後の1940年には南京政府を樹立させた。

❻1945年8月14日にポツダム宣言を受諾，本土以外の領土を失った。

❼1968年に小笠原諸島，1972年に沖縄の日本復帰が実現。南樺太・千島列島については，サンフランシスコ平和条約で領有権を放棄。北方領土4島について日本への返還を，ロシアと交渉中。

今日の動き （2024年7月現在）

1 ロシアの ウクライナ侵攻

2022年2月24日に開始された ロシア軍によるウクライナ侵攻は、国際情勢を大きく揺るがした。侵攻の背景には、NATO（← P.126）の東方拡大とそれに反発するロシア政府、ウクライナにおける親EU政権の発足など様々な要因がある。侵攻により、多くの民間人が犠牲になり、難民となった。また、世界的な経済危機ももたらされた。

A ロシアのウクライナ侵攻

- ウクライナ語が中心の地域
- ロシア語が中心の地域
- ロシア軍の進軍地域（2024年7月17日現在）

➡❶産科病院への爆撃で負傷した妊婦を搬送する人々（2022年3月、ウクライナ・マリウポリ）

●ウクライナとロシアをめぐる動き

1954	クリミア半島、旧ソ連内においてロシア共和国からウクライナ共和国へ移管
1986	チョルノービリ（チェルノブイリ）原子力発電所事故 ← P.154
1991	**ソ連消滅にともなってウクライナ独立**
1994	ブダペスト覚書…ウクライナに残された核兵器放棄と引き換えに米英口が同国の安全を保障
2000	プーチンがロシア大統領に就任（〜2008、2012〜）
2004	ウクライナで民主化運動（オレンジ革命） →2005年、親EU政権が発足（〜2010）
2014. 2	ウクライナで政変…親EU派の抗議運動を受け、親口派政権が崩壊
3	**ロシアがクリミア半島を「編入」** →ウクライナ東部紛争へ
2015. 2	独仏の仲介のもと、ウクライナ東部紛争の停戦と和平に向けたミンスク合意に調印
2019. 5	ウクライナでゼレンスキー政権発足
2021	ロシア、ウクライナとの国境付近で兵力を増強
2022. 2	**ロシア、ウクライナへの侵攻を開始** →国連安全保障理事会でロシア非難決議案を採決するもロシアが拒否権を行使

➡❷プーチン（1952〜） ロシア大統領。経済・財政の安定化を達成する一方、体制に批判的な政治運動家やメディア、チェチェンなどの民族運動を弾圧した。

➡❸国連本部で開催されたウクライナ情勢に関する国連緊急特別総会 2022年2月28日から開催された国連緊急特別総会では、ロシア非難決議が賛成多数で採択された。国際社会は一部の国を除いてロシアによる侵攻を非難し、経済制裁を行ったものの、停戦へ向けた有効な動きは取れなかった。

➡❹日本の国会でオンラインで演説を行うウクライナのゼレンスキー大統領 SNSを駆使して国際世論に訴えかけると同時に、国連安保理や各国議会で演説を行うなど情報戦略を進めた。

B NATOの拡大

NATO加盟国
- 1949年
- 1990年まで
- 2020年まで
- 2023年以降

*1955年に西ドイツがNATO加盟

2 イスラエルによるガザ侵攻

2023年10月7日、パレスチナ自治区のガザ地区を実効支配するハマスが、イスラエルに対して大規模なロケット弾攻撃を行い、イスラエル国内に侵入して多数のイスラエル人を殺傷、拉致した。その報復としてイスラエル政府はガザ地区に対する大規模な空爆を行い、その後地上部隊を侵攻させた。

C イスラエルのガザ侵攻

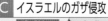

ガザ地区
イスラエル軍指定の避難地区

口イスラエル軍の軍事作戦展開地域（2024年7月16日現在）

イスラエルによる攻撃は、難民キャンプや病院、国連施設にもおよんでいる。限られた範囲に200万人以上のパレスチナ人が住むガザ地区では、侵攻によって深刻な食糧危機も起こっている。

➡❻イスラエルのガザ侵攻に抗議の声をあげるアメリカの大学生（2024年4月）イスラエル軍の侵攻後、パレスチナ人の人道危機が深刻化するなか、世界各地でガザ侵攻に抗議し、停戦を求める声が高まっている。

❺空爆されたガザ地区の難民キャンプ（2023年11月）

世界の現勢

（2024年7月現在）

欧文の略称

APEC（エイペック）　アジア太平洋経済協力
Asia-Pacific Economic Cooperation

ASEAN（アセアン）　東南アジア諸国連合
Association of South-East Asian Nations

BRICS（ブリックス）
Brazil, Russia, India, China, South Africa
ブラジル，ロシア，インド，中国，南アフリカ共和国の頭文字

EU　ヨーロッパ連合
European Union

MERCOSUR（メルコスール）　南米共同市場
Mercado Común del Sur

USMCA　アメリカ・メキシコ・カナダ協定
United States-Mexico-Canada Agreement

NATO（ナトー）　北大西洋条約機構
North Atlantic Treaty Organization

NGO　非政府組織
Non-Governmental Organization

NIES（ニーズ）　新興工業経済地域
Newly Industrializing Economies

NPO　非営利組織
Non-Profit Organization

OAPEC（オアペック）
アラブ石油輸出国機構
Organization of Arab Petroleum Exporting Countries

OPEC（オペック）　石油輸出国機構
Organization of the Petroleum Exporting Countries

PKO　国連平和維持活動
Peace Keeping Operations

中央アメリカ・カリブ海